王权的祭典

传统中国的帝王崇拜

廖宜方——著

浙江古籍出版社

序

　　廖宜方先生的新书《王权的祭典》是近年难得的长时段历史论著,讨论的主题是中国历史上皇帝对前朝帝王的崇祀。历代皇帝如何看待前朝的帝王、如何形成对前朝帝王的祭典,乃至到后来有"历代帝王庙"的设置。这样的转变过程有什么意义,与历代王权的性质有什么样的关联,是本书所要探讨的问题。

　　由于研究方向的缘故,我对仪式、祭典与庙也很有兴趣,然而我自认较接近村落,而一向不太敢靠近帝国。读到这本以王权祭典为主题的著作,自然想到的是帝国与村落的对照。这样的对照有几分道理。有一种说法是,村落许多制度、仪式可追溯到帝国中央。无论是以由上而下的教化、渗透,或是由下而上的挪用、引入来构想"国—家"两者的关联,这样的互动让差异甚大的各地村落可在一种比较松散、有弹性的框架底下维持某种程度的共同性。但如果要从这样的前提开展下去,除了中间复杂的各种机制需要详细考察、各地差异有待梳理与诠释外,有一点很大限制是,村落的研究者了解村落的运作逻辑,但未必了解帝国中央;反之亦然,帝国的研究者也未必了解底层社会的情况。从不同时代、视角的研究来反省自己关心的问题,或许便是彼此的研究对彼此的价值所在。

　　当走进一个村落,特别是华南宗族组织发展后的单姓村,我们会特别留意村落中一些或可当作为"圣地"的空间:宫庙、坟茔与祠堂。

这三个分别对应着神、鬼、祖先的空间，之所以可以当作圣地，或有几个理由：它们是村庄中与人界以外之世界交界的地点；它们是许多祭典、仪式举行的场所；它们也是集体历史记忆所系之地。当然还有其他这样的地点，像是某棵有灵的老树、某位先祖的故居，或是某个社群过去重要事件（如死伤多人的战役或瘟疫）发生的地点。宫庙、坟茔与祠堂与之不同的是，这三个场所更规制化，更与经久累积的文化规则、习惯结合在一起。老树可成宫庙，住居可成祠堂，葬地可成坟茔，然当村落中的社群有意识地缔造出宫庙、坟茔与祠堂等空间时，他们也借着运作这些有历史、有地理普及性的规则与习惯，与一个更大的、想像中的整体建立起联系。

走到这些圣地，我们需要思考的是：社群为何需要这样的空间，这样的空间对他们有什么意义？这些空间形成的历史过程是什么？从以前到现在，这些空间又是怎样与其所对应的社群（未必是同一批人）产生关联？有哪些仪式，仪式的形式与内容从何而来，用怎么样的传统去填充它们？在不同时代有哪些变化，社群中的不同个体是否与这些空间有一样的关系？如果用比较笼统的话来概括，我们可以说村落里的圣地与仪式，提供了社群成员跨越时间的连结，造就了整合时间与空间的纽带。历史研究者的挑战之一，就是追溯这些看似恒久不变之圣地与仪式的形成过程，从中了解社群本身的历史变化。

如果我们将观测过去的透镜倍率往上调，从微观的村庄到帝国整体，我们同样可以观察帝国权力核心所布置的各种圣地与仪式。作为帝国最高统治者、权力的核心，翻开明清会典，可看到各种以皇帝为中心的祭典：祭天、祭先祖、祭文武庙（虽然后来只留下孔庙）等等。这些祭拜的对象有些似乎理所当然，如作为天子的皇帝祭天。但细思之下，则有更多问题：要如何祭拜抽象的天？在什么地点（天坛还是泰山）？皇帝要以怎么样的角色面对"天"？尤其当皇帝的权力来源为天所授,祭天的各种细节与解释,实则关乎皇权的基础是什么。在村落中村民也拜天公或其他代表天的神祇,然而无论是否被人(神)格化,村民与天公的关系较为清楚:天是万物的主宰,而我们是天的子民。但对皇帝来说,与天的关系关乎到自己的身份是否成立,是否为"天下"的统治者,因此祭天的仪式对皇帝有非凡的意义,也被历代皇帝所重视。

相较来说,本书的主题"历代帝王"是一个很特殊甚至暧昧的祭拜对象。为什么天下的统治者需要祭拜前代的君主?有些上古帝王的确已经"神化",但作为人界的君主不是神,是历史中的人物。如果祭拜神明目的是为了请求保护庇佑,历代帝王显然不能做到这一点。况且,许多受祭的帝王尽管是开国君主,但他们的统治,至少在现任帝王之际都已经灭亡了。他们并没办法福佑子孙,让后代永保基业。

历代帝王在血缘上也不是现任皇帝的祖先。祭拜祖先很重要,没有祖先,就没有现在继承自祖先的基业,对皇帝来说即是天下。子孙亦希望得到祖先的庇佑,让这些基业可以永远延续,不会中断或落入外人之手。因此,祭拜祖先相当于是借由一再提醒祖先的存在,合理化现存手上掌握的产业与身份,并预期这些产业与身份继续留给后人。如同村民强调搬来此处的开基祖,同时也是在宣示久居此地的入住权。皇帝对本朝开国君王的尊崇也是在强调继承者此刻的正当性——正因为我是延续开朝圣王的统绪,对祖先的尊崇也就是对我的尊崇。

历代帝王虽不是皇帝血缘上的祖先,但在追溯谱系这点上,却与祭祖或可相比拟。在村落中较发达的祠堂,我们可以看到先祖的谱系分成几个不同的层次。宋明以来,一般平民祭祖已不限于四代、五代,许多祠堂奉祀的是从此身向上追溯,到较有准确记述的开基祖。开基祖再往上,则是各家族各凭本事。常见的是与附近区域同姓、有较完整谱系者相连,而层层相连上推的结果,最后追溯到的早期祖先常是在中原的同姓名臣、大儒、君主，乃至神话中的人物。如同李姓追溯到老子、杨姓追溯到杨震，许多姓氏追溯到最后都是黄帝的后代。

皇帝对历代君主的祭祀与这样的操作有类似的地方，只不过是"同姓"的条件改为"天下的统治者"。除了追溯自己的谱系之外，对历代君王的祭祀可说是将自家谱系与历代天下统治者的谱系连结起来，跻身为历史上掌有天命的一员。本书聚焦的几位对此特别有兴趣的君王，从王莽、拓跋宏、李治与李隆基、赵匡胤、朱元璋、胤禛与弘历等，不是各朝开国之君，就是各朝大盛之主。对于身份低微或外族而夺得大位的皇帝来说，既然自己是开国的那个君主，没有办法以继承祖业来合理化自己掌握天下的事实，替代的方法或许就是将自己这个世系连结到历史上曾有天命的统治者身上。尽管不是血缘上的继承者，却同是天命的继承者。当村落中有宗族成员兴起，考中科举或事业有成，而展开修谱、建祠的工作之际，将自己的开基祖连结到血缘关联不确定的历史名人、中原君主时，也是在进行类似的工作，重新定位自己家族在历史与文化圈中的位置。

以本书开头的王莽来说。王莽以禅让的方式得到帝位，如果秦朝不被承认的话，他所取代的是以皇帝头衔来统治的第一个帝国，可说是空前的天命转移。面对这样皇权的和平移转，王莽借用了许多儒家思想资源使程序更"正当"。除了称自己与上古圣王有血缘关联外，王莽借由优待前朝王室后代与崇奉上古帝王，建立一套帝王谱系。他援引古典中周人击败商人后分封黄帝、尧、舜、夏、商后裔的记载（尽管这可能是封建体制下现实的考量），以及刘邦遣人看守秦始皇及齐、楚等君王陵墓的史实，但将整套制度更系统化。对分封哪些帝王之后，以及各帝王之后的等差，都有细致的安排，并将伊尹、皋陶、周公、孔子等辅佐帝王的"贤人"也纳进去。在王莽的设计底下，帝王与贤相之后都为我所封、受我政权的华冠后，我也自然成了这个统绪的一部分。

同样的,本书所特别聚焦的君主,如出身低微而统一天下的赵匡胤与朱元璋、身为"外族"的拓跋宏、胤禛与弘历(或许也可以包括胡汉融合的唐代君主),在完就大业后亦都尝试重新建立与历代君主谱系的关联,强化其功业与天命的连结。然而如本书所展现的,在不同历史情境底下,不同时代的君主有各种不同的目的、发明不同方式。从各个君主所做的改变,可以看到当时对王权有哪些不同的考虑、王权的性质有什么不同。本书的章节便依序详述这些君王带来的变化。不仅是历史条件,各个皇帝的个人特质、皇帝与臣属等人的互动,都显现在这些变化当中。

如果以后见之明的角度看,从新朝到清朝对历代帝王崇祀的变化,似乎可以分成两个大方向来观察。首先是谁该列入受当今皇帝祭祀的行列当中,其次是如何祭祀他们。

村落的家长、有识之士或外来的知识者在建构家族上代的谱系,选择将哪位传说或事实的人物写入族谱或摆在祠堂内,作为家族崇拜的对象,往往反映了当时理想的宗族样貌:地位尊贵的大臣、对国家有功的将领、品德高尚的士大夫、整列的同姓进士,或仅仅从中原南下的避难者。身为他们的后代,子孙们也继承并分享了这些特质。对皇帝来说,谁是该被崇敬的历代帝王,也反映了理想的帝王形象、理想的王权是什么。

在王莽的时代,周、汉两代前朝,以及经典中的上古圣王,构成了基本的名单,然而秦代则被排除在外。对后来的皇帝来说,又累积了更多"前朝",哪些"前朝"的哪些君主可以放在名单内就有更多考虑。各个朝代的"开基主",即开朝的第一位君主,似乎是合理的选择,但哪些朝代才算是正统就未必有一致的意见。重新取得"天下"的隋唐与宋代皇帝,要考虑的是所谓分裂时期的众多政权要如何处理。一如书中所说,许多皇帝在控制北方中原地区后赶着要建立祭典,其所纳入的也多半是控制北方的政权。对一些国祚甚短,或是在某些情况下被批评为得国不正的朝代,是否值得当朝的君主奉祀,常常有不同意见,而这些意见也反映出不同时期对王权与正统的看法。如秦朝是否纳入,便意见不一;而开创制度、极力将自己正当化的王莽,很讽刺地在后世往往被排除在外。另外"异族"建立的征服王朝是否进入奉祀,在宋、明、清也有不同态度。本书第二个主角拓跋宏虽然一心尊崇古代圣王,但未必被后世所承认;辽、金、元等北方民族建立的基业,是否应该纳入谱系之中,甚至同一个朝代的不同时期都会有不同意见。而元代与清代等从内亚入主中原的政权,各个统治者选择祭祀哪些中原君主,同样也值得玩味。

其次,评判个别帝王功业、决定是否奉祀的标准也会有所变化。三皇五帝与上古圣王体系的建构或许跟区域神话系统的整合有关,但应从伏羲、黄帝,还是女娲算起?其后众多王朝的众多领导者,亦不是因为曾经登上帝位就一视同仁。幼殇或昏庸者或许应该剔除,然除此之外应该如何评价?此谱系建造之始,支撑的是儒家思想,随着当权者与儒者的距离,以及儒家本身的变化,特别是宋代以来理学的兴起,对理想的帝王有不同意见。对前代理想帝王的标准反映的也是对当代帝王、对自己的定位,以及不同时代的君臣、君民关系。注重武功还是品德、开疆拓土还是养民生息、功业还是道统,决定了万神殿中成员的排列。刻意的选取、遗漏与广摄,背后或许都有深意。

与决定成员同时进行的,是如何建立与前代帝王的关联。换句话说,即采行怎么样的仪式,在哪里与怎么进行。仪式进行方式决定了祭者与受祭者的相对关系,其内容可以是祈佑、赞颂、呈献或抚镇。在本书中更清楚呈现的是场地的变化。从封爵后代、保护前代帝王陵墓、行旅谒陵、制度化的定期陵祭,以及后来在陵墓或肇基之地建庙,最终在国都兴建了历代帝王庙而有集中固定的祭典。可以对照的是,民间对家族祖先的祭祀,自宋到明亦有从墓祭到祠祭的发展。也就是早期在祖坟祭祖,自宋元开始,民间亦开始注重家族墓地的昭穆排列。明代以来祠堂日益普及,各种礼书与类书教导民众神主牌的格式与祖先牌位的排序原则,祭祖的仪式在祠堂以更规制的形式进行,让祠堂成为宗族公共事务的中心。

高耸宏伟的王陵是王权永垂久远的象征,但若王朝并未如所预期的永世长存,前代巨大的圣地不免显得暧昧,或者淹没于蔓草荒烟。从现世的象征到历史的遗迹,当代的君王要唤醒过去的辉煌,缔结为当今盛世的先声、相互辉映时,恐怕没有比帝王陵寝更适合的场所。然而随着历代帝王的祭典的规制化,从陵墓到祠庙、从前朝圣地到当代国都的演变,也有值得深究的意义。如同从祖坟到祖祠,"祖先"象征从与祖先肉体直接相连的坟茔到更抽象化的神主牌,意味着容许更多仪式性的操作。传说中的与文字上的先祖可以化身神主牌,与自身可追溯源头的祖先并列;不在一地的群体,其祖先可以化身牌位,依照礼制或现实需求排序。当历代帝王的祭祀从陵寝到在陵寝上立庙,最后再到集中于国都,同样的也是将这些帝王们化为更可以操作的符号,并且更进一步地从其原来的圣地拔出,统归到当今王权底下的庙宇空间当中,以至于到清朝中叶后突破百人的集体住宅。圣地当然还是有神圣的意义,如黄帝陵或曲阜孔林,然而集中在中央的祭典展现的是更集中的王权、更专制的皇帝与更有野心的帝国。不是皇帝去谒见各地历代帝王的坟陵,而是将历代帝王及其代表的天下道统,收归于新政权的政治核心。

在现今的学术生产与评鉴的制度底下,题目小而深的论文比专书更有"效率",而跨越如此长时段的专书更日益罕见。长时段的著作可以让读者视野投向长期的变化,思考更大的问题。这些大问题也可以帮助读者借着跨文化而跨地域的比较,反省原先的认知,如本书的讨论便在不少地方比较了日本的情形。相信读了本书,读者对不同时代、不同政治态度之下处理这些符号的方式,会有更多新鲜的想法。

对我来说,本书让我注意到的是村庄与帝国主宰势力建立谱系的努力。这种努力牵涉到的是对历史的重视,以及以历史来合理化当代主宰状态的尝试。借由制造文字、仪式与神圣空间,反复操作的是强调过去与现在的连结,以主宰者缔造的谱系与历史来作为其权力正当性的凭借。无论是帝国还是村庄,这些保存过去、展演过去的宫庙、坟茔与祠堂,成为群体公共性的重要节点,并且在帝国晚期更加组织、规制化。抽象一点来说,谱系在现实中的运用可说是一种"历史心性"(historicity)的展现。然而这种"历史心性"是否是特定文化下的产物、是否真的古今皆然、如何成为特定阶层有效的工具,以及在现代社会中是否仍形塑人群与组织的行止,或许是帝国与村庄的研究者都可以进一步思考的问题。

李仁渊

2020 年 3 月 2 日

自　序

本书原于 2020 年春由台湾大学出版中心付梓。经过九个月，我收到总编辑来信，得知浙江古籍出版社有意洽谈版权。八个月后，版权与编务事宜陆续完成。我个人不清楚究竟什么缘故，让这本书能够在家乡以外的地方出版。如果不是有许多我识或不识的人的肯定与推动，这件事就无法完成。我因此心怀感激。当我近五十岁，才比较明白很多事情背后有诸多环节、偶然与人心的意念错杂，往往难如预期，所以我比以往更懂得感谢。本书简体中文版修订的内容，曾由编辑徐立先生来信告知说明。我未能逐字核校，但我推想这是基于需要与好意。感谢许多人为这本书出力，见证了交流的可贵，尤其在这风波渐恶的时节。

我出生于 1973 年，在青少年的九十年代初读过一些伤痕文学，后来也很喜欢王力雄先生和王小波先生的小说。1992 年进入大学后，才在图书馆看到来自对岸的学术著作。后来，台湾大学外围慢慢出现了简体字书籍的贩卖点，最早是在校旁的人行道，后来有了店面。在那之后二十多年，这些专门店逐渐增加。这期间，我也从对中国史毫无兴趣的大学生，转变和成长为专业的学者。我的研究完全离不开中国学者的论著，藏书逐渐累积：从胡乱影印的论文、第一次赴上海时搬回台湾的《全唐文》，一直到后来从网络下载的电子书。无论如何应该提的是，就读博士班七年间，我的学习以隋唐时代为范围,从学科考到完成学位论文,受益于诸多学者在中国中古文史的成果,像是傅璇琮先生,以及任职北京、上海、南京和武汉等各城市研究机构和大学的学者,对我的智识有不可磨灭的影响。因为感谢,有机会能够回馈,是我愿意出版这本简体中文版最主要的原因。

当年求学的心念很单纯,攻读博士班无非想为自己取得专业的认证。每项专业都有历史,培训的过程则在规范中习得传统的手艺。一个人的才能脱离不了传统,即便在讲究天赋、创造与想象的文学与艺术亦是如此,何况学术。就像许多二三十岁被知识吸引的青年人,自我期许能一步步迈进学问的殿堂。然而,毕业、工作多年后,我慢慢发现每个人的自我和传统坐落的环境,乃至与传统结合的建制,关系很复杂。因为除了规训,藉由体制,传统也会施加惩罚和排除,判定一个人失格。传统会像土壤一样滋养人的才能,但同一片土地也会有不适应水土的花果,枯萎不全。

如果把中国史的学术比喻成一座山,在世界各地和中国境内,各地、各种传统就像一座山体有不同的面:迎风或向阳,陡坡或山谷,冰河或火山口,分别拥有殊异的岩石、植被和景观。以前觉得做学问的目标像登山,企图攀越不同的等高线,通过有别的林相,以为登顶后的视野自然由上而下纵观全貌。但如今,我觉得自己比较像山里的小动物,孕育于特定的生态环境:我无法脱离习惯的海拔,也无法到山的另一面生活。其实,在所处的生态链存活也不容易:山中的大王维护森林的规则和秩序,有些我的小伙伴不适应,就搬迁到另一个生态区域的边缘过日子。

身处已进行数百年的全球化,不同的文化接触,各种传统错杂,就像种子和花粉散落四方。每个地方都有自主的轨道,但对于远方的人和自己行事不一样,也无法不好奇、假装不知道。写作这本书时,正当我努力挖掘自己身上的历史,追踪相异的、未必冲突但不一定协调的传统,如何内化进自己的意识:有些一直在主导我的路向,有些则被压抑到意识的更深处。我设法抗拒那些明显限制我的规范——即使它并非没道理;开始违反一些过去习以为常的惯性,重新设计和部署;练习一些不熟悉的方式,实验看会有什么新的效果。很多安排都是刻意的。这些尝试没多大了不起,但只要能用自己都没想过的念头写出连自己都感到陌生的句子,那就是我小小的前进与突破。我尝试结合或混杂不同的传统,让它们在我的头脑起新的化学变化。当我迈入中年,越觉得应该多照顾和培养自我。如果再让我走一遍学问的山林原野,我希望能更自在快乐;而不是把注意力放在传统,或被其坐落的环境、运作的体制,左右自己的心志和命运。学问或文化传统,有时如同帝国或资本主义,就跟大山一样漫长而辽阔——山里有神与怪物,而那是山的力量,不是人的。

中国拥有众多的、各种才智与不同层次的读书人。可想而知,读者对本书一定会有不同的评价,甚至就像我获得的审查意见一样两极化。那些差评曾让我心情低落、不以为然,但经历了这个过程反而让我明白:褒贬参半的人事物或许意味对立两方相隔的深渊,其实欠缺一座桥梁;这比起单方面的好或坏有意思多了。但愿这本书能让喜欢的读者受益,不以为然的读者也能借此磨炼批评的锋芒,找出自己想走的路。

廖宜方

2021 年 9 月 28 日

体　例

一、纪年一律采用公元，依"'中央研究院'两千年中西历转换"网站（http：//sinocal. sinica. edu. tw/）换算。

二、人物年龄采用实岁计算。

三、部分人物加注生卒年的信息。原则上于各章最早出现或比较适当之处，以括弧加注。

四、皇帝的称谓以姓名为主，部分另在括弧中标注庙号、谥号或年号、通称，以便读者识别。

五、部分地名加注今地，以括弧"位今……"的方式，说明两者的从属或对应关系。

六、数字皆以汉字表示，公元纪年和日期，以及表格统计数量采用阿拉伯数字。

七、引用史料有阙文者，以"□"表示阙字。

目　录

图表目次

图

表

楔　子

1785 年，中国，北京

3 月 31 日清晨，清王朝的皇帝爱新觉罗·弘历（1711—1799，乾隆）离开皇宫，一行人先向南、再折向西，从紫禁城西南侧的西华门出城，目的地是约三公里外的历代帝王庙。这一天是他向历代帝王献祭的日子。

这不是他第一次赴帝王庙亲自参拜，但这一年对他来说，意义非凡：弘历七十四岁，即皇帝位满五十年。为了庆祝这件大事，过去一个多月以来，陆续举行了好几项盛大的典礼和活动，包括祭告各地的山川和历代王陵。在这一系列的祭典中，弘历亲自来到历代帝王庙，想向中国历代的君主表白自己统治天下和臣民的感想。[1]

位于北京城西门内的历代帝王庙，始建于 1532 年，至此已有两百五十年的历史。当时的统治者是汉人，但庙宇落成才过百年，明王朝就在 1644 年被弘历的祖先取代。清初几代皇帝，继受了前朝的许多制度和政治文化，历代帝王庙是其中一项。明王朝开国之君朱元璋的神主，也由弘历的曾祖父下令送入这间庙宇，正式成为"历代帝王"的一员。这是历代帝王庙始建以来，首度遭遇政权鼎革的变局。

---

[1]　《清实录·高宗》（北京：中华书局，1986），卷 1225，页 423 之 2。

在此之前百多年间,帝王庙的祀典只是国家典礼的惯例行事,但入主中国的新统治者对这间庙宇有着新鲜感。清朝迁都北京后的第一位皇帝,在1657年亲自赴庙向历代帝王致意。这是北京的历代帝王庙落成以来第二次皇帝驾临,下一次在十八世纪,行礼者是弘历的父亲。正是在这个世纪,这座庙宇才焕发出新的光芒与作用。

年过七十的弘历对历代帝王庙并不陌生。(参见图楔1)五十年来他一共五次亲自献祭行礼,其他年度则派遣官员代表皇帝致祭。这是他最常亲自行礼的祭典之一,除了最重要的祭天和祭祖之外,就属孔庙和历代帝王庙了。当他进入帝王庙所在的景德街,通过高耸的牌楼之下,已有许多官员在等候。皇帝的车驾在庙门前的影壁之外停下,而不是大门之前——这是弘历的父亲首度亲祭之后订下的规矩。[1] 影壁是树立在中国传统建筑大门之外的屏障或墙面,让经过的人无法窥视门内的景象。这项规定意在彰显皇帝对历代帝王的敬意:即使贵为当今天子,也必须和其他人一样,尊重历代帝王。因为在平常日子,影壁和大门之间的空地,即便官员都必须下马牵行,或绕道从影壁之外通过。[2] 庙门两侧各立一座石碑,碑上以满、汉、蒙、回、藏和托忒(蒙古文的一种)六种文字(参见图楔2),告示"官员人等至此下马"。[3]

弘历从座车下来,进入庙门,先在事前搭建的帷帐内洗手、更换礼服。在大殿的院落之前,还有一道门。大殿和院门上悬挂的匾额沿用自两百五十年前的名称:"景德崇圣"。弘历步入这第二道门后,景德崇圣殿就进入眼帘。这是一栋面阔九间、宽约五十公尺的大殿。正面的间数是传统中国衡量建筑规模的尺度,在明清时代只有最高

---

[1]　雍正的规定:《清实录·世宗》,卷22,页353之2。

[2]　影壁:北京历代帝王庙保护利用促进会,《历代帝王庙100问》(北京:科学出版社,2008),页86—87。

[3]　下马碑:北京历代帝王庙管理处,《历代帝王庙史脉》(北京:科学出版社,2015),页189—195。

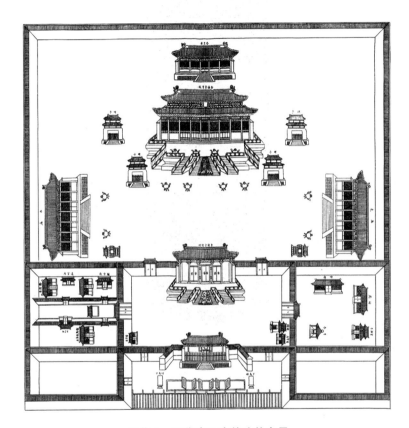

图楔 1　历代帝王庙的建筑布局

①影壁　②下马碑　③庙门　④景德崇圣门　⑤景德崇圣殿　⑥东配殿
⑦西配殿　⑧东南碑亭　⑨正东碑亭　⑩西南碑亭　⑪正西碑亭　⑫祭器库
⑬东燎炉　⑭西燎炉　⑮钟楼　⑯神厨　⑰神库　⑱宰牲亭　⑲井亭　⑳关帝
庙　㉑祭器库　㉒遣官房　㉓斋宿房　㉔典守房　㉕乐舞执事房　㉖值守房
㉗石桥

　　资料来源:《钦定大清会典图(光绪朝)》,卷15。

图楔 2 "清帝王庙蒙藏文下马碑"拓片

帝王庙门西侧下马碑的正面,由左而右依序为藏文、蒙古文和回文,意思是:"官员人等至此下马"。

资料来源:北京国家图书馆藏。

等级的皇家建筑才能达到这个上限,十六世纪始建时就已经确立了帝王庙的规格。相形之下,北京国学孔庙的大成殿只有七间。[①] 不过,弘历即位的第二年就下令为大成殿的屋顶更换上黄色的琉璃瓦——这是清王朝皇家专用的装饰与颜色。过了二十五年,他才为

---

① 历代帝王庙在明代的规格:李东阳等奉敕撰,申时行等奉敕重修,《大明会典》(台北:国风出版社,1963),卷 187,页 2553 之 1。

景德崇圣殿换上黄色的琉璃瓦。[①] 殿前的广场上，辅道行礼的官员和表演音乐、舞蹈的人员都已经就位，等待皇帝进行最关键的仪式：上香和奉献酒食。

当弘历踏入供奉历代帝王的圣殿，殿内的桌案上安放了一百八十八个神牌。这个数量之大空前绝后。百多年前，弘历的曾祖父致敬的历代帝王只有二十五位。到了十八世纪，弘历的祖父死前下令大幅放宽入祀的标准，让供奉的帝王突破百位数，之后陆续增减，而最后一次发生在去年，从此再也没有增加或减少。弘历对自己的新规划，深具信心："万世之后，入庙而祀者，孰不憬然而思、惕然而惧耶？"[②]弘历相信，千百年后进入历代帝王庙的统治者必能体会他的深意，自我警惕，思考统治的道理。（参见图楔3）但四年之后，世界的另一端就爆发了法国大革命；又过了四年，英国首度派遣使节团前往中国。这个年迈的老人如今知道自己将走上人生的终点，但掌握莫大权力的他却丝毫无法察觉世界的动向。民主的浪潮将在百多年后结束清王朝与中国的帝制，历代帝王庙连带失去价值、地位与意义。

圣　殿

本书的主题，旨在探讨弘历的这项行为：当权的统治者，向本朝之前的历代帝王献祭、致意。圣殿是供奉各代帝王的地方，历代帝王庙只是其中一种类型。都城的历代帝王庙集中了不只一位的君主，其他类型的圣殿或只向单一的帝王献祭。有的圣殿由皇帝独占、其他人不得擅入，有些则欢迎当地民众入内参拜。不论哪一种，这些地方都是华夏历史上的王者被追思、纪念的记忆所系之地。

北京历代帝王庙从始建到帝制结束，虽然有近四百年的历史，但不是第一座集中纪念历代帝王的圣殿。最早有这个想法的皇帝是十

---

① 改用黄琉璃瓦：《清实录·高宗》，卷655，页334之1。
② 《清实录·高宗》，卷1225，页425之1。

图楔3　清"恭祭历代帝王庙礼成述事"拓片

这座石碑高约七点五公尺，立于大殿之东南，原为弘历的父亲在1733年所立。弘历在1785年于背面补刻《历代帝王庙礼成述事》一诗，诗前有序，说明自己增加祭祀对象的缘故，以及亲自献祭的心情。

资料来源：北京国家图书馆藏。

四世纪的朱元璋,他在南京称帝后的第六年,决定在都城建庙,向历代帝王致意。这个念头,开创了一个延续超过五百年的传统。不过,当他的儿子迁都北京,许多国家祭典都跟着皇帝转移到新的都城举行。但是,历代帝王庙仍留在南京,并未异地重建。经过了一百五十年,另一位个性强烈、意志坚定的皇帝朱厚熜才在北京建庙,让历代帝王庙再度与王朝的都城、当权的皇帝重叠,从此延续到帝制时代的结束。

其实,弘历还有另一个礼敬王者的场所,位在紫禁城内部的"传心殿"。这座圣殿的规模比历代帝王庙小,供奉的对象只有十一位。相较于历代帝王庙中庞大、混杂了道德与成就高低悬殊的近两百位王者,弘历在传心殿致意的对象则是王权的历史上最早与最伟大的圣君:伏羲、神农、黄帝、尧、舜、禹、汤和周文王、武王,以及周公和孔子。这些圣王统治的智慧定义了王权的哲理,由周公和孔子继承,传递给后世。弘历在他执政的第六十年,特别亲自到这座圣殿献祭,作为他告别皇位的步骤之一。①

弘历在登基的第五十年和六十年,特意前往历代帝王庙和传心殿,都不是向个别的君主致敬,而是帝王的整体和当中最伟大的一群人。这两座殿堂都是王权的表征,在即位五十、六十周年的时间点上,没有比这更好的庆祝之地。弘历的礼拜并非单纯表达对历代帝王的敬意,他身为王权的继承者对历史上的前辈特别有感受。这不是幽幽思古的情怀,历代帝王庙具有高度的政治性:初始倡议建庙的人是皇帝,皇帝也是献祭的主体,祭祀的对象则是他的前辈。所有这一切都涉及王权。除非皇帝授权代表,没有官员有资格到此祭拜,一般人恐怕更不被容许踏入这块王权的圣地。

朱元璋创建的不只是一座汇集众多帝王的圣殿,历代帝王庙也

① 弘历即位六十年赴传心殿致祭:《清实录·高宗》,卷 1469,页 612 之 1、卷 1470,页 625 之 1。

是王权的禁地,普通的一般官民不得随意擅入。但这种集中性与封闭性不是十四世纪以前的面貌。再早四百年的另一位开国之君赵匡胤,对于历代帝王如何与国家、社会结合(或隔离),则有完全不同的规划。971 年,他在分散各地的三十八处历代王陵,为墓中的君主建庙,并且开放民众参拜。这些被认为了不起的君主都拥有个别的专属庙宇,获得国家的尊崇和民众的景仰。

其实,民众参拜历代的君王并不是新鲜事,但由皇帝主动建庙供民众祝祷,则是十世纪的新产物,过去非常少见,而且没有这么大的规模。在此之前,崇拜帝王的神庙,主要是由民众自发建立和维系。这个现象的起源比帝制更早。早在公元前三世纪秦汉帝国建立之前,上古圣君、贤王的传说已经四处流传,因应各地不同的状况而成长(或消灭)。在这些神话扩散、扎根的地方,最成功的结果是形成了信仰,民众自发为那些他们景仰或畏惧的君主,建立庙宇,祈求福佑和安宁。这种基于民间信仰的神庙,并非本书探讨的对象。本书关注的是那些掌权的统治者为了权力而建造庙宇,这些庙宇如何成为圣地,皇帝如何在国家典礼的层次上,荣耀历代的帝王。

还有一种王者的圣殿也不在本书的讨论中,即宗庙(太庙)。宗庙是国家奉祀皇室祖先的地方,这些祖先通常就是王朝的君主。宗庙是王朝都城最核心的建筑物,因为那是王权的根源,皇帝必须誓死守护的对象。每个王朝都有自己的宗庙,但这座圣殿也注定随王朝的终结而消失。本书关注的不是当权的皇帝如何崇拜自己的祖先,而是他如何将本朝以前的历代帝王,纳入当朝的国家祭典,让自己的权力与历史上的王权产生联结。

王 陵

弘历即位五十周年,不只亲自赴历代帝王庙致意,早在正月元日、祭告祖先之后,他下令全国各地官员向各省的历代帝王陵墓献祭,让鬼神一同分享他的喜庆。[1] 历代王陵与历代帝王庙不同:前者超过四十处、分布广达数省。历代帝王庙供奉的一百八十八位帝王,其中只有不到四分之一同时享有祭陵的礼遇。

历代王陵纳入国家祭典,也是由朱元璋一手奠定。在他之后,国家和皇室每遇重大的事件或活动,尤其每一个皇帝即位,都会派人向历代王陵报告。历代王陵与王权产生这么紧密的关系,其实是明清时代的新现象,过去并非如此。在整个帝制时代,新君即位一定要向祖先报告,地点就在宗庙,或祖先的陵墓。毕竟王朝的统治权直接从开国之君和先王传承下来。但朱元璋和十四世纪以后的统治者认为,统治权力的渊源不应以本朝为限,必须向上追溯。历代王陵从此成为皇帝即位典礼的一部分,弘历也在他登基五十周年时派遣使者致意。

不论是都城的帝王庙或各地的王陵,致敬的对象都是历代帝王。在世界史上,君主制的时代非常漫长,但其实大多是由一个又一个王朝组成。每个王朝当然最重视自己家族的君主,尽管重视的程度与方式有别。至于本朝之前的王朝或王族,往往不受掌权者特别的关注。像明清中国这样为前朝、历代的王者立庙、祭陵,并不多见。帝制时代的中国,当权者对历代帝王的祭典、记忆与纪念,有其独特之处。本书即尝试探讨这个特殊的现象。

十四世纪的朱元璋制定这两个祭典时,有一项重大的差异:都城的帝王庙是全新的建筑,各地的王陵则历史悠久,有些已经超过千百年甚至更久。中国上古、中古的王陵如何经历了千百年时间的考验,竟然还能在近代早期,重新登上王权的舞台?朱元璋如何找出这些陵墓?这些陵墓难道没有在漫长的岁月中损毁?没有从记忆和地景中消失?

---

[1] 《清实录·高宗》,卷1222,页386之1。

王陵并不容易消失，即使破败也依然慑人。在君主制的时代，王陵无疑是权势的象征。王朝在势力鼎盛之际，往往动员巨大的物资与人力，将埋葬统治者的陵墓，打造成宏伟的"奇观"，比如埃及的金字塔、日本的"古坟"，还有中国的秦始皇陵，无不以其浩大的规模，彰显强大的权力，引起世人的敬畏与惊叹。但在王朝衰颓和灭亡之后，这些王陵往往失去守护，几乎难逃被盗掘、荒芜与残破的命运。中国各朝的王陵，都在王朝失势后随即遭遇军阀、盗贼的发掘与破坏。在漫长的时间，由于人口的增加及其生计的需求，更面临土地开发的压力。这些过去的、被亵渎的王陵，为何还受到朱元璋的重视？

中国的王陵有不少是在平原上堆土、累积而成高大的土丘，构成突出的景观。巨大的坟丘彰显了王权的力量，但沦为废墟的王陵也引来对权力的感叹、质疑与嘲讽。破败的王陵有损王权的体面与威严。如果王陵的形貌不是如此张扬、难以视而不见，后世的皇帝可能也无须设法维护。实际上，世界史上有些统治者的墓葬非常低调，并非所有的王陵都像中国的坟丘墓如此抢眼。基督教普及后，欧洲各国的君王安葬在教堂里；明治维新之前、信仰佛教的日本天皇死后则火化，埋骨于寺院。但中国的王陵不曾依附于特定的宗教场所，始终是王权的象征。

本书并非想要探讨中国王陵的建造与维护、被盗与衰败的历史，而是想述说这些荒废的王陵如何复振。本书各篇章将论及历代王陵在后世王朝的新发展：如何获得维护，从"废墟"一步步转变成受保护的"遗址"，被赋予新的意义，成为"遗产"，甚至构成新的景观。后起的王朝、新开国的王者如何看待这些权力的陈迹，如何重新安排人力和资源，企图扼止历代王陵的颓势。这项努力最早见于五世纪末，此后唐、宋、明、清各王朝都制定了相关政策。其中以十世纪的赵匡胤最为积极，他派遣官员访查，找出七十九座王陵，并在其中三十八座规划、修建华丽的庙宇。

祭　典

身为皇帝,举行祭典是弘历最重要的义务之一。这是一项神圣的活动,向另一个世界的鬼神致意。但他不需要也无法亲自出席每一项祭典,于是经常派遣使节替他行礼,国家官员也依照行政惯例,忠实履行他们的职责。以弘历即位五十周年这一年为例,献祭的对象包括天、地、社稷、山川、风神、雨神、雷神、火神、云神、医神、农神、龙神、蚕神、太庙、孔子、关羽、昭忠祠、贤良祠、城隍,还有皇室祖先、历代帝王和前朝朱元璋的陵墓。这些被祭祀的鬼神攸关天地的运作、自然与人世的秩序,乃至弘历个人的安康,因此他有责任为人民祈求福佑,表达感谢与敬意。

这些典礼的历史大多非常长久,有些从公元前三世纪皇帝制度建立以来,就是国家必不可缺的活动,比如郊祀天地和宗庙祭祖。上天是一切统治权力的根源,开国之君则凭借自己的能力,获得天命的授权。因此,这两项祭典对于王权统治的正当性至关重大,乃皇帝最优先致敬的对象,地位最为崇高,固定于皇帝所在的都城举行。天地攸关人民的福祉,祖先奠定国家的基础,皇帝有责任向天地和祖先报告,祈求福佑。但历代帝王的历史和角色与之不同,直到七世纪才在国家典礼中正式登场。这项祭典从一开始的目的,就是向过去的统治者表示尊敬,感念他们的成就与贡献。历史上的帝王并不具备特定的威能,皇帝不会优先或特别向他们祈求风调雨顺,或五谷丰收。

在中国文化中,祭典也是人与鬼神沟通的方式,传达敬意与追思的形式。因此,历代帝王的祭祀具有纪念的性质。向牺牲、奉献和有功劳的人献祭,表示谢意,是传统中国社会举行祭典最基本的文化逻辑。在君主制的时代,统治者的功劳被认为比所有人都伟大,所以他们理应获得后世的崇敬。皇帝也比其他人更有资格,最适合由他来代表,向历代君主致意。虽然皇帝亲自致祭的次数并不多,大多派遣特使或官员,但祭祀的主体仍然是他。这个典礼属于"皇帝祭祀"的一环,[1]建立起他和历代帝王之间的联系。历代帝王成为他的"政治祖先"(political ancestors),赋予王权历史的纵深。[2]

但这项祭典并非一项孤立的活动。国家祭典纳入历代帝王祭祀的时间点,和国家的学庙敬拜孔子为文教宗师、武庙崇奉太公为军武之神相近,都在七到八世纪。那是"历史人物"开始进入国家祭典的时代:以孔子和太公为首,历代杰出的儒者和武人随后,获得官方的纪念,也鼓舞了社会上的读书人和习武之人。孔子和太公固然伟大,但他们的身份仍然只是臣属,地位更高的帝王更有不容遗忘的功业。历代帝王的祭祀和文庙、武庙,成为帝制中国最早向历史人物致敬的典礼,日后基于各种政治与文化价值发展出来的人物祠庙,比如昭忠祠、名宦祠和贤良祠等,都位居三者之下与之后。这些向历代帝王、文武宗师和其他杰出之士致敬的祭典,一并向广大士民传达了传统中国之政治与文化的基本价值。

纪念之地的四个阶段

十世纪以降各地王陵的庙宇,十四世纪之后都城的圣殿,先后成为国家典礼的一环。负责礼仪的官员固定提醒皇帝献祭、致意,使得这两种场所成为历代帝王的纪念之地。然而,在历代帝王祭典超过千五百年的历史上,这两个场所位居最后的第三、第四阶段。在十世纪以前,历代帝王的纪念之地另有其处。

赵匡胤之前、八世纪的李隆基对于如何向历代帝王致意,也有自己的一番规划。李隆基的方案分为两部分,首先是在都城长安为尧、

---

[1] "皇帝祭祀"的概念:金子修一,《中国古代皇帝祭祀の研究》(东京:岩波书店,2006),序章,《古代中国と皇帝祭祀》(东京:汲古书院,2001),第一部。

[2] "政治祖先"的概念:Howard J. Wechsler, *Offerings of Jade and Silk: Ritual and Symbol in the Legitimation of the T'ang Dynasty*, (New Haven: Yale University Press, 1985), Ch. 6.

舜及其之前的先王建庙,其次则在三代以降到隋王朝等十余个王朝的"肇迹之地"建庙。"肇迹之地"意为建国之地。在古代中国,一个王权的起点如果不是建国者或其祖先被册封的土地,就是他集结军队的起兵之地。这就是李隆基认为最适合用来代表各个王朝的纪念之地。

对于凭借武力取得政权的王朝而言,建国之地的意义非凡,常被赋予特殊的地位。以唐王朝来说,建国之地就是山西太原。李隆基及其祖父都曾亲自造访,瞻仰祖先起兵建国的史迹。根据古代中国的政治惯例,建国之地的地名常成为新王朝的名称,山西太原的古名即为"唐"。对建国之地的崇尚,深埋于中国的政治文化,一直延续到帝制时代之后。现当代中国也有几个最著名的建国之地:武昌起义、黄埔建军和延安的革命根据地。这三个地方都受到政权的歌颂,彰显了"革命"武力之于国家的重要性。

在祭祀历代帝王的历史上,建国之地作为纪念之地是第二阶段。在此之前,则在各王朝的"立都之地"举行祭典。这项祭典的起源来自五世纪进占华北的游牧民族鲜卑人。492 年,青年皇帝拓跋宏决定迁都洛阳的前一年,他下令在五个地方向尧、舜、禹和周公、孔子致意,这些地方和这五位王者、贤人都有地缘关系,比如帝王的都城。这件事成为历代帝王祭典的起始。

帝制时代的中国有不少国家祭典,绝大多数都有固定的地点,而且多半集中在国都的所在地举行。比如皇帝祭天固定在都城南方郊外或泰山,祭祖则在宗庙或祖陵,祭孔则在都城的国学或山东曲阜。很少像历代帝王祭祀这样,在千五百年的历史中,竟然前后有四种不同的祭祀地点。历代帝王祭典的前三个阶段,祭祀地点分散在国都以外的各个地方,直到最后五百年,才统一集中到都城。

很少有祭祀的地点变化如此之大,许多重大的祭典都缺乏这样的弹性,因为祭祀地点很早就规范在古老而权威的经典,或在最早的秦汉帝国已经确立，后世皇帝、儒者和官员都没有资格改动。历代帝王的祭典出现、成形于中国中古的时代，属于后起的祭典，而且没有绝对的重要性，很少引发儒者和官员热烈的讨论或强烈的意见，因此李隆基、赵匡胤、朱元璋和弘历等统治者，也有充分的余地发挥他们的创意与构想，改变祭祀的地点或场所，或重新安排对象。

"历代帝王"的人选

先前提到，历代帝王的祭典，和文、武庙的祭祀，进入国家典礼的时间点相近，但两者有一项重大的差别。文庙和武庙的主神一直只有一位，其他都是配角，但历代帝王的祭典始终都是复数。文庙的宗师是孔子，但孔子的地位曾遭遇挑战，差点被周公取代。武庙尊奉的对象从八到十四世纪是太公，但日后武神的代表却是关羽。至于历代帝王的祭典从一开始不到十人，经过一千年，到弘历时已增加到近两百人，成为有史以来最长的王者名单。

从唐、宋到明、清，各个王朝致敬的历代帝王，范围越来越广，数量逐渐增加。唐代从不足十人增加到二十五人，宋代则有三十八座陵庙。明代的都城圣殿有十七人，各地王陵的祭典超过三十处；到了清代的弘历和他的父、祖，更企图让历代帝王庙致意的对象，尽可能涵盖中国历史上所有的帝王，所以才会一举超过了百位数。历代帝王祭祀的人选，原本就随着时代的发展、旧王朝走入历史而逐渐增加。不过，这四个王朝规划的祭祀原则各自不同，所以祭祀的对象虽然增加，但并不是稳定的成长。

唐代祭祀的人选有比较高的门槛：如果不是公认伟大的圣王，就是各个王朝的创业开国之君。这些王者代表了整个王朝，也在具有代表性的"纪念之地"举行祭典。宋代的范围放宽了许多，除了圣王和开国之君，纳入更多被评价为守成、中兴等次一级的皇帝。入祀的帝王，依据其道德与事业成就的高低大小，被划分为两到三个等级，各自获得不同程度的礼遇。在明代，能够入祀都城圣殿者只有圣王和汉、唐、宋、元的开国之君。

除了有所选择、区分等级之外，这项祭典自始至终也排除了某些人。比如秦始皇曾经一度出现在李隆基的名单上，但在整个历史上大多被排除在外。唯一的女帝武则天当然不可能上榜，就连上古的女娲也没有绝对稳定的地位。至于提出最早一份历代帝王名单的王莽，后世从来不曾认可他的地位。有辱于王权的亡国之君，也不受重视。

当王者的圣殿出现在十四世纪的都城，这项祭典已经成为中国王权最重要的象征之一。明王朝的历代帝王庙供奉的人数虽然不多，只有上古圣王以及三代与汉唐宋元的开国之君，但朱元璋认为这些人已经足以代表"中华正统"，彰显他所传承的统治权力。十八世纪的清王朝则以另一个方式来界定王权：弘历及其父、祖三代，尝试将中国历史上各王朝的帝王，全面纳入。这个做法不是选择性，而是包容性的，也泯除了各种差别：不论种族、南北与正统，甚至连这项祭典一向最强调的道德与事功的历史评价，也不再重要了。即使毫无成就的帝王，都应该被尊重。这项祭典断断续续、超过千年的发展，终于达到最抽象的形态：数量庞大的一百八十八位帝王，个别的性格已经不重要，重点在于共同的身份，都是帝王这个大家庭的一分子，一起构成王权的整体。

故事的主角

从举行的地点和人选的名单来看，各个王朝规划这项典礼的形态与面貌都不同，每个时代都能重新改造这项传统。这意味着过去订定的制度没有强大的约束力；缺乏约束力的原因之一在于，这项祭典并非绵延不绝、不曾中断。这项国家祭典在七世纪正式形成，接着经过李隆基的改造，但在八世纪中叶，由于安史之乱重创唐帝国，连带受到影响,此后一个半世纪,不再受到王权的重视。由于这段近两百年的空白,赵匡胤得以在十世纪的下半叶,发挥他的新构想。但他的这项"祖宗之法"也只维持到十二世纪初,即随北宋灭亡而告终。之后又是两百年的空白,从而让十四世纪的朱元璋拥有创新的余地。

一项典礼可以两次中断两百年,可见得它对皇帝和国家而言,并非不可或缺,没有绝对的重要性。不像孔庙在十世纪以后引发许多儒者争论谁有资格入祀,历代帝王的祭典很少激起皇帝和大臣热烈的讨论。但从另一方面来看,宋、明、清各个王朝,几乎都在开国之初注意到这项典礼,企图将历代帝王,送进国家祭祀的殿堂。而且,关注这项祭典的皇帝,在王权的历史上都不是普通的人物。他们的时代和姓名如下:公元初的王莽,五世纪的拓跋宏,七、八世纪的李治和李隆基,十世纪的赵匡胤,十四世纪的朱元璋,十八世纪的弘历和他的父亲胤禛、祖父玄烨。

本书各章的主角就是上述这批人。他们之中,一位是谋夺政权的野心家;两位是开国之君;四位的出身并非汉民族,却积极吸收华夏文化。每个主角身处相异的时代与环境,各自秉赋不同的社会背景与文化传统,遭遇的挑战与问题各自不同。但这些统治者都找到了这项祭典,企图借由它来达成自己的目标,或呈现心中对王权的意象。本书各章将分别探讨他们如何思考王权,进而形塑历代帝王的圣殿、王陵与祭典,推动了这项传统的形成。

权力的话语

既然这项祭典在历史上有四种不同的地点,祭祀的对象并非一成不变,而且每个时代的主角各有他们自己的想法,那么是否果真有一个祭祀历代帝王的传统?在漫长的岁月中,这项祭典几度中断又再恢复而延续下来,多次发生变化而前后面貌不同,但仍然存在一贯不变的核心意念:向历史上的统治者致敬。这项纪念活动不只荣耀过去的王者,对献祭的君主、当权的王朝也有正面的效果。因为这项祭典及其论述,肯定了古今帝王施行统治的正当性。本书各章的主角正是发现这一点,有助于巩固他们的王权,才会反复将之纳入国家典礼。这些论述,也因此成为了权力的话语。

一千多年间,这项典礼的论述,或者说历代帝王被赋予的意义,至少有三种:"功""道"与"统"。

"功"指的是帝王的事业、成就与贡献,比如奠定政治的秩序,化解人民的危难。历代帝王的贡献更超越了时间,长久积累而具有永恒的价值。八世纪的李隆基认为:伟大的君主不只造福一时一地的人民,更留给后世重要的政治遗产,所以身受恩泽的后人理应表达感念。然而,世界上各式各样的统治者有好有坏,即使良善的统治者也同时并存正负不同的面向和评价,但功业的论述只侧重光明的一面:强调帝王美好的道德和行事,及其带给臣民的福祉——至于负面的作为和影响则被忽略、淡化。因此所谓"功",其实是蛊惑臣民的权力话语,以肯定统治者为前提的片面之词。

功业的论述大多诉诸于统治者具体的事迹,比如治理洪水或结束战乱,但"道"的论述比较抽象。对十二世纪最重要的儒者朱熹来说,伟大的统治者,比如尧、舜,施政无不以"道"为本——这里指的是宇宙的原理,所有人应该遵循这个原理,作为天与人之中介的统治者则居间发挥关键的作用。其实,朱熹富有批判的精神,他看不起很多普通平庸、"无道"的帝王,但他认为完美的统治一定合乎"道"的真理,后世的君主应该努力学习、向之看齐。实际上,按照朱熹的高标,在他之前和之后的千年,都没有任何一位王者企及"道"的标准。不过,在他之后的朱元璋和好几位皇帝,比如弘历的祖父玄烨,都被朝廷的儒者和官员奉承,赞美他们已经达成"道"的理想。朱熹的理想被廉价地挪用,王权的统治也获得比"功"更高一层的神圣性:"道"。

最后一个合理化、美化王权的论述是"统"——这个词用来形容统治权力跨越时空的传承，如一条线不曾断绝。不曾断绝的王权传承，和"功""道"一样，其实都是人为的文化建构和政治迷思。但本书各章、掌握至高权力的男主角无不深信，君主的统治从中国文明起源的伏羲、神农和黄帝，一直传递到他们手上。虽然当中也有王朝的交替、国土的分裂，或异族的侵略，但他们认为王权克服、超越了这些偶然的事件与变化。这种想法其实和"历史发展的方向是进步"的信念一样，都是人对历史的诠释，而非描述客观的现象。当纷杂芜乱而未必有秩序的历史，被理出了"进步"和"统"的线形，有些人也因此取得了话语的权力。十四世纪的朱元璋，正式为历代帝王的祭典赋予"中华帝王正统"的新意涵。这个被建构出来的"统"拥有神奇的魔力，让后来的皇帝更有信心，说服臣民接受王权的统治。

第一章　皇帝的客人：王莽与王者的后裔

政权交替的一幕

公元 9 年 1 月 15 日，西汉王朝的最后一天，在都城长安的未央宫前殿，刘氏最后的皇帝、年仅四岁的刘婴，被大臣王莽（45 BC—AD 23）册封为"定安公"。册封的诏书读完后，王莽轻轻握住刘婴的小手表示：我今天不得已必须接受上天的命令，很遗憾没办法像过去历史上的周公那样，等你长大成人，把皇位还给你。① 眼泪从他的脸上滑落。年方四岁的刘婴当然听不懂王莽说的这番话，更完全不明白自己在这场政治戏剧中扮演的角色。终于，皇宫的宦官领着刘婴慢慢走下台阶、走到百官最前端的位置，低声指导刘婴转身向北，向陛上的王莽拜伏，完成汉朝与新朝政权轮替的最后一步。

在场人士无不热泪盈眶。参加这场典礼的朝廷大臣，亲眼目击历史上的"禅让"在眼前上演，心情激动不已。他们都听到王莽对刘婴说的话，指的是周王朝的周公在成王年幼时摄政，待其成长后、还政于君的典范；那已经是将近一千年前的历史了。如今，虽然不能重演这个美谈，但开展出更伟大的结局："禅让"。上一次的禅让，则是发生在两千年前：尧禅让给舜、舜禅让给禹。许多人都感到这是历史

① 《汉书》，卷 99，页 4099。

性的一刻，千载难逢的盛事。

其实，王莽早就是实质的皇帝了。西汉真正的最后一位皇帝是刘衎（9 BC—AD 6，汉平帝），他即位的缘由和在位的时间，与下一任的刘婴差不多：八岁出任皇帝（由王莽决定），在位不满六年（死因成谜，有人怀疑是被王莽毒杀）。王莽选出皇室中年仅两岁的刘婴继位，又等待了两年，才一手导演了这场"禅让"的政治仪式，登基称帝。这一年，王莽五十四岁，终于取得最高权位，但这个过程并非一帆风顺。他年幼丧父——在传统中国，孤儿、寡母恒处弱势，所以他在人生的起点就落后于他人。但王莽修身上进，终于获得家族叔伯长辈的赏识与支持。王氏一族乃西汉后期的贵族，王莽也因此进入朝廷任官，逐渐登上一人之下、万人之上的高位。但他在刘衎的前一任皇帝刘欣（27—1 BC，汉哀帝）即位时，因故下野，在家隐居。二十岁即位的刘欣，本应处于有所作为的年纪，但他在位不到六年，便在公元前 1 年病死。于是，刘欣的祖母、王莽的姑母，再度起用王莽，加上王莽本身具备的政治声望与实力，他重返朝廷，清除政敌。经历这一番起伏的王莽，此时四十四岁，已经是从政二三十年的老练成熟政治家，有着丰富的人生阅历与高超的政治手腕，他的权位从此无人能够动摇。

最后一里路

王莽的身份是"外戚"，即皇帝的妻族或母族；这个身份是通往王权核心最直接的路径。外戚协助皇室进行统治，乃是西汉国政的内在构造。从刘邦建国以来，外戚对王朝的政治就有很大的影响力。外戚大多忠于皇室，真正危及皇室与政权安危者，只有刘邦的妻子吕后及其族人，他们引发功臣集团的不安，最后终于失势。① 王莽也以

---

① 邢义田，《母权·外戚·儒生——王莽篡汉的几点解释》，氏著，《天下一家：皇帝、官僚与社会》（北京：中华书局，2011）。

外戚的身份为起点，支持他的关键力量是姑母王政君（71 BC—AD 13）。王政君是皇帝刘欣、刘衍的祖母辈，她从公元前 49 年被立为皇后，致力维持政权的稳定。她的儿子和孙辈的刘欣、刘衍先后继位，但身体不健康、缺乏主见，最后都早逝、无子。她却长寿，身份从皇后、太后到太皇太后，成为领导皇室的家长。为了稳定政局，王政君持续晋用王氏一族的成员。在她的庇荫下，王氏成为西汉后期长期执政的贵族，王莽则是她的侄儿中最杰出的人才。

王莽从四十四岁重返朝廷，到五十四岁登上帝位，用了近十年的时间。为什么登上权力巅峰的最后一里路，需要这么久？这个时间太长，抑或太短？从内部取得皇位，究竟有多困难？虽然王莽已经站上人臣最高的位阶，但想堂而皇之登上帝位却还有一大段距离。这十年中有人起兵反对，或发动密谋，企图铲除王莽，就连他的儿子都心生恐惧，不赞成父亲的野心。但所有反抗都事迹败露，或被镇压。这些胜利展现出王莽掌握的行政资源与军事力量，乃是他牢牢把持政权必不可少的基础。

但这些胜利不足以成为王权交替的理由。取得政权，除了必须拥有实质的权力基础，更关键的是正当的理由，诉诸于人的思想与认同，而非强制性的暴力。统治权力的正当性必须透过文化，包括论述、仪式、活动和物质等方面，引导和形塑臣民的观感。正当性的建构并不容易，需要长期而大量的部署。王莽在这十年间费尽心思，逐步布置各种论述与意识形态的装置，带领舆论的风向，一步步抬升自己的地位，缩短他和皇帝宝座的距离，最后终于达成目标。

重现禅让

为了提升王莽的形象，王莽及其协力者进行了各式各样的布置——未必每一项都出自长久的规划，也有神来的一笔，最后都像齿轮般推动了政权的移转。为了取信于人，这些措施是从士民已知的人事物中加以翻新，变化自熟悉的前例。这些安排符合人们所认可的传统与秩序。如果不是对王权的历史与政治文化有相当程度的掌握，就无法运用这些文化资源来论述人事物的正当性，进而影响现实的政治。王莽在学术助手的帮助下，巧妙地从或近或远的历史中，找出合适的典范、前例和比喻，为自己争取更高的荣耀与光芒。有些援引的前例来自过去两百年间的政治文化，前后之间有相当稳定的持续性；有些参照的历史远至古老的一千年前，只是美好的传说，根本缺乏具体的做法。这个过程并不容易，可说是非常精巧的"传统的发明"。王莽及其助手费尽心思，结合各种前例，逐一拼凑起来，推动了一场前所未见的政治大戏。

这场大戏就是重现历史上的禅让，让王莽接手皇帝的权位——他才是"禅让"真正的创始者。当时人对政权递嬗的理解，只有"革命"与"禅让"两种方式。革命是以武力推翻暴政：汉王朝的开国皇帝刘邦历经多年战争，推翻秦王朝，击败群雄才取得天下，正是这个典范的"英雄"。禅让则是皇帝主动让位给贤人。王莽崛起于政权的核心，当然不属于革命的路线。崇尚贤能的禅让模式是他唯一的道路。所谓"贤者"，就是道德崇高，具有文化涵养，尊敬历史传统，而不只是率兵打仗的武人而已。当王莽逐渐被比拟成伟大的贤者，也就超越了"外戚"的格局——之前的外戚大都缺乏深厚的教养。王莽对历史与文化的了解与兴趣，不但让他更容易进行权力的布置，也为他增添许多个人的魅力。

虽然"英雄"或"贤者"都能通往最高的权力，但王莽没有第二个选择，只能努力让自己成为众人肯定、称誉的贤者。他的路径也将定位他的政权与过去的关系：革命否定前朝，意味着指对抗和超越，但禅让强调两者之间的联系与和谐。这个性质的关系不只浮现在新与汉两个王朝；在王莽构想的王权秩序中，他的新政权与历史上各个王朝都有内在的联系。他仔细运用各种方式，让自己的新王朝显得像是历史发展的自然结果。为了强调历史的脉络，他即位之后，编制了一份历代帝王的名单。即位前十年，他为新旧政权的交替堆叠而成的文化工程，充满古典而庄严的美；即位后的这份名单则是一道新的装饰，为他的王朝形塑了历史秩序的意象。

一、历代帝王的名单

王莽的创举

王莽正式即位后最早宣达的命令，就是重新布建自己的人马，让协助自己掌权的人也获得荣华富贵，分享他的权力——这是许多新政权启动的惯例。这些功臣计十一人，他们是王莽最得力的助手，分居中央政府最重要的职位。[①] 但在这些人之外，王莽还册封了十位历代皇室的后裔，让他们在国家的封爵体系中，也占有一席之地。当中包括逊位的刘婴，夏商周三代及其之前上古先王的后裔。[②] 新政权的成立，往往伴随着地位秩序的重新洗牌，相较于许多刘姓的前朝宗室失去权势，这十个人则是新贵，骤升到众人难以企及的高位。这并非酬功，因为他们没有特别为王莽出力，但似乎也没有实权。帝王之外，四个位居臣属的贤者，其中两人是孔子和周公，其后裔也受到尊崇和礼遇。被突显的十四位帝王与贤者，并非随意拼凑，而是经过精心的规划，其后裔分别被授与公、侯、伯、子的贵族身份。（参见表1-1）这件事的背后有王莽及其追随者构想的秩序，包含了许多历史与政治哲学的思想和设计，富有深刻的涵义。[③]

---

① 十一公：《汉书》，卷99，页4100—4101。
② 分封历代帝王后裔：同上，卷99，页4104—4105。
③ 顾颉刚的讨论：顾颉刚，《中国上古史研究讲义》（北京：中华书局，1988），页211—212。

表 1-1　王莽分封历代王者、贤人后裔

	后裔姓名	爵名	爵等	特殊身份	特殊待遇
王者					
黄帝	姚恂	初睦侯	侯		
帝少昊	梁护	脩远伯	伯		
帝喾	王千	功隆公	公		
帝颛顼	刘歆(秀)	祁烈伯	伯		
帝尧	刘叠	伊休侯	侯		
帝舜	妫昌	始睦侯	侯		
夏后	姒丰	章功侯	侯	恪	明堂配祀
殷后	孔弘	章昭侯	侯	恪	明堂配祀
周后	姬党	章平公	公	宾	明堂配祀
汉后	刘婴	定安公	公	宾	明堂配祀
贤人					
伊尹	伊玄	褒衡子	子		
皋陶	山遵	褒谋子	子		
周公后	姬就	褒鲁子	子		
宣尼公后	孔钧	褒成子	子		

说明:黄帝和帝喾的后人本应封伯,因与王莽关系特殊,被提升为侯和公。

　　当时人认为,这是一项名为"存亡继绝"的仁政,而且有历史的前例可循。[1] 根据古典的记载:千年以前的周人集团击败商人后,立刻分封了黄帝、尧、舜和夏、商的后裔。其实,这是经过儒家美化的理念。以封商而言,当周人集团征服商人,分封商的遗民,让他们继续

---

[1]　王尔敏,《中国古代存祀主义之国际王道思想》,氏著,《先民的智慧:中国古代天人合一的经验》(桂林:广西师范大学出版社,2008),页 143—161。

维持原有的生活与文化。这是征服者怀柔被征服者的手段；同时也因为周人没有能力彻底、直接统治商人，是迁就现实的统治策略。但事过境迁，西周建国之初的现实政治，经过长久以来的美化与诠释，被东周时代的儒者理想化与道德化之后，赋予新的意涵。

当刘邦建立汉王朝时，有人建议他效法周人的施政。刘邦欣然同意，指派人力看守秦始皇以及齐、楚、赵、魏等君王的陵墓。[①] 王莽及其学术助手，当然熟悉周人和刘邦的史事和典范，建国之后，采取了类似的做法。虽然有前例，但分封十位历代帝王后裔的决定，仍然是王莽的创举。刘邦只简略派人看守王陵，没有任何其他措施。王莽编制的历代帝王名单，对象多达十个，前所未有、规模庞大；不但更为系统化，内部也有等差，形成整齐的体系。

这是帝制时代的中国，皇帝指定的第一份历代帝王名单。这份名单蕴含了王莽心中的许多想法。在进一步分析它之前，应先注意到它的数量和空缺：为什么是十人，而非九或十一？而且没有秦王朝，也没有炎帝神农氏。名单上没有秦始皇后裔的原因比较容易猜测。在刘邦建国的时代，许多方面都沿用秦王朝的制度。但之后成长的新一代儒生，并不认可秦的历史地位，往往在论述中将它排除在历代王朝的序列之外，只算是周与汉之间的过渡，而非正式的王权。所以，名单中没有秦皇室的后裔，并不令人意外。至于没有炎帝神农氏，则和这份名单的起点有关。"十"是个经过安排、精心调整后的数字。对王莽及其时人而言，每个王者及其王权都具有"德"。王者建立的国家，应该根据宇宙间五种基本的"德"，各自具备独特的性格和面貌。十位王者的后裔，意味着五种"德"的循环已经轮替了两回。新登基的王莽则是第十一人，他将开启第三轮的循环，而他的"德"正与第一轮首位的黄帝相同。炎帝神农氏比黄帝更早，如果将他纳入

①　《史记》，卷8，页391；《汉书》，卷1，页76。

名单,将连带造成这份名单出现不整齐的状况。而王莽最喜欢的就是井然有序,所以,并非他认为王权的历史始于黄帝,而是这份名单最适合的人选只能上溯到黄帝。[1]

血缘关系的重要性

在帝制时代,各个王朝不时会回顾历史上的王权,提出名单,向历代王朝或帝王献祭、致意。但公元一世纪的王莽,做法和八世纪唐王朝的李隆基甚至之后的皇帝完全不同。当李隆基想向历代王者致意时,是以皇帝的身份,选择一个地点或场所,举行典礼。这个地点或场所在哪里是一大关键,往往选在历代各朝的立都之地或建国之地。[2] 举行祭典的地点与被致敬的君主,一定有强烈的关联性。这些地点,也因此成为王朝的代表,比如刘邦立都长安,刘秀从南阳起兵,这两个地方分别成为西汉和东汉的代表性地点。但王莽不曾考虑过这个做法。对他来说,历史上的帝王并非只是历史的残迹,这些王者的后裔还存在,这些活生生的王者后裔就是他们的祖先最好的代表。

王莽与后世其他皇帝的做法,还有一项不同。后世献祭的典礼,虽然皇帝不一定亲自出席,可以遣人代祭,但唯独皇帝有资格向历代帝王致意,所以祈祷的祝文皆以皇帝为主体发语。然而,王莽不曾设计出一个由他以皇帝的身份向历代帝王致祭或求福的典礼。他对这些王者当然有很高的敬意,但他不认为自己是最适合的祭祀者,因为双方并无血缘的连系。荣耀这些王者最好的方式是访求其后人,封爵赐土,由他们在封国的土地上祭祀自己的祖先。这其实就是中国社会与家族中最基本的血亲祭祀。这种访求王者贤人的后裔、维持

---

[1] 顾颉刚,《五德终始说下的政治与历史》,顾颉刚等编著,《古史辨》第五册(海口:海南出版社,2005),页 338。

[2] 详见本书第五章。

其家系的做法，在日后中国的历史中仍不时重现，不只彰显了统治者尊崇历史伟人的风范，也反映了汉民族希望延续血统的欲望。

杰出的帝王曾有伟大的贡献，日后失势、衰微，但如今获得国家的重视，保障其血脉的传承，是一件鼓舞人心的事。对于重视家族绵延的中国人来说，没有比祭祀不辍更重要的事。祭祀活动的持续，意味着血脉的传承："统"。按照当时的观念，统绪的延续只能由同姓同宗的子孙完成，祖先也保佑和赐福给他的子孙。祭拜别人的祖先，并不会获得眷顾。这些传承被称为"汉统""殷（商）统""尧统"和"舜统"，必须由他们的后裔来维持，而不是王莽。从刘邦以来，皇帝若有想要致敬的历史伟人，多半以寻访后裔的方式，由其子孙祭祀祖先，确保其世系绵延不绝。统治者这种高尚、仁慈的行为被称作"存祀""立后"，受到赞誉。王莽分封各朝皇室后人的做法正是从此一措施发展而来，并增添了更多的对象与意义，形成完整的制度。

每个家族都期望传承血脉，但这些王者的子孙祭祀祖先，不只维系其家族的"统"，也具有政治的意义，因为他们并非平凡的普通人：祖先曾经接受天命，秉赋宇宙间五种基本的"德"之一，建立了伟大的王权。王莽的措施不只恢复了这些家族的祭祀和统绪，更彰显了这些王者所代表的"德"：他的新朝是土德，汉王朝则是火德。每一种"德"都有它的代表者，而且同时存在于世界上。王莽册封历代皇室后裔的做法，并非强调他自己单独、唯一的"德"与"统"，而是呈现多元、并存的面貌。尤其这些人拥有朝廷的名位，他们作为神圣帝王的代表，现身朝廷的庙堂上，突显了新王朝汇聚古今有德王者与贤人的代表、济济一堂的意象。

王莽的祖先

王莽本人其实也是王者的后裔。在他的名单上，十位中有三个是他的祖先：舜、喾和黄帝。他追溯王姓的来源，宣称自己是舜的后代,称之为"始祖";舜又出自于喾;至于最早的黄帝,则是他的"初祖"。① 这三位王者都是王莽的祖先,他也以子孙的身份特别关照,派遣使者修护黄帝和舜帝的陵墓:两者分居南北,前者在陕西的桥山,后者在湖南的九疑山。当时这是最负盛名的帝王圣地,秦始皇和汉武帝都曾经致意,② 如今一并成为王莽家族的墓地。黄帝和舜帝都被王莽立后,至于喾的传承则由王莽的孙子王千继承。在公元 20 年,王莽为黄帝、舜帝和其他祖先,在长安建庙。③ 其中以黄帝庙最为高大:四面等长约四十丈,高度为十七丈,分别相当于九十二公尺与三十九公尺。

当时很多人追溯祖源,都会上接古老而伟大的王者,王莽的做法并不稀罕。比王莽早一个世纪的史家司马迁撰写《史记》时,就指出许多人的祖先是上古的君主:比如越王句践和匈奴的单于都是禹帝的后代,秦始皇的祖先则是帝王颛顼。④ 司马迁赞叹上古先王的成就和贡献,充满仰慕之情。他相信,这些王者将庇荫子孙。他最敬佩的帝王可能就是王莽的"始祖"舜:舜让位给禹,其后代绵长不绝,延续到孔子的时代,甚至一度强大到夺取了齐国的政权。⑤ 司马迁还推测项羽也是舜的子孙,因为他注意到两人都有"重瞳"的生物特征。⑥ 就连司马迁溯源自己的祖先,也追到尧、舜时代的"重黎"。那个时代的统治菁英,如司马迁和王莽,往往追溯祖先到两千年前。至于汉王朝,在刘邦建国百年之后,人们也开始接受他是尧帝的后人。司马迁

---

① 王莽的家族谱系:《汉书》,卷 99,页 4095、4106—4107。相关讨论:顾颉刚,《五德终始说下的政治与历史》,页 349—350。
② 秦始皇祭舜:《史记》,卷 6,页 260。
③ 《汉书》,卷 99,页 4162。
④ 对祖先的追溯:越王,《史记》,卷 41,页 1739;匈奴,同上,卷 110,页 2879;秦,同上,卷 5,页 173。
⑤ 司马迁对舜的赞美:同上,卷 36,页 1586。
⑥ "重瞳"的生物特征:同上,卷 7,页 338。

注意到历史上王者的后裔往往能够复兴、再起,而王莽相信,自己正是重振祖先光荣的那一人——他将重演历史上汉、新两朝的祖先尧、舜禅让的美谈;王莽大肆宣传这一点,为自己增添掌权的正当性。

二、王者后裔的身份和礼遇

刘婴的特别待遇

十位历代帝王的后裔,并非一概平等,他们的爵位有公、侯、伯的等差。时代最近的两朝皇室子孙,被封为最高一级的"公",更早的四代封"侯",最早的四代为"伯"。越古老久远者,地位越低。封爵反映了一个人的政治地位,虽然不直接等同实质的权力,仍然非同小可。年仅四岁的刘婴被封为定安公,他的地位等同于协助王莽夺权的十一位功臣,这群人掌握大权,也被册封为"公"。

刘婴后来的遭遇与命运如何? 王莽如何对待他? 由于政权交替出自表面上和平的移转,王莽也对前朝皇室表示尊重。年龄相当于祖父辈的王莽,后来让自己的孙女与刘婴成婚。没有比联姻更能突显前后两个王朝之间的和谐了。这当然是政治婚姻,但并不令人陌生。因为王莽的姑母和女儿,都与汉朝的皇帝结婚。[1] 汉的统治虽然结束,其后人仍然是地位最崇高的贵族。

不过,礼遇只是表面的,王莽仍然十分戒备。刘婴被软禁在没有窗户的地方,遭受监视;与外界隔绝,连最亲近的保姆都被禁止交谈。长期处在这种封闭的环境下,刘婴长大以后几乎欠缺日常生活的知识。王莽的防范,并非毫无理由。王莽死后各地群雄并起,陷入纷乱。刘婴身为汉王朝的最后一位皇帝,作为汉皇室的代表,具有皇帝

---

[1] 王莽之女和孙女的政治婚姻:《汉书》,卷99,页 4066、4101。

的资格,于是他被人挟持、立为天子,但最后仍死于乱兵中。[1]

尽管王莽处处提防,但在朝廷礼仪的展演上,他仍给予刘婴及其代表的汉,相当高的地位。刘婴除了定安公的爵位之外,还有另一个身份是"国宾",意思是国家的客人,不受王莽的统治,王莽要保持主人的礼貌,而非君王与臣民的关系。与刘婴同样身为国宾者,还有一位姬党。他作为周朝皇室的代表,同样被封为最高级的"公",备受礼遇。刘婴和姬党合称"二王后",二王指的是当朝之前的两个王朝。[2]这两个前朝和正在执政的王朝,合称"三统":王权的历史就在三种"统"之间循环。王莽政权身为三统之一,必须尊重前两统,善待其王者的后人,宇宙的秩序才能和谐。[3] 这些"二王后"和"三统"的政治理论及其相应的措施,并非王莽的发明,在他之前的数十年间已有前例。王莽的历代帝王名单,正是从这套政治理论发展而成,但他扩充到十个人,向前延伸到五帝、三皇等,更形完整。这种寻找和礼遇王者、贤人后裔的做法,王莽的规模也是最大的,此后再也没有了。

这个古老的政治理论及其文化,其实在二十一世纪的台湾地区仍有踪迹:每年秋季的教师节,由孔子后裔担任主祭、向至圣先师致意的典礼。孔子最早接受官方正式纪念的原因,就是被当作"二王后"之一。当时还有其他王者、贤人的后裔也获得册封和礼遇,其家族、血脉和祭祀也因此延续。但在漫长的两千年中,这些祭祀都逐渐失落,唯祭孔的活动却取得新的意涵,从私家之祭进入国家体制中绵

---

[1] 刘婴的下场:《后汉书》,卷11,页473;《资治通鉴》,卷40,页1274。

[2] 二王后的研究:冈安勇,《中国古代における"二王之后"の礼遇について》,《早稻田大学大学院研究科纪要别册》7(1980):187—197,《中国古代における"二王之后"の成立——'郭店楚墓竹简'所收'唐虞之道''上海博物馆藏战国楚竹书'所收'容成氏'を手挂かりとして》,纪念论集刊行会编,《古代东アジアの社会と文化:福井重雅先生古稀・退职纪念论集》(东京:汲古书院,2007),页53—76。

[3] 二王后与三统的关联性:佐川茧子,《西汉における"二王之后"について——三正说の展开と秦の位置づけ》,《二松学舍大学论集》(二松学舍大学文学部)50(2007):147—168。

延不辍而茁壮,成为中国政治与教育、文化的一大特点。①

二王后的起点

寻访王者和贤人后裔的理念及其实践,始于王莽即位前的一个世纪;最早被礼遇的王者后裔是姬党的七代祖先。公元前 113 年,汉的皇帝刘彻(157—87 BC,汉武帝)前往今山西汾阴举行祭典,回程经过河南洛阳。洛阳是西周王朝营建的城市,也是东周皇室的所在地。汉武帝参观这些遗迹,注意到东周在约一百五十年前被秦国灭亡后,再也无人向这个长久而伟大的王朝致祭,于是询访当地人,找出皇室旁支的后代姬嘉,册封他为"周子南君,以奉周祀"。② 这是西汉最早册封王者后人、维系其命脉与祭祀的措施。这件事并非预定的计画,刘彻也没有追加寻访商王朝的后人,但开启了官方为王者立后的传统。

寻访伟大王者的子孙,保障其生活,维系其血脉,乃是儒者的理想。约七十年后,公元前 44 年,刘彻的四代孙刘奭(75—33 BC,汉元帝),重新封姬嘉的后代为"侯",同时派遣官员寻找周之前的商朝后人。寻访商朝后裔的行动是由儒生促成,不像之前的皇帝刘彻出于偶然,但结果却一波三折。当时的人认为商、周是前后相承的王朝,但现代史学的研究发现,这是两个同时并存、但地域和文化有差异的部族。商与周的争霸虽然最后以战争定胜负,但周人无法彻底消灭商人的势力。于是在周人的统治下,商人获准在宋国(今河南商丘一带)保持原有的生活与文化,当时的用语称此为"封"。当刘奭派人前往宋国的故地寻找其子孙时,宋国早已灭亡两百多年,王室的祭祀断绝,人群离散。宋国后人散居各地,繁衍成十几个家族。官员无法清

---

① 孔子祭祀的形成:黄进兴,《权力与信仰:孔庙祭祀制度的形成》,氏著,《圣贤与圣徒》(北京:北京大学出版社,2005),页 1—46。

② 《史记》,卷 12,页 461;《汉书》,卷 6,页 183。

楚推算他们的世系传承,也无法决定谁才是真正的王室后裔。[1]

深受皇帝欣赏的儒生匡衡,提出他的解决办法。他说明了寻找商、周"二王后"的用意:"尊其先王而通三统"。匡衡认为这是向两朝王者致敬。"通三统"则是汉与商、周三朝各为一"统",合为"三统"。王权的历史与政治的秩序是由三统所组成。为两朝的王者立后,将汉王朝的统治与过去的王权连结,构成权力的传承。宋国既然不能守护自己的血脉而亡国,所以不需要由宋人的后裔来继承商。他建议,由于孔子曾经自称为商的后人,所以不妨由孔子的后代来继承。当时的儒生非常崇拜孔子,但不晓得该用什么理由和身份,为他在国家祭典中取得一席之地。所以匡衡借此机会,企图让官方正式向孔子致敬,接受不朽的纪念。皇帝刘奭其实很喜欢儒学,也赏识匡衡,但他大概觉得这个提案太新颖了,耸人听闻,所以没有采纳,最后搁置了这件事。[2] 刘奭是王莽的姑丈,王莽在这件事的前一年出生。

刘奭死后,其子刘骜(51—7 BC,汉成帝)即位,终于在公元前 8年,根据古典的记载,认定孔子为商人后裔,册封孔子的子孙为侯。孔子成功进入国家祭典,并非刘骜特别好儒、尊孔,其实这是皇帝求子祈福的活动之一。刘骜时年四十三岁,他即位二十五年来享受欢愉的生活,将朝政托付给母亲王政君的家族,王莽正是其中最受瞩目的才俊。刘骜最大的遗憾是无子继嗣。皇位继承的问题,引起大臣关注,纷纷提出解决之道,有人敦促皇帝收养兄弟之子,立为太子,有位儒生梅福则重提匡衡的建议,主张立孔子的子孙为"商后"。他诉诸的理由,切中刘骜的心病:为孔子立后,将可为他生子祈福。梅福说:秦朝"绝三统,灭天道,是以身危子杀,厥孙不嗣",周武王"明著三统,示不独有",所以周人子孙遍天下。如今,"成汤不祀,殷人亡后"。

---

[1] 《资治通鉴》,卷32,页1042。
[2] 《汉书》,卷67,页2926。

陛下继嗣久微，殆为此也。"①简言之，立孔子为殷（商）后，将获福报。儒生的理念和皇帝的心病，各有怀抱，但双方竟然找到衔接的一点。

一般家庭若无子嗣，尚且忧虑不已，怀疑是否得罪上天，失去祖宗的庇佑，何况统治天下的帝王？是否上天已不再眷顾刘氏，这是王朝衰微的征兆？皇室采取许多行动，希望维持血脉，继续统治天下。终于，刘骜在公元前 8 年正式下诏立兄弟之子为太子；年富力强的他，仍然期望拥有亲生的子嗣，所以同时采纳梅福的意见，立孔子为殷后。孔子被视为商王朝的后裔，但不等同于官方祭祀孔子，因为真正献祭、致敬的对象不是孔子，而是商王朝的汤王。当时的儒生景仰孔子，但他们并非将孔子当作直接崇拜的对象，而是希望他的家族与后人绵延不绝。这项措施维系了孔子的家系，对于祭孔的发展，是重要的第一步。日后王莽对于历代帝王的礼敬也采取相同的做法，他本人并不亲自向历代帝王致祭，而是保障其后裔。王莽或许也期待自己的仁政将带来福佑。

这一年，商、周两代的后裔都晋升为"公"爵，获得方圆百里的封地，正式确立"二王后"之制，刘骜实践了"王者必存二王之后"的理想，让汉向商、周王朝致敬。正是在同一年，王莽继其叔伯长辈之后，跃居执政的地位。此时三十七岁的王莽，与皇帝刘骜年龄相近；他从年轻时开始担任皇帝的侍从，多年来很清楚皇帝无子带给政局的紧张。② 日后，他正是在汉的皇室无子继嗣、国家安全与统治正当性陷入危机的年代，被认为有安定政局的贡献，最后借此危机掌握大权。十多年后，王莽登基，他也沿用了这个制度：汉王朝走入历史，与周王朝成为新王朝的"二王"，商王朝则被挤出去。周、汉与新朝，成为"三

---

① 《汉书》，卷 10，页 328；卷 67，页 2924。儒生批评秦始皇灭绝历代帝王，"灭六国之后"，"荡灭前圣之苗裔"：《史记》，卷 55，页 2040；《汉书》，卷 28，页 1542。刘邦为六国诸王陵墓设置守冢，理由也是"亡后"：《史记》，卷 8，页 391；《汉书》，卷 1，页 76。

② 《汉书》，卷 99，页 4039—4041。

统"的新代表。

皇帝的客人

先前提到,姬党和刘婴身为周、汉"二王后",除了被封为公,还有一个特殊的身份:"国宾"——国家的客人。这是非常特殊的身份,因为帝制中国的政治理念是"普天之下,莫非王土;率土之滨,莫非王臣":整个世界的土地皆帝王所有,所有土地上的人民都是皇帝的臣属。这个理念成为秦汉帝国皇帝统治的基本前提,除了极少数例外,所有人都必须向皇帝"称臣":归顺与服从。称臣,意味双方缔结君臣关系,分居权力与地位的上下两端。但刘婴、姬党是唯二不必向王莽称臣的人,双方是主客的关系。他们都能在自己的封国内,建立宗庙祭祀祖先,同时按照本身的"德"与"统",实行自己的历法和服色,①等于国中有国,他们享有的文化特权,意味着他们与当权的王莽,几乎对等。

君臣关系的尊卑,具体表现在许多细节,其中一项是双方互动的称呼。比如只有皇帝能自称"朕",其臣属的发语词必须自称"臣"。以王莽册封的妠昌为例,当他在朝廷上发言或上书,必须说或写"臣昌",即自称为"臣"并加上自己的"名"(昌)。② 这个语言、文字的规范从秦汉延续到清代,贯串整个帝制时代。如今在比较考究的宫廷历史戏剧中还可以看到这个细节。在口语、文书中称臣、称名,显示自己隶属于他人。当人自我规范、服从规范,也强化了权力关系。另外,君臣或主客的关系也体现在席位与座向。③ 在正式的场合,席位与座向显示人与人之间的身份、地位与关系。中国古代以北为尊,故

① 《汉书》,卷99,页4100。
② 称臣称名:尾形勇著,张鹤泉译,《中国古代的"家"与国家》(北京:中华书局,2010),页91—140。
③ 席次座位与君臣关系:冈安勇,《中国古代史料に现われた席次と皇帝西面について》,《史学杂志》92.9(1983):1—32。

帝王坐北向南，臣属则坐南朝北。相对于此，主客之间的对等关系，则以东、西向来表现。因此，当王莽与刘婴、姬党同时出席某些场合，双方以东、西向序位，而非南、北向。所有在场的人都会注意到，刘婴和姬党比其他称臣的人有更高的地位，而王莽对两人保持客气的尊重，呈现和谐的氛围。

在王莽的历代帝王名单中，周、汉之前的夏、商王室，比时代更早的其他六人，地位又高出一截。周、汉被称为"二王"，夏、商被称为"二恪"，都是王莽特别尊重的对象，但周、汉的时代较近，而夏、商较远，两者的位阶因此不同：前者的后裔封为公，后者封侯。"二恪"和"二王"的理念，在王莽建国之前就已经浮现。提倡这套观念的儒者，无非希望汉王朝的统治者礼敬历代帝王。借由此一姿态，展现当权者对王权的历史及其传统的尊重。"二王"在公元前8年正式成为国家制度，至于"二恪"则晚了十七年，直到王莽建国之后才接着成立。

于是，夏、商、周、汉四个王朝，虽然已经在历史上消失，但他们的后裔仍然健在，见证着伟大的王权。见证的方式，除了这些王室的后裔在自己的封国祭祀祖先之外，包括刘邦在内的四代开国之君，更在国家最重要的场所，接受致敬。这个场所称作"明堂"，其建筑的设计对应宇宙的秩序；儒者相信，皇帝透过这个场所发布政令，将产生良好的效果，带来完美的政治秩序。作为王权最重要的圣殿之一，明堂当然也供奉着皇帝血脉的根源：祖先。王莽最早的祖先有两位，先是黄帝，后是舜帝，都在明堂中接受祭祀。至于夏、商、周、汉四代的君主，附属在舜帝的左右，一同获得纪念，彰显了王权的历史与传承。①

天命的候选人

在王莽心中，这些王者后裔的出身不凡，丝毫不逊于汉王朝的皇

---

① 《汉书》，卷99，页4105。

室与贵族。公元 2 年，他尚未称帝时，提议为已满十岁的皇帝选聘后妃。在此之前，汉皇帝选择后妃时，并不特别重视出身的高低。刘骜宠爱的妃子赵飞燕本为歌女，当时这是备受歧视的职业。刘骜的母亲，即王莽的姑姑，就反对立之为后。当王莽为刘骜之后的刘衍选妃时，于是设下一个范围：“二王后及周公、孔子世、列侯在长安者”。①“列侯”是当时最高一级的爵位，是皇室之外地位最高的贵族。都城长安列侯之家的女儿，出身当然高贵。但王莽却另外补充了四个人选：二王后，以及周公、孔子世，即商、周两朝王室和周公、孔子的后人。这四个家族都不是凭借实力，为国家建立功业被封爵，而是因其血统，被提升到相当于列侯的地位，和汉朝当世的贵族同样拥有与皇室联姻的资格。王莽建国后，分封了十四位王者和贤人的后裔，也都是地位崇高的顶级贵族。

　　包含“二王”“二恪”在内的十位王者后裔，不只地位崇高，还有政治上的角色与作用。虽然他们大多没有掌握实际的权力，但具有重要的象征功能。刘婴、姬党分别代表了汉朝、周朝，和王莽的新朝鼎足而三，形成三种“统”；如果再加上“二恪”，就构成了五种“德”；在“三统”“五德”中，统治的天命循环流动。王权的历史上虽然有个别不同的王朝，但背后的结构是三统和五德。② 对王莽来说，历代帝王不只是过去的统治者，他们与世界永恒的结构有着神秘的呼应。历代帝王各自占据三统或五德的其中一个位置，彼此平等，他们的后裔，包括王莽在内，都代表其中一“德”。基于这种政治哲学，王朝都不是绝对的，只是对应宇宙秩序的基本原理或法则之一而成立。③ 王权的秩序是多元的，王朝的轮替是自然法则的一部分：每个王朝都有起点和终点、盛衰和起伏；王朝的命运，就像天地四时新陈代谢一样，乃是自然的现象。中国史上，王朝官员对政权轮替抱持这种正面的态度，非常罕见。[1] 借由替换、更新，人们得以消除不愉快的记忆，参与宇宙的永恒运作，感觉重获新生。

王朝更迭，但五种"德"是世界的本质。过去的王朝占有一德，如今失去天命，这些"德"仍然对应着天地万物的运作。五种"德"共同维系世界的秩序。任何一个统治者都无法垄断所有的德，王莽只是其中一德的再生，王权就在这五德与十个王者之家中轮替。这些王者后裔因其祖先也拥有不凡的资质，有资格和潜力取得王权。每一家都是天命潜在的候选人。这样的理论似乎暗示任何王权都不是绝对的，而是循环、轮替的，呈现国家乃天下公器的意象。

三、儒生的信念与势力

王莽施展策略，布置周到，终于成功夺权，但这一切并非单靠外戚的权势，或凭他个人的阴谋就能完成的事业，王莽的支持者很大一部分是儒生。王莽即位之前百多年间，士人学儒、入仕者逐渐增加，在朝野内外形成重要的势力。王莽的言行符合、顺应这些人的理想和规范，因而取得很高的声望。许多儒生深深相信，王朝有盛衰起伏，而且帝王必居"三统""五德"之一，而刘邦建立的王朝经过百多年后，已经步入秋天了。尤其汉武帝刘彻的内政与对外战争，引发诸多不满，许多人感觉王朝统治的"德"已经衰退。面临正当性的危机，有些人怀抱一丝希望，提议刘氏应重新取得天命——"再受命"；彻底丧失信心者则激烈主张，刘氏应该退位让贤，期望新的王者以新的"德"带来新气象。各种变革的尝试，无非企图"更始求新"，开创新的政局，王莽正是这股潮流中终获成功的最后一人。

---

[1]　钱穆，《刘向歆父子年谱》，氏著，《两汉经学今古文平议》（台北：台湾商务印书馆，2001），页 18。

"先王"作为历史文化传统的象征

为什么王莽想在自己的政权中，安插前朝乃至历代王者的后裔？在他执政之前，汉王朝已经根据"三统论"册封了"二王"的后人。王莽即位，则为下台的汉皇室保留一席之地。不止于此，他还增加了"二恪"，并为其他六位先王立后，扩大规模。这些人获得崇高的地位，成为王权及其历史的象征。虽然只是点缀，但他们的存在，仍然有非同小可的意义。过去两百年间，国家不曾如此荣耀这些帝王。久远历史上的王朝与当前的政权，难道一定有关联？这个问题的回答因不同人的思想而异，并非必然。但王莽和支持他的儒者给了肯定的答案。他们信仰的三统论本身就是强调王权的历史传统有不可磨灭的价值；此一传统价值，在当时被称作"先王之道"，这些先王都在王莽的名单上。

三统论是公元前二世纪儒者董仲舒的构想。他是当时最重要的儒者，生于汉高祖刘邦的时代，乃是西汉建国后的新一代人。"三统论"是他观察华夏历史的发展，注意到夏商周三代的差异，归纳而成的理论模式。他分析每一代的统治者都根据宇宙的三大原理之一来制定人世的秩序，王权的历史就在三统的结构中往复循环。① 但历史上有一个王朝不被他列入三统，这个王朝也否认"先王之道"。董仲舒称其"立为天子十四岁而国破亡矣。自古以来，未尝有以乱济乱，大败天下之民如秦者也。其遗毒余烈，至今未灭，使习俗薄恶，人民嚚顽，抵冒殊扞，孰烂如此之甚者也。"② 汉王朝建立以来，许多菁英士人都在思考秦的成就与失败。其中一项批评就是秦与三代传统价值的决裂：废弃"仁义礼乐"。三统论，正是鼓吹三代的文化价值。秦以

---

① 董仲舒的三统论：张端穗，《董仲舒思想中三统说的内涵、缘起及意义》，《东海中文学报》16(2004)：55—103。

② 《汉书》，卷56，页2504。

其实力灭亡六国，但仍应该尊重这些失势的王者，设法维系他们的"统"，而非赶尽杀绝。对王莽与儒者来说，秦王朝之所以失败正是否定了传统的意义，历代帝王代表了华夏的历史传统。

董仲舒生前未获得重用，但他的学说有强大的魅力，吸引了许多弟子和儒生，前仆后继、满怀自信地发挥他的思想，向朝廷进言。比如董仲舒赋予孔子极高的地位，促成了孔子一度被立为"二王后"之一。另外，他注意天地间的各种迹象和动态，比如自然的灾难、难以理解的异象和违背常理的怪事，来探索上天对人世的态度。这套检讨政治的灾异理论，更让许多儒者成为政治上的批评者甚至激进派。他们将西汉中后期的一些现象，理解成汉王朝正在丧失统治的正当性。

儒生对汉王朝的批评和改革，终究未能拯救、提升刘氏统治的正当性，反而为王莽的夺权铺平了道路。他们对三代及其之前的历史文化传统，深具信心，尤其反感于汉王朝继承恶名昭彰的秦制，持续要求改革，希望能将儒家理念付诸实践。董仲舒死后半世纪，王莽才出生，儒生的势力在这段期间逐步上升。王莽在成长过程中深受这批士人及其思潮的影响，让他的外戚身份多了一层儒生的色彩，从而赢得许多儒者的支持。儒生崛起的时代潮流和王莽成功的政治操作，巧妙结合，最后结束了汉王朝。

董仲舒当然支持汉王朝的统治，他不可能想到自己的学说最后竟然颠覆了它。三统论和二王后的设计不单纯只是王莽夺权的工具而已，其背后寄寓了儒家重视历史传统与记忆的理念。当王莽付诸实践，纪念和荣耀过去的王权时，也利用它提升了自己的统治正当性。

国家典礼上的王者

公元前一世纪的儒者，对国家典礼的形塑还有一项重大的影响。

这项改革完成于王莽之手,而且也和历代帝王有关。王莽称帝之后,将夏、商、周、汉四朝的开国之君,供奉在他颁布政令的礼制建筑:明堂。但在他的名单上,三代之前还有六位先王:黄帝、少昊、喾、颛顼和尧、舜。最后两位和王莽的关系非常密切:舜是他的祖先,而汉的祖先是尧。尧舜禅让的祖先典范为王莽取得汉政权时多了一个有力的政治隐喻。至于其他四位,王莽也不陌生,他将前三个送上皇帝祭天的大典中。

皇帝祭天是中国在帝制时代最重要的国家典礼,这项仪式维系了两千多年,但在刚开始的两百年间却充满了不确定,从祭祀的对象到数量都一直在变化,因为当时正处于从多元、封建的旧时代,过渡到单一王权的新体制。统治者一直在摸索,如何建立相应于新政治格局的国家祭祀。直到汉武帝刘彻,才整合成有一个最高的上天和其下五个天帝的格局。[①] 天帝的数量之所以是五,和人们认为五种特质(五德、五行)是宇宙秩序的基本结构有关。这五个天帝是近乎神的存在,并非出现在历史上的君王。王莽以儒家的经典和理念改造了这项祭典,他将历史上的五位君主分别配置在五位天帝之下。[②] 伏羲、神农、黄帝、少昊和喾,以及天上、地下的其他鬼神被分配到相应于五德、五行的祭坛上,让这项天之祭典更宏大、壮观和包容。

这五位是最早登上国家祭典的王者,虽然只是附属于天神的配角,但仍然受到皇帝的礼敬。尽管王莽最后败亡,但他的许多改革因为符合儒家的理念,而且适合中央集权、统一帝国的政治格局,其基

① 金子修一,《古代中国と皇帝祭祀》,页88、93—96;田天,《秦汉国家祭祀史稿》(北京:三联书店,2015),第1到3章。

② 顾颉刚,《秦汉的方士与儒生》(台北:里仁书局,1995),页117,《中国上古史研究讲义》,页234;或见《三皇考》(氏著,《顾颉刚古史论文集》[北京:中华书局,1996],第3册:"本来,五帝只有一个判别颜色的名号,到王莽时而把太皞、颛顼等并了上去。"页109)。

本内容不但被东汉继承下来，更长期成为帝制中国的制度。[①]　直到八世纪，唐王朝的李隆基才在都城兴建庙宇，独立出来，正式向这五位帝王和颛顼、尧、舜致意。这八个人被分成两组："三皇"和"五帝"。在十世纪和十四世纪，赵匡胤和朱元璋以不同的方式恢复历代帝王的祭典时，这八位帝王都是恒定不变的人选，一直延续到二十世纪帝制的终局。

儒者得势之前的政治景观

其实，儒者的崛起并非一帆风顺。而且，如果王莽未能称帝，恐怕就不会有那一份帝王名单。并非所有士人都对三代的传统或古老的帝王深感兴趣，即使儒者当中也缺乏一致的意见。在董仲舒死后、王莽出生之前，至少有两位激进的儒者上书朝廷，表示王权"若四时之运，成功者去。不得其人，则不居其位"，应该轮替更迭、皇帝应该主动让位。可想而知，这两个人都被下狱，最后被处死或自杀。在旁人眼中，他们太激进了："以太古久远之事，匡拂天子"，乃自取灭亡。第三个儒生保守得多，体认到现实与理想的差距太大，认为"尽如太古难，宜少放古以自节"。[②]　儒者大都希望皇帝重视三代的传统价值，企图改变汉王朝开国百年来的陈规，但复古的程度和路线则有不同。崛起的王莽，将这条政治路线贯彻到底，也让自己取得了大权。

儒者以外的读书人，对于华夏的历史发展，更有截然不同的看法。西汉建国以来、儒者得势之前，道家的思想其实占了上风。董仲舒成长、求学与入仕的年代，正当主张施政应减少干预人民生活的思想盛行，所以他并未获得重用。与他时代相近的道家学者，奉宗室刘

[①]　王莽的政治遗产与"古典的国制"：渡边信一郎著，徐冲译，《中国古代的王权与天下秩序：从日中比较史的视角出发》（北京：中华书局，2008），第 3 章。

[②]　三位依序是眭弘、盖宽饶和王吉：《汉书》，卷 75，页 3153；卷 77，页 3247；卷 72，页 3070。

安为首。他们的历史观与价值观，和董仲舒等儒者有相当大的差异。相较于董仲舒推崇三代、三统，他们往往抱持怀疑的态度："三代之善，千岁之积誉也"——真实性令人怀疑；对于儒者的经典，比如"《诗》《春秋》，学之美者也，皆衰世之造也"，不可能重建理想的政治秩序。① 如果让这批道家学者条列他们景仰的古帝王，一定和董仲舒、王莽的名单大不相同，大概会多出女娲、昆吾、容成、大庭、赫胥、尊卢等道家的帝王。② 王莽建国后对古帝王的荣耀，其实是儒家政治思想的产物，但这并非水到渠成的唯一道路。其实，儒者面对其他人士的激烈竞争，比如道家、方士和行政官僚，所有人都在争取皇帝的信任。儒者最后脱颖而出，王莽成为他们的代言人，联手形塑了帝制时代国家祭典的景观。

王莽所提的王者名单不只偏向儒者的认知，而且是精简、整齐的版本，这个版本为华夏的王权和历史，勾勒出一个大致的轮廓。不只是不同的思想学派赞美不同的王者，儒家的不同典籍也记载不同的历史。长久以来，人们对于王权与历史的认识相当纷歧，流传的王者数量远远超过这十人的名单。这是因为中国文明从新石器时代以来，在东亚大陆上的人群聚落有如繁星点点、独立发展；其后随时代演进和统整，在各地形成众多主从、强弱、大小不等的部族势力，各地人群有不同的文化发展，分别信仰自己部族的领导者、祖先与鬼神。他们被记载在各种文献中，被视为帝王、圣人和贤者。

在中国文明的古典时代，即秦汉帝国建立之前的五百年间，许多思想家面对各地人群纷歧的记忆与各种典籍不同的记载，尝试理出头绪，将众多繁复的英雄和伟人分组和排序，借此呈现他们的关系、地位与时代先后，从而形成各种组合和名单，建构成容易理解的体系

---

① 《淮南子》对三代、诗书的评论：刘文典撰，《淮南鸿烈集解》(北京：中华书局，1989)，卷10，页340；卷13，页427。

② 郭庆藩撰，王孝鱼点校，《庄子集释》(北京：中华书局，1995)，页357。

架构和历史叙事。许多读书人进行着这项知识的工程，一直持续到王莽的时代，但很少形成众所公认的唯一说法。然而，随着儒者势力的上升，加上王莽建国之后提出的历代帝王名单，后世对上古历史的认知逐渐定型为单一的版本，但其实有许多人物都被排除或遗漏在外了。

四、结　语

王莽一生可以分成前后两期：即位以前是位成功的政治家；成为皇帝之后却逐步陷入困境，最终遭遇可耻的失败。一以贯之的是他对儒家的古典理念深信不疑，并有着付诸实践的热情。为历代帝王立后的制度，反映了他与儒者共通的理想：尊重历史、文化与传统。王莽和他的学术助手共同拟定了这份历代帝王的名单，建构成谱系，更将自己的姓氏与家族，连结上伟大的王者，为自己的王朝找到历史定位。在他创建的圣殿中，供奉了黄帝、舜和夏商周汉四代的开国之君；在祭天的典礼中，他将伏羲、神农、黄帝、少昊和喾送上了祭坛。透过仪式的反复操演，这些场所也成为历代帝王的纪念之地。王莽尊重传统，在他与儒生的心目中，王权和过去的历史有着不可断绝的连结，而非像秦王朝的作风那么激烈；当权的君主应该尊重历代的帝王，王权的过去与现在形成和谐的关系——这一点被后世的统治者所继承。

登上皇位是王莽人生的高峰，但同时也是转折点。此后，他的运势就一路下滑，十四年后新王朝就灭亡了，和秦王朝一样短促。王莽一定无法接受，后世王朝编定的历代帝王名单竟然始终将他排除在外，被视为残暴的秦始皇反而一度上榜。不过，他的许多变革并未全都随他葬身在长安的兵乱中，不少措施延续到刘秀新建的东汉王朝。因为王莽的作为不尽然是他个人的空想，而是西汉中晚期以来儒生的共识。这些儒生在王莽败亡之后,继续为新政权服务。

"禅让"是日后继续发挥作用的政治遗产之一。这套王莽创建的仪式和程序,虽然运用的机会不多,但从三到十世纪,王朝之间的权力移转尽管没有不诉诸军事或政治的真正实力,但在政权交接和过渡时,这套揖让也君子的仪式增添了和谐的气氛,成为掩饰暴力、淡化杀戮的装置。[①] "二王后"这个优待前朝皇室的制度,从魏晋、南朝,到隋唐、五代,至北宋为止,持续实施一千多年,成为后世新王朝开国的既定措施之一。[②] 直到十二世纪后,中国进入"征服王朝"的时代,女真、蒙古与满洲等民族相继进入中国,才打破了这个制度的连续性。

"禅让"和"二王后"是儒者对华夏历史的理论化,并且融入政治当中,美化政权的交替。其实,将权力的斗争美化成礼让,并以祭祀纪念退位的王者,并非中国独有,日本也有类似的现象。日本古代,以奈良为核心的大和王权向外扩张,征服了各地的政权。位于今岛根县的出云国在六世纪时被征服,原来的氏族领袖成为大和王权辖下的领主,名为"国造",并负责继续维持领地内神社的祭祀活动。当七、八世纪的大和王权编撰史书时,将此一过程描述成出云的神灵"大国主神"愿意让出国土,交给大和王权的祖神"天孙"统治,但条件是必须维持出云原有的祭祀。

当日本采纳隋唐王朝的政治制度,推行律令制之后,各地许多原本的领主"国造"都被废除或由新的官职取代,但出云和另外一个地方的国造被保留下来,专门负责神社的祭祀,被称为"二国造"。至今,日本岛根县的出云大社,依然维持"大国主神"的祭祀。有人推测,大和朝廷和出云国的关系就像是前、后两个王朝,所以才会挪用

---

① 禅让:越智重明,《魏晋南朝の政治と社会》(东京:吉川弘文馆,1963),页 67—69。

② 二王后:谢元鲁,《隋唐五代的特殊贵族——二王三恪》,《中国史研究》1994.2:41—48。

中国"二王后"的制度,礼遇这两个地方的氏族,维系其原本的祭祀。[①]
这个看法只是一种推测和解释,不一定正确。不过,重点是可以从这件事看出王莽及其同时代儒者的想法,并非仅见的特例,而是和世界上其他地方的历史现象有相近、共通之处。然而,后裔祭祀的纪念形态没有在中国维系下来,王莽分封的十家王者后裔都消失了。从汉到宋的"二王后",具体人选也一直更替。中国史上礼遇王者、贤者的祭祀,最后成功传承者只有孔子,其他都消亡了。

王莽的做法和日后的历代帝王祭典都不同。七世纪以降国家祭典对历代帝王的致意,都是以皇帝的名义,而不是由传承血脉的子孙来进行。七世纪出现的新方式,另有不同的历史渊源。那是游牧北亚的鲜卑族拓跋部,在进入中国、建立国家、吸收华夏文化、统治汉民族的过程中,创造出来的新产物,那是下一章要讲述的故事。

---

① 泷川政次郎,《唐の二王后の制と我が二国造の制(一)》,《国学院法学》26.1(1988):
1—25、《唐の二王后の制と我が二国造の制(二)》,《国学院法学》26.2(1988):1—38。

第二章　华夏的历史空间:拓跋宏的旅程

　　493 年的秋天,拓跋宏(467—499,孝文帝)从平城向南出发时才二十六岁,但他已经是鲜卑族在中国华北建立的多民族国家魏国的最高统治者。[①] 鲜卑是源于大兴安岭一带的游牧民族,在四世纪初西晋王朝崩溃之后,和许多游牧民族先后进入华北各地。各个民族、不同势力历经了多年的联合与混战,不到一百年间,鲜卑族中的拓跋部先在内蒙古建国,接着南迁到平城(位今山西大同),然后逐步击败中原各地的势力,成为统一华北的强权。拓跋宏是这个国家的第六代皇帝,此时离建国之初已经有一百多年了。

　　拓跋宏四岁登上帝位,九岁丧父,二十三岁祖母过世后,他才成为唯一的权力者。拓跋宏坚持为抚养他长大的祖母,依汉人的方式服丧三年。三年过后,他作了一个大胆的决定:离开平城。他出发时率领三十万的军队,宣称要征讨南方的政权。这是指西晋亡国之后,流亡江南的中原难民和当地人士组成的东晋政权。当鲜卑族的拓跋部成功统合了华北,五世纪上半叶的中国形成了南北政权对峙的局面。

　　当拓跋宏宣布要发兵进攻南方时,许多人都无从了解这位青年皇帝的心意。上一场南征已经是近半世纪以前的事。拓跋宏的祖辈曾经在 450 年南征,一路进攻到长江边上,威胁对岸的首都建康(位

---

① 《资治通鉴》,卷 138,页 4335。

今南京市)。① 尽管如此,这场战争并未替魏国取得更多的领土与利益。其后四十年间,南北之间的边境大抵保持和平,没有严重的军事冲突,外交使节穿梭往来,关系堪称融洽。如今不但突然发动远征,而且由皇帝亲率大军,让许多大臣不安而劝阻。许多祖父辈的元老重臣也持保留的态度,他们恐怕都还记得数十年前、自己还是年轻人时南征的记忆与教训。

拓跋宏从平城出发一路来到洛阳,一个多月的路途常笼罩在夏秋之际的雨水中。雨中行军不易,更耗损了随行官员与士兵的士气。在洛阳短暂停留、稍事整顿后,拓跋宏下令全军出发,但随行的宗室与大臣已不愿再前进,拦住皇帝的骏马群起劝阻,当场争论起来——祖母过世之后,拓跋宏与族人、大臣就经常意见相左。一位汉人大臣直言批评皇帝一意孤行;这番话激怒了拓跋宏,他威胁要处死这个人。祖父辈的宗室大臣老泪纵横,不知该如何阻止这个孙子辈的皇帝。最后,拓跋宏提出交换的条件:若要不南伐,除非迁都洛阳。众人似乎唯求不打仗,于是就顺了青年皇帝的心意,同意将都城从平城迁到洛阳。② 这就是中国中古史上著名的北魏迁都洛阳尘埃底定之一幕。根据史家后来的记载,这一切都是拓跋宏的预谋:南征只是胁迫的手段,迁都才是他真正的目标。如果这是真的,那可真是一步险棋。

493 年的这个秋天,是二十六岁的拓跋宏第一次渡过黄河,第一次踏上洛阳,初次目睹华夏中原的风土。③ 在此之前,洛阳只是他听闻过、出现在书籍与地图上,以及想像中的城市。一个国家的最高统治者,为何从未巡视过南方领土,就决定放弃一座经营超过百年的都

---

① 太武帝拓跋焘在 450 年的南征:张金龙,《北魏政治史(三)》(兰州:甘肃教育出版社,2008),第五、六章,页 302—321。

② 《魏书》,卷 7,页 173;《资治通鉴》,卷 138,页 4339—4340。

③ 拓跋宏之前的旅行范围:张金龙,《北魏政治史(六)》(兰州:甘肃教育出版社,2008),页109—115。

城,南移到荒废超过两百年的旧城？此后六年间,直到三十二岁过世,他不只陆续提出更多激进的改革政策,大幅推动鲜卑人学习华夏文化,更往来于洛阳、平城与南方的战场前线之间,足迹所至更远及国土的东西两侧。以下的故事想重新描绘拓跋宏的这趟"旅程":他在华夏中原这片空间的旅行,以及深入历史文化的时间之旅中,有哪些措施触及中国的历代帝王？这些历史上的君主又如何与他心中的目标产生关联？

一、文化的竞争

华夏古典的营造

拓跋宏向华夏的转化,在迁都之前已经出现了端倪。486年,多年来生活在祖母的监护下、如今虚岁满二十的拓跋宏,穿上皇帝的华服,开始亲政。这一年,他下令在平城建造汉式风格的建筑:"明堂"。[1] 这是华夏古典文献中具有神秘力量的建筑物,能在这个场地颁布政令、举行典礼,乃是许多君主的目标。本书第一章的王莽曾经营造明堂,东汉在洛阳建立的明堂则沿用到四世纪初,西晋灭亡以后,华北只有两个政权一度下令兴造,但已经是近一个半世纪以前的事。在游牧民族主导的政权,兴建明堂意味着对华夏的政治文化心怀崇敬。[2]

两年后,拓跋宏视察了正在施工的祭坛:"圆丘"。圆丘建于平城南方的郊外。都城南方是华夏传统君主祭天的方位。相对于此,过去鲜卑族人在平城的西郊,依游牧民族的习俗举行仪式。隔年,拓跋宏在平城为孔子建庙——没有比孔子更能代表华夏文教的传统了。

---

[1] 拓跋宏亲政、起明堂、辟雍:《魏书》,卷7,页161。
[2] 后赵石勒和前凉张骏的前例:《资治通鉴》,卷94,页2979;卷96,页3036。

又过了两年,491 年,他下令建造"五辂"。① 这是古典的记载中周天子外出搭乘的贵重马车。建造五辂并不容易,除了必须具备解读古典文献的知识能力之外,还需要珍贵的材料。如果能够成功制作,不只反映魏国的经济和文化实力,也提升了皇权的形象。明堂也在同一年完工落成,拓跋宏随即在此首度举行了祭典和仪式,发挥这栋建筑物的功能。此时正好有使节从南方来访,拓跋宏让他们远远地观看这项活动的进行。②

华夏政治制度与文化的事物何其繁复,为何拓跋宏特别重视明堂、孔庙和五辂?他又为何邀请南方的外交使节观礼?他的用意是想展示魏国的文化。其实,这两件事都和南方有关。明堂、孔庙和五辂,在过去三十年间,曾经是南方的统治者关注的对象。这位南方的统治者是宋国的刘骏(430—464,孝武帝)。

在上一场南北战争结束后的 453 年,刘骏即位。他与父、祖两代的性格不同,特别有贵族名士的文化教养和情趣,除了强化王权之外,他也注重教育、学术和礼仪的活动。隔年,刘骏下令维护孔子故乡山东曲阜的祠庙。他认为孔子的教义,在国家屡遭危难时激发了人们"忠勇奋厉"的精神,所以应予尊崇。③ 五年后的 459 年,他又下令制造"五辂":以贵重的材料,比如黄金、美玉和象牙,装饰皇帝的车驾,为皇帝出行的排场营造尊贵的意象。过了两年,他提出建设"明堂"的计划。五辂和明堂在南方都是初次登场。流亡江南的政权从四世纪初成立以后,至此近一个半世纪,由于一直遭遇危机,始终未能全面重建过去在中原的华夏传统制度。直到刘骏,这两项才首度恢复。刘骏在位仅十一年,时间不长但着力推动了许多提升王权的措施,包括具体的权力与象征的意象,企图挟其传承华夏文化的软实

---

① 圆丘:《魏书》,卷 7,页 164。平城孔庙:同上,页 165。五辂:同上,页 168。
② 观礼:《资治通鉴》,卷 137,页 4318。
③ 南北竞立孔庙:黄进兴,《权力与信仰:孔庙祭祀制度的形成》,页 32—33。

力,突显建康作为文明政教中心的地位。①

文化正统的竞争

刘骏死于 464 年,三年后拓跋宏才出生。但正是从刘骏制造五辂、建设明堂的前后,南北双方开启了稳定而持续的外交关系。五世纪下半叶是南北外交活动的高峰,拓跋宏正成长于这段期间。江南政权在政治文化的新动向,比如明堂、五辂和孔庙的建设,借由外交使节的参访,一点一滴辗转传播到北方。魏国更派出最优秀的人才去了解敌国,其中有些人日后成为辅佐拓跋宏的大臣。② 拓跋宏的作为与行动固然出于他个人的意志与想法,但一个人的思想与心态,其实受其成长的时代背景与环境的左右。

虽然 450 年的那场武力冲突已经结束,但南北并未放弃鲸吞或蚕食对方领土的念头。不过,穿梭往来的使节开创了另一种形式的互动,带动了文化、贸易与观念的交换。双方逐渐发现另一种竞争的舞台:"文化"。在许多外交活动的场合上,南北使节彼此挖苦讽刺,互不相让,企图贬抑对方。流亡江南的汉人政权,自认承继华夏文明,看不起源出塞外草原的游牧民族——鲜卑。统一华北的魏国则以立国华夏核心的中原自傲,因当时的长江流域尚属"开发中"地区,一向被中原人士视为边缘地带。双方在种族、地域和文化上各有强势和弱点,但都有自己的优越感。③ 当南北的较劲从武力的胜败向文化的层面转移,也影响了拓跋宏对于治国的想法。如何提升本国的文化地位,建立尊严,成为这个年轻的鲜卑统治者最关心的课题。

南方还有一项措施,可能也让拓跋宏敏锐察觉其中的意涵。459

---

① 户川贵行,《东晋南朝における伝统の创造》(东京:汲古书院,2015),第二编。

② 南北的互动:廖宜方,《中国中古先代帝王祭祀的形成、演变与意涵——以其人选与地点为主轴的探讨》,《"中央研究院"历史语言研究所集刊》87.3(2016):524。

③ 蔡宗宪,《中古前期的交聘与南北互动》(台北:稻乡出版社,2008),页 349。

年，刘骏为了提升中央的控制权力，将建康附近的土地，从原来的行政区域中分割出来，命名为"王畿"。这个古典名称源自封建时代的周王朝，意指周王直接统治的范围。在历史上，指的是西周与东周两个王城（镐京与雒邑，邻近长安与洛阳）周边与之间的土地，即华夏文明在黄河流域的核心地带。由于洛阳、长安拥有无可比拟的历史地位，南朝宋的开国皇帝曾经一路北伐，攻进长安。但他的孙子刘骏却将南方都城的所在地命名为"王畿"，暗示着王畿的范围随皇帝所在的都城而改变，并不固定在洛阳或长安；新的"天下"（中华世界）以建康为中心。①

如果"王畿"的位置可以随着皇帝所在的都城而移转，长安、洛阳就不再是中华世界的中心。拓跋宏当然不能忍受这种观念，当他在493年离开平城，他的目标不只是洛阳，而是整个天下。不只迁都，他之后更将发动战争，企图征服南方。他在洛阳的新都重建明堂、圆丘和孔庙，企图让魏国的都城，成为天下真正的中心。拓跋宏重视各种具有华夏文化之内涵与象征的人事地物，其中之一正是华夏历代的君主。

历代帝王祭祀的起点

492年，拓跋宏首度在明堂举行祭典、仪式，并邀请南方使节观礼之后的一个月，他又下达了一道命令：向尧、舜、禹、周公、孔子致敬，分别在平阳、广宁、安邑、洛阳和平城献祭。（参见图 2-1）祭祀的对象与地点有地缘关系：平阳、广宁、安邑分别是尧、舜、禹的都城，周公则是洛阳的建城者，②平城的孔子庙则在三年前落成，乃当时中国三大孔庙最北的一处，其他两处分别位在江南政权的都城建康，以及孔子的故乡山东曲阜。

---

① 王畿的设定：户川贵行，《东晋南朝における传统の创造》，第二编第一章。
② 廖宜方，《中国中古先代帝王祭祀的形成、演变与意涵》，页 513—516。

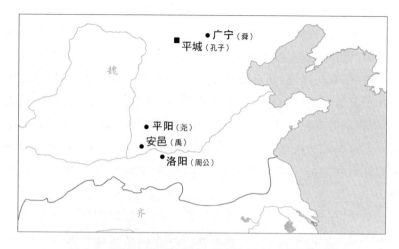

图 2-1　拓跋宏指定祭祀尧、舜、禹、周公、孔子的地点

　　这五位都是华夏历史上无庸置疑的伟人,但在国家祭典的传统上不曾有过这样的组合。虽然他们都很伟大,但身份不同:尧、舜、禹是帝王,而周公、孔子是臣属。如果严格依照汉文化的规范,地位有别的两组人不应该放在一起。但拓跋宏并未强调君臣有别,而是肯定他们都有非凡的贡献,所以祭祀的待遇几乎等同。在他出身的游牧民族中,领袖与追随者之间的界限不像汉人那么严格。拓跋宏从小接受汉人儒者的教育和熏陶,很熟悉这五位被称颂的典范,乃华夏文明的代表人物。虽然他一脚跨入汉文化,但仍然保有汉文化之局外人的视野,才会基于个人的敬意,以皇帝的权力,将五人兜拢在一起。

　　在 492 年,拓跋宏特别为这五位汉人神灵制定祭典,其实是很突出的行动。因为半年前,他才连下四道命令,裁撤国内超过千余处的祭坛,废除了许多他认为重复、没有根据或不需要的祭祀。[①] 但在如

---

① 　裁减祭祀:《魏书》,卷 108,页 2748—2749;康乐,《从西郊到南郊:国家祭典与北魏政治》(台北:稻乡出版社,1995),页 188。

此大规模的简约政策下，拓跋宏仍有他认为必须增加的祭典。削减的政策其实有针对性，往往是游牧民族信仰的鬼神。一增一减的对比下，鲜卑族人强烈感受青年皇帝的文化倾向。从祖母过世到迁都的三年间，拓跋宏在国家祭典上推动的变革，往往突出了华夏的文化。

对汉人来说，即使是伟大的王者与贤人，由国家下令举行祭典，仍然是一件少见的大事。在三世纪，山东曲阜的官员建议，孔子应该由皇帝正式下令、指派地方官员献祭。有人赞成这项提案，但反对者认为，孔子由其子孙祭祀就够了，不需要由族人以外的官员重复祭祀。① 反对者的想法，基本上和公元初的王莽是相同的：纪念王者与贤人最好的方式是由其后裔来祭祀祖先，而不是定位成国家和官方祭典。官方优待王者与贤人后裔的做法，在五世纪下半叶也出现过一次：当魏国掌控山东一带的土地，下令礼遇舜和孔子的子孙。如今，由于拓跋宏的新规定，尧、舜、禹和周公、孔子的祭祀，正式成为官方的典礼。

虽然尧、舜、禹和周公、孔子是众所公认的伟人，但拓跋宏想在国家典礼中为他们安排一席之地，还是必须提出适当的理由。于是，他在诏令中赞美了他们的成就、贡献与境界：尧的统治像天一样伟大；舜为世界带来和平安乐；禹抵抗洪水，造福全人类；周公创造的文化，奠定了后世的政治秩序，成为永恒的典范。② 这些都是政治性的评价，其实这些传说中的伟人往往具备许多方面的优点，比如舜的孝行就备受称赞，但拓跋宏侧重他们的政治事业。

根据汉民族的理念，凡有功劳于社会民众之人，比如建立秩序、指导生活的规范，抵御灾难，甚至为此牺牲生命，都享有被后人感恩纪念的资格。依照这个原则，其实并不限于统治者，凡为众人付出心

---

① 《三国志》，卷 24，页 681。
② 《魏书》，卷 108，页 2750。

力、奉献生命，即使是普通人，都应受到表扬。当时的中原各地，汉人士民有许多信仰、崇拜的对象，正是基于这套想法。但在国家的典礼上，帝王被认为有最大的功劳与非凡的贡献，成为最突出的典范。这套"帝王功业"的论述，一直是历代帝王祭祀的基调。此后千百年，皇帝献祭的祷文都旨在歌颂王者的贡献，并表示感谢。在民主制的时代来看，这套强调帝王统治成就的论述，无非是在合理化对统治者的崇拜。

祖辈的传统

拓跋宏的族人对尧、舜其实并不陌生，他不是第一位向华夏王者致意的鲜卑君主。从魏国建立后的第一位君主到拓跋宏的祖父，前后有四位统治者在五世纪的百年间，至少五次从平城出发，向东穿越太行山脉，经过河北涿鹿时，向黄帝致祭。涿鹿是传说中黄帝击败对手蚩尤的战场。这个传说深入人心，后来进一步衍生成涿鹿是黄帝建都之地的说法。二世纪以降，当地有了祭祀黄帝的祠庙，更加深这个地方与黄帝的连结。[①] 历史传说落实到地理的空间，往往创造出具体的史迹，反过来更强化了故事的可信度。这种"传说性史迹"——被传说创造出来的史迹，源自故事有可供指认的地名，于是人们对号入座，将各种事迹定位在具体的地点或空间。

这四位君主向黄帝献祭的原因，和拓跋宏完全不同。拓跋部的领袖在平城建国之初，曾经宣示他们是黄帝的后裔。王莽和被他取代的汉朝皇室，也宣称自己是舜和尧的子孙。这种追溯始祖到黄帝和尧、舜的文化，在汉人社会相当平常，来自草原的游牧民族也并不排斥，有助于化解汉人对异族的抗拒。始祖是谁，对统治者来说还有一项重要的功能，可以用来排列他的王权在历史上的定位。依据华

---

① 廖宜方，《中国中古先代帝王祭祀的形成、演变与意涵》，页 516—520。

夏的政治理论，每个国家的统治者都具备五"德"之一，每一种德也对应上古的帝王。拓跋部之前的王朝，几乎都遵守了这项政治文化，因为这是王权的意识形态不可或缺的要件。因此，魏国建立之初，也需要有一位华夏的祖先。拓跋部的统治者和为之效力的汉人找到了黄帝，解决了王者始祖和五德次序的问题。[①]

虽然汉人执笔的官方史书记载了黄帝作为始祖的说法，但拓跋族人有自己真正认同的祖先与历史记忆：在未有文字之前、世代口耳相传的歌谣中，有一只神兽带领他们走出了森林。[②] 这种草原色彩的神话，迥然不同于黄帝传说的华夏风格。拓跋宏的祖先其实不见得非常认真看待黄帝这个借来的祖先，所以在整个五世纪，在涿鹿祭祀黄帝的次数屈指可数。而且他们都不是专程前往涿鹿，只是顺道在东巡国土的行程中短暂停留而已。甚至有时经过，也不举行祭典。所以虽然有五次的祭典，但或许只是表达对汉人神灵的尊重而已。

涿鹿即广宁，这正是拓跋宏在 492 年指定为祭祀舜的地点。这里虽然是以黄帝为主角的历史舞台，但当地因故也有一些属于尧、舜的"传说性史迹"。因此，拓跋宏的祖先在此祭祀黄帝时也一并向尧、舜致敬。最后一次的祭典在 460 年举行，其时拓跋宏尚未出生，但部族中的元老大臣仍有记忆。涿鹿离平城不远，约几日的路程即可到达。拓跋宏一定知道这个地方，但他一生始终没来过这里。当他为尧、舜、禹和周公、孔子指定了五个祭祀地点时，除了他出生和成长的平城之外，还不曾造访过其他四个地方。他决定这些地点显然并不基于实际的经验，但日后他迁都洛阳，也拜访了尧、舜、禹的故都、遗迹和祠庙，比如平阳、蒲坂和龙门。唯独涿鹿始终没有纳入他旅行的路线。拓跋宏的心理可能是抗拒的，因为他迁都洛阳后，曾经有鲜卑族的元老提出黄帝建都涿鹿来质疑他。

---

① 罗新，《十六国北朝的五德历运问题》，《中国史研究》3（2004）：47—56。
② 鲜卑族人的传说：康乐，《从西郊到南郊：国家祭典与北魏政治》，页 1—10。

如今无法确定,拓跋宏究竟何时下定决心离开平城。但在他为尧、禹和周公指定平阳、安邑和洛阳作为祭祀地点时,他的目光一定已经飘向平城的南方。他很明白,那片王者和贤人开国、建城的中原土地,才是华夏文明的核心。

黄帝的阴影

华夏历史上有许多伟大的先王,但拓跋宏在 492 年只提到尧、舜、禹。他不但完全没提到黄帝,而且将过去祭祀黄帝的地点:涿鹿(即广宁),也划给了舜。他当然知道黄帝在国家意识形态中的地位,但这个旧传统似乎与他新构想的国家蓝图不合,因此从来不曾特别致意;他甚至重新修定了魏国的"德",不再以黄帝为依据。"黄帝"的阴影在他下令迁都洛阳,之后再回到平城和族人辩论这项决定时,形成真正的威胁。494 年,当他重返平城,映入眼前的景物依旧,但心情却不同——这是他有史以来走得最远、盘桓最久的旅行,打开了他的视野。等候他的则是许多反对迁都的拓跋族人,其中一位是来自涿鹿的地方首长:穆罴。两人展开了激辩。①

穆罴首先质疑:魏国四面都有敌国的威胁,培育战马是克敌制胜的关键,南方并不适合牧马。拓跋宏同意战马的重要性,但养马的牧区留在平城,不必担心无马可用。皇帝接着指出:平城的弱点就是地处"华夏边缘"。但没想到穆罴竟然反驳:虽然地处边缘,但他听说黄帝建都涿鹿。由此看来,古代王者不必然定都中原。涿鹿在穆罴统辖的境内,他很清楚黄帝与涿鹿的地缘关系。拓跋宏显然无法否定这个事实,但毫不示弱:那是黄帝尚未统治天下之前;在黄帝平定天下之后,同样迁都河南。穆罴乃拓跋贵族,此时被任命为燕州刺史。之前并没有燕州这个行政区域,因为拓跋宏迁都洛阳,原来的平城降

---

① 辩论:廖宜方,《中国中古先代帝王祭祀的形成、演变与意涵》,页 525—526。

级为一般行政区，但因范围太大，所以另外划出燕州。① 当政权中心南移，燕州成为远离核心的北疆，或许这也是穆罴不乐迁都的原因之一。

其实，黄帝都涿鹿的说法，出自公元前一世纪司马迁的史书，长久以来广为人知。但三世纪末出土的古籍却有新的记载：黄帝都有熊（位今河南新郑）。这个新说吸引了很多人的注意，但涿鹿的旧说又无法轻易否定，于是之后许多的书籍，如果不是两说并陈、不置可否，就是以先都涿鹿、后迁有熊来解决这个矛盾。拓跋宏或许很清楚上述的新说，以及先后两都的解释，但他也可能只是信口开河。拓跋族人深知这位年轻皇帝拥有极高的汉文化水平，穆罴也缺乏足够的知识，无法判断或质疑皇帝所言的对错。当穆罴无言以对，另一位反对者在发言前就先承认：我实在不了解古代的"历史"；表示他自知无法抗衡皇帝的历史知识，不过他想强调的是自己"记忆"所及的部族传统。

在反对迁都的各种理由中，黄帝定都涿鹿的这道关卡，拓跋宏就以他对华夏历史的丰富知识和自信，给跨过了。这场辩论没能改变拓跋宏的心意，许多拓跋族人快快不乐被迫接受皇帝的决定，穆罴是其中一位。他后来被调去驻守其他的军事重镇。但在几年后，他的族兄弟阴谋反叛拓跋宏，穆罴暗中与之联系。这场叛变轻易被弭平，穆罴勾结的事迹败露。拓跋宏没有杀死他，只剥夺了他贵族的身份。拓跋宏对华夏文化的认同与执着，带给魏国深远的影响，穆罴不过是这场历史的大变动中一个小小的牺牲者。

王都的异说

从拓跋宏和穆罴的争论可以知道，黄帝的都城不只一处，或者

---

① 毋有江，《北魏政区地理研究》（上海：复旦大学历史地理学博士学位论文，2005），页78—86。

说,没有绝对可靠的答案。既然如此,拓跋宏指定平阳和安邑作为祭祀地点,但这两个地方真的和尧、禹有地缘关系吗?公元前一世纪的司马迁在他的史书中提到尧的都城,只说出大概的范围:"河东",并没有指出具体的城市。一百多年后的班固(32—92)也语焉不详,大约二世纪时才有人明确指出尧立都平阳(位今山西临汾)。尧的都城所在地,还有其他地点的不同说法,比如晋阳、唐县、永安,甚至还有涿鹿。① 这些纷歧的意见,有时引起各地乡土人士的争执。无论如何,尧都平阳是主流看法。所以拓跋宏以平阳作为尧都,符合一般儒士的意见。

但是,禹都的状况就不同了。和尧都一样,禹都的地点也有不同的说法:阳城、阳翟、斟鄩、老丘、晋阳和安邑。在这六个地方,最受古代学者认可的地点是阳城。然而,文献上只说是"阳城",但具体来说在哪里又有不同的意见。毕竟,要将古代文献记载的地名对应到地理空间上,其实非常困难。由于行政区划的改变,必须了解古今地理的沿革,进行资料的考证乃至实地的考察,才能确定"地名"指涉的地点。但拓跋宏和他的顾问恐怕没有时间心力进行充分的调查研究。不晓得什么缘故,他们舍弃了阳城的通说,决定改在安邑。另外,舜都也有六个不同地点的异说,其中包括蒲坂、平阳与涿鹿三处。最后,拓跋宏选择了如今认为是最不可能的涿鹿。其实,王都的争议并非不寻常,就连帝王的陵墓或其传说中的各种地点,往往也有各种彼此对立的异说。

其实,黄帝和尧、舜、禹这些王者是否真有其人,目前无法从考古挖掘来确认,所以有关他们立都之地的信息,都只是历史文献的记载而已,并非绝对可靠的证据。各种记载的年代或先或后,相当纷歧,有的互相传抄,有的彼此冲突。但表面的矛盾真的不合理吗?当时

① 古帝王立都之地的学说史:廖宜方,《中国中古先代帝王祭祀的形成、演变与意涵》,页526—528。

也有人认为：不同的帝王有共同的都城，比如尧、舜皆以平阳为都；这并不奇怪，也有合理的说法。而且，一个帝王或王朝可能前后有不同的都城，这在历史上已经有不少迁都的前例。拓跋宏对这两点非常清楚，不过，他心中另有一套构想，简化了各种复杂的情况，排除了不同帝王传承同一个都市或一个帝王先后有两个国都的情形，为尧、舜、禹分别指定不同的祭祀地点，从而形成了一个整齐的模式：历代帝王各自拥有独立而单一的"代表性都城"——独一无二、不与他人重复，从而具有代表性。这一点成为王权、王都的重要意象之一，直到后世的十七世纪，都还存在"尧都平阳，舜都蒲坂、禹都安邑"这种模式的看法。[①]

二、文明的历史、遗迹与他界

辉煌的过去

493 年，拓跋宏离开平城，在 10 月 16 日渡过黄河，两天后第一次踏进洛阳。根据历史的记载，洛阳建城始于周公，所以一年半前拓跋宏下令在此致祭。同样也在去年，他决定更改魏国在王权历史上的次序，认定魏国的权力上接华夏的西晋王朝，而不是游牧民族的政权，洛阳正是三世纪西晋的都城。当他满怀期待踏入这座城市，映入眼帘的大概是宛如废墟的荒烟蔓草和倾颓的宫殿。他不禁伤感地表示：西晋灭亡，祖先再也无人祭奠，宫殿残破到这个地步，我真为它难过。过去近两百年间，洛阳成为各游牧部族势力环绕、争夺的焦点，南方政权也两度出兵，夺回华夏的故都。洛阳饱受战乱而残破不堪，

---

① 顾炎武，《历代宅京记》（北京：中华书局，1984），卷 1，页 2。

甚至被南方视为"荒土",[①]直到七十年前才被魏国占领。拓跋宏想起了一首哀叹王都衰败的古老诗篇,随口吟诵出来,并流下了眼泪。[②]拓跋宏眼中所见的历史遗迹,固然衰败不堪,但残存的遗迹其实正透露过去的王权与文明曾经有过一段强盛、富裕与辉煌的日子。

隔了两天,拓跋宏参观城南的另一处遗址:"太学"。洛阳的国家最高学府从公元初的东汉始建以来,两度将华夏学术与教育的经典刻在石碑上,被称为"石经",作为天下与后世学者参考的标准。此外,还有石碑刻写了曹魏皇帝曹丕的名文《典论》,以及记述西晋皇帝与太子莅临国学的纪念碑(参见图 2-2)。直到西晋亡国为止,此处至少树立了近百方的石碑,乃当时中国最壮观的碑林。[③] 拓跋宏熟悉这些著作,如今华夏文明的智慧以物质的形式,以前所未见的浩大规模,出现在他面前。虽然这些碑石倾倒、残毁或不全,但正因其破损,更令观者不禁去想象始建之初完整、华丽的原貌,从而慨叹文明的衰败,在今昔对比下油然而生历史的哀怀。[④] 拓跋宏继续停留了五天,正要从洛阳离开之际,与大臣发生争论,最后才确定了迁都的大计。

从平城南下、进入中原的拓跋宏也鼓励和启发了许多随行官员对华夏地理、历史与文化的兴趣,其中一位是以注释《水经》享誉后世的郦道元(? —527)。他的注释不只详细记录河川水文的生态,更描述了河流所经聚落的人文景观,成为中国中古历史地理学的名著。郦道元的年龄与拓跋宏相当或略小,时正任职于中央机关。当皇帝发动一系列国家祭典的改革时,郦道元恐怕也卷入其中,他曾经和反

---

① "荒土"之目:杨炫之撰,范祥雍校注,《洛阳伽蓝记校注》(上海:上海古籍出版社,1978),卷 2,页 119。
② 拓跋宏的感叹:《魏书》,卷 7,页 173。
③ 洛阳太学的碑林:《洛阳伽蓝记校注》,页 141—146。
④ 陈桥驿,《水经注校释》(杭州:杭州大学出版社,1999),卷 16,页 297。

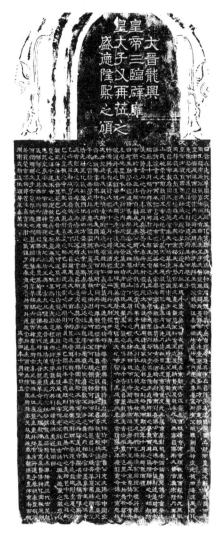

图 2-2　"晋龙兴皇帝三临辟雍之颂"拓片

这是西晋的开国之君（晋武帝）与太子（晋惠帝）于 278 年莅临国学所刻的纪念碑，高度超过三公尺，今仍存于洛阳。拓跋宏在 493 年造访时，或许亲眼目睹。

资料来源：北京国家图书馆藏。

对迁都的穆罴参与祭典。如今无法确定他是否在 493 年随拓跋宏进军洛阳，但他在隔年曾陪同皇帝北巡，之后也是南迁洛阳的官员之一。生当魏国重心大转移的这个时代，南来北往的旅行也让郦道元对各地的自然与人文风景产生强烈的兴趣。他搜集了各地的志书和文献，写进他的笔记，更亲自考察了许多地方。[1]

在他观察的事物中，有一类是统治阶级的墓葬。公元前后两百年的汉朝，正是厚葬最盛的时代，留下了许多精心构筑的奢华祠堂和墓室。郦道元记录了其中一座墓葬："有石阙、祠堂、石室三间，椽架高丈余，镂石作椽，瓦屋施平天造，方井侧荷梁柱，四壁隐起，雕刻为君臣、官属、龟龙、麟凤之文，飞禽走兽之像。作制工丽，不甚伤毁。"[2]郦道元仔细观察这些建筑与艺术的杰作，他的最后一句话似乎有股哀惜之意。种种历史的遗迹，尽管历经自然与人为、程度不等的损毁，但依然保留了艺术制作的精致，引他浮想王权与文明强盛时，一切事物完好无损的壮丽与美。

历史的空间

拓跋宏以迁都洛阳为条件，中止对南方的军事行动，让许多人都松了一口气。但接下来的日子并未风平浪静，拓跋宏日后在新都洛阳，发动了更多的变革，企图让族人与汉人共存，引发了更多纷扰。而且，南北政权对峙以来最长的一段和平时期也即将结束。拓跋宏在接下来五年间发动了三次战争。第一场战争始于 495 年初，他再度率兵，以逆时针的方向，从洛阳出发，前往战场前线的淮南，离去时向东转到彭城（位今江苏徐州），最后返回新都洛阳。这场战争有三个战场，南北互有胜败，没有明显的得失。拓跋宏发起的挑战像是耀

---

[1] 陈桥驿，《郦道元评传》（南京：南京大学出版社，1994），第一、二章。

[2] 陈桥驿，《水经注校释》，卷 8，页 144。另见：王磊，《〈水经注〉所见古代墓葬艺术——以汉代墓葬为中心》，《华夏文化》3（2014）：37—40。

武扬威,放送威胁性的信号。① 这是拓跋宏第一次的战争经验,也让他的足迹向南跨越了淮河。

回程则是拓跋宏一生中最早的东行之旅,他来到彭城、小沛(位今江苏沛县)和曲阜(位今山东曲阜)。(参见图 2-3)彭城邻近南北政权的交界,具有重要的战略地位。这座城市曾经是七百年前楚汉相争时项羽的都城,当地尚留有诸多遗迹,像是项羽山、亚父冢,以及张良的墓地和祠庙等。② 拓跋宏还参观当地的白塔寺,提到自己之前学习的佛经《成实论》,这部经书在过去百年间师承传授的渊源可以追溯到这座城市和寺院,所以他特别感到亲切。③

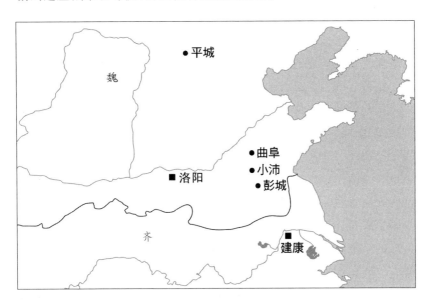

图 2-3　拓跋宏的东行之旅

---

① 张金龙,《北魏政治史(六)》,第五章。
② 彭城的古迹:《魏书》,卷 106,页 2538。
③ 《成实论》和白塔寺的因缘:张金龙,《北魏政治史(六)》,页 173—176。

拓跋宏在彭城停留超过十天,才启程前往下一站:小沛。这里是西汉开国之君刘邦的故乡,当地建有一间祠庙祭祀。拓跋宏派人以最隆重的祭品致意。[1] 刘邦是史上最有名的君主之一,拓跋宏当然熟悉他的故事。他曾经称赞最信任而得力的左右手说,你简直就是我的张良,而他当然自居为汉高祖了。[2] 到了下一站,他以相同规格的丰盛祭品向邻近的东岳泰山献祭。

接着,拓跋宏向北来到孔子的故乡:山东曲阜。与前两地只是遣使致祭不同,拓跋宏亲自向孔子献祭。拓跋宏熟读《论语》,经常化用书中言语写成诏书。他曾于三年前在平城为孔子建庙,如今终于来到这个华夏古典与文教的始源之一。其实,魏国击败江南政权、取得山东一带的土地,不过是三十年前的事。就像洛阳一样,孔子故乡也是华夏文化最重要的象征地之一,南北政权都相当重视,给予各种礼遇。拓跋宏的祖先过去也曾到访、致祭。

拓跋宏的第一次南征,回程附带的收获是巡视了魏国东南的军事重镇,沿路拜访了许多历史的"古迹"。这趟旅行并非单纯的移动,而是穿梭在一个富含意义的空间。这不只是满足拓跋宏个人的兴趣,从行的官员也跟着皇帝增广见闻,多认识华夏的历史与文化。在这些人中,最特别的一位是从南方叛逃的王肃(464—501)。王肃是世家子弟,祖先是四世纪江南最负盛名的宰相王导。拓跋宏对南方世界的人事物感到好奇、欣赏,但都只能间接透过使节、降人来了解。[3] 善于谈论的王肃让拓跋宏亲眼见识江南士人的文化水平。拓跋宏在探访古迹的旅程中,也特别让人为王肃导览这些古迹。王肃和拓跋宏一南一北,其实都是初次进入华夏中原的历史空间。

其中介绍的一个古迹是"朝歌城"。传说中,朝歌是商王朝末代

---

① 张金龙,《北魏政治史(六)》,页 255—256。
② 拓跋澄被比为张良:《魏书》,卷 19,页 465。
③ 拓跋宏对南方、南人的欣赏与兴趣:《资治通鉴》,卷 137,页 4322—4323。

之君纣王的都城。王肃听说是朝歌，开玩笑说，大概还住着"殷（商）之顽民"。导览的人反应敏捷，也开玩笑说，这些顽民早已经移民到江南去了——"顽民"有负面的意思，而江南是王肃的故国。接着两人互相调侃对方才是这批顽民的后代。两人机智的言语交锋，后来辗转传到拓跋宏耳里，让年轻的皇帝领略到汉文化的趣味。[①] 他从小接受汉文化的教养，相当熟悉华夏的历史，经常在言谈举止和诏令文书中举出人事地物的例子、典故和比喻来表达自己的想法。对拓跋宏、王肃和汉人儒士来说，探访各地古迹的旅程，并非走马看花，或单纯印证图书的记载而已，而是融入了精致的文艺活动，从而深化了文化的认同。

死者的遗迹

朝歌城（位今河南淇县）在洛阳东北，拓跋宏并不陌生，他多次在此驻足。第一次在戏剧性的迁都之后、北返平城与穆罴辩论之前，拓跋宏在此向比干墓致祭。比干和"殷之顽民"都是商王朝之人，传说他向纣王进谏，却惨遭酷刑而死。比干的勇气令后人景仰，成为忠臣的象征之一。当地还有商周之战的古战场，以及和比干同时代的人物遗迹：太公的钓鱼之处与祠庙。[②] 第二次则是同年从平城回洛阳的路上再度经过。拓跋宏这一次心有所感，特别为比干写了一篇哀悼文。[③] 拓跋宏并非兴起无端，或纯粹思古之幽情。过去几年，他常与族人、大臣意见相左。之前几个月，更在平城面对强烈反对迁都的异论。这些谏言都在挑战他的决定与权力。比干的墓地及其忠谏而死的历史教训，或许提醒了他要有包容的气度与自我克制。他的情绪借由书写而释放，他的反省也凝聚在这篇文章。这篇以繁缛华丽的文体写成的吊文，更刻

---

① 成淹为王肃导览古迹：《魏书》，卷 79，页 1753。
② 朝歌城附近的古迹：《魏书》，卷 106，页 2458；陈桥驿，《水经注校释》，卷 9，页 153—154。
③ 樋口泰裕，《北魏孝文帝吊比干文考》，《日本中国学会报》52(2000)：57—73。

成石碑,树立在比干墓前。(参见图 2-4)拓跋宏个人的生命史与华夏的古迹在此交会,这个事件后来也记载在郦道元的书中。

图 2-4　北宋刻"后魏孝文帝吊比干墓文"拓片

拓跋宏悼念比干的文章,刻石立碑,但这座石碑日后消失无踪。直到十一世纪,始有人依原碑的拓本重新模勒,再度上石。

资料来源:北京国家图书馆藏。

495 年,拓跋宏从东行的旅程回到洛阳,接下来一年半都留在这座新都,没有远行。在此前后,他几乎都在旅行的途中治理这个庞大的国家。9 月 12 日,他离宫外出,经过一处墓葬,发现已被破坏,连棺椁都暴露在外,于是停下车马,命人重新掩埋。[①] 和战争、迁都与内政改革等重大事件相比,这不过是微不足道的小事,但展现皇帝的仁慈,所以被记录在史书上,为后世所知。长久的读书和教养,让他比直率的族人有更纤细的感受。年轻的他经常依循个人内心的触动而行事,这不是他第一次流露恻隐之心。两年前初访洛阳的路上,他看见跛行的盲人,特别停下来慰问,并赠予衣食。拓跋宏希望将文化的细致带给他的族人,但同行的鲜卑人,恐怕未必能理解拓跋宏的各种心理和感受:包括他在洛阳那废墟般的宫殿前掉泪。他们可能觉得这个领导者太多愁善感,缺乏草原男儿的气概。正是这种"感性"的差异,最后分裂了魏国。[②]

拓跋宏细腻的感性不只是性格,一部分来自他汉文化的养成教育。传说中,周王朝的文王也曾路遇枯骨,命人掩埋。拓跋宏应该知道这个故事,但这只是历史典范的第一层,第二层则是祖先的前例。同样的场景近半世纪前也发生过一次。453 年,拓跋宏的祖父从平城北行,途中见到残破的坟墓。有感于此,他下令此后若有人破土盗墓,一律问斩。[③] 这道以死亡威胁的王命,也提起了周文王掩埋枯骨、赢得人心的故事。这可能是魏国创建以来最早遏止盗墓的禁令,至少盗墓不可以再公然进行。拓跋宏看似自发的善举,其实有着历史与文化的长久积淀,他在未来两年间将由此发展出一套政策,保护过去统治阶级的旧墓葬,再现王权的秩序和文明的景观。

---

① 路埋枯骨:《魏书》,卷 7,页 178。
② 拓跋宏的"感性",见于坚持为祖母服丧:《魏书》,卷 108,页 2777;以及慰问跛行的盲人:《资治通鉴》,卷 138,页 4338。
③ 文成帝拓跋濬禁止盗墓的命令:《魏书》,卷 5,页 117。

王陵的维护

拓跋宏掩埋的枯骨，恐怕不是普通人。他重新回填的墓葬，大概也不是平凡无奇的简陋墓地。公元以来，洛阳成为东汉王朝的都城，能够埋骨于此者大多是统治阶级。如果没有珍贵的财宝，坟墓就不会被盗掘了。从现代的考古发掘对东汉墓园的重建，大概可以猜想拓跋宏目击的景象：墓园周围有垣墙和濠沟，划定死者的空间。园内的地下有墓道和墓室，地上有坟丘、举行祭祀的祠堂、房舍和院落。坟丘是由人工堆土而成，从远处就能看见。走近墓园，置身于高大的石阙、石柱、石碑、石兽和石人之中，感受到静谧、肃穆和威严的气氛。祠堂中更有画像砖，描绘着汉人士民的信仰中最尊崇的神兽与伟人。

华夏的汉民族向来重视人死后的服丧、埋葬和祭祀，墓冢则是这套生命仪式的核心。统治阶级的贵族、官员和富豪往往竞相营造奢华的墓地，突显权势。这种被称作"厚葬"的风气和习俗，在汉王朝鼎盛的年代，营造出许多纪念死者的地景。这些精心构造的建筑和工艺，耗用了巨大的人力和物资，和宫殿、城市一样，共同形塑了华夏文明最壮丽的景观。但拓跋宏所见，已经是繁华落尽之后的萧然。他离开平城以来，从北到南一定亲眼目睹许多被盗的墓室、散乱的骸骨。这种景象至少传达了两个信息：曾经有一个辉煌的文明；如今那个文明不止失去了它的繁华，而且连人道与社会秩序也荡然了。拓跋宏掩覆被盗的墓葬，不单只是纯粹的怜悯之心，如何重建文明的景观与秩序，也是他赋予自己的职责。

在路埋枯骨的一个月后，拓跋宏颁布了一项政策，要求魏国各地旧有的坟墓，凡立有碑铭石刻而能够辨认出墓主的姓名与身份者，周边土地禁止耕种等开发和利用。这项保护旧墓的政策并非全面性，而有特定的范围，针对华夏历史上的高阶官员："黄门，五校（校尉）"、"尚书令、仆，九列（九卿）"和"三公及位从公者"。以上这几种官职，几乎是汉魏晋王朝中央政府最核心的文武官员,仅次于皇族的统治阶层。禁止的范围依身份和地位,分为三等:距离是十步、十五步、三十步。① 换算成公制,十步约为十七公尺,十五步约为二十五公尺,三十步约为五十公尺。经历了迁都和战争的洗礼,拓跋宏如今更懂得如何运用皇帝的权力,将他个人路埋枯骨的单一措施,扩大成全国性维护旧墓的制度。

隔年春天,拓跋宏宣布一项前所未有的措施,命令鲜卑人改采汉姓。他本人也改拓跋为元,此后自称元宏。元宏派人向最早立都洛阳的东汉开国皇帝刘秀和另外两位名君致祭,接着在之前封禁墓地的三等制之上,新增最高一等:东汉、曹魏与西晋三朝王陵,"各禁方百步不得樵苏践蹋"。② 这三个王朝皆立都洛阳,帝王之尊则在文武高官之上,故封禁距离大幅增加。一百步的范围,距离是高官三公的三倍以上,达到一百六十八公尺。

二十多年后,元宏的孙子元诩追加了一道命令,维护历代王陵:"四面各五十步勿听耕稼。"这个距离介于百步和三十步之间。从元宏到元诩,魏国就华夏帝王与高官的墓葬,制定出限制范围分为五等的制度。元诩没有指明特定的王朝,对象大概不限于他祖父指名的三个王朝,而是涵盖历史上更多的王陵。元诩的理由是这些帝王乃历史伟人,陵墓却随王朝结束而荒废,任人践踏。他的言外之意是,虽然这些帝王已经成为历史,但王权不容冒犯。即使帝王已经失势,但王陵仍然是王权的象征,必须保持敬意。

地下的秩序

元宏下令维护华夏历代帝王将相墓葬的礼遇,以过去的死者为对象,看似对生者没有实际的影响,其实不然。历史上,这些帝王将

① 廖宜方,《试论唐代前期官方对人物祠祀的政策》,《汉学研究》35.4(2017):143—145。
② 《魏书》,卷7,页179。

相原本因其身份和地位,在生前、死后享有各种等差的待遇,王陵的规格就比官员的坟墓更高'。但当王朝告终,经过历史的风化,所有的等差都被泯除,没有人能免于自然力或人为的破坏。如今元宏重新复活了这套等差,让死者继续依生前的身份地位而有不同的待遇。其实,这项措施还呼应了元宏在生者的世界所推动的事。他透过各种措施,让胡人与汉人组成的统治集团"阶层化":除了官职高低之外,也指定每个姓氏和家族的社会地位,重新编组整个统治阶级。[①]于是,等级的秩序贯彻在生人与死者的阴阳两界。

让消逝的历史人物重新取得地位,还有另一层现实的意义。胡人与汉人的生命礼俗有许多差异,葬俗是其中最深层的一项。汉人安土重迁,世代久居和族葬,先人墓地是子孙与祖灵的连结,因此汉人视盗墓为莫大的罪恶,痛斥不已,并非只是财物的损失,而是死者被亵渎,生者的生命意义遭到戕害。匈奴和鲜卑等游牧民族的生活则不常其居,并不重视埋葬遗体的处所。死者的身份、地位和荣耀表现在丧礼的浩大,而非墓葬的规模。随葬的财物则集中焚烧,以备亡灵在所归之地使用,而非埋入墓中——汉人很难接受这种习俗。[②] 当胡人强势进入华夏中原,发现汉人墓地埋藏许多贵重的器物,出于物质欲望而发掘强取,不见得有太深的罪恶感。如今,元宏希望所有人,尤其鲜卑人,要尊重墓地。尊重就从身份地位最高的帝王将相做起。

当鲜卑人在平城建国,已从部落式的生活转向定居,丧葬的观念与实践也吸收了汉人的文化。北魏的统治阶层走向另一种形态的

① 元宏的等级秩序:唐长孺,《论北魏孝文帝定姓族》,氏著,《魏晋南北朝史论拾遗》(北京:中华书局,1983)。

② 鲜卑墓葬文化的变化:宿白,《盛乐、平城一带的拓跋鲜卑——北魏遗迹》,《文物》11(1977):38—46,及《北魏洛阳城和北邙陵墓》,《文物》7(1978):42—52;范兆飞,《北魏鲜卑丧葬习俗考论》,《学术月刊》45.9(2013):129—137。烧物葬:沈睿文,《夷俗并从——安伽墓和北朝烧物葬》,《中国历史文物》4(2006):4—17。

"厚葬",提升了墓地在鲜卑族人的生命礼俗与死后世界中所扮演的角色。[①] 元宏在路埋枯骨之前,已经要求从平城南迁的族人死后必须安葬在洛阳北方的邙山,不得北返。邙山是平缓的丘陵,从东汉以来就是洛阳居民的墓区。元宏在此规划和保留族人的墓地,也兴建自己的陵墓。在他之前,从一世纪东汉开国的帝王刘秀以降,到三世纪的曹魏和西晋,许多帝王都埋葬在这片高度超过两百公尺的丘陵地上。元宏决定率领拓跋族人加入这个地下世界。胡汉共存是他诸多改革的终极目标。这项工程涉及政治、社会与文化诸多层面,丧葬是其中之一。他想像的远景,大概是族人与汉人生前同居在洛阳,死后的墓葬在邙山的地表上栉比鳞次,亡灵也在另一个世界和平共处。

鬼神的世界

当元宏执意南迁中原,对他的族人来说,那是个不熟悉、不适应的世界,包括他儿子在内有些人都感觉气候过于炎热。他们不只是来到一个生态、气候与物质都相当陌生的地理环境,也进入一个空间:这块土地上曾经发生许多历史的事件,留下许多遗迹,过去的人物也埋葬在这里。但这些死者并未消逝,他们的亡灵仍在此徘徊。这是一个既可见又不可见的空间,满布着历史、遗迹和鬼神。

尽管鲜卑人以征服者的姿态占领城市,欺压汉人,甚至开掘了许多奢华的墓葬,但他们并非毫无畏惧,因为这个世界仍然有不可见的鬼怪、神灵和超自然的力量。鲜卑族人并不了解汉人崇信与敬畏的对象,而他们迁入的洛阳却有长久的历史,其实是一座充斥鬼魅的城市。荒废的宫殿和民居、残破的坟墓,其实是许多幽灵生前、死后的

---

① 林圣智,《魏晋至北魏平城时期墓葬文化的变迁:图像的观点》,《台湾大学美术史研究集刊》41(2016):145。

居所。① 这座城市的孝义里有一处土冢,人们传说墓主是战国时代的苏秦:出生于洛阳,凭着雄辩和战略纵横各国的政治家,曾经一度担任六国宰相。同里有一座佛寺,寺中僧人经常目睹苏秦的鬼魂出入,而且配有不少马车、护卫和随从,排场盛大就像魏国的宰相一样。②洛阳周边的土地,正安息着许多王者、贤人与高官。帝王不能冒犯,幽灵需要尊重。当元宏下令维护这些人的墓葬,鲜卑族人就能够与这些鬼魂相安无事。否则,被打扰的死者将成为怨恨的恶灵。

　　置身这样的空间中,元宏大概是鲜卑人中最感自在的一人。他熟悉这些历史与人物,即使遇到鬼魂也不畏惧。迁都洛阳后,有一回元宏和他的得力助手元澄游览邙山。两人一起泛舟,饮酒赋诗。元宏向元澄提起前一晚的怪梦:有个白头老翁恭候路边,自称"晋侍中嵇绍",谦卑可怜地似乎想陈情。元宏饱读诗书,大概知道嵇绍乃西晋竹林七贤的嵇康之子,但不明白他为何出现在梦中。同样深受汉文化教育的元澄,熟悉历史人物的故事,帮他解梦:嵇绍是晋朝的忠义之士,用身体挡箭、舍命保护皇帝而死;他的坟墓就在洛阳的大路旁。大概因为陛下经过朝歌时吊祭比干,来到洛阳却没注意到他,所以嵇绍现身梦中希望您惠赐恩德。元宏恍然大悟,下令调查嵇绍的坟墓,遣使致意。③ 元宏致意的对象不只是之前提到的刘邦、孔子、比干和嵇绍,当他穿越广阔的国土时,在旅途中向陵墓、祠庙祭告的对象还有周公、伯夷、叔齐和西门豹等。④ 他不只是追思历史人物,同时也向这些鬼神献祭,这些行动进一步沟通了鲜卑人与汉人的精神与信仰世界。元宏迁都洛阳,进入华夏的历史空间,其实遭遇许多的障碍。这个空间有许多彼此牵连的层面:可见的景象非常残破,辉煌的

① 洛阳的妖怪:《洛阳伽蓝记校注》,卷3,页178。
② 苏秦墓:同上,卷2,页117。
③ 《魏书》,卷19,页465。
④ 元宏的祠祭:张金龙,《北魏政治史(七)》(兰州:甘肃教育出版社,2011),页322—333。

过去只能想像；丰富的历史留下许多遗迹，历史人物的遗迹之一是墓葬，死者在另一个世界则是鬼魂。元宏希望他的族人能尊重这些遗迹、墓葬和幽灵，进而融入中原的土地。

三、王都之旅

华夏的古都

元宏从帝国东土回到洛阳后，推动更多的变革。他的企图不只是转移都城，将统治集团和政府机关从平城迁到新都而已，更进一步的目标是在这个华夏文明的名城，融合胡汉族群，打造新的国家体制。接下来一年半的时间，除了国事棘手之外，家事也让他烦恼，他废黜了自己的皇后与太子——他与皇后的感情事件让他伤痛，太子则是不适应洛阳生活的人之一。其他反对南迁的拓跋贵族甚至发动了阴谋和叛乱，但都遭到挫败。或许为了安抚留北的族人，元宏决定在 497 年的春天北行，返回他出生、成长但最后舍弃的平城。

出发之前，元宏先派遣了三个特使巡视国土，其中一位是崔光。比元宏长十余岁的崔光出身帝国东土，是协助皇帝推动迁都的助手之一。他被任命为"陕西大使"，视察帝国西部、关中一带的土地。他和先前提到的郦道元一样，都在这个帝国重心南移、皇帝对东西国土充满好奇的年代，因为时势而有了旅行各地的经验。相较于郦道元以散文的形式记录地理和水文，崔光则在这趟旅程写下了三十八首诗篇。[1] 他"所经述叙古事"而成的这批作品，内容大概是叙述地方历史的旅行文学。元宏一定很感兴趣，但如今无法确认他是否读过，不过就在这一年稍后，元宏亲自踏上了崔光视察的土地：长安。

---

① 《魏书》，卷 67，页 1487。

　　元宏迁都后第二度返回平城,但也是最后一次。他回到旧都审
问叛乱的罪人,然后亲赴祖先的墓地致意。完成这两件大事后,元宏
南行,但他并未直接返回洛阳,而是取道西侧的另一条路线,先后在
平阳(位今山西临汾)、龙门(山西河津)和蒲坂(山西永济)停留,目的
地则是关中的长安。(参见图 2-5)元宏分别在这三个地方向尧、禹、
舜献祭。传说中,平阳和蒲坂是尧、舜的国都,龙门则是禹凿山道河
之地——黄河在此切穿峡谷的波涛非常汹涌,景色壮阔。这三个地
方都留有祭祀的庙宇。五年前,他正是指定在平阳向尧祭祀。元宏
派遣使者向这三位王者致意,更下令增修这些庙宇。①

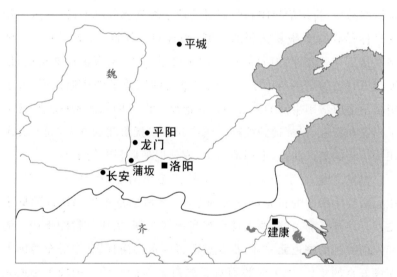

图 2-5　元宏的西行之旅

　　元宏的祖先曾经前往长安,但几乎不曾在这三个城市停留,更没
有向尧、舜、禹致祭,元宏的行动基于他个人的兴趣和意念。在他心
中,黄河以东、从平阳到蒲坂这一片土地,以及黄河从蒲坂东流之后

---

① 《魏书》,卷 7,页 181。

的南北两岸区域,分布着华夏王者的故都。五年前他指定祭祀禹的安邑,正位在蒲坂的东边。如今,他终于踏上这块古老的土地,一路上经过许多"传说性史迹",各种地名、祠庙和石碑不断提醒他所知所学的华夏历史。

王者的再临

497 年 5 月 31 日,元宏终于抵达长安——另一个伟大而衰落的王城。[①] 长安本是汉王朝的都城,辉煌一时,但在公元后,帝国的中心转移到了洛阳。和洛阳一样,在游牧民族进据中原的年代,长安也是各股势力军事攻防之地。在前一世纪,曾经有三个政权在此立都,但维系的时间都不超过四十年。这里也是江南政权企图收复的土地,在五世纪初曾一度成功但随即撤退,最后才落入魏国的统治。魏国君主上一次驾临长安已经是半世纪之前的事。历史上绽放光芒的城市,即使已经毁于战火、沦为废墟,仍然有让人想一探究竟的吸引力。

元宏在长安停留了十八天才离开,这段期间他参观了未央殿、阿房宫和昆明池,这些是秦与西汉的古迹。他还派遣使者向西汉皇帝的王陵以及周文王、武王的祠庙献祭。元宏的作为大概让当地居民留下正面的观感。五十年前的鲜卑君主拓跋焘(408—452)来到长安,是为了镇压叛乱。拓跋焘怀疑佛寺僧人与叛乱者共谋,下令屠杀僧人,大举破坏佛寺、经书和佛像,离去时还强制带走了工艺技术的人才,数量达两千个家庭。[②] 这一切都打击了这座城市,留下了许多怨恨。相形之下,元宏温和多了。他从平城到长安,一路上不只是游览古迹,也接见各地士民的领导者,施予恩惠,强化了人们对魏国的认同。

---

① 《魏书》,卷 7,页 181—182。

② 刘淑芬,《从民族史的角度看太武灭佛》,《"中央研究院"历史语言研究所集刊》72.1 (2001):1—48。

　　元宏致意的王者总是经过选择的,排除不合乎他目标的:向尧、舜、禹致祭,却忽略了黄帝。就像他之前停留的平阳,曾经也是匈奴建国的都城,但元宏没有特别致敬。匈奴、氐人和羌人都曾在四世纪统治长安,但也被他忽略。从西晋灭亡到元宏造访的这两百年间,关中已经汇聚了不同来源的族裔,很难说长安是纯汉人的城市。元宏可以致敬的对象很多,但他选择了华夏古老的王权传统。五年前,元宏已经倾向于忽略晚近游牧民族的历史。当时他下令官员讨论魏国的历史定位:五种"德"中的哪一个? 这个问题涉及是否承认魏国建立之前,由匈奴、鲜卑、羯人、氐人和羌人在华北建立的王权,抑或跳过这些游牧部族的国家,直接继承华夏汉人的西晋王朝。元宏的决定是后者,他日后在中原各地致敬的对象,也贯彻了这个原则。

　　这段从平城南下、经河东到长安的旅程,是元宏一生的西行之旅。鲜卑君主从来不是久居都城的统治者,为了征服土地和抵抗外敌,一向习惯于移动的生活。[①] 但元宏两年前的东行和这次西行,都不是因为战争。但他也并非只是游山玩水或观光访古,身为统治者,元宏需要巡视国土,而他对华夏历史与文化的兴趣,影响了旅行的方向和目的地、路线与停留的地点。他也成为迁都以来足迹最广的帝王,后来的两位皇帝都不如他。如今无法得知,这趟王都之旅对元宏究竟产生了哪些影响。但他在 6 月 18 日离开长安,经过了一个月抵达洛阳,在 7 月 21 日即刻发布重大的命令:动员二十万军队,准备进攻南方。元宏从长安到洛阳的路上,一定不断思考着这件事。这个时代的统治者都有扩充国土的野心,元宏并不例外。但为何在此时此刻? 或许不妨猜想,这趟华夏的王都之旅提振了他的精神,催化他的权力欲望,鼓励他去统一天下。

---

① 　洪吉,《北魏皇帝的巡幸》(上海:华东师范大学中国古代史硕士学位论文,2007)。

四、结　语

497 年,从长安回到洛阳的元宏时年三十,离他坚定出走平城已四年,但接下来不到两年,他就因病去世。他死后一年的 500 年,意大利半岛上的罗马迎接了新统治者的入城。罗马和洛阳,位居欧亚大陆的两端,分别为东西两大帝国的王都,皆在四世纪的帝国衰亡之后,遭遇蛮族的侵袭。比北亚游牧民族入侵中国华北的年代稍晚,日耳曼诸民族逐步进据罗马帝国领地,最终也从外来的侵略者,跃居为意大利的统治者。这一年进入罗马城的狄奥多里克(Theodoric,454—526)就是出身东哥德的日耳曼人。

生于 454 年的狄奥多里克,比元宏年长十三岁。两人各自身处世界的一角,存在着许多无法比较或不可共量的差异,但他们同样身为部族领袖,面对一个曾经强盛、如今衰退的帝国与文明,两人遭遇若干共通的课题。他们的文化教养都高于族人:狄奥多里克曾经作为人质,在拜占庭的宫廷成长,接受希腊与罗马文化的文明洗礼,就像元宏从小接受汉文化的教育。然而,相较于元宏执意迁都洛阳,狄奥多里克在成为意大利的统治者后,并未将都城移往罗马,一生中只有这一次,访问这个最负盛名的城市,停留了六个月。[1]

狄奥多里克和元宏一样,深深感动于许多古迹,像罗马广场、图拉真图柱、庞培剧院和圆形竞技场,他不但保证不会带来任何破坏或劫掠,更下令拨款维护这些建筑。这些建筑物曾经是某位皇帝的纪念碑,或由他赞助兴建。狄奥多里克在罗马城的期间,也表现得像过

---

[1] 詹姆斯·布赖斯,《神圣罗马帝国》(北京:商务印书馆,2016),页 25—26;爱德华·吉本著,席代岳译,《罗马帝国衰亡史》(长春:吉林出版社,2007),第 4 卷第 39 章,页 16—18;John Moorhead, *Theodoric in Italy* (New York: Oxford University Press, 1992), pp. 60-65.

去的罗马皇帝：发表演说、发放津贴和举行竞技大会。但狄奥多里克并不执迷于这座宏伟的城市，他也不积极融合罗马人与东哥德人。

在欧亚大陆另一端的元宏，迁都的影响极其深远，魏国的重心因此转移，进而左右了发展的动向：结合鲜卑人与汉人，建构新的国家体制。过去没有一个胡人君主像他走得这么远，但也因为太激进，埋下了国家分裂的种子。后来的皇帝继承了他向华夏转化的路线，结果之一是内部的鸿沟日益扩大：留守北方边境的族人和军人深感被抛弃，与洛阳贵族的文化差异更深，前者终于起而反叛。元宏死后不到四十年，魏国就走上覆亡的悲剧。

元宏留下许多政治遗产，在他死后甚至魏国灭亡后，仍持续产生影响。其中之一就是历代帝王的纪念措施：指定三个地方向尧、舜、禹献祭，维护历代王陵，在出行途中向历代王者致意。这些过去少见的作为与措施，被记录在魏国的官方文书和史籍，形成某种潜藏的记忆，并未被彻底遗忘。经过近百年，以关中为基地的军事集团先统一中国北方，而后征服了南方，新的君主在古都长安与洛阳大举规建新都。祭祀历代帝王的活动也再度登场，举行的地点几乎都是过去元宏曾经献祭的地方。新成立的隋唐帝国，将这项祭祀正式列入国家典礼之一；历代王陵受到维护，皇帝出行路过也予以致意，逐步成为固定的制度。追溯源起，元宏是中国中古纪念历代王者、强化其历史记忆的关键人物。

这一切的事件都发生在短短五年间，而当时正处于南北对峙的年代，双方都争取成为华夏文化的代表。元宏在地理的条件上占优势，得以造访历史上的王都、王陵和传说性史迹。其实，南方不乏王者的史迹与记忆，比如传说中禹葬会稽、舜死于苍梧，但南方的统治者并不重视。关键在于元宏对华夏的文化意识与历史记忆非常强烈。之所以如此，或许和他所处的位置有关：一边是坚持民族本位的族人,另一边则是秉承汉魏晋传统的江南政权。身处两者之间的张力,推动他朝转化的方向迈进。当这些活动日后成为统一帝国的典礼,很少有人注意到它源起于王权分裂的时代,始于一位向往华夏文化的胡人青年。

第三章　失落的王陵：杨广和李世民的感伤

一、隋唐帝国两位君主的巧合

630 年，长安，李世民

对大唐皇帝李世民（598—649，唐太宗）来说，630 年是愉快的一年。这是他在宫城北侧入口发动军事政变、狙杀距离皇帝宝座最近的兄长，进而胁迫父亲退位、自己登上帝位以来的第四年。他终于如愿掌握大唐帝国的最高权力，但权力的滋味并不如他想像中那么甜美。就在他顺利排除所有障碍、初登皇位时，唐国多年来最忧虑的北方强权突厥，以游牧民族最擅长的快速军事行动发起突袭，大军长驱直入，攻抵唐的首都长安的渭水北岸。这是突厥有史以来最深入中国土地的进击，一路势如破竹，顺利到连他们自己也疑惧不定。双方最后结盟，达成和平协议。虽然李世民化解了前所未有的危机，但这件事也带给他前所未有的屈辱——这是大敌当前的城下之盟；他过去向来是率兵攻城的那一方，如今背负防守土地和保护人民的责任，处于被动的守势。但没人能预料，才仅四年，当初不可一世的侵略者颉利可汗，丧失了天时、地利与人和，反遭唐国的远征军击溃，在 630年沦为李世民的阶下囚，被遣送长安。以此为契机，李世民成为北亚游牧民族的新领袖,被推举为"天可汗"。唐国对东突厥战事的成功,以及在北亚国际外交中取得的领导地位,不仅一扫李世民四年来的阴霾,解除了心头大患的威胁,同时也提升了他作为皇帝的自信与成就感。于是在这一年,他启动了即位以来第一次、比较长途的旅行。[①]

李世民从长安出发,目的地是西边的陇州,主要是进行他一贯的乐趣和活动:打猎。一行人离开都城才三天,进入他眼中的风景却是汉王朝颓败的王陵:"始兹巡省,眺瞩中途。汉氏诸陵,北阜斯托。寂寥千载,邈而无祀。揽辔兴怀,慨然遐念。"[②]

汉朝王陵的荒凉景象让他心生感慨,于是下令全国各地进行普查,访察和登记从遥远的上古到唐国建立之前,一切有成就的帝王与贤臣、烈士的坟墓,加以修补和维护,禁止人为侵扰,并规定春秋两季举行祭祀致意。皇帝的命令牵动天下士民的耳目与观感,这道诏书以"朕丕承先绪"起始,在具体的要求之后以"务令周尽,以称朕意"告终。透过"朕"这个皇帝专用的第一人称,传达了李世民的感受、想法与意志。

汉朝由刘邦在公元前 202 年建国,立都长安,终被身兼外戚、权臣与儒生三重身份的王莽篡夺,随后又由刘姓宗室重建,改都洛阳,并延续至公元 220 年。由于实际上是两个政权,所以埋葬皇帝的陵墓也依前汉与后汉的都城而异。李世民在西行的路上远眺北方、进入眼底的陵墓,乃是前汉的王陵而非后汉。他觉得这些堆土成丘的陵墓,因无后人祭祀,千年以来十分寂寞。所谓"千年"只是约数,因为从前汉始建到李唐立国才八百多年。李世民在行旅中骑着马,遥望着这些耸立在广大平原上的地标,不免让他思考王权的意义。这一年,对东突厥之战的胜利,正让李世民初尝皇帝权力的美好滋味,

① 《资治通鉴》,卷 193,页 6072—6084。
② 唐太宗,《致祭古圣贤陵墓诏》,董诰等编,《全唐文》(北京:中华书局,1987),卷 5,页 61 之 1。

他当然不晓得这个味道在未来二十年,有时会变得苦涩。

对李世民及其同时代的人来说,汉王朝是历史上踵继伟大的夏商周三代之后、最足以称道的王朝:虽然一度被王莽中断,但前后合计四百余年,统一天下而且长期稳定,被视为了不起的成就。汉朝灭亡后,开始了近四百年的政权割据与南北抗衡,直到隋唐帝国才又恢复近似汉朝的国家规模。630 年,上距李世民的父亲以"唐"为国号才过十年,李世民登上帝位不过四年,汉王朝立国四百余年是他们难以想望的成就。[①] 但这个历史上伟大的王权,最终仍然衰败,其后裔子孙不但没能守护先祖的政治基业,连祖先的坟墓也沦为荒烟蔓草。王权有兴衰起伏的事实不容置疑,岂不让年方三十二岁、正蓄势待发的李世民陷入感慨与沉思?

607 年,洛阳,杨广

其实在二十三年前、隋王朝的统治下,李世民的表叔杨广(569—618,隋炀帝)也有过相同的感慨。杨广比李世民的父亲李渊(566—635,唐高祖)小三岁,所以他是李世民的父执辈。李世民出生后六年,杨广登上帝位,因此李世民在二十岁以前的成长阶段,直接或间接地承受杨广有如旋风般席卷天下的一举一动与诸多施政的冲击。杨广在位不到十五年,以过人的精力不断驱动这个成立不久的庞大国家,包括:修筑运河、发动战争,更以最高统治者的身份与规格到各地旅行。在他林林总总的命令中,其中一项就是为历史上的帝王设置"墓户"。

607 年,三十八岁的杨广下令,凡"自古已来帝王陵墓"所在之处,从其周边的百姓人家中挑选十户,要求他们负责守护王陵;这件任务成为他们负担的劳役。在这道命令中,他提到这些王陵在原来

---

① 廖宜方,《唐代的历史记忆》(台北:台湾大学出版中心,2011),第 3 章。

的王权失势后,历经漫长岁月,"丘垄残毁,樵牧相趋,茔兆堙芜,封树莫辨"。① 他想到过去不可一世的王权,也有归于灰飞烟灭的一日,不禁心中怅然。所以他想替同为最高统治者的历代帝王,尽一份心意。

这是杨广即位、改用新年号的第二年发布的命令,此时他和 630 年的李世民一样,才刚取得帝国的至高权力。相较于李世民掌权不久即遭遇外患的威胁,杨广则从一开始就展露出他将大显身手、改造整个帝国的强烈企图。登基后的第一年,除了人事布局之外,他有三个重要的动向:首先下令营造洛阳城,准备建设成仅次长安的第二中心,接着开凿从洛阳通往淮河的运河——通济渠。此时洛阳城尚未完工,杨广本人先率领朝廷官员分别搭乘"龙舟"(皇帝本人所乘)、"楼船"(中高级官员所乘)和"黄蔑"(下级官员搭乘)等大小船只向江南出发。② 这三件事透露了杨广企图建造新的权力中心(洛阳)和交通系统(运河),并透过皇帝本人的视察,统合帝国广大的地域。

洛阳乃鲜卑领袖拓跋宏由北向南、进据中原的目标。经过拓跋宏的营造,以汉朝洛阳城为基础加以修补,逐渐发展成中国北方最宏大的城市。但不到数十年间,北方陷入动乱与分裂,洛阳因战略位置不佳而失去政治与军事中心的资格,又逐渐衰退。但出身西北的杨广,在思考如何控制新征服的东方与南方国土,再度注意到洛阳位居天下中心的地理位置,因而决定加强建设,以便统合整个国家。③ 他有一点与拓跋宏不同,杨广决定舍弃汉魏旧洛阳城的基址,另外在旧城的西南,重新规划土地,营造全新的都城。这座新城的建设不及一年,即宣告完成。杨广在江南接获报告,才率领成千上万的车骑组成

---

① 《隋书》,卷 3,页 66,另见廖宜方,《试论唐代前期官方对人物祠祀的政策》,页 141。

② 《隋书》,卷 3,页 63。另见:熊存瑞,《隋炀帝与隋唐洛阳的兴建》,杜文玉编,《唐史论丛》第二十五辑(西安:三秦出版社,2017),页 1—22。

③ 曹尔琴,《洛阳,从汉魏至隋唐的变迁》,《唐都学刊(西安师专学报)》1986.1:7—18。

的队伍向洛阳出发，并以豪华盛大的排场浩浩荡荡进入新城。杨广暂驻在新完工的洛阳，停留近一年。

正是在这段期间，杨广下达了两道命令。他进入洛阳城后第五天，下令各地为"贤人君子"建立祠庙、奠祭致意，并不得侵扰其墓地。半年之后，他又要求各地官员为"前代帝王"的陵墓指派守护的人力。帝王和圣贤，都是士民尊敬的对象。为这些有道德和成就的人营立祠宇、保护其墓地，被认为是皇帝的"仁政"，合乎华夏文明的基本价值。相较于当时大兴土木、筑城开河等动辄役使数十百万人力、改变地貌、营造景观的大地工程，派人守护各地零散的王陵，显得有如鸿毛之轻，并不算是受人瞩目的重大政策。但杨广为何在这些规模浩大的工程之外，另外想到维护历代王陵这样的小事？其实，杨广之所以触动心绪，和他当时人在洛阳有密切的关系，而非平白无故突然对历代王陵有了历史的视野与关怀，此正如同李世民偶因外出旅行、远眺西汉王陵，才产生了维护的念头。过去立都洛阳者有东汉、曹魏和司马晋；拓跋宏迁都洛阳，其后北魏王陵也建于此地。恐怕是这四朝王陵引起杨广的注意。但为何在此时？

杨广乃是皇位的第一顺位继承人，在父亲病逝后即位，但他的兄弟从太原（位今山西太原）起兵反叛——此地正是日后李渊、李世民父子起兵的基地。杨广击败对手之后，立刻决定营造洛阳城，加强中央政府在东部的控制力。首先建筑洛阳的防御工事，征调数十万的男丁大规模挖掘战壕。其次建城，派驻官员。接着，从邻近州县迁移士民，充实城市的人口。由于城市人口的增加，为确保粮食的供应，进一步建设储粮的仓库：先在洛水与黄河的汇流处设置规模较大的"洛口仓"；在下令为王陵设置墓户的同一个月，在洛阳的北方建设规模较小的"回洛仓"。[1] 洛阳的周边，尤其北方的邙山，分布着四朝王

---

① 《资治通鉴》，卷 180，页 5605—5615、5626。

陵：东汉、曹魏、西晋和拓跋宏南迁后的北魏。这两年来，洛阳周边进行一系列的工程，在清整地面、寻求建材时，势必触碰、扰动到许多过去统治阶层的墓葬。① 皇帝的命令固然不可违抗，但死者的墓葬也需要受到尊重。来自工地现场的回报，让统治集团的高层逐步意识到此一问题，过去的历史人物才因此进入杨广的视野。

杨广之所以注意到华夏自古以来帝王和贤人君子的墓葬和遗迹，并非一时心血来潮，或他具有深刻的文化与历史意识。如果不是隋王朝建立了高压而集中的权力，进行大规模的土地开发，影响到洛阳一带的自然与人文环境，从而触及许多墓葬，就不会催生这些保护的措施。杨广的许多作为扰动了各地、各阶层习以为常的生活，这只是其中之一；他统治的帝国、领导的政府及其掌控的巨大权力，乃过去三四百年所未见，带给整个社会巨大的冲击。

政权大动土木而损坏固有墓葬甚至王陵的例子并不罕见。日本在三世纪后半到七世纪末，以奈良盆地为据点的大和王权兴建了许多巨大的墓冢，埋葬自己的首长。这个突出的特征，让这段时间被称为"古坟时代"。当天皇八世纪先后迁移到藤原京（今奈良县橿原市）、平城京（今奈良市西）和长冈京（今京都府向日市），每次为营建新都而整地，常常完全破坏或削平部分早期的古坟。在营建新都的规划和要求下，铲平古坟乃不得已的做法。但天皇也下令要求负责营造的官员，必须收葬遭到挖掘的遗骸，举行祭奠，说明原委，取得亡灵的谅解。②

七世纪之初，隋、唐王朝的两位第二代君主，不约而同注意到国土中沉默的、衰败的王陵。引起他们注意的原因和背景各不相同，时间点却恰巧落在他们最志得意满的时刻：李世民刚击败东突厥，杨广

---

① 土地开发破坏墓葬：王子今，《中国盗墓史》（北京：九州出版社，2011，二版），页 127、131—139。

② 茂木雅博，《日本史の中の古代天皇陵》（东京：庆友社，2002），页 19、30—32。

营建的洛阳城才刚完工。两人也都产生了一丝感伤的情绪：李世民"揽辔兴怀，慨然遐念"，杨广则是"兴言沦灭，有怆于怀"。这一丝感伤没有让他们真正体认到生命与王权的无常，对权力的运用有所儆醒，但起码初步维护了这些荒废数百年的王陵。前述措施可能至少维系到八世纪中叶，直到唐帝国遭遇严重的打击。这些衰败的奇观下一回进入君王与国家的视野，已经是十世纪的赵匡胤。这一章的故事，将述说这些王陵的命运与变化。

二、历代王陵的转化

奇　观

李世民在渭水北岸的平原上所见的西汉王陵，乃帝制时代的中国最早的一批陵墓。这种"坟丘"的形态——堆土形成高耸的土丘，覆盖在埋藏死者的墓穴上，乃是之前封建时代末期形成的产物。春秋战国以来，各国的统治阶级营造墓地，为了夸耀身份和地位，逐渐依其权势与财富，在地表下随葬奢华的财宝，地面上营造巨大的土丘，构筑华丽的建筑物。这种做法延续到后来的秦、汉帝国，形成整个社会的风气。在新建立的统一帝国，皇帝作为最高统治者，更征调、集中全国的人力和物资来营造陵墓。世界史上，帝王的丧礼和墓葬是展现王权的重要场合之一，往往规模浩大，豪华铺张。矗立在平原上的王陵，壮观的形体震撼了被统治者的视觉，成为王权的象征。

然而，仰赖权势而成者，每每随权势一同崩塌。当政治与社会秩序陷入动荡，王陵陪葬的珍宝成为各路人马觊觎、掠夺的目标。西汉的王陵最早在公元初因王莽败亡之后的战乱遭遇第一次劫掠。经过了两百年，东汉结束之后再度被军阀与乱兵挖掘。亲身经历这个国家瓦解时刻的曹丕（187—226，魏文帝），成为皇帝之后，预先安排后事时说："自古及今，未有不亡之国，亦无不掘之墓也。丧乱以来，汉氏诸陵无不发掘，至乃烧取玉匣金缕，骸骨并尽。"两汉王陵的惨状，不但让曹丕引以为戒，节俭治丧和薄葬，他还指派人力看守这些王陵。[①]

但接下来的三到六世纪，东亚大陆的政治秩序分崩离析，长久内迁到华夏边缘的游牧民族集结、建国，成长为主宰中国华北的势力，引发了汉人大规模的难民潮，离开家园逃往南方，或避居于易守难攻的险峻处。没有子孙守护的墓冢，遂沦为胡人、乱兵与盗贼掠夺的目标。虽然其间有些君主下令维护华夏的历代王陵，但这些措施在时代的风暴中断断续续，恐怕没有持久而稳定的效力。回顾这段历史，不难想像李世民眼中所见的西汉王陵，历经了六百年以上的沧桑，早已从权力的奇观沦为颓圮的废墟，展示了王权的失落，因而触动他的心绪。

生于598年的李世民下令维护历代王陵时，只经历过一次盛大的帝王葬礼。他六岁时，隋王朝的建国者杨坚（541—604，隋文帝）死去。他生前预造陵墓，重新采纳了汉王朝"封土为陵"的做法。这在过去数百年间非常少见；曹丕以后，各朝统治者营造的王陵不再像过去那么突出、显眼，怕被盗墓是一大原因。杨坚不但是四世纪以来，第一位成功统一全国的君主，其陵墓的规模也是数百年来少见。这座被称为"泰陵"的墓葬，矗立在陕西咸阳的平原上，如今测得的高度约二十七公尺，底部边长约一百六十公尺。[②] 李世民在成长的过程中，一定也眺望过这座巨大的坟丘，这就是他生平少见的当代奇观。

---

① 《三国志》，卷2，页77、81；李昉等撰，夏剑钦等校点，《太平御览》（石家庄：河北教育出版社，1994），卷560，页425。

② 罗西章，《隋文帝陵、祠勘察记》，《考古与文物》1985.6：25—29；咸阳市文物考古研究所，《汉武帝茂陵钻探调查简报》，《考古与文物》2007.6：23。

然而，如果和西汉最大的王陵——汉武帝刘彻的茂陵相比，杨坚的陵墓却又不如。茂陵比泰陵高出二十公尺，边长多出八十公尺。

废　墟

既然见过杨坚的皇陵，李世民或许能以他的经验，从荒毁的西汉王陵，想像它们的原貌。西汉王陵的坟丘一般高约三十公尺，封土底部的面积约为两百平方公尺。[①] 墓域的最外围以城垣和壕沟区划出一片宛如小城的空间，区隔生人与死者的界限。在这个王者死后居住的小城，还有门、阙的出入口。整座陵园的核心是埋藏王者遗体的坟丘，此外的建筑还有祭祀的寝殿、祠堂。陵园遍植被认为适合墓地的特定树种，比如松树、柏树、梧桐和白杨等；精美的石雕，比如各种石兽和石人，整齐排列。任何人踏入这块精心规划之地，往往感受到王权的伟力，油然而生敬畏、肃穆的心情。

然而，任何人为营造的景观，一旦无人维护、失去生气，反而显得特别阴森——现代社会也有许多这样的例子，比如废弃的游乐园。西汉王陵不只墓穴被掘、珍宝被盗，广大陵园的景观也在数百年的动荡中，产生了很大的变化。园内上等的石材或砖块仍有利用的价值，多被拆卸、运走，经过加工、挪用到新的建筑物。当特意栽种的树木被砍伐，野生的植物恣意蔓延，动物四处出没，自然的力量重新宰制，失去人力护持的王陵流露一片荒凉的景象。

宏伟的王陵不只在可见的外观上，超越一般人的墓冢，摄人心神，在超自然的层面上也有强大的灵力。王者生前的地位崇高，权势无与伦比，死后依然令人畏惧。因为帝王并非独自一人下葬，他在地下的世界仍继续控制千军万马：广大的王陵驻扎大批的"鬼兵""阴兵"，这些地下的士卒守护王者的死灵。除非被指派，否则大多数人

---

① 　阎崇东，《两汉帝陵》（北京：中国青年出版社，2007），页 414—416。

不会居住在王陵附近，埋葬先人时也会尽可能远离。[1]　在隋朝，有位
父亲的鬼魂托梦子女，述说自己的墓地离魏武帝曹操（155—220）的
王陵太近，每每遭遇鬼兵的侵扰。[2]　另一个鬼故事发生在李世民统治
之初，地点则是他和父亲起兵建国之地：太原，当地有个农夫目睹一
处古冢附近有成千上万的鬼兵列阵互相攻击。[3]　人对死亡的一切，原
本就怀抱恐惧之心。君主的亡灵与墓葬，更是被统治者避之唯恐不
及之处，因为权力和死亡一样，强制夺走人的自主。

　　王陵沦为废墟之后，还有更深一层的诡异气氛。墓地是亡灵的
居所，死者在这个空间继续另一种形态的生命。当王陵被盗、遗体受
损，严重亵渎了死者；或被国家的开发工程波及，破坏了墓域，惊扰了
安宁。在胡人、汉人或两者共处的社会中，这都冒犯了人们所认可的
世界秩序，扰乱了生与死的分野。而且不再有子孙后裔的祭拜，鬼魂
无法安居，失去了归属。于是，王权的神圣之地陷入污秽、混沌的莫
名状态。杨广和李世民正借由修复、限制开发和祭祀致意等各种补
救措施，平抚帝王的死灵被惊扰的不安与怨恨，企图让这些失位、失
序的王陵，重新回复"正常"的状态。

命　运

　　杨广、李世民不是中古时代唯二企图阻止王陵衰败的帝王。三
到六世纪的政治与社会动荡，虽然引发了庞大的盗墓活动，但力图重
建文明秩序的王权，也尝试惩罚盗墓、埋葬遗骨和掩覆墓地。整个统
治阶层豪华的墓葬都逃不了盗贼的毒手，而恢复安宁的次序优先从
最高层的帝王将相开始。本书第二章的拓跋宏，在 496 年规定洛阳

---

[1]　与权势者的祠庙保持距离：《三国志》，卷 26，页 729。
[2]　墓葬邻近王陵将遭受侵扰：乐史撰，王文楚等点校，《太平寰宇记》（北京：中华书局，
　　 2007），卷 56，页 1162。
[3]　太原的鬼兵故事：李昉等编，《太平广记》（北京：中华书局，1961），卷 297，页 2363。

周边的东汉、魏、晋王陵，必须划出四面至少百步的范围，禁止人为的利用开发。二十年后，他的孙子元诩重申了这项规范，并推广到更大的地区。这意味着农业的耕垦、畜牧的放养和砍伐树木，都被禁止。[①]这些措施的实际效果难以高估，但至少在人们的心中留下了一点印象。

然而，这项规定颁布不到十年，北魏就踏上国家分崩离析的分水岭：524 年爆发了边境鲜卑军人的叛乱。虽然这场动乱很快被镇压，但弭平叛乱而崛起的军阀最终毁灭了拓跋宏迁都洛阳以来创建的国家体制，最后更分裂成东西对立的两个政权，彼此交战。中国华北重新统合在单一政权之下，已经是五十年后的事了。当杨广在 607 年指派民户看守历代王陵时，离元诩的命令已近百年。在动荡的六世纪，恐怕没有多少人遵守拓跋宏和元诩的规定。因此，众多王陵如果不是被掘，就是沦为牛羊徘徊、吃草的牧地。因此，杨广其实是重新提起一件百年来没有太多人在意的事情。然而，杨广命令的有效期，也没有超过十年。他在 618 年死于谋杀，隋王朝至此瓦解。在此之前，洛阳已经卷入战争。杨广在洛阳建设的仓库、囤积的粮食及坚强的防御工事，让这座城市成为各路军事势力争夺的目标，经历多年的混战，最后才由李世民夺下这座城池。杨广指定守陵的墓户，一定很早就为了躲避战祸而逃离。

历代王陵再度受到政治权力的注视，正式进入国家视野，已经是 630 年的事。李世民目睹寥落的西汉王陵，提出了维护历代君主、名臣和贤士"遗迹"的方案。遗迹至少有三种：故居、祠庙和陵墓，其中以陵墓占大宗。三种身份中，则以帝王最为崇高。由于这项政策，历代王陵衰败的趋势得以缓和。整套方案有三个方面：一是调查，"邱垄可识、茔兆见在者，各随所在，条录申奏"。二是维护，"每

---

① 廖宜方，《试论唐代前期官方对人物祠祀的政策》，页 143—145。

加巡守，简禁刍牧"、"若有隳坏，即宜修补"。三是纪念，"春秋二时，为其致祭"。[①] 借由这三个程序，处于"异常"状态的历代王陵，得以重回秩序的轨道。

每个王朝无不重视自己君主的陵墓，使之享有莫大的荣耀与保护；但失势之后，政治与社会失序，守护者逃亡，王陵被掠夺。这个现象几乎在各个王朝结束时反复出现，从秦到清的王陵都难逃乱兵与军阀的毒手。[②] 从奇观沦为废墟，几乎是帝制中国历代王陵共同的命运。但另一方面，每一个企图重建王权的统治者，从刘邦到曹丕，以及拓跋宏、杨广和李世民，还有之后的赵匡胤和朱元璋，以及最后的清朝统治者，几乎都有共同的措施：企图维护前朝乃至历代王陵，展现新王权重建秩序的决心，尝试再度以国家的力量，让历代王陵得以永续。沦为废墟的王陵一再反复经过调查、修复和祭祀的程序，在新的王权底下，取得新的意义。

调　查

第一步是动员各地官员访察遗迹。李世民似乎想要了解各地王陵的状况，所以要求官员"条录申奏"，记录并上报调查的结果。显然，中央政府并未掌握相关的信息。之前的杨广和更早的元诩、拓跋宏，可能只是单向的命令，或许并未要求各地回报。每个王朝最重视的是本朝君主的陵墓；为了维持本朝的陵墓，行政的信息透过公文书传递和交换，并记录在档案和典籍中。至于前朝或历代的王陵，则非优先关注的重点。不是每个皇帝都对此感兴趣，这些信息也未必能进一步发挥作用。

李世民普查历代王陵这件事，最大的影响在于"陵墓"成为隋唐帝国掌握地理信息的对象之一。王陵是古代的地理空间中最突出的

---

① 廖宜方，《试论唐代前期官方对人物祠祀的政策》，页145—149。
② 《史记》，卷8，页391；《汉书》，卷1，页76。

景观之一,让人印象深刻,记忆长存,也被记录在各种书籍中。在三世纪编纂的百科全书《皇览》中,有一篇《冢墓记》记载了黄帝以来许多历史人物的墓地,其中包含多位帝王。同时代的另一本书《帝王世纪》,在叙述了天地开辟以来所有君主的一生事迹之后,也会提到他们埋葬的地方。[①] 这两本书都出于学者之手,他们对帝王墓葬的了解,主要来自其他书籍,所以都是转手的知识,而非亲身经历的调查。至于秦汉以降的王陵,各种文书的记载就更多了。

想要有第一手的认识,必须到帝王墓葬的所在地才能获得。这些地方的士民对王陵有最直接的观察,但也流传许多神秘的传说。各地关于王陵的信息,记载在当地的地方志。这些书的读者以当地士民为主:这是他们认识家乡历史与文化的管道,他们从中形成对乡土的认同与自豪。这份热情,反过来又催生更多的作品。在汉、唐之间的三到六世纪,正是地方志的书写飞跃发展的年代。[②]

当隋唐王朝重建中央集权,统治广土众民,面对数百年来各地自主的发展,皇帝与政府迫切需要每个地方的资讯和情报,满足军事行动的需求,以及进行政治、经济和社会的管理。尤其杨广、李世民出身西北的军事集团,对东方和南方的土地与人民相当陌生。为了有效统治,中央政府的主事者双管齐下,一方面搜集各地的地方志,汇编成卷帙浩繁的志书;另一方面,要求官员进行更详细的调查和统计,记录各地历史与地理、自然与文化的信息。[③]

这项庞大的工程在杨广的时代已经展开,一直延续到唐王朝统治的年代。李世民驱动各地官员普查王陵的信息,就是这项行政作业的一部分。这是一项庞大的作业,除了要面对地方志纷歧、多样的

---

① 廖宜方,《试论唐代前期官方对人物祠祀的政策》,页148。

② 廖宜方,《唐代的历史记忆》,页304—330。

③ 辛德勇,《唐代的地理学》,李孝聪主编,《唐代地域结构与运作空间》(上海:上海辞书出版社,2003),页439—463。

内容，还有每个地方丰富的人事物，中央政府需要有一套统一的模式，才能将大量而异质的信息，化约成便于理解的样貌。最便捷有效的做法，就是由朝廷规划出一整套指定地方调查的项目，要求各地官员逐一填入：有或没有，有哪些，在哪里，数量多少。[1] 李世民要求的"王陵"就是众多的条目之一。从此，"陵墓"成为帝制中国的官方，乃至民间编纂地方志必不可少的项目。

遗 址

当数百年来沦为"废墟"的王陵，重新被辨识和指认后，第二个步骤是维护："每加巡守，简禁刍牧……若有隳坏，即宜修补"。巡视和修复王陵、禁止放牧牛羊，是最基本的保护，百年前的拓跋宏和元诩已经发出这样的指令。这是最基本也比较消极的措施，拓跋宏当时对孔子的礼遇就高出许多，他要地方官"起园柏，修饰坟垄，更建碑铭"[2]。

关键在于限制开发的范围。历代王陵划界封禁的范围，不可能过于广大，否则将妨碍邻近居民对土地的需求。官员必须定出适当的距离，既保持对王陵的尊重又兼顾居民的生计。从三世纪以来，当权者对于历代王陵的保护范围，逐渐形成了百步的惯例。曹魏的皇帝礼遇西汉、东汉开国之君的王陵，为刘邦、刘秀的王陵划界封禁的范围就是四面百步。五世纪拓跋宏的规定再次重申了这个距离，七世纪的李世民也加以沿用。[3]

百步的封禁，是唐帝国礼遇历代王陵的最大范围了。李世民在630年要求各地访察的对象，除了帝王之外，还有贤臣、烈士。针对各地回报的这些历史人物的墓葬，李世民及其官员分别制定不同步

---

① 李正宇，《古本敦煌乡土志八种笺证》(台北：新文丰出版公司，1998)，页107。

② 《魏书》，卷7，页177。

③ 廖宜方，《试论唐代前期官方对人物祠祀的政策》，页147。

数的保护范围。比如晋武帝司马炎在洛阳的陵墓,以及位于今南京江宁陈武帝的王陵,都规定百步之内禁止开发。百步以下还有四等:分别是五十步(晋文公墓)、二十步(齐桓公墓)、十五步(晏婴墓)和十步(郑玄墓)。从杨广到李世民,这些无主的孤坟经过维修,从被弃置的废墟,转化成受国家法令保护的遗址:在规定的步数之内禁止开发,减少人为的侵入与破坏,让死者不受干扰。

当时的人在墓地上植树,一方面可以保持水土,另一方面则美化环境。但在前工业化的时代,木材是最重要的燃料,满足烹调和取暖等基本的生活需求。人口密集的地区,对木材有庞大的需求,许多无主孤坟的树木遭到砍伐。坟上树木被砍,也惊扰墓中亡灵的安宁。[1]在七世纪后半期,武则天从长安前往洛阳的路上,曾经接到投诉。路旁的一座墓埋葬着死于三世纪初的西晋将军王濬,他托巫者传言,表示自己的"墓在道南,每为樵者所苦。闻大驾今至,故求哀"。武则天于是下令,特别给予最大范围的保护:"百步",让王濬平静长眠。[2]自然生态一旦少了人为的干预和破坏,往往能自我修复,恢复盎然的生机。到了武则天的孙子李隆基,在八世纪初路经王濬墓时,发现墓地"不观松柏茂,空余荆棘场"。松树、柏树本是理想的墓树,但被樵者砍伐之后,空出来的地面让各种草木恣意生长,最后形成杂乱的面貌,让人无法接近。李世民在630年指定的王陵,获得百步范围的隔离,大概也在日后逐渐形成"荆棘森然"的景观。这一大片的荆棘,不但形成保护作用,也增添不可测的气氛,滋长灵异的传说。[3]

---

[1] 墓树:周明仪、赵桂芬,《陵墓茔域及其常见植物伤悼意象之探讨——以宋代之前古典诗歌为例》,《台南科大学报(人文管理)》27(2008):161—180。

[2] 武则天封禁王濬墓:刘餗撰,程毅中点校,《隋唐嘉话》(北京:中华书局,2005),页38。

[3] 李隆基赋诗:彭定求等编,中华书局编辑部点校,《全唐诗》(北京:中华书局,1960),卷3,《过王濬墓》,页29。

遗 产

李世民的第三项要求是："春秋二时，为其致祭"。人死之后无人祭奠，乃重视家族长久绵延的汉人社会最遗憾的事。这些名君、贤臣和烈士生前的贡献卓著，死后却沦落这种悲哀的下场，令人伤感。李世民要求地方官民春秋祭奠、致意，基本用意是弥补此一缺憾。借由地方官民的祭祀，安抚死者的亡灵。这项活动，除了镇魂的宗教性格之外，还有"纪念"的人文意义。每个地方都有许多无主绝后的孤坟，但并非每个墓葬都获得重视。当李世民要求官员致祭，他也说明了理由，指出这些墓地的意义。于是，这些墓地除了获得保护之外也有了更积极的角色，不再只是"历史遗迹"（historical sites），而是有意义的"遗产"（heritage）。

杨广与李世民指出的意义是什么？七世纪的中国，当然没有现在的"世界文化遗产"观念。这种观念是基于现代的历史意识、多元文化的前提，以及世界性的视野，从而为许多历史上的王陵赋予崭新的意义。但在杨广和李世民的时代，华夏的历代王陵另有不同的性质。杨广认为这些帝王"因时创业，君民建国，礼尊南面"，即他们曾经创建伟大的王权，成为支配万民的主人。李世民则认为君主的支配权力乃天经地义："开辟以降，肇有司牧"。伟大的帝王有着卓越的品格，留下伟大的成就，奠定了政治秩序："盛德宠功，定乱弭灾，安民济物"。他们强调的是君主的地位与成就，所以这些王陵并非因本身的历史与文化价值而被保留与纪念，而是"帝王"的角色与地位。这些王陵并非文化遗产，而是政治性的遗产。以历代王陵为对象，借由国家的维护措施、法令规范和祭祀活动，这套歌颂王权的价值观也进一步巩固下来。

三、历代王陵在后世的变迁

七世纪

杨广当初下令维护历代王陵与贤人墓地时,轻重有别。后者只有消极的禁令:"不得侵践",对前者则有更积极的作为:"可给随近十户,蠲其杂役,以供守视",要求地方政府从王陵附近的人家选出十户,以免除其他负担为前提,专门负责照看指定的王陵。这十户人家又被称为"陵户""墓户"。在中国社会,守护祖先坟墓是每个家族永恒的义务。被指定为陵户则是一项强迫的劳动,为国家看顾这些后裔子孙已消失无踪的历代王陵。

杨广的命令是一项突破,百年之前的拓跋宏仅为王陵划界封禁而已。杨广为历代王陵指定墓户,虽然只有十户,却是大手笔,大气的程度不逊于他建城、开河与发动战争等规模浩大的事业。十户的数量一定远低于他指派给父亲"泰陵"的陵户,但与李世民在 630 年的规定相比,十户却是一个大数字。李世民维护王陵的规范没有包含设置墓户,他也很少指派民户给历代王者和贤人的祠庙和墓地。如今确知的纪录只有老子、孔子和比干,数量分别是二十、二十和五。[1] 李世民有所保留的原因是他掌握的户口数量远远少于杨广。杨广与其父亲建立的帝国,透过有力的行政系统,统计和掌握的户口超过四千万人。但经历了战争的征调、社会动乱与官僚行政的受损,李世民与其父亲只掌握到四分之一而已。李世民在拮据的处境下,无法慷慨地指派墓户给历代王陵。七世纪的唐王朝,国家分配陵户的对象只有前朝的北周、隋两代:"周文帝、隋文帝陵各置二十人,周、

---

[1] 老子庙、孔子庙的庙户:《旧唐书》,卷 3,页 48。比干的墓户:太宗,《追赠殷太师比干谥诏》,《全唐文》,卷 7,页 88 之 1。

隋诸帝陵各置十人"，至于更早的其他王陵，恐怕就未享有陵户维护的待遇。[①] 北周、隋和唐的皇室皆来自同一军事集团，北周、隋两朝可谓唐帝国的前身。如果没有新王朝的认可与资助，这两个前朝的后人都无力负担其祖先王陵的管理。

指派墓户的规划，其实反映了中国中古的政治与社会性格。这些被国家指派守坟的家户，并不自由。不论他们服务的对象是当朝、前朝或历代的王陵，这项任务都是世袭的，整个家庭必须世代传承。而且他们的社会地位比一般士农工商的"良民"低下，属于官方管理的"贱民"。贱民是被歧视的阶级，遭受差别对待，缺乏人身自由，权益的保障也比较少。陵户的人身被束缚在王陵的土地和守坟的劳动，无法脱离。[②]

墓户的指派，也反映了统治者心中的理想。杨广和李世民期望政权长久稳定、社会凝固不变，本朝与历代的王陵随之永续。不只贱民束缚在特定的职务，良民也要固着在特定的土地，由国家透过户籍制度掌控。但时代发展的速度，超出他们的预期。才经过数十年，当李世民的儿子李治即位后，唐帝国的人口、社会与经济酝酿了新的发展动力。良民和贱民中有些人企图脱离政权施加的各种赋税、劳役或义务，逃亡到国内其他地方寻找更自由的生活。在这种潮流下，许多被官方指派为墓户的贱民逃亡他乡。唐王朝逐渐适应人口移动的现实，采用新的管理方式来维持国家的营运。其中之一是"解放"陵户，转换其身份，成为良民；以此为条件，希望这些人能继续承担维护王陵的工作。这是李治的孙子李隆基到八世纪才完成的改革。

---

① 二王后的陵户：来村多加史，《唐代皇帝陵の研究》(东京：学生社，2001)，页 323—332。

② 唐代陵户的研究：利光三津夫、长谷山彰，《唐制陵户に関する一考察》，《法学研究》65.5(1992)：65—70；滨口重国，《唐の陵. 墓户の良贱に就いて》，《史学杂志》43.8(1932)：102—109；黄正建，《唐代陵户再探》，《陕西师范大学学报(哲学社会科学版)》43.5(2014)：101—105；吴树国，《礼制规范视域下唐代陵户的设置》，《求是学刊》43.6(2016)：152—159。

十世纪

在唐王朝统治的三百年间,历代王陵除了少数的隋和北周之外,官方只有百步距离内限制耕种、放牧和樵采的禁令,恐怕没有其他特意维护的措施。这项规定的约束力,自然随着唐王朝统治威权的升降而变化。八世纪中叶以后,唐帝国遭逢巨变,国家对土地与人民的控制力比以往更弱,封禁历代王陵的规定大概逐渐失去效力。但无论效力高或低,其实都无法真正阻止盗墓者的决心。在这段期间,秦汉以来的历代王陵一定遭遇盗扰。这些活动如果不是没被官方发现,就是没被视作重要的事件,几乎没有被记录下来;或有记录,但如今无从得知。

到了十世纪,当唐王朝走入历史,它的王陵同样被盗掘,陵园土地甚至被民众开发和利用。但新兴的王权,比如北方宋朝的赵匡胤,和三百多年前的杨广、李世民如出一辙,同样下令为历代王者、贤人的陵墓,指派民户守视。这些民家仍被称为"守陵户",但他们已经不再被视为贱民。他们原本居住在王陵附近,拥有自己的土地,官方免除他们的劳役,交换这些人家负责维护王陵的环境,并栽植树木,美化园区的景观。在966年,赵匡胤下令各地调查王陵,最后他列出一份七十九人的名单,分成四等,前一到三等共四十一人,分别指派五户、三户和两户的民力进行维护。后来,或许经地方反映人手不足,官方又下令一概增加两户,形成七户、五户和四户。这些数字终究没有超过三百年前杨广规定的十家。至于第四等的三十八座王陵,只颁布禁止开发的禁令而已。[①]

之后,赵匡胤在四十一座有人守护的历代王陵,选择三十八座兴建庙宇开放,让民众参拜、祈福。官方除了岁时举行国家祭典之外,

---

① 详见本书第六章。

有些官署甚至进驻庙中，合署办公。这些措施都拉近了历代王陵与官方、士民之间的距离。尽管如此，这些陵墓仍一再被盗。约半世纪后，就传出一件盗墓案。盗贼落网，负责看守的官员也受到惩处。皇帝派遣使者掩埋、安葬和祭告，并再度下令昭告全国，重申国家保护历代王陵的禁令。[1]

如今无法得知宋代的法律惩罚盗墓的条文，究竟有多大的威吓力量，但历代王陵面对的真正问题，并非盗墓，而是农民对土地的需求，以及维护王陵的人力与经费。十世纪以后的中国经历了迅速的人口成长，在十二世纪初时估计已超过一亿人，这个数量是五百年前的两倍。伴随人口增长而来的是对资源的需求和环境的压力，国家的财政与管理也面临变革。盗墓事件发生后的半个世纪，宋王朝迎来了建国以来最大的政治改革。这场改革的重点以经济民生和国家财政为重心，历代王陵的土地也无法免于这场影响整个国家与社会的变革的影响。

以王安石为首的改革者为了增加国库财源，释放民间的生产力，允许地方士民申请开垦王陵周边的土地。反对这项新政的官员向皇帝报告：李世民昭陵上的树木因此被砍伐殆尽。他还强调，国家每逢举行祭天的大典，都会一并向历代王陵献祭，因此这些王陵并非无关紧要，对于王权具有重要的意义。皇帝被说服了，因而中止了这项政策。已经承租土地的佃户，则要求他们负责维护王陵。[2] 至于百多年前被指派的守陵户，经历了社会与经济变迁，可能因为工作负担沉重，又或许这项工作无法许诺更好的前景，早已逃亡、消失。因此官方才会需要这些新的佃户充当守陵的人力。

王安石的政策虽然遭到批判，但其实也有人认为这是可行的办

---

① 盗墓案：徐松辑，《宋会要辑稿》（北京：中华书局，1957），礼38—6，页1606；《宋史》，卷8，页161。

② 《续资治通鉴长编》，卷280，页6864。

法,端看如何妥善执行。像是理学家张载注意到王陵周边有许多闲置的土地,建议以拨给田地的方式,招募民众守墓。[1] 后来,地方政府为了筹措维护经费,也出租土地获取收入。[2] 其实,这些空地本是为了保护王陵不受人为开发的影响而划界封禁,如今官方为了维护的人力与经费,只好利用这些土地。当承租者从土地获得的收益大于他为王陵付出的负担,才会留下来。然而,这些新的守陵户也未能在他们新租佃的土地上,建立长久的家园。因为宋朝于 1127 年灭亡,来自东北方的女真人南下,占领中国华北的土地,华夏的历代王陵再度丧失国家的监护。

十四世纪

赵匡胤在 966 年维护王陵的事迹,被写入史册,成为浩如烟海的历史纪录的一个片段。但四百年后,却偶然进入新统治者的眼中,重新产生了意义和作用。1370 年,朱元璋在南京即位称帝已三年,他偶然读到赵匡胤下令修复历代王陵的记载,欣赏不已。这是王者对王者的欣赏,修复历代王陵也是只有最高统治者才有的兴趣与权力。朱元璋于是派遣中央部会的特使,会同地方官员,访察全国各地的王陵。最后,各地回报的数量是七十九——这个数目同于四百年前赵匡胤维护的王陵。中国史上的帝王何其多,赵匡胤的名单是已经过滤的结果,其原始数目一定高于七十九人,而朱元璋尚未筛选之前已经是七十九,而且这七十九座还包括了十世纪以后新建的王陵,比如赵匡胤的墓地。因此,朱元璋掌握的王陵,数量少于他的前辈。[3]

---

① 张载著,章锡琛点校,《张载集》(北京:中华书局,1978),页 260;史料争议见林鹄,《经学理窟·宗法与程颐语录——兼论卫湜〈礼记集说〉中的张载说》,《中国哲学史》2 (2015):64—71。

② 官方出租土地以补充经费、召募佃户:《宋会要辑稿》,礼 38—3,页 1604;《续资治通鉴长编》,卷 332,页 7995;同书,卷 478,页 11382。

③ 详见本书第八章。

　　这一年底，明王朝首度在历代王陵举行祭典。朱元璋与官员商议后，选择向其中三十六人献祭，并拨款白金二十五两供作维修王陵和祠庙、准备祭物的经费。之后陆续制定的规章、禁令和过去相同：王陵周边禁止樵采、耕种、放牧牛羊，范围一般是百步，守陵的民户则定为两户。[①] 守陵户比赵匡胤指派的数量更少，而在朱元璋统治的年代，国家掌握的户口约七千万人。[②] 在后来的岁月，守陵人家逃离的困境再度上演，官方最后只能设法补足、维持至少一户的人力。一两户人家能否妥善维护一座量体庞大的土丘？以汉朝的王陵而言，其底部的面积都超过一个足球场的大小。守陵户大概只能负责最低限度的看守。如果有人违反禁令被守陵户举报或官府查获，惩罚是杖刑八十下——这是足以致人于死的重刑了。[③]

　　朱元璋有一项规定和过去不同，他下令地方官在王陵前树立石碑，条列祭祀的规章等，以便日后官员遵照指示办理。这项做法为王陵的景观带来第二次的变化。七世纪以来，国家开始维护历代王陵，只是透过划界封禁减少人为力量的破坏，但已经衰败的王陵不可能恢复旧貌。这种萧条的景象第一次发生变化在十世纪。赵匡胤在三十八处王陵兴建华丽的庙宇，以便于举行国家祭典，也供民众参拜和祝祷。当时这些庙宇是新的奇观，新建国的皇帝在旧的王陵前，建立了夸耀权力的建筑物。这些庙宇可能维系超过百年，但最晚到了十二世纪初，北宋亡国，新征服者不再青睐，它们逐渐随王陵一同衰败。两百年后，虽然朱元璋要求地方官员修缮这些庙宇，但已不可能恢复原来的样貌。不过，他开始在历代王陵献祭、立碑，逐渐成为新的惯例，产生新的效果。明、清两代的新皇帝即位，都会派遣使节向各地

①　维护王陵的措施："中央研究院"历史语言研究所校勘，《明实录》（台北："中央研究院"历史语言研究所，1966），卷59，页1159；同书，卷62，页1199。

②　明代的户口：曹树基，《中国人口史·第4卷明时期》（上海：复旦大学出版社，2000）。

③　罚则：黄彰健编，《明代律例汇编》（台北："中央研究院"历史语言研究所，1979），卷11，页588。

历代王陵致意,表白自己成为新的统治者。祝祷的祭文被宣读、刻石和立碑,称作"御制祝文碑",成为永恒的记录。[1] 每一个皇帝即位的献祭和立碑,让王陵之前的石碑逐渐增加。从此,一直到清王朝结束的五百年间,一方一方的石碑积少成多,成为王陵地景的新元素。以被赵匡胤取代的后周君主柴荣为例,其陵前的御制祝文碑在二十世纪初年,计达四十四通。这座壮观的碑林,让历代王陵再现新的奇观。

十八世纪

几乎每个新王朝都会注意到历代王陵,清朝统治者也不例外,也重复了过去的模式:调查、修复和献祭。但在历代王陵中,金、明两朝的陵墓又最受重视。前者的原因是满洲人自许为女真人的后裔,尊重金的王陵如同先祖。后者则是因为满洲人取得了明朝的政权和土地,希望借此礼遇前朝的措施,争取被征服的汉人士民的认同。另外,除了朱元璋之外,金与明的王陵都近在清王朝的首都北京附近,地缘关系也比较容易吸引皇帝的注意力。朱元璋在南京的陵墓虽远,但爱新觉罗一族在位最久、足迹最广的第二、四任皇帝:玄烨(康熙)和弘历(乾隆),都曾亲自拜访、致意。[2]

金、明以外的历代王陵引起皇帝的重视,始于第三任的皇帝胤禛(雍正)。胤禛被认为是清王朝最精明与务实的统治者,在 1729 年,他发现"历代帝王皆有保护古昔陵寝之敕谕,而究无奉行之实。朕于雍正元年(1723 年)恩诏内,即以修葺历代帝王陵寝、通行申饬,亦恐有司相沿积习,视为泛常"。胤禛最不能容忍官僚的怠惰与敷衍,也非常清楚政府的运作与弊病,于是要求地方官在年终岁末,必须向省级长官汇报保护的工作和成果,省级官员再向中央政府申报。而且

---

[1] 御制祝文碑:赵超,《汉阳陵两方明代御制祝文碑略谈》,《文博》2009.2:52—56。
[2] 详见本书第九章。

如果"所报不实，一经发觉，定将该督抚及地方官、分别议处"。① 这可说是历代王陵的维护史上，口气最严厉的命令，不但反映了胤禛一贯的性格，或许也透露了他当时的心情——那段期间，他正在审理一桩谋反的案件，让他惊怒于社会基层的士民竟然对满人、对帝王怀抱着猖狂的不敬之心。

如果胤禛像他的父亲或儿子那样走访各地，他可能会真的亲眼发现，历代王陵的保存状况不如他的期待，而地方官员也难以进行积极的维修。但接下来不到六年，胤禛就去世。继承的弘历年仅二十五岁，即位还不到半年，就注意到这件事。他再度提起了父亲的命令，表达他的关切："各省帝王陵庙，均宜严肃整齐，以昭敬礼"，指示各地官员以公款整修王陵邻近的庙宇，并设置看守的陵户巡查、打扫。② 这两项规定又比胤禛更进了一步。

弘历在位十年之后仍然记得此事，1746 年某日又特别论及"陕西为自古建都之地，陵墓最多。有不在会典之内者，既无围墙，又无陵户。着交于该督抚查明，酌筑围墙、以禁作践、以资保护"。③ 筑墙需要经费，巡查和打扫必须支付工钱，如何因应这笔开销始终是历代王陵的维护史上无从回避的问题。从十世纪以来，官方的对策一向是以授予王陵附近的土地为条件，换取民家的劳务。经过了八百年，仍未超出这个做法。从弘历交办，经过地方官员的调查，接着提出实施的方案，④最后经过皇帝同意，中央与地方往返讨论、费时两年终于定案。

①　《清实录·世宗》，卷 79，页 36 之 1。
②　山东少昊陵、帝尧庙：《清实录·高宗》，卷 12，页 361 之 2；湖广炎帝神农氏、帝舜有虞氏的陵庙：《清实录·高宗》，卷 15，页 415 之 2。
③　皇帝的指示：《清实录·高宗》，卷 262，页 393 之 2。
④　地方官员的方案：《清实录·高宗》，卷 318，页 225 之 2。另外："奏为敬筹保护历代帝王陵寝事"（乾隆十一年三月十六日）、《军机处全宗》，中国第一历史档案馆藏，档号：04-01-14-0012-039；"奏为遵旨查明历代帝王陵寝无围墙处酌筑事"（乾隆十三年五月十六日），《军机处全宗》，中国第一历史档案馆藏，档号：04-01-37-0012-012。

从胤禛到弘历，两任皇帝前后十余年对历代王陵的重视，影响所及不只是维修、增筑围墙和指派看守的陵户，也引发了官员、学者的跟进。弘历指出陕西陵墓最多的三十年后，在 1776 年及其隔年，当地首长毕沅(1730—1797)为该省一百一十座历史名人的墓地树立石碑，标识墓主，其中身为帝王者将近一半。[1] 以汉景帝为例，毕沅在陵前树立了题为"汉景帝阳陵"的石碑，让地表上高大、突出的土丘有了可资识别的标志。千百年来，历代王陵的位置在书上都只有简略的文字记载，比如"阳陵，景帝陵也，在县东四十里"，[2]但在地理的空间中，几乎没有任何明确的指标。如今终于有了醒目的石碑，让过往行人指认。

这项定位的任务并不容易，有赖于之前数十年的调查和维护工作，以及千百年来的文献传统，比如地方志的记载。两百多年后，这些石碑仍然历历在目，矗立在陕西的许多名胜古迹之前。但在二十世纪，经过比较严谨的学者研究之后却发现，这些石碑有不少提供了错误的信息，比如将汉平帝的陵墓误认作汉元帝。[3] 在十八世纪的中国，知识学问以考证最为著称，但对历代王陵的地理定位，却不成功。毕沅可能不是第一个误判的人，他只是沿袭长久以来的错误。可以想象在他之前的千百年，历代王陵的调查、维护和祭祀，恐怕有不少都弄错了对象。

---

① 毕沅：陈斯亮等，《清人毕沅为陕西陵墓立碑考》，《山西档案》，1(2018)：161—164。

② 汉景帝阳陵的记载：李吉甫撰，贺次君点校，《元和郡县图志》(北京：中华书局，1983)，卷 1，页 14。

③ 刘红，《毕沅〈关中胜迹图志〉对西汉帝陵名位判定之得失及其他》，《碑林集刊》，14(2008)：213—218。

四、结　语

厉鬼的安魂

这些陵墓获得维护、祭祀的历代王者，生前、死后都不是普通人。他们是最高的统治者，拥有令人畏惧的权势，死后更被认为具有强大的灵力。但因时代变迁、王朝失势，失去了子孙的祭祀，墓地甚至被盗掘。依据华夏文化的观念，没有比无人祭奠和墓地被扰的死者更不幸了，悲惨的鬼魂因此滋生无尽的怨恨，成为危害生者安宁的"厉鬼"。[①]人生前并不平等，死后的鬼魂也有强弱之别。生前富贵荣华的人，死后也是强大的鬼魂。帝王一级的厉鬼被称为"泰厉"。[②]秦汉以前的古典时代，有人主张当权的王者应为泰厉举行祭祀，使其灵魂有归依之处，才不会危害士民的生活。如今，借由整修陵墓，举行祭奠，划界禁止人们打扰死者的安宁，安抚了骚动的亡灵。

在杨广和李世民的时代，还有另一种厉鬼：死于战场的军人。中国自三世纪以来，政权分立对抗，战争频繁，武勇的军人生前令人畏惧，当他们在战场上身受兵刃的杀伤、心怀惊惧与怨恨而死，也转化成厉鬼的一种，骚扰活着的人。依据汉人根深蒂固的久远传统，这种"异常"的死者，遗体不许入葬村庄和家族的墓地。但这些无处可归的死灵，也因此骚扰生者。针对这项文化禁忌与困境，杨广的父亲杨坚开始有了不同的做法。他经历了统一华北和平定反叛势力的战争，对战死的军人有很深的感触。他在581年即位后，下令在这两场

---

① 厉鬼：林素娟，《先秦至汉代礼俗中有关厉鬼的观念及其因应之道》，《成大中文学报》13（2005）：59—93。

② 郑玄注，孔颖达疏，龚抗云整理，王文锦审定，《礼记正义》（北京：北京大学出版社，2000），卷46，页1523。

大战的战场邺城(位今河北临漳),为遭难的军人建寺、祈福。[1] 二十年后的 601 年,更下令改变风俗,让战死者入葬共同体的墓地。[2] 李世民在 629 年,要求普查历代王陵的前一年,也下令在建国战争的七大战场,由国家建造寺院,并提供资产与人力,召请僧人举行法事为死者祈福。[3] 从杨坚、杨广到李世民三代人,出身华北尚武之军事集团与胡汉共存之社会,并不墨守汉人本位的文化禁忌,都设法为战死者在生者的社会与文化中找到应有的位置。帝王不只是人世的统治者,他也有责任维持宇宙的秩序。为了安顿亡灵,他们采取了过去汉文化未有的新做法:建立寺院、举行佛教法事超度死者。

佛教从二世纪传入中国,给汉人的社会与文化带来莫大的冲击,其中一项是以儒家伦理为准则的家族生活。佛教逐渐适应中国的风土与汉人的家族观念,丰富了汉人原有的生命礼仪。其中之一是依佛教的观念和仪式,为祖先祈福。笃信佛教的王者、贵族和世家在祖先坟墓设立寺院就近看顾,举行仪式为祖先祈福。本书第二章的主角拓跋宏,就为抚养他长大的祖母在墓地配置佛寺。李世民死后,他的儿子李治即位,也在父亲和祖先的陵墓旁造寺祈福。[4] 这种被称作"坟寺"(功德寺)的设施,日后逐渐普及到一般士民,让华夏崇拜祖先的社会文化与佛教的信仰结合。从五世纪末的拓跋宏到七世纪初的李世民父子,都深信佛教的法事具有拯救死者的法力,才会为祖先和战亡的军人建寺。从这些例子来看,中国中古至少有两种安顿亡者的形态:一是透过制度化宗教的力量,比如佛教,举行法事为亡灵祈福;二是华夏汉人的传统做法,包括家族祭祖与地方官民的祷祀。对

---

[1] 杨坚在邺城建寺:严可均校辑,《全上古三代秦汉三国六朝文·全隋文》(北京:中华书局,1991),卷 1,页 4105 之 1。

[2] 杨坚下令战亡者入葬墓地:《隋书》,卷 2,页 46。

[3] 李世民为战亡者建寺:《旧唐书》,卷 2,页 37。

[4] 李治在昭陵建寺:陈瑞霞,《唐代皇家功德寺研究》(西安:陕西师范大学硕士学位论文,2011),页 14。

于历代王陵，杨广和李世民采取第二种汉人传统的方式。

制度化宗教的角色

　　李治虽然在父亲李世民的昭陵建寺祈福，但也只是附属，并非王陵最主要的建筑设施。至于杨广，他为父亲杨坚高调建造了四百年来最宏伟的王陵，符合其身份、地位与成就。杨坚是中国中古笃信佛教的皇帝之一，生前在全国各地推广了佛教的建筑与活动，但他的陵墓没有反映他的信仰。不论是当朝或历代的王陵，隋唐帝国的统治者没有让佛寺成为主要的建筑物。这是中国王权的核心特质之一，即王陵独立自存，基于华夏政治文化的传统，举行国家祭祀，并不依附佛、道教的设施。① 即便有附属的宗教设施，王陵仍然主要是彰显统治者身份、地位与权力的奇观。

　　在世界史上，并非所有的王陵都形之于奇观的形貌，一意展现专制王权庞大的动员力。有些统治者即便操持莫大的权力，在生与死的问题上，仍然顺服于宗教的救赎。在欧亚大陆的西端，罗马帝国的皇帝君士坦丁很早就皈依基督教，但直到337年才受洗，一个多月后过世。他的石棺，先是放置在他兴建的圣使徒教堂中央的圆顶下，周围是耶稣十二门徒的纪念碑，后来迁移到附属于这座教堂、邻近的一座圆形陵墓，这座陵墓也预留了空间，日后东罗马帝国的皇帝相继入葬。② 在罗马帝国的西部，基督教也感召了许多日耳曼民族。于是，中世纪的国王死后多埋葬于教堂，比如英国伦敦的西敏寺（Westminster Abbey），法国的王室则埋葬在巴黎北方的小城圣丹尼（Basilica of Saint Denis）。许多王者即使生前与罗马教宗相争，但教

---

① 唐代皇帝葬礼中的宗教成分：吴丽娱，《试论唐宋皇帝的两重丧制与佛道典礼》，《文史》2（2010）：203—235。

② 君士坦丁的墓地：汉斯·波尔桑德著，许绶南译，《君士坦丁》（台北：麦田出版社，1999），页150。

堂仍然是他们安息的唯一之地,而非另建独立的王陵。

一个国家的最高统治者,死后入葬宗教设施,而非独立建造陵墓,并非罕见。中国的帝陵彰显浩大的权力,并非世界历史上的必然或常态,同处东亚的日本就有不同的面貌与发展。佛教在其扩散所及的东亚,往往适应各地的文化,发展出新的生命礼仪。汉人的祖先崇拜与佛教信仰的结合,就是最好的例子。不过,佛教的影响有限,没有深刻改变中国帝王的丧葬活动。但在日本列岛却有不同的结果:最高的统治者死后依佛教的仪式火化,最早是持统女帝(645—702)。持统生于李世民死前四年,那一年也是日本推动"大化改新"、迈向中央集权的起点,推手正是她的父亲。她的一生正当东亚的国际情势最复杂,日本列岛的权力关系变化最剧烈的时代。在这半世纪,持统的父亲、丈夫和她本人推动了许多事业,学习唐国的"律令国家"体制,建造以天皇为顶点的国家支配。她死前一年颁布的《大宝律令》,正意味着这项目标的完成。然而,在王权集中、强化的年代,持统的葬礼却采取了佛教的火化仪式。

日本的天皇陵

其实,日本列岛对于建造巨大的王陵,并不陌生。从三世纪后半期,相当于中国的汉王朝灭亡之后,西日本各地开始出现巨大、高耸的坟丘,这些坟墓被称作"古坟",其中位于今大阪堺市的大仙陵古坟,前后长达四百八十六公尺——这个长度与中国汉代帝陵的底部相当,在规模上毫不逊色。但与中国不同的是,此时日本列岛尚未进入统一国家的阶段,这些古坟的埋葬者并非唯一的最高统治者,而是各地大小政权与豪族的领袖。但这些古坟在七世纪末、即持统女帝的时代,逐渐消失。当时日本列岛正处于转变的关键时刻,以近畿为核心的"大和王权",原本是统领各地豪族的联合体制,逐渐凌驾各地之上,而且密切关注东亚大陆新成立的隋唐帝国,输入中国的政治制度，进入国家统合的新阶段。

但在王权提升的过程中，巨大的古坟却越来越少。原因之一是在持统出生的后一年，她的父亲发布了"薄葬"的命令，详细规范不同身份的墓葬规模大小——以天皇为顶点的阶级、宛如阶梯逐级下降的身份秩序，这正是从唐国的律令学习而来。[①]　过去，从朝廷的贵族大臣到地方豪族的领袖，往往各自依照权势和财富，不受干预地举行葬礼、营造墓地，至此必须符合被指定的身份，不再毫无限制。这项命令限制了强大氏族兴建"古坟"的习惯，只有最高的天皇才能建造巨大的坟丘。天皇虽然不受约束，却也逐渐不热衷于营造巨大的陵墓，原因之一正是佛教的影响，皇室接受佛教的教义和仪式来安排生命的终点，持统女帝的火化就是关键的起点。这正是佛教影响七世纪中国和日本君主与王陵的差异，日本皇室的信仰显然更为深沉。原本繁复、铺张、旨在夸耀王权的丧仪和墓地，开始朝简约的方向发展。到了十三世纪，京都东山的泉涌寺成为保管许多天皇遗骨的墓所，与佛教信仰更进一步结合。天皇的丧葬脱离佛教的影响、产生新的变化，要到日本的"神道"思想成形，明治时代的天皇制转向新型态之后才出现。[②]

在王权提升的过程中，日本列岛正式以"日本"为国号，领袖的称号从过去的"大王"改称"天皇"，也只有皇族的坟丘才能被尊称为"陵"，其他都是"墓"：过去的古坟没有这种区别，这个规定也是从唐国的律令而来，此后才有了所谓"天皇陵"。有些"古坟"和"天皇陵"，在后来的历史上，逐渐被定位成日本历代君主的陵地。日本和中国的"历代帝王"及其王陵、祭祀与意识形态，当然有许多不同，但也有相似之处，因此值得拿来互相参照，本书后续的章节将陆续进行两者的比较。

---

① 薄葬：和田萃，《薄葬》，《世界大百科事典》电子版（东京：日立デジタル平凡社，1988）。

② 日本皇室丧葬的佛教成分：村上重良，《日本史の中の天皇 宗教学から見た天皇制》（东京：讲谈社，2003），页128—130、136—137。

第四章　王权的公关：许敬宗和褚无量的操作

一、历代帝王祭祀的诞生

657 年，时任唐帝国礼仪主管官员的许敬宗（592—672），上书给皇帝李治（628—683，唐高宗），建议订定"先代帝王祭祀"的礼仪。[①]许敬宗的父亲是杨广的大臣；当杨广在 618 年被部属谋杀，父亲因为拒绝参与而被害，儿子则逃过一劫。许敬宗后来辗转加入小他六岁的李世民的阵营，成为他手下众多的文人学士之一，从此立足于政坛。李世民死后，新的皇帝是李治。许敬宗提出建议的这一年，李治年近三十，但即帝位不满十年，朝廷中握有大权的人仍然是他的舅舅长孙无忌。不过，年轻的李治已经开始懂得运用权力来达成自己的欲望和目标，坚持皇帝的最高权力。两年前，他成功排除朝中元老大臣的反对，将宠爱的妃子送上皇后的宝座。这名妃子就是日后的武则天（624—705）。

许敬宗提议国家祭祀历代帝王，对象有尧、舜，三代的禹、汤和文王、武王，以及汉朝开国之君刘邦。这七位是当时人们公认历史上最伟大的君主。许敬宗认为，唐帝国的祭祀典礼，虽然继承了过去的传

---

① 　雷闻，《郊庙之外：隋唐国家祭祀与宗教》（北京：三联书店，2009），页 76—80。

统并发扬光大,但缺漏了这一项。确实,之前的隋王朝从 583 年起曾经举行过这项祭典,两者致敬的对象完全相同,但唐王朝统治之后就没有再举行过。所以历代帝王的祭典,在过去半世纪大概无人闻问。许敬宗年少时或许听说过这件事,如今他的提议,复兴了一项消失多年的活动。[①] 他认为,加上了这块拼图,大唐国的祭典就拥有了无比庄严的完整。

宗庙大典与"先代王公祭祀"的结合

隋王朝在 583 年订定这项典礼时,杨广的父亲杨坚(541—604,隋文帝)才成为皇帝满两年,虽然已经平定内乱,抵抗突厥的进攻,但尚未征服江南的土地;在众多重大或急迫的国内外大事中,比如迁建新都、修筑长城和开凿运河,这项活动并不特别重要。而且,这项活动并非独立举行,它附属于每间隔三五年才举行一次的最正式、盛大的宗庙祭典。这一天,都城的宗庙将陈设国家的祥瑞、珍宝,以及征服敌国所获的战利品;对国家有贡献的功臣,也在这一天获得正式的追思。[②] 借由展示和纪念这些具有政治意义的人事物,这项祭典成为王权最重要的政治宣传之一。

在这个日子,杨坚及其官员还有一项特殊的安排,就是同一天在都城以外的六个地方,向历史上最伟大的七个君主致祭:尧、舜、禹、汤、文王、武王和刘邦——文王和武王的祭典合并在一处举行。这些地方大多是王朝的都城:平阳、河东、安邑、汾阴和沣、渭之交。(参见图 4-1)长陵除外,因为刘邦的都城长安如今已由杨坚坐镇,所以祭典改在刘邦的陵墓举行,距离长安也不远。与都城的宗庙大典同步、向历代帝王致敬的这六个地方的官民,一定也意识到这是特别的日子,

---

① 　廖宜方,《中国中古先代帝王祭祀的形成、演变与意涵》,页 531。
② 　郭善兵,《隋代皇帝宗庙礼制考论》,《河南大学学报(社会科学版)》47.2(2007):129—134。

他们和都城的君王与臣民,共同向王权致意。正是这种连带感,或想像的共同体,推动了政治认同的形成。

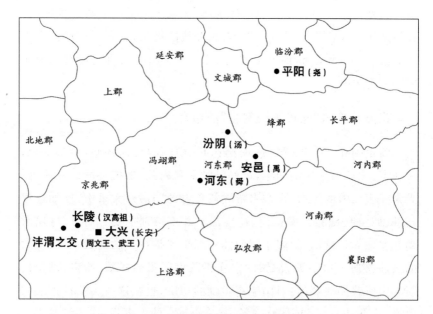

图 4-1　隋王朝祭祀历代帝王的地点

在宗庙大典的同一天向历代帝王致意的安排十分特殊。[1] 后来,许敬宗的父亲被皇帝欣赏和倚重,指派他为礼仪官员,参与宗庙祭典的规划。改朝换代之后数十年,年迈的许敬宗再度提起历代帝王的祭典,或许和他父亲当年的仕宦经历以及他个人的记忆有关,只是个中详情已无从得知。

其实,这几个地方并非第一次举行祭祀历代帝王的活动。不到百年前,时正强盛的北魏王朝青年皇帝拓跋宏,当他热切进入华夏中原的历史空间时,曾经下令在其中五个地方派人献祭——除了汾阴之外。但这类活动恐怕没有成为持续而稳定的措施,因为接下来的

---

① 　杜佑撰,王文锦等点校,《通典》(北京:中华书局,1988),卷 53,页 1477。

六世纪，华北陷入了政治与社会的动荡，引发了激烈对立的军事冲突，北魏分裂、灭亡。然而，在统治阶层中似乎还有人记得这些地方在王权统一的年代，曾经举行过纪念伟大统治者的典礼。于是，当杨坚成为统治华北全域的霸主，他决定将这六个地方的祭祀，搭配都城的宗庙大典，让这些地方和都城一起荣耀王权的伟大。①

杨坚举行的这项祭典被称作"先代王公"，与后来许敬宗命名的"先代帝王"有一字之差，"公"的意思可能是指帝王手下的大臣。这七位帝王分别和他们最得力的功臣一同接受纪念。当时这六个地方建有屋宇，帝王的祭典在庙内进行，功臣的祭品则设在庙前的庭院中。让历代帝王及其功臣一并接受祭祀，是隋王朝才出现的设计，百年前的北魏没有这样的安排。（参见表4-1）此一变化看似革新，但不全然是杨坚与其官员刻意的独创，而是顺应了整个时代的环境与文化，以及人群的心理。因为不只是历代帝王有功臣陪伴，当朝的宗庙也有开国的功臣。两者的意识形态是一致的：帝王的功业并非独力完成，有赖臣属的齐心协力。尤其三到六世纪的政权多以武力崛起，王朝的功臣大多数是武人，他们和皇帝一起作战、牺牲奉献，因此备受尊崇。在重视军功的时代背景下，"功臣"的光荣更被突显。② 因此，杨坚的官员为历史上的七位名君逐一配上合适的功臣，比如指定萧何搭配汉高祖刘邦成为一组。历代帝王的祭典，从此包含了"功臣"的人选。③

---

① 廖宜方，《中国中古先代帝王祭祀的形成、演变与意涵》，页528—533。
② 梁满仓，《魏晋南北朝五礼制度考论》（北京：社会科学文献出版社，2009），页274—278。
③ 廖宜方，《中国中古先代帝王祭祀的形成、演变与意涵》，页550—551。

表 4-1　隋王朝祭祀历代帝王的对象、地点和配祀功臣

祭祀对象	尧	舜	禹	汤	周文王、周武王	汉高祖
祭祀地点	平阳	河东	安邑	汾阴	沣水、渭水的汇流处	长陵
配祀功臣	契	咎繇	伯益	伊尹	周公、召公	萧何

祭典与乐舞

在这六处向七位帝王致祭的典礼上,奉献的祭品要备齐完整的牛、羊、猪三项,以示对鬼神的最高敬意。除了献食,在华夏传统的国家祭典上,还必须演奏音乐、诵念歌词、表演舞蹈。在这个正式的场合,音乐和舞蹈不只是单纯的艺术或娱乐,而是透过乐舞表演的形象来呈现神明的品德、事迹与成就,赞美他们的伟大。以宗庙大典的乐舞为例,就是用来歌颂皇室的祖先和君主。由于每个人的成就不同,因此各自拥有专属的歌词和乐舞,不容混同。比如杨坚赞颂父亲的歌曲,特别形容他:"深仁冥著,至道潜敷。皇矣太祖,耀名天衢。"[1]这些歌词、音乐和舞蹈具有高度的政治意义,目的是向参与的臣民,宣示当权者的美德与成就。[2] 这种追思统治者的政治歌曲,直到二十世纪都还有新作品,比如《国父纪念歌》。

然而,杨坚祭祀历代帝王时,并不为他们演奏音乐和舞蹈。个中原因不明,推测和隋朝音乐文化的低落有关,因为连杨坚本人希望聆听歌颂自己的音乐都一波三折,不如人意。582 年,杨坚称帝才一年,即要求官员检讨乐曲,希望展现开国的新气象。但精通音乐的官员回报,由于华北的文化资源长期不足,建议采用江南梁国远承自汉

---

[1]　《隋书》,卷 15,页 368。

[2]　祭典乐舞的政治性质:渡边信一郎著,周东平译,《隋文帝的乐制改革——以鼓吹乐的再编为中心》,中国政法大学法律史学研究院编,《日本学者中国法论著选译》(北京:中国政法大学出版社,2012),页 237—255;孙英刚,《音乐史与思想史:〈景云河清歌〉的政治文化史研究》,《魏晋南北朝隋唐史资料》26(2010):103—130。

代的音乐文化。但杨坚不高兴地说：梁国的音乐乃不祥的亡国之音，怎么能用其旋律来谱写他的主题曲？于是，暂时沿用前朝北周的音乐，并下令官员继续研究，希望创造出专属有隋一朝的代表性作品。但这项工作进行了七年，仍然没有产生令皇帝满意的结果。杨坚愤怒地表示不满：自己成为天下的统治者已经七年，国家典礼上演奏的乐曲竟然还在颂扬前朝北周的功业？这个困境主要是因为汉帝国灭亡后，华夏传统的主流文化保存在江南政权，华北又吸收了来自西域游牧民族的音乐。多元的音乐文化，以及杨坚个人的品味，都加深了取舍和决定的困难。[①] 赞美杨坚本人的歌曲尚且难产多年，历代帝王的祭典上没有乐舞的表演，就不令人意外了。

　　最后，杨坚还是拥有了他认可的主题曲，但历代帝王祭典的颂歌并未续成其事。半个世纪后，许敬宗提议恢复这项祭祀，也未增补。于是，唐王朝向历代帝王的献祭，是一场相对安静的仪式。国家的重大祭典上不演奏乐舞，相当特殊。相形之下，学庙（文庙）祭拜孔子和武庙奉祀军神太公，在典礼的各个环节中都伴随着音乐和舞蹈的表演，歌颂文教和军武之神的功绩。历代帝王的身份、地位和成就被认为比文、武的宗师更尊贵、伟大，但崇拜他们的祭典上没有乐舞的情况延续了很长的时间。推究缘故，杨坚当时的处境从一开始影响了这项祭典的内涵。直到十二世纪，音乐学者陈旸注意到这一点，参考其他祭典的做法，为历代帝王祭祀编排出一套乐器、乐队和舞队的组合。[②] 由于祭典的乐舞根源于古典时代的封建制度，舞蹈的队列和人数依礼制必须符合致意对象的身份和地位。历代帝王因为是至尊的统治者，舞队达到最高规格的"八佾"（八行八列，六十四人），等级比

---

① 高明士，《中国中古礼律综论：法文化的定型》（台北：元照出版公司，2014），页189—192。

② 陈旸撰，《乐书》，收入《景印文渊阁四库全书》第211册（台北：台湾商务印书馆，1983），卷195，《祀先代》。

孔庙的八行六列更高一级。

帝王的比喻：日、月

许敬宗提议追加历代帝王的祭典时，还有一个重要的问题：这项仪式在国家祭典的整体中，属于什么性质？处在什么地位？国家祭祀是统治者与超自然力量进行沟通的重要场合。在众多神灵中，最重要的是"天地"和祖宗。上天是赋予帝王统治权力的最终来源，祖先的奋斗和努力打下的基础则是王朝的根本，天地和祖宗是皇帝最优先致意的对象。但天地和祖宗的性质不同，后者是人而前者不是，所以皇帝行礼、诵读祭文时也要相应转换自己的身份，改变"自称"：对于自然神，以天、地为首，包括太阳、月亮、星辰、山脉、河流、海洋和风、雨等神灵，自称"天子"；以祖先为首、具有人性的鬼神，包括历代帝王，文庙的孔子和武庙的太公，自称"皇帝"。中国最高权力的统治者兼有"天子"和"皇帝"两种不同的身份，已经有很久的历史。离当时八百年前的汉代，君主使用的六颗印章就有两种不同的头衔："皇帝"和"天子"，分别运用在不同场合的文书。[①]

由于历代帝王原本都是人，皇帝李治派人献祭时，祭文上的自称是"皇帝"，不和称"天子"的一系列自然神相混淆，两者性质有别。至于他们的地位，则逊于皇室的祖先，毕竟王朝的天下是先人和先君经营奋斗而来。所以历代帝王的祭典比不上宗庙的祭祀。不过，许敬宗认为，这些帝王造福百姓生民，所以国家应该举行祭祀，回报其功劳。他们的伟大功绩和贡献，如同太阳和月亮，带给人民和万物恩惠，受到万民的瞻仰和崇敬。在自然神的系列中，日、月仅次于最崇高的天地；在有人性的鬼神中，历代帝王也仅次于皇室的祖先。[②]

---

① 尾形勇著，张鹤泉译，《中国古代的"家"与国家》，页 205—213。

② 李锦绣，《俄藏 Дх.3558 唐〈格式律令事类·祠部〉残卷试考》，《文史》60（2002）：150—165。

隋唐以来,国家祭典不在少数,官方祭祀鬼神的典礼依其重要性区分为大、中、小三个等级。最高一级的"大祀"以皇帝祭天和祭祖最为重要;日、月和历代帝王位居第二级的"中祀",历代帝王是仅次于皇室祖先,最受尊崇的人物。[1] 厘清鬼神的重要性和祭典的地位,检讨两者是否相称,乃是许敬宗的职责所在。为此,他制定了盛装祭品的器皿数量,相应于大中小三个等级,应该有十二、十和八的等差。祭祀历代帝王时,必须准备十个祭器。此后千余年,历代帝王在国家祭典中的地位不曾改变,始终稳居第二级,不像有些鬼神在三个等级中上下移动。这个稳定的现象显示历代帝王在王权的意识形态中始终受到肯定,没有剧烈的增值或贬值。

帝王的比喻:天

许敬宗比喻过去伟大的君主宛如日月俯照万民,其实是主张臣民应该像仰望日月一样,崇敬帝王。这个比拟非常恰当,因为还有比日、月更崇高的天与地,保留给唐王朝的统治者或祖先。天地、日月是万物存在的基础,将历代帝王比拟为日月来规划祭典,或让本朝君主附随在祭祀天地的仪式中接受献祭,都将君主的地位抬升到无与伦比的最高点。

当许敬宗提议祭祀历代帝王,同时检了国家祀典中最重要的祭天之礼。当时在都城长安举行的国家祭典向六个天神致敬,但许敬宗主张"天"没有六个,只有一个。他强调,"昊天上帝"就是唯一的天,其他五个神只是星辰之神,没有资格与至高无上的天并列,从而将祭坛上复数的崇拜对象缩减为单一的"天"。[2] 在这个仪式上,最适

---

[1]　朱溢,《唐至北宋时期的大祀、中祀和小祀》,《清华学报》39.2(2009):287—324。

[2]　"天"的讨论:甘怀真,《〈大唐开元礼〉中的天神观》,氏著,《皇权、礼仪与经典诠释:中国古代政治史研究》(台北:台湾大学出版中心,2004),页185—192;金子修一,《中国古代皇帝祭祀の研究》,页75—82。

合陪同上天接受致敬的人，就是李治的祖父、唐王朝的开国之君李渊。几年后，当李治首度前往泰山这个传说中的圣地，举行最隆重的祭天大典时，许敬宗再度建议由李渊和李世民配享上天受祭。[①] 此外，李治曾经思考统治阶层应该自我警惕的事项，针对"元首"（皇帝）、"前星"（皇太子）、"股肱"（朝廷大臣，皇帝的左右手）、"维城"（宗室、诸侯），写成四篇文章。许敬宗看了之后，即刻建议皇帝昭告天下，更提议合并成一书，题名为《天训》。[②] 大概因为持续将"天"与当朝的王权与皇室建立最密切的关联，李治夫妇最后也为自己冠上新的称号："天皇"和"天后"。[③]

在提议祭祀历代帝王和独尊唯一的"天"之后一个月，许敬宗再次对其他国家典礼提出新规划，即调整学庙祭祀中周公和孔子的身份和定位。古代的学校附设庙宇，让学子向儒学与教育的宗师致敬。这个规划在唐王朝建国后普遍推行，但谁是宗师却出现了争议。候选人只有周公与孔子两位，他们都当之无愧，结果政策反复，持续近半世纪。[④] 直到许敬宗，凭借着前一个月提出的历代帝王祭祀，化解了这项争议。

他赞成学庙主祀孔子，独居宗师之位，周公改到历代帝王的祭典中，以功臣的身份接受致敬。许敬宗并不轻视周公的成就，而是强调他"制礼作乐，功比帝王"。如果让周公在文庙中接受"儒官"献祭，反而是贬低他的功业。[⑤] 儒官是执教国家最高学府的官员，也负责带领

---

① 郊祀以始祖或开国之君配天：小岛毅，《郊祀制度の变迁》，《东洋文化研究所纪要》108（1989）：153。

② 李治的著作：王钦若等编纂，周勋初等校订，《册府元龟（校订本）》（南京：凤凰出版社，2006），卷40，页429。

③ 称号：《资治通鉴》，卷202，页6372。

④ 黄进兴，《权力与信仰：孔庙祭祀制度的形成》，页35—41。

⑤ 王溥撰，《唐会要》（北京：中华书局，1955，据商务印书馆《国学基本丛书》原本影印），卷35，页636。

学生献祭，是清高的职位，但在整个帝国的官僚体系中没有行政权力，算不上重要的位置。在政治领域中，发挥实际的权力和影响力，开创事业，留下可观的政绩，受到后世的肯定与纪念，乃一介士人最高远的理想。基于这个价值观，儒官比不上那些地位更高、掌握更多权力的大臣。历代帝王的祭典就是由这些大臣献祭，周公的成就更适合在这个典礼中接受致意。历代帝王祭典的诞生，让推崇功业的价值观多了一个表达形式，也化解了学庙主祀的争议，孔子被确立为儒学的精神象征，直到二十一世纪，不再动摇。

历代帝王祭典的出现，开辟出一个新的祭祀空间，用来容纳最高的统治者，以及辅佐他们的功臣，作为"功业"（统治成就）的象征。它纳入周公，让他获得应有的尊荣，同时也解决了学庙（文庙）究竟应该独尊周公或孔子的争议。在七百年后，历代帝王庙又接收了另一个人：太公。太公从八世纪起成为武庙的主神，但到了十四世纪武庙被朱元璋裁撤，太公无处可归，于是被转移到历代帝王庙，和周公一样、改为功臣接受致敬。历代帝王的祭典和庙宇，为历史伟人在国家典礼上的定位，提供了一个回旋、腾挪的余地。

许敬宗之所以能够提出各项方案，来自他的家学渊源，而且多次被指派参与官方编纂大型图书的计划，进而累积了丰富的学问。这些文化资源，让他在主管国家的礼仪事务时，得以发挥知识，表达各种看法。他娴熟儒学以及奠基于这个意识形态的国家典礼，很清楚"礼"涉及人与人之间的地位与关系，而这在政治上具有重要的意义和影响。他巧妙地拿捏其中的轻重，迎合当权者的意图，结果一步步垫高了帝王的地位。他也因此获得李治夫妇的重用，取得更高的权位。

李治的威权与"礼"

后人不清楚许敬宗究竟为何提议祭祀七位古老久远的帝王。这项提案让唐王朝的国家祀典更加壮观,突显了王权的重要性,但对当权的皇帝看似没有直接而显著的效益。其实,当隋唐成功重建中央集权的官僚政府,治理广土众民的统一帝国,已经是汉王朝灭亡后四百年来王权发展的最高峰。很久以来,已经没有统治者拥有如此强大的权力。面对这个新局,皇帝不只需要掌握实质的权力,也需要象征的威望。许敬宗只是顺着王权上升的历史潮流,拥护最高的统治者而已。他凭借广博的儒学知识,借助国家礼仪,协助帝王成为视线的焦点,建构形象,提升威望。

李治在这两年最需要的就是威望。655 年,他排除朝中重臣的反对,成功册立他钟爱的妃子武则天为皇后。这是李治即位以来最大的政治风暴——甚至比更早之前宗室谋反的案件影响更大,因为朝中执政的大臣大多数都表态反对。政界高层都知道,武则天曾是李治父亲后宫之一员。如果立武则天为后,将成为皇室乱伦、蒙羞的丑闻,因此许多大臣极力劝阻。这些大臣的年龄都超过李治三十岁,拥有丰富的人生经验和政治历练,也是李世民特别指定来辅佐儿子的人选。时当二十七岁的李治已即位六年,但政事多仰赖这些元老,皇帝也一向尊重他们的意见。如今他决定坚持到底,最后也达成了心愿。这场统治阶级最顶端的政治斗争,让有些大臣失势、贬逐和丧命,皇帝的威权也达到了巅峰。

当武则天正式被册立,她在皇宫高耸的城门上接受百官朝拜。这是唐王朝建国以来首度出现皇后获得百官致敬的场面。[1] 不到两个月,李治决定更换年号为"显庆",企图昭示臣民新的政局与观感。李治的父亲终其长达二十三年的统治期间,只有一个年号:"贞观"。但李治在位使用的年号超过十个,而这是他第一次更换,更换的原因

---

① 皇后礼:吴丽娱,《〈显庆礼〉与武则天》,《唐史论丛》10(2008):1—16;同氏,《兼融南北:〈大唐开元礼〉的册后之源》,《魏晋南北朝隋唐史资料》23(2006):101—115;同氏,《朝贺皇后:〈大唐开元礼〉中的则天旧仪》,《文史》74(2006):109—137。

是李治继册后之后，也指定新的继承人：他与武则天所生的长子；这件事，许敬宗也与有力焉。[①] 更换皇后、太子和年号，同时也颁布"大赦"：提供臣民许多优待和福利，让臣民的幸福感与国家、皇室的大事连结。其中一项措施是宴请京城的老者，并馈赠礼物。这项活动有助于改善皇帝与官员的关系，一扫京城历经政争的低迷气氛。[②]

在启用新年号的正月，李治下令举行"大酺"：这是古代国家开放士民宴饮、娱乐的活动。[③] 当时的社会没有放纵、狂欢的自由，统治者常借由国家或皇室的喜庆之日开放嘉年华式的聚会，让士民的欢乐与国家、皇室的事件同步。李治也在这一天登上皇城的城门，欣赏各种表演。在集体欢娱的情绪中，纾解了政争的紧张气氛。

这一年春天，武则天依惯例履行皇后的职责，进行"先蚕"的典礼。这项活动由皇后率领后宫以及京城官员的妻子在宫廷内进行采桑喂蚕等活动，作为天下妇女的模范，向蚕神祈福。[④] 借由这项仪式，也确立了新皇后对百官妻女的威权。以上一系列的活动，逐渐转移了焦点，为皇室不顾名誉的立后与政治风波，改善形象。

所有这一切都是"礼"，规范着人与人之间的行为；在政治的场合，则设定不同地位的人之间如何互动：下位者必须跟随、服从和尊重上位者。借由这种臣服的方式，确认了上位者的支配权力。这一系列的礼仪、活动和规范，都有许敬宗的规划。在李治逐渐成长、追求自主的过程中，许敬宗很早就归队到皇帝的阵营，协助皇帝赢得政治斗争，不再受元老的约束，掌握自主独断的权力，更借由许多活动来荣耀王权。他自己也在后一年，终于跃升执政大臣中位居核心的中书令。

---

① 立太子、改年号：《资治通鉴》，卷 200，页 6295—6296。
② 宴请老者：《册府元龟（校订本）》，卷 55，页 582—583。
③ 陈雯，《论唐代大酺中的社会动员意义》，《唐史论丛》11（2009）：139—146。
④ 新城理惠，《先蚕仪礼と唐代の皇后》，《史论》46（1993）：37—50。

二、皇帝的旅行、教养与形象

717 年,李治的孙子李隆基(685—762,唐玄宗)彻底铲除祖母武则天以来后宫女性对政治的庞大影响力,登上帝位后的第五年,正准备从长安出发,首度前往洛阳。他之所以东行洛阳,和六十年前祖父即位后第八年(657)前往洛阳的原因相同:从帝国东部输送的粮食无法满足都城庞大人口的需求。就在李隆基准备出发之际,供奉皇室祖灵的宗庙发生事故。如今不清楚这项事故的详情,推测是建筑物崩坏。这件事让他非常紧张,即刻改成低调的生活方式,表达戒慎和反省的态度。他不知道这是否只是单纯的意外,毕竟宗庙是最重要的国家圣地:皇家祖灵的居所,历代祖先奠定了国家的基础,维系了王权的命脉。李隆基心中不安,于是向大臣征询意见。但大臣的立场却分成两派,两派的差别在于太庙的事故究竟是不是上天或祖先的警告。特别因为李隆基的父亲才在去年 7 月去世,更增添人们对宗庙事故的各种揣测。在传统中国,丧父被规定为最重大的丧礼,服丧期间有诸多禁忌。李隆基的父亲在 11 月下葬,他在一个半月后就前往骊山温泉泡汤,并决定隔年前往洛阳。对遵守汉人服丧礼仪的文臣来说,皇帝的行为实在不妥,但无人胆敢直言。偏偏就在前往洛阳的前夕,李隆基父亲神主所在的宗庙竟然发生事故,让有些人心中不以为然的态度,更加坚定。[1]

姚崇与褚无量的交手

公元初,当本书第一章的主角王莽跃升时代的舞台,几乎整个社会普遍相信,天地间无法解释的灾难、难以理解的异象,比如洪水、日

---

[1] 《旧唐书》,卷 8,页 176—177。

食、彗星和地震,或像 717 年在宗庙这个国家圣殿发生的事故,都是上天或神灵的旨意。这种常见于世界各地的观念与心态,经由董仲舒这位学者的统整,形成一套完整的学说,并将这些灾异与统治者的行为得失相联系。这不但让王莽乘着这股思想潮流,取得政权,同时也影响了此后王权与士人的互动,许多官员、士人不晓得是真心相信还是借题发挥,往往利用灾变事故来抨击时政,要求皇帝检讨政治,回应上天。

　　然而,这套在公元前后两百年极为流行的观念,随着汉帝国灭亡而消退。虽然它仍然对王朝的政治有影响,但已经不像汉代那样深入人心。所以,李隆基虽然不安,但也只是半信半疑,尤其和他同时代的人中,也有人认为这些事故的背后并无天人之间的感应。这个人是宰相姚崇(651—721)。在前一两年,李隆基执政之初,首次遭遇棘手的问题:蝗灾。大量繁殖的蝗虫给生态环境与社会生活带来严重的灾害。当时君臣士民人心惶惶。对于蝗灾的成因,官员莫衷一是,也没有对策;农民更心怀恐惧,无能为力。只有姚崇认为,蝗灾并非上天的惩罚,或对君主的警示,与皇帝个人的道德优劣或施政好坏无关。他坚定、积极推动人力扑杀的政策,但有些地方官认为捕蝗反而助长了不和谐的"杀气";有人虽然赞同捕蝗,但怀疑其功效,身为皇帝的李隆基也犹豫不决。但姚崇毫不动摇,最后成功减缓蝗灾的社会影响。[1]

　　正因为姚崇之前积极以人力治蝗的立场,让李隆基在宗庙建筑发生事故时,想知道这位大臣对"天"的看法。[2]姚崇的立场始终如一:他不相信蝗灾是李隆基的德行有亏或施政有缺,他认为宗庙建筑物的崩塌,纯粹只是年深岁久、自然朽坏所造成。理由是 582 年杨坚筑城时,宗庙的建材取自过去君主的老旧宫殿。李隆基得到他满意

---

[1]　《旧唐书》,卷 96,页 3023—3025。
[2]　《旧唐书》,卷 96,页 3025。

甚至是期待的见解,奖赏姚崇两百匹的绢布,决定按原计划前往洛阳。

不过,另外一位文臣此时却挺身反对。指导李隆基研读儒学典籍的官员褚无量(646—720),非常轻蔑姚崇的说法,认为不值得一听:国家的宗庙确实是百多年前的隋王朝所建,其后并陆续修缮更新;但当初建庙时,隋的国力正强,怎么可能使用过去的旧建材?其实,褚无量并无证据足以反驳姚崇,但他更严厉指责姚崇是个谄媚小人,希望李隆基正视上天的警告:宗庙的事故是因为皇宫内"阴盛阳衰"所造成。皇帝作为天地人神的枢纽,他的居所出现阴阳二"气"不协调的情形,多么令人担忧。所以李隆基应该立刻检讨施政,体察天意,采取一切正确的作为,才能平息灾异。[1] 褚无量认为皇帝的角色就是调节天地之间的"气"。可想而知,他一定也反对姚崇捕蝗焚杀的措施。最重要的是,李隆基应该接受其他大臣的意见,中止洛阳之行。李隆基坚持前往洛阳的原因如今无法确知,据说是因为都城的谷物供应不足。但褚无量等人之所以反对,主要还是皇帝的父亲过世,才刚下葬,李隆基就率领后妃一行人浩浩荡荡离开都城,无论如何都非常不利于皇帝的形象。

褚无量不只认为姚崇的话信口开河、不足采信,他更看不起姚崇。在古代中国的官场上,"谄媚的小人"可以列入最严重的指控之一。褚无量与姚崇的对立,并非偶然或巧合。两人的年龄相近,都已经七十岁上下,是政坛最资深也最接近皇帝的少数官员。他们都在武则天时代进入仕途,但生涯发展的路线却截然不同。褚无量从小喜欢读书,因此日后多任职于教育与礼仪等涉及意识形态的单位,最后成为指导李隆基研读儒家经典的老师。相比之下,姚崇小时不爱读书,性格豪迈,进入官场后以卓越的行政能力、坚定的决心与大胆

---

[1] 《新唐书》,卷200,页5688。

利落的行事,崭露头角,一路升迁。其实姚崇也看不起褚无量,觉得褚乃"庸儒执文,不识通变"。两人的冲突是注定的,性格与气质注定了他们互看不顺眼。717 年是两个老人生命将尽时最后的交手,不出五年,两人先后离世。

褚无量的妥协

李隆基心意已决,依姚崇的建议行事。但褚无量再度上书,他放弃阻止李隆基东行,反而建议皇帝既然非去洛阳不可,就应该要有正大光明的理由。他建议皇帝沿路祭祀名山、大河和杰出的历史伟人,包括古代的帝王和忠臣烈士等,并且分别在尧、舜、禹这三位名君的都城向他们献祭,向天下士民宣告皇帝这趟旅行的重大意义:向天地之间的巍峨山川和古往今来的伟大人物致意。[①] 褚无量的提案,恐怕是想美化李隆基在父丧后随即远行的作为。他企图用这些祭祀活动来掩饰、包装皇帝让人观感不佳的行动。这正是他这一类的学者型文官最擅长的伎俩。

褚无量的这项建议,获得皇帝的采纳;这不但没有影响到李隆基前往洛阳的计划,反而让这趟旅行更名正言顺。皇帝不但认可褚无量的提案,而且为了安抚反对者,他派遣褚无量和另外两位劝阻他前往洛阳的大臣,到尧、舜、禹的故都平阳、蒲坂和安邑,代表皇帝献祭致敬。[②] 被指派这项任务,乃是莫大的光荣。能够参与这项前所未有的隆重典礼,足以让他们炫耀不已,甚至写进他们盖棺论定的传记中。

李隆基觉得两全其美,不但获得姚崇的背书,豁免了天意的惩戒;又采用了褚无量的策略,博得了美名。他既仰赖实务型文官来解

---

① 褚无量,《车驾东幸上书》,陈尚君辑校,《全唐文补编》(北京:中华书局,2005),卷 29,页 343。

② 另外两人是宋璟、苏颋:《唐会要》,卷 17,页 352。

决问题,也借重学者型文官来操作意识形态。[1] 最后,他不但如愿以偿、顺利成行,而且提升了帝王的形象。姚崇满足了皇帝的欲望,褚无量则加以美化。两人分别从不同的方面,协助李隆基达成愿望。李隆基很清楚他手下这两种类型的文官,姚崇这一类具备强悍的政治能力,擅长处理各种政治问题,包括蝗灾、逃亡的户口、运河的疏浚等,可说是政府运作的核心人物。褚无量这一类则具有丰厚的学识与文化教养。由于饱读诗书,他们深信世界的秩序维系于天经地义的基本道理,比如皇帝应该节俭治国、敬天爱民,臣民百姓则应忠君孝亲。皇帝的职责之一就是提倡、实践这套价值体系。这批官员除了修订、传播这套规范之外,更为政府机构的施政增添了许多"文化"的性质,让王权更令人尊敬。这两种类型的官员,虽然有不同的价值观、目标和行事作风,却也从不同的方式翼赞王权。李隆基在他往后二十多年的执政,轻松驾驭这两派人马,让他们竭尽忠诚为国家和皇帝服务。但当他逐渐懈怠之后,唐帝国也慢慢迎向建国百年来最大的政治风暴了。

旅行的文化

褚无量并非操作形象的公关专家,他是位儒学者,真心希望自己指导学问的新皇帝可以在这趟旅行中有所收获与成长。他在建议书中首先告诉李隆基"巡方问俗,大化所先""自古巡狩,咸致享祀",意思是皇帝巡视国土,应该以优先了解各地人民的生活与文化为目标。具体的措施是向各地名山、大河与历史伟人致意,并聆听士民吟唱的歌谣;尤其这次出行的路线经过尧、舜、禹三位圣君的故都,特别值得拜访,沉思他们的成就与风范。褚无量的目的无非希望增加这次旅

---

[1] 李隆基治下擅长政务与学术的两种文官:汪篯,《唐玄宗时期吏治与文学之争——玄宗朝政治史发微之二》,唐长孺等编,《汪篯隋唐史论稿》(北京:中国社会科学出版社,1981),页196—208。

行的文化含量,期望李隆基能够了解他所统治的土地与人民之历史、社会与文化。

褚无量为了说服李隆基,列举了数百年前汉王朝君主的前例。然而,他却只字不提唐王朝建国百年以来的皇帝。褚无量生于646年,在李隆基的祖父李治在位时进入官场,此时已超过七十岁,不可能不明白过去百年皇帝往来长安与洛阳的历史。但他似乎不认为李隆基的父祖树立了良好的榜样。对于皇帝出行这件事,七世纪以来的统治者与被统治者,可能都有相当复杂的想法与态度。褚无量的主张,正是针对这项议题提出的一个重要、具有新意义的看法。

引发问题的始作俑者是杨广。637年,李世民即位后第一次前往洛阳,他回首前尘往事,感慨不已,对身边的人说:"昔朕在隋朝,数数经此,买飧而食,赁舍而宿。自平定祸乱,君临四海,越十余载,不涉此途。今者出关,六军清道,自省德薄,甚增祗惧。炀帝(杨广)上承文帝(杨坚)余业,海内殷阜,若止两京去来,岂至倾败?乃不顾万姓,行役无休,身戮国灭,为天下笑。"①李世民即位十一年后才第一次前往洛阳,比他的儿子李治即位后第八年、曾孙李隆基第五年都晚。李世民对自己这趟旅行,感到不安,因为他心中有着一个负面的教材:杨广。他认为杨广的旅行,如果限于往返长安和洛阳两地,就不会走向亡国了。李世民很清楚,皇帝离宫外出,尤其长途旅行,对于护卫的军队、提供补给的地方政府和人民带来多大的负担。当时有许多人认为,隋王朝国力的消耗与灭亡,正是因为杨广的旅行造成的。

杨广即位之后,旅行的次数确实不少:北巡四次、西巡一次、南巡三次,而且排场盛大,停留的时间甚久。② 609年,在他西巡至河西走

---

① 《唐会要》,卷27,页513。

② 杨广的出行:石冬梅,《再论隋炀帝的巡狩》,《保定师范专科学校学报》18.3(2005):73—77。

廊的途中,对近臣说:"自古天子有巡狩之礼;而江东诸帝多傅脂粉,坐深宫,不与百姓相见,此何理也?"[1]杨广对于自己出游、旅行的喜好,自有一套合理化的说法。他批评四到六世纪江南政权君主的生活偏向静态,也是事实。同时代北方各民族、诸势力的君主,大多亲自率兵征战,纵横于华北的土地上;本书第二章登场的拓跋宏就是其中之一,他的足迹广及中原各地。杨广出身于当时最有活力的军事集团,在他即位之前就已经习惯这种移动中的生活。

杨广的远游被视为放纵逸乐,遭到严厉的批评;他成为负面的历史教训,烙印在七世纪人们的心中。但皇帝不可能不离开都城,从李世民到李隆基的六位统治者,虽然不曾效法杨广广涉国土,却也经常基于各种缘故,进行距离或近或远的旅行。比如为了休闲、避暑或避寒,在行宫别苑享受暂离日常空间的生活。皇帝和臣民同样都有欣赏风景的兴致,享受观光的趣味。[2]君臣士民还有一项共通的兴趣:打猎的嗜好。所有这些活动都不是皇帝特有或独享(只是他享受的规格最高),而是七世纪的旅行文化。

就连皇帝前往洛阳的旅行和居留,也不是特例。唐王朝的帝王之所以往返长安和洛阳,主因是长安众多不事生产的人口有庞大的消费需求,而粮食的供应有赖于帝国东土和江南的输送。从地势较低的东南,通过运河输送物资,工程浩大而且有不稳定的风险。一旦发生危机,皇帝就被迫率领后宫和官员前往洛阳就近取得粮食。[3]曾经有位皇帝不满于这种不得已的旅行,怒称:"岂有逐粮天子邪!"[4]其实在饥荒的年岁,基层士民"逐粮"而居,迁往粮食稳定之地暂居,相当平常。李隆基的曾祖父李世民也认为"两京去来"尚属合理的活动

---

① 《资治通鉴》,卷 181,页 5644。
② 拜根兴,《试论唐代帝王的巡幸》,《南都学坛(哲学社会科学版)》1997.1:20—23;高文文,《唐代巡狩制度研究》(西安:陕西师范大学中国古代史硕士学位论文,2009)。
③ 唐皇帝往返两京:全汉升,《中国经济史研究》(台北:稻乡出版社,1991),页 279—305。
④ 《资治通鉴》,卷 209,页 6639。

范围。因此,李隆基的洛阳之行并不过分,只是 717 年的时机非常不妥,引人非议。

李治的旅行

褚无量希望即位五年的李隆基,重新理解帝王"巡狩"的意义,重视行旅途中与臣民的互动,感受历史与文化的召唤。他举了数百年前的故事,但唐王朝立国百年来的帝王,其实不乏前例。在 657 年,许敬宗向皇帝建议祭祀历代帝王时,李治和妻子正在洛阳。这是他成为皇帝后第一次旅行,过去七年他都待在都城长安。此后二十余年直到死去为止,李治七次前往这个帝国东方的第一大城,停留的时间几乎占去一半。洛阳由杨广下令营造,李世民在建国战争中攻陷,却是到了李治才真正成为帝国东土的重心。李治多次前往洛阳长住,停留时间至少十个月,最久长达两年半,原因大抵如前所述,皇室与官员的粮食需求超过长安的负荷,所以前往交通运输更便利的洛阳暂住。

657 年 3 月,李治抵达洛阳后,派遣官员向周边的王陵献祭致意,对象包括定都洛阳的刘秀以及一百五十年前从平城南迁的拓跋宏。祭文更由他本人亲自撰写。[①] 李治的行为不见得很特殊。一个半世纪前的拓跋宏迁都洛阳后,也曾经派人向刘秀及另外两位皇帝致祭,并下令维护东汉、曹魏与西晋三朝的王陵。李治不一定知道这些历史的小故事,所以未必是模仿拓跋宏的作为。两位统治者异代而同调,进驻洛阳后都不忘向这座名城过去的君主致意;除了出自个人的心意之外,这大概也是一种尊重和礼貌吧。

这一年 12 月,李治在洛阳东方的许州(位今河南许昌)首度举行他即位以来最大规模的军事演习。这项活动如此重大,李治却另外

---

① 《册府元龟(校订本)》,卷 174,页 1937。

下了一道命令。他派遣官员向立都洛阳的三朝君主致敬:对象是东汉光武帝刘秀、明帝、曹魏的明帝、晋武帝的王陵。665 年,李治决定前往山东的泰山举行隆重的祭天大典。当他准备从洛阳出发,朝廷上下内外正紧锣密鼓,筹备皇帝的旅行和典礼,他又下令官员向商汤、晋文帝和晋武帝的陵墓致祭。[①]

李治在初抵洛阳、军事演习和封禅祭天这些大事时,总不忘记要向洛阳附近的王陵致意。他并非从都城长安,下令祭祀千里之外的王陵。这三件事都发生于他人在洛阳的时刻。他向过去的帝王致意、献祭陵墓,撰文抒发感想,其实都是他进入这块历史空间的产物。如果不是他亲自来到洛阳,不见得会有后续这些事件。普通人如果在外地有类似的活动,比如旅行、狩猎和祭祀,往往也会向土地所在的鬼神致意。这种致意其实也是旅行文化的一部分。

李治在位超过三十年,他不但频繁来往两京之间,向东最远到了泰山祭天,向北最远来到唐王朝的建国之地太原。他曾经企图遍封五岳,向分布在国土中心与四方的五大名山,逐一致祭。万一他果断实施,李治就是第一位踏入长江流域的唐代君主了,但终究未能成行。他在 669 年还有意前往河西走廊的凉州,但被群臣劝阻。结果他的态度和六十年前的杨广如出一辙:"帝王五载一巡狩,群后四朝,此盖常礼。"[②]显然他已视之为理所当然。虽然他从 657 年起就苦于"风疾",但这个疾病似乎没有严重妨碍他的精力、旅行和活动。在唐王朝前期的皇帝中,李治对旅游的兴致极为高昂,不但比父亲即位之后更频繁,也远远超过他两个儿子。这种频率大概只有孙子李隆基可与之相比。

李治在旅途中也与臣民互动,或拜访先祖的故居旧迹等,他对历代帝王和忠臣烈士的致祭,集中在 657 和 665 这两年。褚无量在成

---

① 《旧唐书》,卷 4,页 77;《册府元龟(校订本)》,卷 174,页 1937。

② 《唐会要》,卷 7,页 102;同书,卷 27,页 517。

年入仕之后,对于李治一家四个君主——包括武则天与他们的两个儿子,离开都城外出的旅行和活动,或多或少有所知闻,但他似乎并不以为然,未视之为值得子孙效法的典范。这不是说这四位统治者的旅行毫无文化含量,而是相当零星,"文化的旅行"终究不是他们让时人印象最深的特色。

文化的旅行

褚无量不是唯一对李隆基有期许、企图提升皇室旅行之文化含量的人。725 年,李隆基即位后第十三年就举行了泰山祭天的"封禅"大典,比他的祖父李治到第十六年才举行早了三年。这是国家礼仪中最隆重的祭天大典,他的曾祖父李世民曾经五次企图推动,但都因故落空,可见此一典礼之慎重。但李隆基从洛阳启程后,不像他的祖父特地遣使向洛阳周边的王陵致祭,而是第三天就邀请了游牧民族突厥的使节,一起打猎、骑马射兔,享受愉快的时光。这件事引发了两位文官的反对。其中一位有种族歧视之嫌,他视突厥人如禽兽,希望皇帝不可过于信任。另一位官员吴兢(670—749)则批评皇帝在举行如此盛大的典礼之际,竟然沿路都在打猎,毫无举行祭典应有的严肃与庄重。[1]

吴兢对李隆基这趟旅行有更具体的建议。他指出开国之君李世民"凡有巡幸,则博选识达古今之士,以在左右。每至前代兴亡之地,皆问其所由,用为鉴诫"。吴兢认为,帝王旅行的目的,不是为了欢娱,更别说狩猎,君王的旅行应该具备政治教育的意义。吴兢和褚无量都是学者,吴兢的专业更接近是宫廷的编史家,长期参与唐王朝国史的编纂工程。他最出名的一部著作《贞观政要》,刻画出李世民丰富的面貌,所以他向李隆基举出的历史故事当有所本,并非虚构。所

---

[1]　《唐会要》,卷 27,页 521。

谓"兴亡之地",就是王权兴衰的历史遗迹。比如在 645 年,李世民率军亲自攻打东北方的高句丽失利,回程经过一处"汉武台",即有近臣提示他"此是燕齐之士为汉武求仙之处",让皇帝引以为戒。[①]

李世民确实有时会召唤学者来为他说明一个地方的历史,但外出旅行他最钟爱的活动仍然是打猎,而非学习历史与地理、政治与道德的课程,所以他也经常为此被规劝。李世民和李隆基恐怕是唐王朝前期对狩猎比较有兴趣的君主。但他们并未沉迷于此,各自也都有对一个地方的历史油然而生好奇与兴趣的时刻。然而,看在儒者和学者的眼中,这两位皇帝还是太过勇武,不够好学。他们对皇帝总是寄予太深的期许,希望皇帝能够在旅行中以增广见闻为念,提升自我的文化教养,但期许总是落空。

在李治的时代,那位识达古今的博学之士正是许敬宗,经常由他为皇帝讲解一个地方的历史。658 年,李治从洛阳回到长安后,某日他离开皇宫,游览汉代的古长安城。[②] 李治大概知道皇宫所在的长安城,是曾祖父那一代人新建的,它的位置在前汉刘邦立都的古长安城的东南方。但他大概不知道古长安城的来龙去脉:从刘秀建立后汉、定都洛阳之后,前汉时代的古长安就失去了光芒。直到六世纪,拓跋宏的迁都间接导致北魏的动乱、分裂,其中一支军队进入关中。后来,这支军事集团建立的政权就是隋唐王朝的前身。

当李治踏入长安古城这个六百年前辉煌一时、如今仅余砖瓦、近似废墟的遗迹,不禁好奇询问这座古城的来历:秦汉以来哪些王朝立都长安? 汉武帝何时开凿了巨大的水池? 许敬宗逐一回答这些问题,事后更编纂了相关资料上呈。许敬宗多次扮演这种角色,解答皇帝旅行途中偶发的提问,赢得了赞赏。许敬宗的学问渊博,也以此自豪,但他无论如何不会像褚无量或吴兢那样,企图形塑皇帝以符合自

---

① 《册府元龟(校订本)》,卷 40,页 429。
② 《唐会要》,卷 27,页 515。

己心中的理想。

其实,李隆基和其他人一样,也都有对历史自然而然产生兴趣的时刻。在他被吴兢批评的前两年,他从长安到洛阳,再转往太原,即位后第一次拜访唐王朝的建国之地。途中经过丹水这条河,他下令改名为怀水。原因是他阅读《上党记》这部地方史书,提到这个地名来自战国时代秦国坑杀赵国的降兵,"血流丹谷,名其水为丹水者"。他觉得这个地名让人过于伤感,所以他下令改名。[1] 李隆基并非对历史与地理、政治与文化毫无兴趣的无知之辈,他也在旅行途中慢慢增广见闻,形成自己的观点。他心中有自己对理想君主的想法,这个想法在未来二十年将日益远离褚无量和吴兢的期待。

历史、政治与道德的一课

717 年,李隆基不只派遣褚无量等三人祭祀尧、舜、禹,大概也接受褚无量的另一项提议:旅行途中向沿路名山、大河、古之帝王与忠臣烈士献祭。这项提案其实兼具传统与创新。帝王巡视国土,向名山、大河致意,源自华夏古典时代的政治理念。[2] 但古典的理念不曾要求皇帝特别留意路上的古之帝王或忠臣烈士,所以这是有别于传统的创新。这并不是说过去的皇帝不曾这样做,而是他们的献祭都是针对个别、特定的人物,而不是设定一个含括的范畴:"古之帝王、忠臣烈士"。

褚无量并未列举具体的对象,只说"所管州县,据图经具录先报":让各地官员先查阅地方史书,然后条列对象上报;可见他心中并无预设特定的对象。其实,他真正重视的不是被祭祀的神明,而是祭祀的人。祭祀的活动要求主祭者正心诚意,透过仪式与致敬的对象沟通。表面上看,这是宗教性的活动,但其实质却具有人文的精神。

---

[1]　《改丹水为怀水敕》,《全唐文》,卷 35,页 383 之 1。
[2]　向山川致祭的传统:高文文,《唐代巡狩制度研究》,页 8—17。

像褚无量这样的儒者，认为人向山川、鬼神致意，将可体认华夏世界的秩序与历史。这是儒者对统治者的期许，也是褚无量希望李隆基增进的"文化教养"。

但具体来说，究竟是哪些神灵？李隆基从这些山川、伟人身上，又能学习到什么？如今已无法清楚知道李隆基在 717 年的路上究竟祭拜哪些鬼神，只能从九世纪和十世纪的地方史书，尝试推测地方官员上报的名单，会有哪些名山、大河与历史伟人。

当李隆基一行人浩浩荡荡离开长安城，沿渭河向东前进，依序经过昭应、渭南、郑、华阴、阌乡、湖城、弘农、灵宝、陕、硖石等县，然后在一个岔路口选择南道或北路，最后进入洛阳城。[①]（参见图 4-2）

这条路上古之帝王与忠臣烈士的遗迹，由西向东至少有周幽王陵、秦始皇陵、王猛冢、杨震墓、女娲墓、王濬冢、周桓王陵。[②] 当时可知的人物遗迹一定更多，只是已经从后世的文献中遗落了。（参见表 4-2）

表 4-2　长安、洛阳之间的王陵、忠臣与烈士墓

县	昭应	渭南	郑	华阴	阌乡	湖城	弘农	灵宝	陕	硖石	渑池
遗迹	周幽王陵、秦始皇陵			王猛冢、杨震墓	女娲墓		王濬冢				周桓王陵

上述人物名单的头尾，都是周王朝的君主。周幽王是公元前八世纪、西周王朝最不名誉的亡国之君。他死后，其子向东迁都洛阳，成为东周的第一代君主，周桓王则是第二代。位居驿路两端的这两座墓葬，正好反映了周王朝的历史转折。虽然墓中人恐怕都不是真正的周幽王和周桓王，但当时人并不多起疑心。即便是真的，他们也

---

① 唐代长安与洛阳间驿道：严耕望，《唐代交通图考》（台北："中央研究院"历史语言研究所，1985），页 17—91。

② 沿途陵墓：检自《元和郡县图志》和《太平寰宇记》。

图4-2　唐代长安、洛阳驿道上的王陵、忠臣与烈士墓位置

都不是明君,李隆基无须向他们致敬。

当皇帝东出长安城,向右望去就是高约一千公尺的骊山。骊山乃传说中秦始皇的埋葬之地,二十世纪出土的秦始皇墓兵马俑就在骊山脚下。秦始皇在传统中国的历史评价以残暴著称,许敬宗在657年批评他"无道"而从历代帝王的祭祀名单上剔除。但秦始皇统一天下的事业成就,无人能够否认,所以在709年李隆基的伯父(也是皇帝)到这一带游乐时,曾经献祭。① 748年,李隆基扩大、重拟祭祀历代帝王的名单时,就已经放入秦始皇。无论如何,秦始皇都是不容忽视的存在。

李隆基继续东行,会在华阴县路过杨震和王猛的墓冢。杨震(54—124)是东汉人,从他号称"关西孔子"就可以猜想他的人格与成就多么崇高。他是华阴县人,死后就葬在这里。八十年前,李世民即位后第一次赴洛阳,曾向杨震墓致意。② 至于王猛则是四世纪的名臣,当时正是争战不休的年代。但他辅佐的苻坚却一度成功统合华北的诸多势力,因此王猛也享有极高的声誉,病故之后葬于华阴县。这两位都是备受肯定的名臣,如果李隆基向他们致敬,并不令人意外。

李隆基离开华阴后,来到阌乡。此地有女娲墓,百多年前杨广路过此地时也曾致意。③ 女娲是上古时代的女帝,因而在李隆基的祖母武则天以降宫廷女性强势主导政治的年代,成为伟大女力的象征。李隆基当然对这个现象不满,所以他大概排斥向女娲致意。与女娲墓相近,尚有王濬墓。王濬(206—286)的年代介于杨震和王猛之间,是汉末曹魏与西晋的将领。司马氏一族夺取了曹魏的政权,又出兵

---

① 《册府元龟(校订本)》,卷33,页340;李显,《幸秦始皇陵》,《全唐诗》,卷2,页24。

② 吴兢撰,谢保成集校,《贞观政要集校》(北京:中华书局,2003),卷5,页267;《册府元龟(校订本)》,卷174,页1937。

③ 阌乡女娲墓:《隋书》,卷3,页72;《太平寰宇记》,卷6,页107。

征服蜀汉,最后才派军吞并孙吴。统一中国全土的最后一项军事行动,就是由王濬完成。武则天多年前路经此地,下令"去墓百步,不得耕植",以示尊重和保护,后来草木恣意生长,十余年后就形成"荆棘森然"的面貌。[①] 李隆基在 717 年如何看待王濬已无从得知,但六年后,他再度经过此地却心有所感,写下一首诗歌赞美王濬非凡的成就,感叹他的孤坟如今零落路旁:"长戟何能在,孤坟此路傍。不观松柏茂,空余荆棘场。"[②]

以上所叙是出现在这条路上的人物墓冢及其人的生平与历史背景。褚无量希望李隆基在旅途中不要耽溺于游乐、狩猎,或无所事事,而是随时随地了解各地的历史与文化。理想上,走完这趟路,李隆基也回顾了周秦汉魏晋的历史。李隆基当然不可能知道所有的历史细节,但他身边的文臣、学士将指点江山,随时补充,并揭露地景之外的历史教训:不可耽于女色,不可奴役百姓,不可拒受谏言,否则将有亡国之虞;这就是周幽王、秦始皇和苻坚的前车之鉴。其实,李隆基对这些王权成败兴亡的道理并不陌生,但当他置身于苍凉的历史遗迹,才真正上了历史、政治与道德的一课。

士人、皇帝和民众的接点

让皇帝向历史伟人的墓冢致意,其实有一连串的步骤。当地方官呈报候选的名单之后,李隆基身边的官员必须作进一步的审核。他们将评估这些人的事功与道德,再提交给皇帝,并说明其人的事迹和奠祭的理由。谁有能力负责这项事务?若无足够的学识,一定不能胜任。最佳人选当然是由褚无量和吴兢这些饱读诗书的菁英儒者来主持。借由执行这项活动,这些文官也获得进一步影响皇帝的机会。

---

① 王濬墓:《隋唐嘉话》,页 38。
② 李隆基的诗:《过王濬墓》,《全唐诗》,卷 3,页 29。

褚无量和吴兢这些古代的知识人被称为"士"；士在阶层上位居统治者与被统治者之间，是两者衔接的介面。士人凭借着古典文化的知识，任职政府机构。他们不只参考先贤、伟人的言行，当作自我的模范，也尝试将华夏文明的历史、文化与价值观，一方面向上传递给掌握更多权力却未必接受相应教育的高官、贵族与皇室，特别是皇帝和他的继承人，另一方面则努力教化广大的社会民众。从秦汉帝国开放士人参政以来，许多士人与文官在皇室、政府与基层社会中，持续培养人们对华夏历史与文化传统的认同。对伟人与贤者的歌颂与记忆，无不仰赖知识人的传承与传播。

连结士人、皇帝和民众的接点，其实正是这些名山大川、古之帝王与忠臣烈士及其遗迹。名山、大川代表国土，也是地方士民对土地的认同。历代帝王与忠臣烈士，其实就是华夏历史与文化的表征。这些伟人、贤者的言行风范，令人景仰，体现了华夏文明的价值观。地方官员和士人会从传世典籍翻找出这些人的历史和故事，配合地方民众口耳相传的记忆，与其故居或坟墓的遗迹结合，互相印证，从而形塑一地所认知的历史与自我认同。①

其实，褚无量寄望李隆基在旅行途中能向沿途的山川和人物古迹致意，并非新奇的提议。探访遗迹、向历史伟人致意，其实也是当时菁英士人的旅行文化。七世纪的统治阶层，在公私行旅的途中，因缘际会遭遇各种遗迹，进而印证所学与所思，其实相当普遍而平常。人在旅行中，饱览自然与人文风景，感慨与心绪油然而生，思索宇宙与人世的意义。褚无量无非希望李隆基在旅行中也勿忘自己身为皇帝的身份与职责，应努力提升自我，思考王权的正道，更借由献祭的活动，进一步赢得士民对王权的认可。

---

① 廖宜方，《唐代的历史记忆》，第四章。

三、从特典到常规

717 年后，李隆基过了五年才有第二次洛阳之行，他小住不满一年，在 723 年北行拜访国家圣地太原（位今山西太原）。[①] 如今已经无人劝阻李隆基前往洛阳或太原，但鼓动他举行祭祀活动的人却没有停止。这一回，向皇帝提议举行祭典的文官是张说（667—730）。张说和褚无量一样饱读诗书，具备深厚的文化教养，两人都很早就接近李隆基。[②] 但张说与褚无量有些不同，他有更高的文学才华，而且善于运用他的知识来让皇帝享受权力。他建议李隆基从太原返回长安时，不妨前往汾阴（位今山西万荣）祭祀土地之神，祈求农业丰收。从公元前二世纪到公元初，汉王朝的君主曾经在此举行了十七次的祭典。这项典礼不因千年之久而失去价值或魅力。恢复或再现重要但失传的古老事物，在中国文化中始终被认为是一件值得做的事。

时不满四十岁的李隆基正年富力强，体力足以负荷长途的旅行，他也有享受这些盛大典礼与活动的兴致，于是接受了张说的提议。这几年，他几乎都在旅行，其间举行了他统治下在都城以外最盛大的两场盛典：汾阴祭地、泰山祭天。当 724 年李隆基第三次前往洛阳，张说更进一步建议皇帝追随祖父李治在 665 年的脚步，到泰山祭天。于是君臣一行人在隔年又向东行，完成这项伟业。李隆基回程在洛阳续住到 727 年，终于返回长安。这几年间，整个黄河中下游的州县，无不直接或间接感受到皇帝大驾光临的存在感。

李隆基的许多作为，如同他的先祖甚至过去帝王之行事的回声。李治首赴洛阳时，提升其行政位阶为"东都"，李隆基第一次拜访太原，也将之定为"北都"。其他诸如祭祀天地、山川和帝王等，都可以

① 李隆基的太原之行：《唐会要》，卷 27，页 520。
② 张说、褚无量和李隆基的关系：《新唐书》，卷 125，页 4406。

从过去的历史中发现类似或相近的事例。李隆基并非刻意模仿前人的典范，提案的张说也并非只是重复前人的想法，而是过去发生的事件留存在时人的记忆中，除了口耳相传，更记录在代代相传的文书里。这些事件保留在皇室家庭、文人学士和官僚机构的世代与集体记忆中，饱含着重新浮现的潜力与能量。当皇帝心中有了远行的念头或夸耀权力的欲望，大臣也有争取皇帝宠信的企图，两相汇合，就会不断改头换面、推陈出新各种祭祀和活动，搬上国家典礼的舞台。所以，唐王朝的统治者一而再、再而三举行各种典礼，从许敬宗、褚无量到张说，也不断提出新的方案。

在这数年间，李隆基和随从的文臣、护卫的军队，不只长途往返于长安、洛阳、太原和泰山，另有一些短程的出游。这些旅行都有正当而重大的目标，比如祭祀天地和访问国家圣地太原，但褚无量当初的建议并未被遗忘，李隆基持续付诸实践，他在频繁的旅程中和随行官员路祭山川、君主和贤者。过去，这项活动是否举行有点偶然性，端视皇帝的心意而定。如果皇帝本人不感兴趣，随行的文臣也未提议，皇室的行旅就视而不见，继续前进。所以，这项活动随每个君主兴之所至，并无固定的制度。但经过反复、多次的举行之后，政府官僚必须有所准备，发展出固定的因应做法，规范逐渐完备，慢慢演变成惯例。[①]

皇帝出行致祭的惯例化、行政化

皇帝出游途中路过的大小山川和伟人墓葬何其繁多，但李隆基未必都有兴趣了解他们背后的意义。就像洛阳附近有许多帝王陵墓，但李隆基的祖父李治也只选择向少数几位帝王致意。后世已经无法清楚知道，皇帝们心中判断的尺度如何移动；但可以确定的是，

① 廖宜方，《试论唐代前期官方对人物祠祀的政策》，页149—155。

从李世民、李治到李隆基，他们关注的对象都经过筛选，也许是皇帝个人的兴趣，或是文臣的提示。也就是说，这原本是一项特殊的事件，由于它的正当性不容否认，随着皇帝频繁出游，逐渐演变成出游时固定进行的仪式。如此一来，"李隆基"这个人对沿途所遇山川和伟人的兴趣已经不是重点了，而是"皇帝"这个身份应该履行的责任。

褚无量不一定会期待这件事常态化，他原本的用意只是掩饰李隆基丧父后远行出游的权宜措施，希望他能在路上学习政治、道德与历史的一课，不要只是游山玩水，应该增加旅行的"文化"含量，提升皇帝的形象。720 年过世的他无法预见的是，李隆基之后对旅行和国家大典的兴致竟然越来越高昂。褚无量如果在世，具有学者性格的他不一定赞同张说的提议：他可能觉得，汾阴祭地和泰山祭天过于浮夸，只为满足皇帝的虚荣，将他领向歧途。这也正是有些人对张说的批评。

皇帝远程的出游，需要缜密规划。"祭祀山川、帝王和忠臣烈士"虽然记录在史书上只是简短几句话，但实际上却动员了庞大的人力。皇帝出发时，先发布诏书，宣告天下万民出巡的目标与时间。行政部门安排皇帝车驾沿途休息的物资需求；长安与洛阳之间，修筑了许多行宫，满足皇帝来往两地之间的住宿。当皇帝的队伍进入某一地方，当地主管官员早已在边界上守候多时。皇帝派遣使者，问候代表当地居民的长老，传达皇帝的关切之意，然后使者会同地方官员，向州、县境内的山川、帝王与忠臣烈士墓设祭，告诉神灵：当今天子（或皇帝）大驾光临，在此向他们致意。可以猜想，官员同时也祈求这些在地鬼神保佑皇帝一行人无风无雨，平安通过。

然而，州县境内的山川和伟人有大小远近之别，皇帝是否要向境内全部的神灵致意？数量是否太多？如何取舍？其实山川、帝王和名臣这三种对象，原本就有不同的重要性：山川最受重视，帝王的地位当然高于名臣。所以皇帝致意和祈福的对象，应该尽可能涵盖山川，然后依序是帝王与名臣。所以，安排行程、打点事务的官员发展出一套原则来决定哪些神灵应该致意，哪些可以忽略：凡距离交通路线三十里内的山川，都在致祭的范围内。至于帝王和名臣，则分别递减为二十里和十里。距离越远，容纳的对象就越多。[①]

当年褚无量希望培养新皇帝的教养，期许李隆基在旅行途中能将注意力放在沿路的历史与文化，从而提升皇帝的文化与形象。如今，祭祀帝王和名臣等历史伟人，虽然已经整合到皇帝出行的程序，但付出注意力的人已经不是皇帝本人，而是转移到官僚身上。当这项活动演变成例行公事，祭祀对象不问皇帝本人是否仰慕、敬佩或有任何感想，纯粹依照这些人物墓葬距离交通干道的远近来评估是否致意，这透露出李隆基已经不特别关心此事。皇帝出行向山川与伟人致意的外在形象，已经达成。至于皇帝内在的教养是否因此提升，就不是最重要的问题了。

出行致祭的消失与再现

李隆基在泰山祭天之后，还两度赴洛阳暂住。当他在736年从洛阳返回长安时，已经年过五十，对于长途旅行的动力和兴致都已经转淡，更宁愿久居长安。随着皇帝的长途旅行告终，沿路向"名山大川、自古帝王陵、忠臣烈士墓，精意致祭"的活动自然一并停止。[②] 李隆基下一趟远离长安的旅行几乎是二十年后的事。但那是一场仓惶的逃难，因为他倚重的边军将领安禄山起兵叛变。在他躲避追击、逃往四川的路途上，当然没有心思和条件举行任何祭祀致意的活动。

唐王朝以这场动乱为转捩点，后半期的皇帝不再像前半期那样，轻松地前往洛阳，而是居留在战略上更安全的长安，更不用提山西的太原和山东的泰山了。唐代后半期的皇帝仍然有离开长安的记录，

① 廖宜方，《试论唐代前期官方对人物祠祀的政策》，页154—155。
② 《册府元龟（校订本）》，卷33，页341。

但和李隆基最后的出行一样,都是被迫的。前半期的皇帝和文武官员,悠然自在地在长安、洛阳、太原和泰山的路上,打猎、赏景、访古、赋诗和献祭的活动,不复再现。904 年,当唐王朝的倒数第二位皇帝被权臣胁迫迁都洛阳,并在三年后亡国时,帝国的东土早已对皇室和王权感到陌生很久了。

然而,唐代前半期皇帝出行路祭山川和伟人的做法,已经被记录在政府的档案、文书或典籍,成为历史,引人遐思,被视为王权的体面与庄严。于是,在十世纪中国北方崛起的新政权,仍然有文官会从过去的记录中翻出这项旧事,尝试让当朝当权的帝王,仿效三百年前唐皇室出行的排场。937 年,新即位的皇帝石敬瑭在洛阳宣布,将巡视开封。中央要求各地官员除了支援皇帝队伍的各项需求,还必须在路上准备几案和祭品,在皇帝通过的当天,向十里内的“名山大川、帝王陵庙、名臣祠墓”祭告。[①] 三百年前,致意对象的涵盖范围依山川、帝王和名臣的重要性和次序,分别为三十里、二十里和十里——重要的对象不能遗漏,所以距离要远、涵盖的范围够大,纳入的数量更多;但如今,一概简化为十里。这项活动原本是政权的中枢与地方的连结,但如今变得空洞,文化的内涵被抽离,似乎变成要求地方官员为皇帝的行旅顺利向鬼神致意和祈福。

石敬瑭此行,并非单纯巡视,其实另有军事的策略与用意。同样在十世纪的 960 年,建立宋国的赵匡胤也在即位后亲自领军出征,打击对手,途中“所过州府河桥及名山大川、帝王名臣陵庙,去路十里内者,各令本州以香、酒、脯祭告”。[②] 八世纪的儒者褚无量向皇帝提议此事时,恐怕不曾预期这项富有政治与文化意义的措施将惯例化、官

---

① 陈尚君辑纂,《旧五代史新辑会证》(上海:复旦大学出版社,2005),卷 76,页 2307;《册府元龟(校订本)》,卷 34,页 355;阙名,《请备沿途祭告奏》,《全唐文补编》,卷 127,页 1561。

② 《宋会要辑稿》,礼 14—5,页 745。

僚化,最后空洞和僵化,被挪用到不同的目标,两百多年后只剩下形式。

宋王朝的前两任皇帝都是豪迈的武人出身,直到第三任皇帝赵恒(968—1022,宋真宗)才对国家祭典产生了无与伦比的兴趣。赵恒就像八世纪李隆基的翻版,他在 1008 年从开封向东,前往东方的泰山祭天,三年后又向西前往山西的汾阴祭祀大地之神。在这两场盛典,以及其他短程的旅行中,赵恒为首的一行人都不是沉默地直趋最终的目的地,而是依惯例向沿路十里之内的名山大川和历史伟人致祭,让沿途各地士民及其山川祠庙,一并参与这场国家的盛会。由于地方上报的对象不在少数,皇帝一行只能派人针对"名山、大川、先代帝王功德赫奕"者献祭,其余仍交由地方官员致意。如今无从得知"功德赫奕"的标准为何,但可以知道究竟是哪些帝王受到崇敬。在1011 年,赵恒西祀汾阴地神的前十天,汾阴附近的"伏羲、神农、舜庙、禹庙、汤庙、周文王、周公庙、周武王庙、汉文帝庙",都同时举行了祭典;皇帝在路上经过"魏文帝庙、后唐庄宗庙、轩辕庙、女娲陵",也都逐一致意。[①] 因此,赵恒的东封西祀并非孤立的活动,而是将目的地和沿路的山川与帝王祠庙,都一并带入这场庆典。

四、结　语

生于隋代的许敬宗比褚无量的年纪大五十余岁,当褚无量成年、踏入仕途时,许敬宗的人生已经接近暮年了。两人的先世都在南方的杭州,也凭借儒学的知识,立足于官场。不过,他们的政治立场却大不相同,差别在于如何对待女主的权势。许敬宗协助李治夫妻排除其他元老,武则天因此得势,被册立为皇后,进而开启了日后半世

---

① 姚媛媛,《宋真宗西祀汾阴研究》(西安:西北大学中国史硕士学位论文,2017),页 26—27;《宋会要辑稿》,礼 14—22。

纪宫廷女力当道的时代。在这段期间，褚无量默默在国学传授学问，避开了纷扰的政治。直到武则天过世后四年的 709 年，她的媳妇、当时的皇后韦氏企图循着婆婆的路线掌权，有意以女性之姿、仅次于皇帝的身份和地位，参与国家的祭天大典，借此提升自己的权位。韦后的野心引来支持与反对的双方激辩。如果没有足够的学问，是没有资格参与讨论的；最精通礼仪和意识形态的政府部门，分属国学和"太常"两个单位。国学的官员迎合上意，支持韦后，但太常表示反对。褚无量却和自己国学的同事、主管不同调，反对韦后在国家大典中扮演仅次于皇帝的角色。如果许敬宗还在世，按照他过去的纪录，他很可能站在皇帝、皇后那一边。结果，皇帝采纳了支持者的意见，同意让皇后参与。虽然反对者并未全面溃败，至少阻止了公主也一并登场，但褚无量也付出代价，自愿或被迫，离开了国学的单位。但宫廷政治的变化太快，隔年韦后就被侄子李隆基起兵推翻，褚无量则重回国学任职，取代原来的主管；又过了两年，李隆基再度发动政变，后来又杀死姑姑太平公主。至此，唐王朝的宫廷再也没有政治影响力强大的女性。此时，褚无量早已是李隆基信任、布建在国学的人马了。[1]

当政治权力重新掌握在李氏一族的男性子孙手中，对于过去半个世纪的历史，也被重新评价。曾经支持武则天、韦后和太平公主的人，不只失去了权势，也丧失了正当性。影响所及，许敬宗和褚无量的历史定位也分化得更大。日后，许敬宗在史书中的分类被划归为"奸臣"，褚无量则是"儒学"。[2] 其实，许敬宗的知识和才华，不会比褚无量差。而且两个人对王权的拥护也不相上下。许敬宗为李治夫妻规划了许多国家典礼，荣耀最高的统治者，历代帝王祭典是其中一

---

① 韦后以亚献南郊祭天的争议，以及褚无量的职位变化，《资治通鉴》，卷 209，页 6636—6637，《旧唐书》，卷 102，页 3165—3167。

② 许敬宗和褚无量的评价，《新唐书》，卷 223、200。

项。褚无量则建议皇帝外出的行程,应向沿路的帝王遗迹致意,借此提升皇帝的内在涵养与公众形象。这两个活动都展现皇帝的风范:向历史上的君主致敬。拥有至高权力的统治者向更伟大的帝王致敬,这种谦逊的姿态提升了臣民的敬意。

这两项活动的主旨都是向历代帝王致意,但有一些差别。许敬宗提议的祭典,官方每三年一次在指定的地点举行。至于褚无量的建议,仅限于皇帝出行。如果皇帝留在都城,或旅行的路线上没有帝王遗迹,则无须实施。两者有常与不常的区别,但都具有国家典礼的重要性。至于第三章提到的历代王陵,则由地方政府每年春秋致祭。七到八世纪的中国,官方纪念历代帝王的活动共有这三种,先后在630年、657年和717年,由李世民、李治和李隆基,以及许敬宗与褚无量合力促成。这些活动虽然都有历史上的渊源,但确立为国家的典礼与制度,在政权稳定时持续施行,仍然始于这关键的一百多年。

这三项活动以许敬宗提出的第一项最重要,属于规格较高、隆重盛大的祭典。和这项祭典地位相当的祭祀对象,还有社稷、日月、星辰、山川、湖海和蚕神等,但这些祭典的历史都比历代帝王更悠久,很早就规定在秦汉以前的古典文献中。相形之下,历代帝王的祭典是中古时代才新发明的传统;从657年许敬宗提议之后近百年间,这项新兴的祭典大概举行了三十多回。它被注意、记录和记忆,逐渐成为政治文化的一部分,影响了后世。

第五章 起源、序列和体系:李隆基 对王权历史的构图

722年,皇帝李隆基(685—762,唐玄宗)第二次从都城前往洛阳。五年前劝阻他东行的褚无量已经在两年前过世。李隆基还没登上皇位之前,褚无量就是他的老师,指点他儒家经典的道理。虽然褚无量其人已逝,但他留给李隆基的精神影响,在这一年有了具体的成果。李隆基在7月时,将自己阅读《孝经》的理解和感想,以注释的形式成书,颁布给全国各地的学校。[①] "孝"(奉养、顺从父母)是儒家最强调的伦理道德与汉人社会最根本的文化规范,《孝经》则是阐述这项观念的典籍,也是数百年来士人识字读书,理解华夏汉人社会文化的基本教材。

李隆基不是唐代第一个将自己的想法撰写成书的皇帝。李隆基的曾祖父李世民、祖父李治和祖母武则天都留下了一些著作。这些作品不一定由他们亲自撰写,可能是皇帝召集、指示,由学者和文人编辑、执笔,再经过皇帝认可而成。其内容大多是以最高统治者的地位与身份,向统治阶层中其他人士,传达规范和守则。李隆基可能是第一位以帝王之姿,将他对汉文化核心规范的思考,依附在原来的经

---

① 《唐会要》,卷36,页658;朱海,《唐玄宗御注〈孝经〉考》,《魏晋南北朝隋唐史资料》2003:124—135;庄兵,《〈御注孝经〉的成立及其背景——以日本见存〈王羲之草书孝经〉为线索》,《清华学报》45.2(2015):235—274。

典,传达给帝国统治下的广大士民。李隆基对《孝经》的解释,未必有非常深刻的思想意义。但对抄写、校订、阅读这本书,或聆听学校师长讲授的士民来说,他们亲切感受到最高统治者的想法,皇帝的话语焕发着光芒,照亮了神圣文本的意涵。

《孝经》虽然是儒家经典中最浅显的文本,但为《孝经》写注,带给此时已三十七岁的李隆基相当多的启发。他似乎逐渐从此进入一个抽象的思想世界。与祖父母针对各种身份订定具体而详细的道德条目与行事规范不同,[1]李隆基为《孝经》作注来阐释"孝"的道理之后,他越来越富有哲理性的思考。

继《孝经》之后,李隆基第二部颁布给臣民的思想著作是老子的《道德经》。褚无量过世之后,李隆基读书的趣味逐渐转移到本为占卜书的《易经》,学习从"阴阳"的观念来理解宇宙与人生的现象,以及现象背后的秩序。他开始进一步接触道家、道教性格的著作,如《老子》(即《道德经》)和《庄子》。尤其老子是李唐皇室的先祖,他的著作当然受到子孙的重视。李隆基在政治生活之余,断断续续写下一些阅读的笔记。732年,在他颁布自注《孝经》版本的十年后,经由学术助手的帮助,他将这些笔记汇聚成他的第二本学术著作:同样以注和疏的形式,阐述他对祖先老子思想的理解。[2](参见图 5-1)

这不是一本单纯的学术著作。李隆基以帝王之尊诠释皇家始祖对"道""德"精深又奥妙的思想,还有两个要求:一、每个家庭都必须典藏《老子》一书,并鼓励臣民诵读,以理解皇家始祖的伟大思想和当今皇帝的诠释;这比十年前《孝经》只颁布给公立学校的规定更进一

---

[1]　武则天的著作:Denis Twitchett, "*Chen gui and Other Works Attributed to Empress Wu Zetian*", *Asia Major*, 16.1(2003):33—109;手岛一真,《政教の教化と仏教の风化——则天武后の'臣轨'撰述を通じて见る比较考察(戒律と伦理)》,《日本仏教学会年报》74(2008):121—132。

[2]　李隆基注《道德经》:《旧唐书》,卷97,页3059;麦谷邦夫,《唐玄宗〈道德真经〉注疏之撰述与其思想特征》,《道家文化研究》15(1999):357—374。

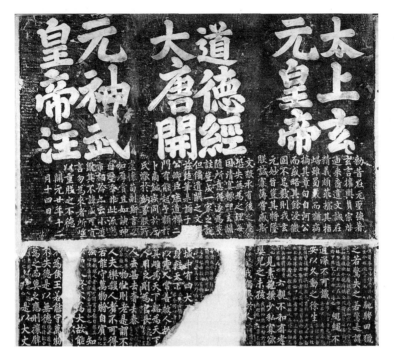

图 5-1　"太上玄元皇帝道德经大唐开元神武皇帝注"拓片

老子被李唐皇室尊为"太上玄元皇帝"，"大唐开元神武皇帝"则是李隆基本人的尊称。

资料来源：北京国家图书馆藏。

步，将皇帝的话语推进到每个家庭。不论家庭成员是否读书识字，家藏一本皇帝指定的读物，普及了皇帝的思想权威。二、李隆基要求有意任职于政府机构的士人，都必须熟悉这套思想，通过考试。[①] 因为他相信，老子的思想和他的诠释，符合宇宙的根本道理，足以指导政治，改善民众的生活。这种政治领袖由上而下贯彻单一思想的取向与做法，在日后中国历史上，仍不断反复重现。

---

① 唐玄宗，《命贡举加老子策制》，《全唐文》，卷 23，页 271 之 1。

在这些年,李隆基也阅读了佛教的《金刚经》,并在 735 年发表了他的注本。李隆基认为《孝经》和《道德经》是国家秩序所不可缺的思想支柱,所以他精心研究,但他为《金刚经》作注则是顺应佛教僧人的请求。对他来说,儒、道与佛之于整个世界秩序,有不同的地位与作用。李隆基阅读并撰注的三本经典,①其实是当时社会的常识性读物,也是人们理解世界秩序的思想。《金刚经》的字数和《道德经》相近,都在五千字左右,《孝经》更是不足两千字,皆属于篇幅短小的经典。借由为这三本经典作注,李隆基将自己的思想和语言,透过这些最流行的经典传布给帝国的臣民。

当他开始为《孝经》作注时,恐怕没有想到日后自己将继续为其他两部经典作注,最后完成了涵盖三教经典的著述。虽然李隆基一开始并非刻意为之,但他也逐渐体认到自己身为皇帝,居于天下之枢纽,而这三本书背后的三大思想与宗教、文化体系,也是构成整个世界秩序的支柱。他可以借由阐发这些经典的意义,进而参与了世界秩序的安排。

世界秩序的形塑与再现

李隆基完成三教经典的注释后,对于皇帝在世界秩序中的角色和地位,也有更深的体认。皇帝拥有至高的统治权力,可以调动既有事物的秩序,改变所有人事物的位置与层级。比如 733 年,他下令将统治的国土重新规划为十五个行政区域,调整了政治运作的方式。皇帝权力还有另外一面,即要求文官将现有的人事地物,进行分类、编排,在纸本上重现。在李隆基完成《道德经》注本的 732 年,之前文官提议将朝廷礼仪行事的规范,编纂成一套全集的工作,也在这一年告成。这本一百五十卷、名为《大唐开元礼》的巨著,内容分成吉、宾、

①　李隆基注三经:王双怀,《唐玄宗御注"三经"述评》,《唐都学刊》32.4(2016):5—10。

军、嘉和凶五大类,虽然在实施具体的活动时,它们未必成为政府机构举行各项礼仪活动的唯一规范,因为还牵涉诸多细节、因素与条件。但是,这本礼仪大全具备"总结""系统"和"全面"的特质,[①]呈现出一切事物都在轨道上顺利运作的意象,让李隆基感到整个世界处于安定的状态。这种将人事运作的秩序浓缩在一本书的方式,让李隆基感到满足。739 年,另一部汇集政府机构的组织与规定的官制大全《大唐六典》编纂完成,其六大分类则基于李隆基亲手所定:"理、教、礼、政、刑、事",同样让皇帝对自己率领的政府机关,产生了一切井然有序的信心。

以上两种将"现实"带入"秩序"的方式,不论是形塑或再现、更动或化约,都不是普通的工程。改变或重新安排实际的人事地物,比如调整行政区域,当然大费周章。但要将实际上参差不齐、错综复杂甚至松散无关的万事万物,都纳入一套简单整齐的分类结构,对文官来说,同样是极其困难的心智工程。所以《大唐开元礼》和《大唐六典》这两本书的编纂都耗费多年。但这对李隆基来说,意义非凡。他无法实际接触到庞大的政府机构和所有活动,但这两套大书让他产生了一切都在掌握中的成就感。

《大唐六典》成书时,李隆基已年过五十,即皇帝位超过二十五年。这些年,在他的"皇帝"称号之前,只有简单的"开元神武"四字。李隆基满足于这个敬称已二十多年,但在这一年,他在"神武"之前追加"圣文"两字,让所有臣民在正式文书中提到他时,都必须使用这个更伟大的尊称来表示敬意。从此直到 755 年他的政府和军队崩溃之前,他一再替自己追加伟大的尊称。在他仓惶逃难的前夕,他的称号已经多次累加成"开元天地大宝圣文神武孝德证道皇帝"。[②]

---

① 《开元礼》的特质:赵澜,《略论〈开元礼〉的制定与封建礼制的完备化》,《福建教育学院学报》2002.1:77—78。

② 李隆基最后的尊号:《旧唐书》,卷 9,页 227。

李隆基自认对世界和平与人民幸福作出贡献，在对现状心满意足从而值得如此伟大称号的十六年间，他持续追寻心中的世界秩序。他不但以皇帝的权力重新部署、规划被他统治的人事地物，也继续要求文官将现实上千变万化的事物，"再现"成他能够感知与掌握的形式：分门别类、编纂成书是其中一种方式，举行典礼和活动则是另外一种。对于已经消失、不存在于当下时空的华夏历代帝王，必须透过纪念的仪式进行召唤才能"重现"，唤起臣民的记忆，提醒过去的历史。对李隆基而言，这些伟人具有非凡的意义，是王权的象征与文化秩序不可或缺的一分子。然而，历史的和现实的人事地物一样纷繁杂乱。当李隆基及其文官联手制定出一套新的历代帝王祭典，王权的历史也随之被勾勒出一个有条理的面貌：哪些人是值得尊敬的王者？谁又不在其中？经过评判和筛选，李隆基建立了一套秩序。从他及其文官的构图中，我们可以看出图面上"始源""序列"和"体系"的线条。以下，依这三点来了解八世纪的皇帝及其官员，如何看待历史上的帝王。

一、皇室的起源：老子

741年，李隆基五十六岁，登上帝位已二十九年。七年前，他第五次从长安赴洛阳时，对亲信的宦官表示：我年近半百，多年来往返两地之间实在疲累，希望以后不再奔波。这个心愿几乎要达成了，因为运河的输送和仓储系统在经过改革之后，解决了长安的粮食问题，不再因为短缺而需要将政权核心转移到洛阳。如今李隆基也不再年轻，对长途旅行和盛大典礼的兴趣没有以前那么浓厚。他不想再长途跋涉，只打算在长安终老。但意外总是不期而至，十四年后他将以七十岁的高龄，迎来人生最大的风暴：他赋予重任的安禄山起兵反叛，大军南下一路逼宫而来，他在仓惶困顿中逃离长安。正是在741年，安禄山被李隆基提拔成为主宰一方的将领。

这一年刚开始,李隆基在假寐的梦中出现了异象。这个异象没有向他昭示未来的厄运,反而向他彰显了无限的光明。出现在梦中的是皇家始祖老子。① 老子与李唐皇室产生紧密关系是在百多年前。隋朝亡国的前后,由于社会人心的不安,民间谣传神秘的预言:李姓的子孙将统治天下。不少人相信这是上天的旨意,许多姓李的政治领袖也因此沾沾自喜。当时还有不少其他救世主(Messiah)的预言,②有些甚至已经流传超过百年。在动荡的局势中,全国各地数百个从中央集权挣脱的势力,都希望借由这些预言,争取更多人心的追随与认同。李隆基的高祖父、唐的开国皇帝李渊起兵时,心中也隐约相信:自己就是上天指定的那一人。

李渊宣称的皇室祖先和出现在李隆基梦中的老子,其实并非普通的"人"。(参见图 5-2)任何人的祖灵都有能力现身来保佑或谴责后代子孙,但老子的威能却超越了凡人的层次。人死为鬼,但老子并非死后显灵的鬼。在中国史上秦汉之前的古典时代,老子是思想流派"道家"的重要人物。公元一世纪以后,随着中国的本土信仰逐渐形成制度化的宗教"道教",老子不但被推崇为最重要的创始者,而且逐渐改头换面,不再是受限于生死的凡人,而是超越肉身、进入永恒的"神",受到人们的膜拜。他驾御非凡的力量,在过去千年以上的时间中,宛如穿梭时空的旅行者,不断变化成各种人物,拯救百姓的生命,维护世界的秩序。③ 因此,他也有比较尊贵的称呼:"老君"。唐以

---

① 李隆基梦见老子:《资治通鉴》,卷 214,页 6843;宋敏求编,《唐大诏令集》(台北:华文书局,1968,据明抄本影印),卷 113,《玄元皇帝临降制》,页 589;《全唐文》,《令写元元皇帝真容分送诸道并推恩诏》,卷 31,页 350 之 2。

② 隋末的救世主预言:李锦绣,《论"李氏将兴"——隋末唐初山东豪杰研究之一》,《山西师大学报(社会科学版)》24.4(1997):30—36,40;同氏,《论"刘氏主吉"——隋末唐初山东豪杰研究之二》,《史林》2004.5:62—69。

③ 老子的神化:刘屹,《敬天与崇道:中古经教道教形成的思想史背景》(北京:中华书局,2005),第 3 章;王青,《道教成立初期老子神话的演变与发展》,《宗教哲学》7.2(2001):87—96。

图 5-2　唐"太上混元皇帝画像赞"拓片

　　到了宋代,老子被改称为"太上混元皇帝"。这幅画像出自八世纪的画家
吴道子之手,李隆基撰赞语,再由书法家颜真卿写成。

　　资料来源:北京国家图书馆藏。

前的数百年间，随着道教的发展，许多道士也为道教的鬼神与仙人，构筑一个庞大的神谱。这个体系中，老君已经不是最早或最重要的神人，但在李唐皇室奉为祖先之后，老君在国家政治文化中的地位大幅上升。

　　唐的皇室宣称老子为始祖，提升李渊一家的形象，大概是唐王朝在建国战争中的政治宣传。王权都有政治宣传，统治者也常标榜自己的出身不凡。中国的君主大多将自己的家族或姓氏渊源，与最古老的帝王连结，比如：汉王朝宣称刘邦是尧的子孙；一世纪取代西汉的王莽自认是黄帝的后裔；三世纪取代东汉的曹丕，则以舜为祖先。但在七世纪初的时代背景下，李渊和李世民为了利用广为流传的政治预言，接受道教人士的献媚，认可以老子为祖先的说法。这个政治神话并没有在建国成功之后中止，反而成为王室的重要象征，不容臣民否定。于是，老子在七八世纪的政治文化与历史记忆中扮演了关键的角色。

五十六岁的李隆基对老子与"道"的信仰

　　741 年并非老君第一次现身。百余年前，当李渊陷入苦战的紧急关头，他就首度现身，预言美好的命运以安定人心、鼓舞士气，帮助子孙一步步迈向皇帝的宝座，协助李渊创建新的国家，带来幸福、和平与秩序。此后，李渊的儿子、孙子都衷心景仰老子，持续建庙设祭、感谢祖先的福佑，一再强调老君与皇室的紧密关系。[1] 超凡的老君也不时乘白马现身，护持后代子孙的国运。不过，741 年的这一次，对五十六岁的李隆基来说，必定是非常深刻而感动的神秘经验，因为接下来三四年间，他重新调整了祭祀的各项细节，希望用最正确的方式，向皇家始祖、同时也掌握世界秩序之奥秘的老君，表达他最诚恳的态度。他或许非常期待，老君将再度显现，透露皇帝本人和大唐未来的命运。

　　李隆基从小就知道老君，身边的人都说他是皇室的始祖。我们

---

[1]　唐皇室对老子的崇拜：卿希泰主编，《中国道教史》（成都：四川人民出版社，1996，修订本），第 2 卷第 5 章第 2 节。

不清楚李隆基对这一点是否从小深信不疑,但他年过五十之后确实明显强调这件事。这个年纪的李隆基,和年轻时的心理已经有些不同。他可能不会想起自己二十四年前,并不相信太庙的崩塌是祖先的警告。如今始祖老君出现在他梦中,他却认真以对,相信这是冥冥之中的天意,告诉他现在的一切非常完美,未来将有无限的光明。这件事也反映了李隆基满足现状的心态:即位之后,政权平顺渡过二十多年,而且越来越繁荣。去年官员报告,国家掌握的家户人力已经超过百年前富强的隋王朝缔造的高峰,达到了四千八百万人。①

李隆基觉得,如今之所以国泰民安,乃是自己知人善任,领导众多文臣、武将共同努力的成果。最重要的是,自己遵循正确的道理治理国家,并且诚心诚意祈求上天的庇佑。这里所说的治国之道和造福万民的上天是相同的,指的正是皇室的祖先老君,以及他揭示的治国原则和理念:"道"。李隆基说自己即位近三十年,天未亮就起床穿好衣服,到老君的画像前谒礼致敬,为臣民祈福。礼拜的仪式结束后,李隆基会静坐一阵子,培养清明的思绪。每天静坐澄心,是一套养生的办法。这套办法,由和皇室交好的道教高人特别指点传授。他很清楚,没有人比自己的角色更重要。身为整个世界的枢纽,他必须维持良好的身心状态,才能作出正确的政治判断,进而推动世界顺利运作。正是在静坐时半梦半醒的恍惚状态,老君向李隆基显现了自己的形象,并指点他去寻找自己的真身。

老子及其《道德经》的政治角色

老君除了偶尔现身、接受皇帝还有广大臣民的礼敬之外,他在国家的政治生活中还扮演了更重要的角色。老君不只是皇室祖先,或道教的创始人。老君的思想合乎世界秩序的原理,作为政治哲学,指

---

① 户口:《旧唐书》,卷 38,页 1393。

导国政。老君穿越时空的能力，和他在《道德经》中阐发的道理，都根源于整个宇宙的原理。这个原理的本质被称为"道"。"道"先于宇宙，在天地开辟以前已经存在。这项原理既然是宇宙的本源，如果统治者能掌握它，自然就能为世界带来秩序。所以，从李世民以来，皇帝们总希望凭借身为老君子孙的特殊身份，阅读祖先智慧的结晶，进而掌握"道"的原理，统治整个国家。

　　老君的著作《道德经》大概是皇家成员必修的读物。李隆基的祖父李治肯定细读过这本书，并思考如何根据祖先的智慧来治理国家。从李治的父亲李世民以来，唐代的皇帝经常自问，或请教大臣：我该如何统治国家？这个问题是皇帝特有的苦恼。李世民身为豪迈武勇的青年，直到登上皇位才逐渐向十几位博学多闻的文臣学习古典知识来治国。当他准备传位给儿子李治，更为之编写一套教材《帝范》，传授自己的经验与思考，期望儿子能成为比自己更明智的贤君。其实，李治比父亲更早接受更多古典教育。但即位之后，面临众多不确定的信息、繁复的讨论与重大的决策，往往超出他的经验与知识的范围。有时年长资深、执政经验丰富的大臣，意见纷歧对立。有些人的古典学问深厚，引经据典，更完全超出他的理解范围。因此皇帝深感迫切，自己必须形成一套原则，才能领导统御文武官僚。如何执简驭繁，是所有统治者都会面临的考验。这时候，始祖老君的《道德经》，或更广泛的道家思想，就替"我该如何统治国家"这种不具体的"大哉问"与各种繁杂的具体事务，提供了一些抽象而简单的原则。比如在许敬宗向皇帝提议创建"先代帝王祭祀"的 657 年，李治召见资深年迈的道士万天师，请教治国、养生的方法。李治获得了"无思无为，清静以为天下正。治国犹治身也"的答案。[1]

---

① 李治与万振的问答：赵道一撰，《历世真仙体道通鉴》，收入《续修四库全书·子部·宗教类》第 1294—1295 册（上海：上海古籍出版社，1997，据民国涵芬楼影印明正统道藏本影印），卷 31，页 580 之 1。

就这样，老子的影响力，不只是身为皇家祖先，而是连带将道教人士、《道德经》以及道家的政治思想，一并介绍给皇室。这些人、著作与观念，对王权、历史与政治的看法，和官僚、儒者与士人的主流传统有相当大的不同。大多数官员努力维系具体的政务，或解决当前的问题，基本上接受了长久形成的政治秩序。但道教人士则提倡用简约的态度，即"清静""无为"来处理繁复纷纭的人事物。正是这种态度，减轻了皇帝治国的负担与困扰。李治和妻子武则天一起研读此书，越来越觉得老君的思想有助于施政。皇帝日益重视《道德经》，终于在674年决定将这本书推广到全国各地，要求官员阅读此书，一般士人更必须认真学习，①因为纳入考试的项目，地位等同儒家经典的《论语》和《孝经》。从这时候，皇家始祖的著作日益普及到识字的士人阶层。

永恒的"道"指向历史的起点

其实，并非每个人都对"道"这样的问题感兴趣。这个问题及其答案往往超越个人经验所及的范围。第四章的姚崇，头脑非常务实，对各种抽象、玄想或超自然的事物，没有任何好感。717年，三十二岁的李隆基当时也是如此，否则他就不会和姚崇一拍即合，重用他，并接受他的意见继续前往洛阳的行程了。

李隆基一出生就位处统治阶级的最顶端，享受荣华富贵的世俗生活，但他成长于政局最动荡的年代，必须对变化万千的情势当机立断、采取行动，所以他年轻时对世界的秩序与源起并无太大的兴趣。但即帝位后，他不断思考自己的身份、角色与职责：该如何统治国家？他曾聘请知识渊博的儒士，比如之前的褚无量和张说，指导他学习华夏主流的儒学知识，比如古典时代的"六经"和史书。经过多年的学

---

① 《老子》的推广：《资治通鉴》，卷202，页6374。

习与政治实践之后的反省，李隆基并未否认这些经史典籍的用处，但道教、老子逐渐主导了他的认知，将他的视野带向"道"的起源那么久远之前的时空。

　　"道"是中国思想里最复杂的概念之一，直到今天仍然让许多研究者困扰不已。但李隆基并非执着于思辨的学者，他相信"道"是宇宙天地永恒的根源，万事万物的原理。在人类与文明刚开始的上古时代，伟大的帝王像是伏羲、神农与黄帝，遵守这个原理，带领人民进入幸福的状态。然而，所有的人事物都会变化、衰败，随着时代演进，这个世界也逐渐偏离了"道"，远离原初的美好状态。后来，秉承于"道"的神人老君降生于世，写出《道德经》阐明"道"的内涵，希望启蒙世人。如今，李隆基身为皇帝，其职责正是建立良好的世界秩序。身为老君的后裔，他体会到祖先奥妙的政治智慧，一心希望引导臣民了解"道"的原理，以文明之初始、一切尚未堕落腐化的理想境界为目标。在那个文明初始的时代，人类最早的三个统治者（伏羲、神农和黄帝），被合称为"三皇"。

二、统治的起源：三皇

　　作为皇家始祖的老君，让李隆基驰想于久远而古老的时空，进而改变了过去近百年间，国家向历代帝王致意止于尧舜的上限。747年，他下令在都城为三代以前的"五帝"，以及更早的"三皇"建置庙宇。隔年，他又为早于三皇的帝王，追加了一所庙宇。两年间，李隆基一共在都城长安建造了三间庙宇，祭祀共十三位上古时代的君主。[①] 在历史上数以百计的统治者中，这十三位君主的时间最早，最接近世界秩序的起源——"道"。

----

① 雷闻，《郊庙之外：隋唐国家祭祀与宗教》，页 80—84；廖宜方，《中国中古先代帝王祭祀的形成、演变与意涵》，页 539。

　　其实,三皇、五帝在国家礼仪中并非不曾扮演任何角色,但都是配角,以往皆附属于祭天的仪式,并没有专属的祭典和场所。借由这个新的庙宇和典礼,三皇、五帝在国家典礼上正式占有一席之地。这三座庙的建立并非理所当然,这个将古老的帝王带入当代政治景观的行动并不寻常。各个时代、不同的人回望历史的时空,眼光着落的位置原本就有很大的不同。有些人认为没必要尊崇这些"古帝",消逝已久的王权和唐王朝没有直接的关联。并非每个人都和李隆基有相同的信念,但他的信仰、意志和权力结合,让老子、《道德经》与"道"进入国家的意识形态,影响了政治文化与历史记忆的重心。他以具体的庙宇和典礼,强调华夏世界的历史起源于五帝之前,三皇及其之前的君主不容忽略。

　　许多现代的中国人听说过三皇五帝,不一定能轻易举出这些帝王究竟是哪些人,但可能知道"三皇五帝"指的是比夏商周三代更早的历史阶段。依据二十世纪学术研究的成果,夏商周并非前后相承的王朝,而是同时并存、互有消长的部族势力。但长久以来,他们被当作一环扣一环的王朝。古典时代的传世文献描绘的这个历史图像,如今透过考古挖掘,最远只能证实"商人"集团的存在。至于所谓"夏人",甚至更早以前的五帝、三皇,由于无法通过现代科学的检验,学者多视为不可信的"传说",从可信的历史被切除。

司马迁《史记》的历史上限:五帝

　　李隆基对上古时空的兴趣,固然有他个人向往"道"的特殊背景,但其实也基于长久形成而公认的历史知识。"三皇"被确立为华夏文明的初始阶段,历经了一段漫长的发展过程。李隆基本人恐怕不清楚,在公元前后两世纪的汉王朝,有些人不认为比五帝更早的历史是可靠的。尽管"三皇""五帝"的合称,以及这些帝王的名号,在古典时代就已经出现。① 汉代的司马迁和王莽，其实都知道所谓的"三皇、五帝"，但对司马迁来说，各种关于五帝的记载让他感到为难和踌躇，不知道该如何写进他的史书。因为有些记载的内容不符合他那么正派而理智的头脑，那些记载之于他，如同现代人无法相信"传说"。司马迁不愿意将这些帝王及其事迹介绍给自己的读者，觉得有失身份。② 他依据常识，设法过滤出一些可信的内容，整理出"五帝"这段历史中可靠的部分。在他的史书中，最远只到五帝的首位：黄帝。本书第一章的王莽，深深着迷于历史上的伟大君主，在他建国的文化工程中，为了寻求完整与庄严，他逐一列出上古的圣君，并分封他们的子孙。其中也没有比黄帝更早的君主。

　　司马迁编写《史记》时，儒家典籍最显著的身影是尧、舜，即五帝之末、三代之前的两个圣王。这两位君主不但有明确可靠的记载，而且具备儒者认可的正面特质。至于尧、舜以前的帝王及历史，儒家主流典籍的记载并不多。对有些人来说，儒家经典记载的道理和典范已经足够，无须一直向上探求更古老的历史。针对这种心态，公元一世纪时有人批评说："五经之前，至于天地始开、帝王初立者，主名为谁，儒生又不知也。夫知今不知古，谓之盲瞽。五经比于上古，犹为今也。徒能说经，不晓上古，然则儒生，所谓盲瞽者也。儒生犹曰：'上古久远，其事暗昧，故经不载而师不说也。'"③

　　所谓"久远"，究竟有多长？对当时的人来说，从黄帝到汉王朝的历史到底有多久？夏商周三代的国祚大约分别为四百、六百和八百年，合计约两千年。三代之前，就是五帝。在公元前 78 年，有人估算

---

① 刘起釪，《几次组合纷纭错杂的"三皇五帝"》，氏著，《古史续辨》（北京：中国社会科学出版社，1991），页 92—119。

② 《史记》，卷 1，页 46。

③ 王充的批评：黄晖撰，《论衡校释》（北京：中华书局，1990），卷 12，页 555。

黄帝距离当时的年数是三千六百二十九年。① 当时还有另一个说法是六千余年。至于"天地始开、帝王初立"到黄帝之间,又经过了多久? 这就无人能够估算了。数千年的时间,意味着什么? 在此不妨参照欧洲基督徒计算的历史长度。公元 212 至 221 年间,罗马帝国统治下的北非有位基督徒依据《圣经》的记载,推估上帝创造宇宙后的五千五百年,耶稣诞生。此后直到十八世纪,许多基督徒都相信世界将在第六个千年,迎来"末世"。② 不同的宗教与文化计算出的历史时间各自不同,但以这两个例子来看,"数千年"这个数量级,似乎是前科学时代、人们比较容易想像与接受的时间长度。

"三皇、五帝"的古史序列

历史时间的计算,当然没有定论。在基督教得势的年代,从四世纪到十七世纪,许多历史学家都在总长度"六千年"不变的前提下,因应时代的情势,重新计算,将末日的来临往后延——时间的起点也随之往后挪。但在中国,从汉王朝初兴(公元前三世纪)到唐王朝始建(七世纪)的这段期间,人们接受的历史时间却是往古老的过去向上延伸,因为比五帝更早的"三皇",始终萦绕在人们心中。尤其儒家以外的其他学派,经常放眼更古老而久远的过去。他们的典籍提示了一个缥缈、模糊但吸引人的图像,诱发更多知识与思想的综合与创造。③ 并非每个人都像身为皇家史官的司马迁,有那么高的身份、地位和学问。在不同的阶层或群体,人们各有不同的趣味和判断的基准。从汉帝国结束到唐帝国崛起的四百年间,司马迁和王莽视为当然的理智标准和文化常识都慢慢发生了变化。有些学者对五帝以前

---

① 石合香,《律曆からみた五德終始説の眞相——"黄帝以来三千六百二十九歲"の解明》,《东洋の思想と宗教》22(2005):58—76。
② 基督教的历史时间:杰克・雷普却克著,郭乃嘉译,《发现时间的人》(台北:麦田出版社,2004),页 33—50。
③ 黄怀信,《古文献与古史考论》(济南:齐鲁书社,2003),页 171—180。

的历史有更浓厚的兴趣,他们想更进一步了解:宇宙的创造、人类的出现、文明的形成,以及此一过程中英雄伟人扮演的角色。有些人阅读了各种资料,经过吸收和诠释,提出许多新的看法。司马迁如果知道这些解释,大概会觉得太神秘,不足采信。

过去被排除在主流之外的观点,或被压抑、推移到边缘的说法,此时获得了自由发展的空间。在这个时代,儒家思想遭受越来越多的质疑。域外传入的佛教和本土的道家与道教,引起了许多菁英士人的兴趣。充满活力的佛教和道教,改变了整个思想的景观。有些学者跨越了司马迁谨慎的界限,不再像他那样有所保留而止步。他们越来越认可"三皇五帝"这个描述华夏古史的说法:在五帝之前,还有三个伟大的帝王"三皇";而且黄帝向上进了一位:从五帝之首改入三皇之末,排列在伏羲和神农之后。

不过,在这四百年间,由于南北政权的分立、汉文化传统的分流,各地汉族士人对华夏世界的历史究竟可以上溯到多久,没有统一的说法。五世纪的拓跋宏,因为中原的地缘之便,重视尧、舜、禹的故都,将其祭典编入国家祀典,突出其历史记忆。但在同时代汉人统治下的南方,由于学术与思想遗绪的影响,放眼的历史长度却远远超过了尧、舜的时代,甚至突破了五帝、三皇。在南方的学界与皇帝颁布的文书中,流传着一种"古皇十纪"的说法。[1] 根据计算,"古皇十纪"属于百万年的历史:从孔子晚年推算到天地开辟的时间,长达二百七十六万年。相形之下,司马迁与王莽尊敬的黄帝,或拓跋宏致意的尧、舜、禹,都没有超过五千年。

尽管有关华夏古史的记载纷歧,严肃的学者并不轻信数百万年这种激进的说法,仍然设法从主流的典籍中建立可靠的叙述。四世纪时,儒家经典中记载古史的《尚书》的一个版本,提到"三皇"和"五

---

[1] 古皇十纪:黄复山,《东汉定型图谶中的古皇考》,政治大学中国文学系主编,《第五届汉代文学与思想学术研讨会论文集》(台北:政治大学中国文学系,2005),页 257—324。

帝"。到了七世纪李世民统治期间，这本经典经过权威学者孔颖达的审订和注解，定为统一、通用的版本，指定为科举考试的用书，推广给读书人，"三皇五帝"这个古史序列也进一步普及，成为主流，排除了其他参差不齐的看法。从此延续到二十世纪，主导了古代中国人对历史起源的认识。李隆基身处在这个历史过程中的一点上而不自觉，他不知道自己视为理所当然的上古帝王其实经历了很长一段时间才定型。

司马贞的关切：君臣与教化的起点

虽然"三皇、五帝"的历史阶段逐渐被认可，但唐王朝建国后的政治文化并不特别崇拜这些"古帝"，所以七世纪中叶的许敬宗提议纪念历代帝王，并未将他们全部都放进名单中，直到李隆基才首度将他们纳入国家祭典。李隆基其实是关键的推手，他透过具体的典礼和制度，强化和推广了"三皇五帝"的说法。因此，三皇、五帝的祭典，并非无中生有的创举，而是有赖于过去数百年间诸多逐渐成熟的条件。但条件成熟并不必然推动历史事件的诞生。只有掌握大权的君主，才有权决定这些涉及王权的历史记忆和象征，能否登上国家典礼的舞台，吸引士民的目光。

古史上限从五帝延伸到三皇的变化，也反映在李隆基的宫廷中，学者司马贞企图在司马迁《史记》开篇第一卷的《五帝本纪》之前，增补一篇新的《三皇本纪》。① 司马贞很清楚他增补的这段历史，资料很少，而且没有绝对的可靠性。但他无法存而不论，反而坚持在文明的初始，就已经有了最高的统治者，建立了君臣关系与教化的政治秩

---

① 沙敦如著，林玉竹、祝平次译，《司马贞为何要补正〈史记〉的上古观?》，祝平次、杨儒宾编，《天体、身体与国体：回向世界的汉学》(台北：台湾大学出版中心，2005)，页145—184。

序。[①] 这个看法将王权黏着到历史的起点。对他而言，从天地开辟之后，就由帝王奠定了人世的秩序，而不是由神灵、英雄或宗教的领导者来扮演这个关键的角色。这种观点和世界上许多文明叙述人类起点的神话都不同，赋予了统治者非同小可的重要性与神圣性。

《三皇本纪》坚持突显上古帝王的存在，恐怕并非司马贞个别的想法而已。李隆基可能读过这篇简述上古历史的文章，而且认同文章中强调"王权"不可抹灭无闻的想法。[②] 所以在 747 年、748 年为三皇及其以前的帝王建立庙宇，李隆基表示：三皇以前的帝王，虽然是在文字发明之前，但他们伟大的统治与功劳不容遗忘。

三、国家的起源：开国之君

747 年李隆基决定为三皇、五帝立庙，隔年他对人类从起源到唐代整个王权的历史，心中有了更完整的规划。他不只向上追溯政治秩序的起源，为三皇以前的帝王辟建庙宇，同时也将目光投向五帝以后，新增了直到唐代建国为止的帝王。李隆基这两年形成的构想，改变了唐代国家向历代君主致意的传统。从 657 年许敬宗提议向尧、舜以降至汉高祖等七位帝王致敬，这项典礼每三年举办一次，经过了九十年，最多可能进行三十回。在这近百年间，致敬的对象只增加了一人：称为"喾"的帝王。[③] 他是传说中介于黄帝与尧、舜之间的君主。他被纳入典礼的原因不明，可能因为他的地位和黄帝、尧、舜这些圣君相等，但从来不曾在国家典礼中享有一席之地。李隆基和他的文官认为必须增补，国家典礼始告完整无缺。

---

① 司马贞，《补史记・三皇本纪》，《史记》附录。
② 司马贞与李隆基对上古帝王的看法相近：司马贞，《补史记・三皇本纪》，《史记》附录；《全唐文》，《加应道尊号大赦文》，卷 39，页 429 之 1。
③ 帝喾：廖宜方，《中国中古先代帝王祭祀的形成、演变与意涵》，页 534—535。

与 657 年相比,李隆基的新名单上,尧、舜以上的帝王是新增的,汉代以降的君主也是。在 747 年,李隆基以原有的八人为前提,向更早的上古增加了五位。748 年,李隆基以去年形成的十三人为基础,一方面再向前追加五位,另一方面向后将秦汉以降的七位皇帝也纳进来,于是构成了历代帝王全部二十五人的完整名单。(参见表 5-1)这个数量比七百多年前王莽的名单多了十五人。

表 5-1 历代帝王祭祀人选的扩张(657 至 748 年)

	上古 ─────────────────────────────→ 后世				祭祀人选数
657 年				尧、舜、禹、汤、周文王、周武王、汉高祖	7
732 年			帝喾	同上	8
747 年		伏羲、神农、黄帝、少昊、颛顼	同上		13
748 年	天皇、地皇、人皇、有巢、燧人	同上		秦始皇、汉光武帝、魏武帝、晋武帝、魏道武帝、周文帝、隋文帝	25

李隆基对文明之初的"道"向往不已,在都城的三座帝王庙里供奉了十三位与"道"最接近的古老圣王,但他未忽略后世的君主。实际上,夏商周三代以降,从秦汉到魏晋南北朝与隋的十二位帝王,同样也代表了"起源"。因为他们都是各个王朝的"开国之君",举行祭祀的地点则是他们的"建国之地"。这十二位帝王,都是每个王朝的起点;开国之君的建国之地,则象征了王权的起源。李隆基及其官员的这项规划,反映了他们如何理解王权、王权的历史,与历史上的王

朝。但"开国之君"到底是什么?哪些人被指定为开国之君?"建国之地"又在哪里?找出这些问题的答案,就可以知道他们对王权的看法。

"开国之君"的疑难

开国之君是建立世袭王朝的第一位帝王。根据古代中国的历史常识,世袭王朝始于夏,所以李隆基的名单中以"禹"作为第一人,接着列出历代各朝的开国之君。王朝有兴衰起伏,按照古典时代的政治观念,王权的衰弱与灭亡,是因为失去上天的眷顾与授命。不过,古代的读书人也没有盲目接受这个完全超自然的解释,因为王权的转换必然伴随着人力发动的战争,所以汤王和武王都揭起了"革命"的旗帜,分别成为商、周的开国之君。依此类推,刘邦推翻秦的暴政,刘秀终结王莽的篡乱,先后开创西汉与东汉两个王朝。没有人怀疑,王朝的建立必然以军事实力为后盾;没有军事的成就,就没有建国的功业。以上这些革命战争的胜利者都在748年的名单上。[①]

当李隆基的官员企图找出汉王朝灭亡之后各朝代的开国之君,发现接下来的历史情势更为复杂,古典的"天命""革命"解释已经无法轻易派上用场。比如三国时代,魏的开国之君究竟是曹操,抑或他的儿子曹丕?后者才真正完成权力交接的仪式,篡汉即位。但没有人能否认,终究是曹操奠定了魏国的王权。接下来的西晋也面临相同的情形:虽然正式登上皇位的人是司马炎,但是他的祖父司马懿已经淘空了曹魏的权力基础。在公元三至六世纪,中国各地此起彼落的政权,有不少这种父子两代或祖孙三代接力,方始完成建国的案例。在748年的名单上,北周的开国之君被指定为宇文泰,但他生前也未称帝。到他死后,才由下一代完成建国的最后一步:进行权力交

---

① 廖宜方,《中国中古先代帝王祭祀的形成、演变与意涵》,页549—560。

接的正式仪式。

其实,曹丕、司马炎,以及宇文泰的子侄辈,都很清楚他们的父祖对王权的奠定有无可取代的贡献,所以建立王朝之后,都将父祖送进宗庙的大位。宗庙是中国在帝制时代王权最重要的象征。宗庙不只是皇室的家庙,更关键的是其中的"太祖"(高祖)之位,只有功劳最大的开国之君才能占据这个至高的位置,接受永恒的追思。在国家典礼中,许多仪式都是对太祖的崇拜。没有人敢弄错开国之君是谁,因为他的事业、成就与贡献,就是统治正当性的根源。

李隆基和他的文官在 748 年的祭祀名单上,仔细考察了谁是各王朝的开国之君。(参见表 5-2)他们没有单凭即位仪式,而是考量到王朝的权力基础究竟由谁奠立。他们的选择和决定,反映了他们对王权的"名"与"实"孰重孰轻的看法。李隆基的官员参考了过去各个王朝自定的"太祖"人选,再加上自己的判准:以实际上真正的权力,以及对王权的贡献,而非"称帝"的名义或仪式,拟出一份历史上各王朝开国之君的名单,成为历代帝王祭典致意的对象。他们的考量透露出一种正视实力与成就的观点。

表 5-2 祭祀历代开国之君和配祀功臣(748 年)

主 祀	配 祀
禹	虞伯益、秩宗伯夷
汤	阿衡伊尹、左相仲虺
周文王	师鬻熊、齐太公望
周武王	太师周公、太保召公
秦始皇	丞相李斯、将军王翦
汉高祖	太傅张良、相国萧何
光武帝	司徒邓禹、将军耿弇
魏武帝	侍中荀彧、太尉钟繇

续表

主　祀	配　　祀
晋武帝	司空张华、大将军羊祜
魏道武帝	太尉长孙嵩、尚书崔元伯
周文帝	尚书苏绰、大将军于谨
隋文帝	仆射高颍、大将军贺若弼

"建国之地"的地点

决定开国之君的人选之后，紧接而来的问题是：在什么地方祭祀这些帝王？748 年李隆基及其官员在扩充历代君主的名单时，一定思考过也苦恼过这个问题。因为许敬宗在 657 年的方案，规模小而且有先例可循：只需要向七位君主行礼，而且按照过去的前例，地点就在这些君主的都城。选择在立都之地举行最早始于五世纪末的拓跋宏，百年之后在隋唐王朝又确定下来。但经李隆基扩充之后的名单，人数增加超过三倍，大幅增加了规划的难度。①

新方案中，五帝、三皇及其之前的君主集中在李隆基脚下的长安致祭，但三代以降还有十二位帝王，尤其增加了秦汉以降七个王朝的开国之君。如果继续在各王朝的都城举行祭典，将遭遇到好几个王朝的都城同在一地的重复情况。秦、西汉、东汉以及曹魏、西晋、北魏、北周和隋的都城，不出洛阳和长安两地。如此一来，这两座城市将包办超过一半的典礼。中国文明十世纪以前的核心区在黄河流域的中下游，这两个城市从公元前十一世纪周王朝始建就已经浮现在政治的地表，拥有无可比拟的历史声望，往往成为后世王朝优先选择的都城。

---

① 廖宜方，《中国中古先代帝王祭祀的形成、演变与意涵》，页 541—549。

　　这让李隆基的官员感到为难：如何在一个城市同时举行数场典礼，或在一场典礼中同时向多位帝王致敬？如此安排，是否不敬、缺乏庄重？而且长安和洛阳是唐王朝的都城，是否适合在此举行典礼纪念过去的王权？如今无法完全明白规划的官员如何考量，但很清楚的是他们有意避免上述的状况。既然"立都之地"造成重复，那就改采新的方针，不再以此为单一准则，改用"肇迹之处"（建国之地）。这个新观念，包含了过去的"立都之地"，再加入"起兵"和"分封"这两种和建国有关的地点。（参见图 5-3）即使非得在长安和洛阳举行祭典，比如西汉和东汉，也选择在过去的旧城区举行，而不是在隋唐王朝扩大增建的新城区。

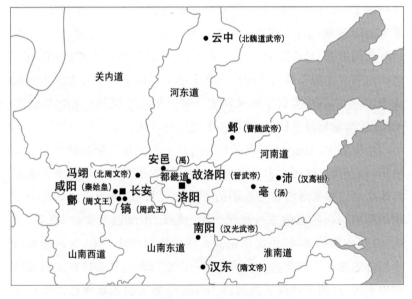

图 5-3　祭祀历代开国之君的地点（748 年）

　　其实，直接在长安、洛阳举行祭典未必不可行。传统与变革之间总能互相调适，何况皇帝的权力有时独断地改变一切，关键仍然是人的观念。李隆基及其官员似乎认为，每个开国之君应该有他专属的

典礼，在属于他的地点举行。开国之君代表了王朝，祭祀他们的地点
成为象征该王朝的代表性地点。不同的地点代表不同的王朝，不重
复的地点传达了一个意象：每个王朝拥有独一无二的纪念所系之地。

"王迹"的观念：王权的基础

在古典时代的文献中，比如记载上古历史的《尚书》，已经仔细辨
别不同的帝王如何承先启后，打造新的王朝，清楚指出是谁奠定王权
的基础。以周王朝而言，真正的建国者是武王，他最后率领大军击败
敌人。但他的父亲文王生前已经取得三分之二的天下，因此文王、武
王常被并列为开国之君。从李治到李隆基，他们在纪念周王朝时，都
同时向文王、武王献祭。尽管周文王、武王在王朝建国的过程中极其
关键，但《尚书》却记载：周朝王权基础的奠定者其实是文王的父亲和
祖父，他们定居岐山，建立周人集团的根据地，成为日后周王朝权力
的基础、"王迹"的起源地。由于《尚书》在古典文献的核心地位，对传
统中国有深远的影响，"王迹"的观念也一并传递给后代的读书人，思
考王权的基础与形成之轨迹。[1]

当中国在公元前三世纪从封建进入帝制，有位历史学者对《尚
书》提到的"王迹"，深有共鸣。司马迁出生时，离汉王朝始建还不满
百年。他日后撰写《史记》，表明他写书的目标是考察"王迹所兴，原
始察终，见盛观衰"，即他对政治权力的起点与终点，强盛与衰败，深
感兴趣。他认为汉王朝的崛起来自社会基层的民间力量，这些力量
联合起来，推翻了秦王朝。

由于《尚书》和《史记》可说是华夏书籍四大分类中"经""史"最重
要的经典，这两本书对"王迹"的观念与重视，也传递给后世的读者，
更影响了历史的记录者。七世纪初，当李渊从太原率军南下，有位秘

---

[1]　廖宜方，《中国中古先代帝王祭祀的形成、演变与意涵》，页 552—554。

书一路记载着李渊的行动与言语、决定和策略。这位作者将这份记录编辑成书,书名题为《大唐创业起居注》,又称为《今上王业记》,他亲眼见证、以笔记录开国之君奠定王权基础的经过。

根据华夏古典的政治理念,一个王朝或国家真正的成立,历经许多关键的阶段,包括祖先的源起(始祖)及其分封的土地(册封),获得上天的授命(受命),集结军队起事(起义)、正式称帝即位,宣布国号等。"王迹"(或"王业")的观念,就是企图在王权成长与扩张的过程中,辨识出权力的基础究竟在何时、何地奠定。古人大多认为,秦汉王朝以前,古老祖先的血统、声望和条件发挥了重大的作用。但刘邦建国之后,人们注意到"王迹"大多系于开国之君实际的作为和成就,而不是将荣耀归给祖先的遗泽。

武装集团的根据地

不是每个领袖都会强调开国之君建国之地的意义。公元初的王莽,有心向伟大的王者致意,但他并不亲自主持这项典礼,而是交由圣王的后裔子孙在他们世袭的土地上举行。这就是他认为最恰当的方式与合适的地点:这些圣王有自己的归属,归属于自己的家族和土地。五世纪末的鲜卑君主拓跋宏,坚持要离开他的祖先创建国家的根据地平城,执意向华夏的中原前进,在洛阳重建都城。他向华夏圣君致意的地点,大多也是这些圣君的都城。两百年后,当李隆基向鲜卑人的北魏王朝致敬,选择的人和地点不是拓跋宏和他的新都洛阳,而是开国之君拓跋珪的建国之地:平城。[①]

每个王朝都有建国的领导者,但不是每个开国之君都有建国之地。比如王莽的夺权,并非基于特定地方的势力。与此相似,唐之前的隋王朝,是由李渊的姨丈杨坚,以外戚的身份、权臣的地位,罢黜外

---

① 　廖宜方,《中国中古先代帝王祭祀的形成、演变与意涵》,页 557—559。

孙的皇位，自己取而代之。这种方式非常接近王莽的做法，都是从政权的内部取代原来的统治者，催生新的政权。王莽一向被贬低成虚伪的篡位者，所以他不在李隆基致敬的帝王之列。至于杨坚征服南方、重建帝国，乃前所未有的成就，当然应该在名单上。不过，杨坚没有渊源深厚的根据地，所以纪念典礼设在杨坚家族被册封的土地：随州（位今湖北随州）。

　　像王莽和杨坚这样凭借行政大权掌握国家机器，以政治手段取代原有的统治者，在杨坚之前的三到六世纪属于少数。从汉帝国灭亡到唐帝国崛起的这段期间，政权的新生与衰亡，大多取决于军事力量的冲突与战争的胜败：最初是魏、蜀、吴三个军事集团争夺天下，接着是游牧部族各自集结建国，拓跋宏所属的鲜卑族就是最后的胜利者。其后南北对峙的年代，在政权的递嬗中新崛起的王者，无不掌握强大的武力集团，立足于特定的地方，以此为后盾竞逐中央权力。这些集团并非居无定所，任意流动，往往以特定地方为根据地。集团统帅从这些地方补充兵源，施以军事训练，与地方士民建立紧密的关系。如果成功取得政权，这些军事基地就成为开国之君建国之路的起点。因此所谓"建国之地"，其实是特定的族群或武力集团争天下的基地，具有浓厚的军事性格。这些手握强兵、角逐政权的军阀，当然了解战争胜负有许多意外、偶然性与不可控制的因素，只能仰求"天命"的眷顾，但他们更清楚，争夺天下的条件其实是军事实力，而非善良或仁政。李渊和李世民父子从太原起兵，同样是踏在这条迈向统治权力的常轨上。

国家圣地的诞生

　　武力集团的统帅需要其根据地的忠诚与支持，在成功取得政权后，往往也免除或减轻这些据点的赋税，回报他们在建国路上的牺牲与奉献，并赋予特殊的地位。以三国时代的曹操而言，他击败大敌袁绍,进驻邺城(位今河北临漳),经营此地长达十六年,奠定王权的基础。曹操之子曹丕正式建立魏国,曹操被尊为开国之君,邺城则被视为"王业之本基",这座城市的地位被抬高到和长安、洛阳同等,并列"五都"。李隆基也提升太原的行政层级,成为与长安、洛阳并立的"北都"。①

这些军事根据地在国家的政治论述中,被界定成"建国之地"。在魏国纪念曹操一生功业的政治歌曲中,有一首歌名为《定武功》,颂扬他取得邺城,"武功之定,始乎此也"。这首以曹操的军事成就为主题的纪念歌,经常在魏国朝廷的正式场合上演奏,不断提醒他的后代子孙和文武官员,邺城是开国之君建国之路的起点。由于邺城和曹魏政权的关系如此密切,成为后人熟知的历史知识,因此五百年后李隆基回顾历史上王权的兴起,选择在此地举行纪念典礼,向曹魏的开国之君曹操致意。

从曹操攻占邺城到李隆基在同一地点举行纪念典礼的五百年间,对建国之地的重视,逐渐成为国家体制与政治文化的一部分。这些武力集团的根据地,原本和其他地方并无不同,直到经历战争的洗礼,才成为最后胜利者独一无二的建国之地;其他未能走完建国之路的败寇贼党的基地,从此湮没无闻,无人引以为傲。建国之地被视为国家权力的根源,写进史书和歌曲,进入传说与记忆,成为政治文化中的国家圣地。

李隆基在748年将夏商周以降十二个王朝开国之君的纪念典礼,改在建国之地举行,并非划时代的创造,反而是历史长期发展的自然结果。过去数百年的历史,让统治权力的竞逐者清楚认识到,如果没有"武功",王权就不能成立的事实。要不是李隆基如此执着想要将他心中的王权历史赋予具体的形貌,我们就不会看到这些潜藏

① 廖宜方,《中国中古先代帝王祭祀的形成、演变与意涵》,页 557—559。

的观念表现在国家具体的制度与典礼中。

以唐王朝而言，它的建国之地是山西的太原。617年，李隆基的高祖父李渊，原本被皇帝杨广派驻太原，抵御强敌突厥，但就任不满一年，国家陷入纷乱，他决定带着两个儿子，其中之一是李世民，率领大军向关中出发。不到半年，李渊攻下都城；又过了六个月，正式建国称"唐"。其实太原并非李渊出生的故乡，却在隋朝末年动荡而多变的情势下，因缘际会成为他奠定王权的第一块踏脚石。后来有关李唐王权崛起的政治史与军事史的叙述中，太原成为李唐的国家圣地：开国之君起兵建国之地。

唐王朝的建国神话

当李渊过世，遗体埋葬在长安城外，作为灵魂凭依的神主在城内的宗庙接受祭祀。李世民认为"太原之地，肇基王迹"，乃父亲建国立业的起点，奠定国家的基础，所以他想另外在太原建立庙宇，彰显父亲伟大的成就。这个建议遭到文官反对而未能实施，因为不符合形成于古典时代的礼仪文化，但李世民的想法很明显：太原是最适合纪念父亲之地。[①] 其实，李渊离开太原后，再也不曾返回；李世民也直到晚年才有机会重游旧地，掇拾当年的回忆。对父子二人来说，太原都是人生的转捩点，与个人的记忆和情感紧密相连。对李世民之子李治来说，太原则是从小听闻父祖起义的传说之地，笼罩在神圣的光环中。他到了十七岁才随父前往太原，亲眼见证这个国家圣地。[②]

李隆基到三十八岁才第一次踏上太原，此时离李渊起兵已超过百年。成长过程经历祖母武则天、伯母韦后和姑母太平公主等强势自信的女性主导政治的年代，他很清楚这百年来李唐的国运并非一帆风顺，反而经历多次的危机："往属多难，时逢国屯。"李氏子孙曾经

---

① 李渊寝庙的争论：《唐会要》，卷15，页325。
② 李治的太原行：《旧唐书》，卷4，页80。

大权旁落,如果不是他本人的努力,国号或许仍然称"周"。李隆基对自己能够击败政敌,克服各种意外、偶然与变数,心怀感谢,归之于冥冥之中祖先的扶助:"实惟艺祖储福之所致,岂予幼孙菲德之所及。"①

他身边的文官也常提醒他过去历史的记忆。比如三年前过世的褚无量,生前建议李隆基主动探访大唐建国功臣的后人。如果这些功臣的家族已经衰落,皇帝应该重新提升他们的地位:"收叙唐初逮今功臣世绝者,虽在支庶,咸得承袭。"②褚无量并非私心想要照顾这些失势的家族,而是这些家族属于李唐建国历史的一部分:他们曾经参与李唐的建国大业,立下卓著的功劳。当今的皇帝再度荣耀他们,不但唤起人们重新回忆过去的历史,也让人对皇帝的体贴与用心感到温暖,从而提升士民百姓对李唐政权的向心力。比李隆基年长的褚无量,亲眼见证李唐政权被武则天从中截断。在他临终前,想必寄望重新掌权的李隆基,能够再度缔造李渊、李世民开国的荣光。

李隆基刚即位时,并未显现出尊重父祖的迹象。717年,李隆基在父亲过世后不满半年,即浩浩荡荡东行洛阳。包括褚无量在内的文官都反对李隆基的决定,因为这不符合士民百姓为父服丧的孝道。为什么李隆基没有沉浸在丧父的哀思?或许他对家族中的男性尊长感到失望:父亲受制于他的妹妹,伯父和祖父受制于他们的妻子。父亲的皇位,还是李隆基替他夺回的。

但李隆基的太原之行,成为他追寻先祖建国功业、重返李唐王权起点的契机。亲自拜访和自己关系密切的这个圣地,置身于历史的现场,让他心情激动。他参观高、曾祖父当年的故居,还有他们起兵前夕聚众誓师的大堂。李隆基的思绪起伏、穿透时光,感受到祖先百年前昂扬奋起的力量,写下诗歌和散文,叙述他当下的心情,歌颂李唐国家的荣光:"近古以来,未有革命易姓若此之盛者也"。

---

① 唐玄宗,《起义堂颂序》,《全唐文》,卷41,页445之1。
② 《新唐书》,卷200,页5688;《册府元龟(校订本)》,卷85,页935。

重返李唐王权的起点，让李隆基对自己和祖先的关联性，有了新的认识。729 年，李隆基接受文官张说的提议，亲自参拜唐王朝开国以来五位皇帝的陵墓。过去这件事都是高级文官的例行公事，但李隆基这次亲身参与，强化了自己与祖灵的连带感。活动结束后，李隆基发布诏书，向臣民叙述参拜的过程，回顾李唐王权的历史与成就。[①]这项诏书同时附带许多优惠臣民的福利，从而让人民感恩的心情与记忆，和李唐的皇帝、陵墓与历史紧密结合，化成拥戴王权的忠诚。回顾李隆基追溯自我源流的精神之旅，他似乎以太原这个王权的起点为契机，接着是百年来五位皇帝的陵墓，最后的终点是 741 年向他现身的始祖老子。

四、王权的序列

李隆基在 747 年、748 年，将历史上重要但不是全部的帝王纳入祭典，划分为都城三庙以及其外十二处地点两种形态，把过去历史上的统治权力，依时间的顺序排列：从世界创始以来到唐之前的隋王朝为止，计二十五位帝王。在过去，492 年的拓跋宏和 657 年的许敬宗，虽然也向历史上的君主致意，但对象有限，数量都是个位数，远远不能涵盖整个历史时间的长度。拓跋宏和许敬宗的名单上都是屈指可数的君主典范：他们几乎都具备身为王者的正面特质。但这些人不能反映整个王权的历史，因为在尧、舜以前和刘邦以后，历史上其他的王朝和君主都被忽略了。李隆基在这两年规划的新方案，纳入了过去没有注意到的帝王；这些帝王和他们开创的王朝合起来，涵盖了整个历史。

从此，这项纪念王者的国家典礼，不再只是表达对少数伟大君主

---

① 李隆基谒陵：《资治通鉴》，卷 213，页 6788；《唐大诏令集》，卷 77，《谒五陵赦》，页 439。

的景仰,而是展现了历史上的王权,或者说,王权的历史。这项典礼暗示王权统治在历史上的恒久:人类的历史没有不被君主统治的时代,王权与历史合而为一。此后各王朝,比如宋、明、清,每次重新规划时,都维持了王权历史的完整构图(并非不能有所取舍,"完整"端视如何定义)。追求完整的目标也让历代帝王祭典的对象逐渐增加:到十世纪,这个数字超过七十人;在十八世纪,已高达上百人。

李隆基不是第一位有此企图的人。上一个官方为王权历史排定的顺序,出自王莽的杰作。他在公元9年取得皇位后,分封十位伟大王者的后裔:从最早的黄帝到被他夺权的汉王朝。王莽和李隆基一样,都企图透过有形的制度来展现王权的历史与整体:前者的措施是分封他们的子孙,后者则是举行纪念典礼。这两份名单都在十位数以上,前者列出十人,后者增加到二十五人。李隆基继王莽之后,再度提出了王权历史的完整系谱。

王权的历史

尽管如此,这项祭典从未全面囊括中国史上所有的政权与王者。历史上的王朝此起彼落,统治时间或长或短,领土大小有别,取得政权的方式更纷繁多样。真实的历史即使不算杂乱无章,也未必有一目了然的规则或模式。真实而复杂的历史原貌,很难进行政治宣传。为了展现王权的纯粹,只有最重要的王朝和统治者,才能进入国家祀典的殿堂。经过挑选而放进名单的少数帝王,还必须呈现井然庄严的秩序。那么,王莽和李隆基应该如何排列名单上帝王的次序?他们如何借此定位王权,形塑臣民的信念?

排列的原则可能有哪些?能不能按照他们的道德品格、统治的疆域大小或战争胜利的次数?如果王莽和李隆基采用以上任何一个原则,或许将对传统中国的王权观念提出重要的议题,让后人争辩和讨论谁才是排行榜上最伟大的帝王。然而,他们选择了时间的顺序,按照先后来排列各个王朝。其实，历史的序列只是排列的形式之一，并非唯一或理所当然。十世纪的赵匡胤就采取新的角度来整理他的名单，清王朝在十八世纪则以不同的方式，强调序列的线性。

即便依照时间排序，也不意味王权在历史上就只是单纯的政权递嬗。对王莽和李隆基来说，历史的发展都不只是时间自然的流衍，背后有其形而上的意涵。王莽和支持他的儒生认为历史的发展是依法则进行：历史上的君主或王朝可以分为五种特质（五德），王权在这些特质中反复交替，形成循环的模式。王莽将十位帝王纳入这五种特质，而且构成两轮的循环，他自己建立的王朝将开启第三轮，而且复归回原初的第一种"德"。这套主张王权分为五种性质的理论，助王莽一臂之力顺利取得政权，并因此达到了巅峰。但在后来的岁月，随着思想观念的推陈出新，这套王权理论逐渐没落，不在各王朝建构正当性的理论工程中扮演最核心的角色，只是次要的配件。

八世纪的李隆基另有一套诠释王权历史的理论。他认为王权历史的核心是"道"的原理：文明的初始是美好的，统治者遵循原理施行统治，人民也依此生活，世界的秩序合乎"道"的原理。然而，"历史的时间具有恐怖的力量"，[①]完美而纯粹的"道"不可避免在时间的演进中销蚀，走向败坏与堕落。这个由完整美好的状态走向残缺与驳杂的过程，依序分成四个阶段："皇""帝""王""霸"。这是统治者的四种称号和评价，分别反映他们所在的时代性格及其统治的风貌。"皇"号之君最接近"道"的和谐秩序与理想状态，称"霸"之君则近乎无道失序的混乱状态，往往诉诸于阴谋和暴力。[②] 李隆基在都城建立的三间庙宇，向时代较早、离"道"最近的"皇"（三皇）、"帝"（五帝）等献祭；至于时代较晚、历史地位相当于"王"与"霸"的统治者（三代以降），则

---

① "历史的时间具有恐怖的力量"：Mircea Eliade 著，杨儒宾译，《宇宙与历史：永恒回归的神话》（台北：联经出版公司，2000），第四章。
② 廖宜方，《唐代的历史记忆》，页 80—84。

在各个王朝的"王迹"之地致意。[1]

女娲的消失

李隆基的名单中有古往今来的二十五位帝王。这个数字并不算少,可不是每个读书人都清楚知道这些君主的事迹。有些上古帝王在历史文献中的身影较为模糊,远远比不上知名度最高的神农、黄帝和尧、舜。其实,在王莽、李隆基和他们的官员所知的历史文献中,上古时代还有数十百计的帝王。比如725年李隆基前往泰山举行最隆重的祭天仪式,听取文官向他报告:上古就已经有七十二个帝王举行过这项典礼,但他们的名字很早就失落了。[2] 这是因为上古的历史实在太久远,各种文献众说纷纭,有些连古人都无法相信。许多君主的事迹隐晦不明,于是从名单上消失。李隆基在都城建立三所庙宇纪念的十三位上古君主,已经是众所公认、比较可靠的版本了。

除了因为时间久远、记载可疑而被排除在名单之外,还有另外一种情形:人的选择。王权的序列,代表统治者认可的历史。不在序列中的帝王,意味着李隆基不愿承认他们作为王者的地位和权力。名单中之所以没有"女娲",恐怕并非事迹不明,而是被有意排除。女娲是华夏上古历史传说中唯一的女皇,据说她捏塑黄土创造了人类,并且采石修补倾斜的天地,拯救世界。她的地位与功劳,意味着女性不但有资格取得最高权力,而且有能力造福天下万民。从一世纪以来,女娲就有崇高的地位,经常和人类最早的统治者伏羲在图像中一起出现:因为是不可思议的神人,所以拥有超越凡人、宛如龙蛇的尾巴,而不是双脚。(参见图5-4)唐王朝的开国之君、李隆基的高祖父李渊,曾经召集当时最有学问的人共同编纂百科全书《艺文类聚》。其中《帝王部》的篇目提到女娲,将她列在伏羲之后、神农和黄帝之前,

[1]　廖宜方,《中国中古先代帝王祭祀的形成、演变与意涵》,页540。
[2]　封禅帝王的数量:《旧唐书》,卷23,页904。

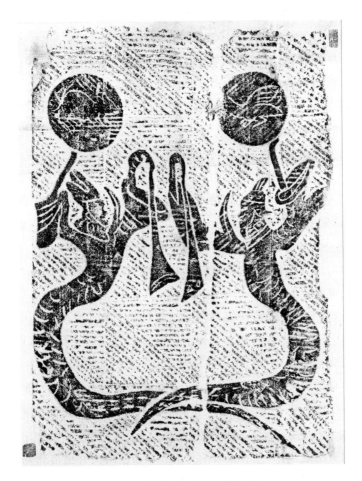

图 5-4　汉"伏羲、女娲画像"拓片

这是汉代刻划在石材或砖上的画像,通常出现在墓葬或祠堂等建筑。这种人首蛇(龙)身的形象,常以对称的形式出现,伏羲、女娲上方的圆状物,分别为太阳和月亮。

资料来源:北京国家图书馆藏。

而且为她加上"帝"的称号，肯定她的统治与成就。[1] 李隆基对女娲并不陌生，据说女娲的坟墓就在长安与洛阳的交通要道上。当他往返两地时，一定经过也听过这处遗迹。609年，李渊的表弟、隋王朝的皇帝杨广经过此地，就曾经下令献祭。[2] 七世纪初，杨广、李渊这些最高权力的统治者，完全接受上古历史中女帝的存在。

但李隆基在八世纪为五帝、三皇及其之前的帝王立庙时，完全没有为女娲留下任何位置。在他可能读过的《三皇本纪》这篇文章中，作者司马贞虽然没有将女娲列入三皇，但附属于伏羲之后，并且给予她相当大的篇幅，肯定她不可抹灭的功绩。可是李隆基不但将女娲排除在帝王序列之外，甚至没有给她陪祭伏羲的资格。除了女娲，《艺文类聚·帝王部》提到的上古君主，几乎原封不动出现在都城的三座庙宇中。下令编辑这本书的李渊无论如何想不到：他儿子的嫔妃会成为他孙子的皇后，这位皇后最后取代了自己创建的王朝。这个皇后就是武则天。

从《帝王部》中"帝女娲"的记载，很可能鼓舞了武则天迈向最高权力，甚至成为支持她登上皇位的政治宣传之一。亲身经历那段岁月的李隆基很清楚"帝女娲"的政治意涵。祖母武则天透过权力建立的许多象征符号，在李隆基掌权之后都被取消或修改，比如他将"天后、圣帝"的称号改为"则天皇后"；[3]让武则天从地位独尊的皇帝，变成从属于丈夫的妻子。帝女娲虽然属于上古历史的一部分，并非出自武则天的虚构，但也必须取消。李隆基和他的文官很清楚，只有彻底消除"女力"的历史和象征，才能确保唐王朝的命脉。

虽然李隆基刻意在国家仪式中淡化了女权历史的记忆，但在基

---

[1] 唐初类书中的帝王：欧阳询撰，汪绍楹校，《艺文类聚》（上海：上海古籍出版社，1999），卷11。

[2] 杨广路经阌乡县祭古帝王，疑为女娲：《隋书》，卷3，页72。

[3] 李隆基去武则天的帝号为后号：《旧唐书》，卷25，页951。

层社会的民间信仰中,女娲已经是无庸置疑的神人,在上古时代掌握最高权力。两百年后,出身军人的赵匡胤在华北建国,在迈向征服天下的建国之路上,也为历代君主建立庙宇、祭祀致意。来自民间的赵匡胤不像出身宫廷贵种的李隆基背负着对洪荒女力的恐惧、记忆与反感,他很自然地让女娲重回上古神人与圣君的行列,接受众民的膜拜。

秦始皇帝的再临

657 年许敬宗向皇帝提议纪念历代君主时,援引古典文献的权威,主张唐王朝应该向尧、舜、禹、汤、文、武六位上古圣君致意,因为他们对人类的贡献就像天上的日、月,备受景仰,理应举行纪念典礼,答谢他们的功劳。在周朝的文王、武王之后,是否还有值得礼敬的对象? 许敬宗提出两个人选:秦始皇和汉高祖,但他的评价截然不同。他认为秦始皇"无道":缺乏道德、义理。"无道"或"不道",乃古代中国批评人物最深刻而严重的罪名,指一个人不顾天理、毫无人性;秦始皇死后已近千年,但他始终摆脱不了负面的历史评价,因此没有资格接受纪念。至于汉高祖,他建立的汉王朝留给后世许多政治遗产。所以,许敬宗希望在公认的六位圣君之外,再增加刘邦一位。

但在 748 年李隆基的名单上,相较于女娲黯然消失,秦始皇则是堂皇现身。这和近百年前许敬宗立意排除的决定完全不同。李隆基没有特别说明原因,秦始皇的评价在这百年间也没有突然的变化:他仍然被视为暴君。或许是李隆基和他的官员看待王权的观点,和许敬宗不同:帝王的品德与施政,并不比帝工的身份和成就更重要。

李隆基绝非不了解秦始皇的残暴之名。他在长安时,几乎每年冬天固定前往邻近的骊山温泉离宫避寒。骊山高约一千三百公尺,覆盖着茂密的森林;黄昏时分向西眺望,可以看见落日的晚照和宏伟的都城。然而,骊山也是秦始皇修筑陵墓的地点,北侧就是 1974 年出土兵马俑的地点。李隆基曾在742年登上骊山新筑的宫殿四望，眺览风景。他对照手边的地图，注意到有一处称为"坑儒"的地名，且崩塌的坑壁历历在目；据说这就是秦始皇坑杀儒生的地点。李隆基感叹死者亡灵无处可归，于是下令建庙祭祀，抚慰冤魂，并将地名改为"旌儒"。[①] 一字之差，李隆基在这个始皇帝暴政的记忆之地，为遭难儒生立庙致意，转变成他施行仁政的纪念之地。

这项仁政获得儒士、文官的崇敬。君主的仁政应该被记录下来、留传后世，树立石刻成为永恒的记忆，于是交给享有盛名的文人学士提笔撰文，叙述整个事件的过程。这篇文章的作者贾至说："秦皇帝以神武迈古，并吞六合。扫天下以一彗，芟群雄如众草。建守罢侯，大权在己。自轩辕已降，平一宇宙，未有若斯之盛也。"[②]他认为，秦始皇的成就不只超越夏商周，直逼华夏文明初始最伟大的君主：黄帝。在这个始皇帝最恶名昭彰的无道失德之地，自认为"儒士"的作者于肯定"儒"之价值与意义的这篇文章中，却以毫无保留的语气，颂扬始皇帝无与伦比的功业。

被忽略的六朝

748年，李隆基指定在十一个王朝的十二个地点举行纪念典礼。这十一个王朝，有六个在人们心中是天下统一的时代：夏、商、周、秦、西汉与东汉。但从东汉灭亡到唐王朝建立的四百年间，各地人群形成的政治势力在南北先后兴起，数量超过三十个。针对这一批此起彼落的王权，李隆基只向其中五位王者致敬：曹操、司马炎、拓跋珪、宇文泰和杨坚。其中只有司马炎和杨坚重新恢复统一的格局，但随后都陷入内乱，西晋（265—316）和隋（581—619）都结束在第二代的君主手中。至于曹操、拓跋珪、宇文泰建立的政权，至少都达成了统一华

---

① 《旧唐书》，卷9，页216；《新唐书》，卷37，页963。

② 贾至，《旌儒庙碑》，《全唐文》，卷368，页3739之1。

北土地的成就。可见李隆基和他的官员在决定致敬的对象时，并不以统一天下为唯一标准，成功整合北方的国土已经是值得认可的功业。

在江南土地上的政权，难道不值得尊敬？西晋亡国后的难民，逃亡到长江流域，与之前被灭的吴国本土势力结合，立定脚跟，以建康（位今南京）为都城建立国家。最上层的统治者尽管几度更迭，但成功抵抗来自北方游牧民族一而再、再而三大军压境侵略的战争压力，甚至在武力强盛时，多次发动北伐的远征，一度收复长安、洛阳等华夏文明的故都。达成这项功业的南朝宋开国之君刘裕，毫不逊于与他时代相前后的拓跋珪。然而，李隆基似乎并不认可他的成就。[①]

其实，李隆基的祖先就是从宇文泰建立的北周政权崛起，跃居贵族。他们在北魏末年的动乱中，从其他地方迁到中国西北一隅的关中，与当地土著的豪门结合，形成强大的武力集团。以此为根据地，先后征服东方和南方的土地，在杨坚的手上完成统一的事业。这个集团的领导者，从宇文泰、杨坚到李隆基的高祖父李渊，都扎根于长安所在的关中，对这块土地、人民与文化有很深的骄傲与认同，所以政权的首都就设在长安。

从长安到洛阳，乃是华夏文明的核心地带。李隆基选定的十二个祭祀地点，大多坐落在这两大都市的周边。过去历史上王朝的都城和起源地，大多分布在这片习称"中原"的土地上。长久以来，"中原"被视为"已开发"之华夏世界的文明核心，至于周边或外围的土地和国家则是边缘的、落后的。因此，东晋以降、建立在"开发中"之长江流域的王朝，在以中原自豪的李隆基心中，并不受到肯定。

东晋与南朝（宋、齐、梁、陈）前后超过两个半世纪的统治，始终被认为只是割据部分国土的政权（其实曹操、拓跋珪、宇文泰也是），在后来宋、金与明、清各王朝纪念历代帝王的典礼中，也始终不受重视。

---

① 　对此一现象，有所谓"正统"论的解释：雷闻，《郊庙之外：隋唐国家祭祀与宗教》，页84。

后面这五个王朝超过一半来自北方草原的民族,只有朱元璋开创的明王朝崛起于南方。不过,朱元璋虽然定都在南京这个东晋与南朝的故都,但他在南京建立的历代帝王庙,并没有特别为南方政权留有一席之地,这所庙宇供奉的是统一天下的开国之君。东晋、南朝的君主被请入都城北京的历代帝王庙中接受致意,则是清朝皇帝在十八世纪的决定,此时离李隆基在八世纪的方案,已经过了一千年。

武力的颂扬

李隆基在建构纪念王权的礼仪时,都说明了致敬的理由:三皇、五帝"道冠开辟,创物垂范,功济生灵",他们的创造与典范对后世的人类有深远的影响与贡献。至于三皇以前的帝王,李隆基其实很难具体说出他们的重要性,原因是这些人"事先书契":他们是文字发明以前的领袖,因为没有文字所以事迹不明,如今只知道他们的称号。不过,他们仍然是上古的伟人,"道著皇王"。①

自五帝的最后一人舜,将王位禅让给禹,而禹传给自己的儿子,从此进入由单一家族世袭统治的"王朝"时代。李隆基在十二个地点纪念的王者,就是这些王朝的开国之君。但王朝为何产生更替?王朝走向衰颓,就像人类世界逐渐偏离"道"的原理,不可避免。当王权的统治者越来越无法回应肆虐生民的天灾和人祸,此时体察上天旨意的新王者崛起,从混乱中重建秩序,缔造新的统治。李隆基形容这些开国之君的建国之路是"经济艰难,戡定祸乱"。他自己的先祖也是收拾隋王朝瓦解后分崩离析的局势,一一击败不忠的叛臣和作乱的反贼,在荒乱的废墟中建立新的帝国。这样的成就奠定在一场又一场的战争。李隆基在唐王朝开国之地太原树立的巨大石刻中,缅

---

① 《南郊推恩制》,《全唐文》,卷 25,页 285 之 2;《加应道尊号大赦文》,同上,卷 39,页 428 之 2。

怀开国的艰难："自高祖创业，百有六战"。[①] 如果缺乏武力为后盾，未能取得战争的胜利，就无法诞生新的王权。不论李隆基或他的高祖、曾祖，都经历过出生入死的军事与政治斗争，清楚知道有人力不可控制的因素，有赖上天或祖先的庇护，但真正的关键仍是自己的力量。

当李隆基用"经济艰难，戡定祸乱"形容三代以降王权的历史，臣民都明白他指的是"革命"：世界丧失了秩序，新的王者在困苦的环境下努力经营，终于结束灾难。在华夏文明的政治观念中，"革命"是新的领袖取代丧失统治正当性的政权，凭借武力创建自己的王朝；有别于和平转移政权、礼让贤者的"禅让"模式。依据李隆基和他同时代人的历史常识，这种"革命"是过去三千年间政权转移的常态。并非每个颂扬王权的人都会强调革命的意义，七百年前的王莽也提出一份历代君主的名单，但他并不着墨革命在王权过渡时的角色。对他来说，王权转移的背后是上天的旨意和自然法则的运作；而他本人更是以前所未见之贤者的姿态，接受汉朝皇帝的让位。

历史序列的比较

借由精心挑选的纳入和排除，李隆基和他的官员最后拟定了一份没有女性、以中原为限、歌颂革命胜利的帝王名单。这份名单依时间的先后，排列出华夏历史上始于天地开辟、迄于七世纪的名君序列：三皇五帝，三代秦汉、魏晋至隋的开国之君。其后宋、明、清王朝的祭典虽然也囊括了历代帝王，但各朝官方另有关注的重点。比如十世纪的赵匡胤依据各个帝王的道德和事功，划分成四个等级。十四世纪的朱元璋只选取上古圣王，以及四个和他一样成功统一天下的君主。十八世纪的清朝统治者以非汉民族入主中国，则是有意将不同种族的胡、汉帝王融合成一个群体。

---

① 李隆基所称唐王朝建国战争的数目：《起义堂颂序》，《全唐文》，卷 41，页 445 之 1。

从八到十八世纪，官方虽然各有侧重点，但主要的基准仍然是功业：每个帝王的事业有开国、中兴、守成或平庸的差别，统一天下可谓之最高的成就。然而，如果我们没有去观察西欧中古王权的性格，及其如何编排历代帝王的序列，可能就不会发现，中国评价历代帝王的标准其实都是世俗性的。相形之下，欧洲中世纪的国王都是基督徒；他的权力由神授予，登基加冕的仪式由教士主持；《圣经》中的大卫王和所罗门王是重要的典范；王的职责之一就是传播福音。一个国王被教士评价的关键尺度之一，就是他的信仰及其与教会、教皇的关系。中国的皇帝和宗教则没有一定的关联；统治者如果过度投入佛、道教信仰的活动，往往被士大夫批评，认为有害国计和民生。

基督教也影响了如何编排人类历史上统治者的序列。十三世纪，在一本献给法国国王圣路易阅读的书中，撰写的教士为统治者提供了两个序列的历史："其一是圣经系列，其二是古代系列，特别是罗马帝国的历史，此后则是早期基督教。"[1]对圣路易而言，人类统治者的序列，最早始于《圣经》中的亚当；其次则是罗马帝国，比如奥古斯都和君士坦丁。圣路易个人另外透过王家墓地的营造，为这个序列增补了第三段：法兰西王国的传承。[2] 从五世纪的墨洛温王朝，经过八世纪的加洛林王朝，再延续到圣路易所属的卡佩王朝，其中最重要的人是查理曼大帝——圣路易强调这三个王朝"一脉相承"。基督教世界下的各个王国，历代帝王的序列无非是在"圣经系列"和"古代系列（罗马帝国）"之后，再加上本国王朝的传承。

五、国家祭典的体系

李隆基向历代帝王致敬，并非个别、孤立的纪念活动，而是属于

---

① 雅克·勒高夫著，许明龙译，《圣路易》（北京：商务印书馆，2002），页417。
② 圣路易对王家墓地的规划，同上，页274—291。

国家典礼之整体的一部分。在整个国家祭典中，和历代帝王的位阶相等者，还有文庙和武庙。[①] 657 年，向皇帝提议祭祀先代帝王的许敬宗，同时建议文庙的主神从周公改回孔子。李隆基统治下的 731 年，正式规定全国各地建立武庙，崇拜兵法的祖师太公。于是，历史上卓越的儒者与武将，以及他们效忠和服务的君主，在七、八世纪先后正式纳入国家祭典，成为官方致意的对象。

当时这三项祭典中，以儒学立庙的历史较久，武庙最短，因此后者的规划往往模仿孔庙，结果一直遭到文官的挑剔和批评。相形之下，很少官员敢就历代帝王的祭祀大发议论。历代帝王和孔子、太公还有一项关键的差异：孔子和太公的身份都是臣属，可以接受皇帝的册封。孔子在 739 年被封为"文宣王"，760 年太公被封为"武成王"，都是莫大的荣誉，但历代帝王的身份和地位，始终不变，不因后世皇帝而改动。因为历代帝王和当朝当权的皇帝，双方对等，后者没有资格册封前者，而且也没有比帝王更尊贵的身份和地位。被皇权抬升的荣耀，也会被皇权撤销。太公的武庙在十四世纪被裁撤，孔子"文宣王"的封号在十六世纪，一度因为皇帝与文官的斗争而被取消。

历代帝王和孔庙、太公庙的祭典，虽然有君臣和文武之别，但彼此协调，一同歌颂王权及其协力者：尊崇伟大的统治者，以及为统治权力奉献才能与生命的儒者和武将。有两个人物在这三个祭典之间转换位置，周公是其中之一。657 年，许敬宗主张文庙致敬的对象应该是孔子；至于原先的周公，改以周武王功臣的身份，在历代帝王的祭典中接受后人追思。另一个是太公。三百年后的 964 年，当宋王朝草创，官员重新制定国家祭典时，注意到太公一方面被封为武成王、

祀于武庙,另一方面又作为周文王的功臣,在历代帝王祭祀中享受荣耀。由于重复致祭不符合国家礼仪的原则,官员主张废除后者。[①]

历代帝王和孔庙、太公庙还有一项重大的差别,孔庙和武庙的主神都只有唯一一位,其他人只能居于配角——"配享"或"从祀"。但历代帝王的典礼致敬的对象却不只一人,不论合祭或分祭,都是以复数的帝王群体为祭祀对象。三皇五帝或历朝的开国之君,并没有位阶或主从的等差。相形之下,文庙和武庙坚持单一的至高主神。七世纪前期,文庙的主祀出现了周公或孔子的争议:谁才是唯一的"先圣"? 最后定于一尊,由孔子担任。然而,为何"先圣"只能有一人? 其实,周公与孔子可以共同接受后人的瞻仰。历代帝王祭典,透露祭祀对象不必限于一人的可行性。

向历史伟人致意

748 年,李隆基及其官员不只将历代帝王的祭祀对象同时向前和向后延伸,建构成更完整的祭典,还史无前例地提出一份名单,向历史上四十五位名人致敬。从秦汉帝国建立以来,官方与民间往往尊敬和崇拜杰出秀异的人物。他们被视为一地的"先贤",提升当地的声名,事迹被写进地方的历史,故居和墓冢受到保护,树立石碑,甚至发展成祠祀的庙宇,供地方士民求福。有时外地人会慕名来访,留下纪念和感怀的文学作品。数百年间,向贤者致敬的活动多半是零星、个别的行为,不曾由中央政府以放眼全国的视野,进行整体的规划,形成官方的体制或政策。[②]

这四十五人中名列第一的是比干。拓跋宏在五世纪末踏入中原、进入华夏文明的历史空间时,曾三度路过、探访比干的墓冢。比

---

① 十世纪,太公在历代帝王祭典与武庙之间的转移:《续资治通鉴长编》,卷 5,页 135—136。

② 廖宜方,《试论唐代前期官方对人物祠祀的政策》,页 135—172。

干是传说中商王朝暴君纣王的臣属，尽忠进谏却惨遭处死。没有人能解释为什么和拓跋宏相隔一千五百年以上的比干，他的墓冢竟然还保存在洛阳附近，且有迹可寻。但拓跋宏并不多疑，反而为之凄恻，写下一篇吊祭的文章，最后建立庙宇。[1] 一百多年后的李世民，也因故路过，为表示敬意，他赠予比干"太师"的官位，以及"忠烈"的称号以表彰他非凡的勇气。[2] 这种礼遇死者的做法原本运用在当朝官员过世之后以表示荣宠，但逐渐扩展到久远以前的历史人物，形成一套向古人致敬的规范：赠官、追谥，进而封爵、加号。二十年后，李世民的儿子李治也册封孔子为"太师"，以表敬意。这种"册封"是古代中国王权统治下最正式的纪念措施，它不只是象征性地展现王权对"儒学""忠谏"的重视，而是在国家礼仪中，许多礼仪的执行、步骤和细节都必须有一个可以参照的身份，比如"太师"，才能进行。

　　比干备受尊荣，但这只是统治者个别的行动。由于类似的案例在唐王朝建国之后，持续增加、累积，到了八世纪中叶，李隆基及其官员感到有需要针对全国各地的历史名人及其价值典范，进行有系统的整理。于是，他们在 748 年首度在国家祭典中，正式推出四个类别："忠臣""义士""孝妇"和"烈女"，并指定了四十五人，分别获得这些荣誉。(参见表 5-3)忠、孝、义、烈，乃当时的普世价值，有助于维系政治与社会秩序的稳定，广受汉人社会的认可，但不曾作为国家祭典的项目。就像历史上有许多儒者备受尊敬，却是在文庙成立、发展出"从祀"的制度之后，他们才正式获得"先师"的名号。同样地，过去也有众多履践忠孝节义而扬名的杰出之士，如今在国家祭典中正式出现了明确的范畴，用来定位这些突出的历史人物。[3]

---

[1]　拓跋宏祭比干：《吊殷比干墓文》，《全上古三代秦汉三国六朝文·全后魏文》，卷 7，页 3551。

[2]　李世民祭比干：廖宜方，《试论唐代前期官方对人物祠祀的政策》，页 147。

[3]　廖宜方，《试论唐代前期官方对人物祠祀的政策》，页 163—167。

表 5-3　国家祭典中的历史人物

	都城	各地
帝王	天皇、地皇、人皇、有巢、燧人、伏羲、神农、黄帝、少昊、颛顼、帝喾、尧、舜	禹、汤、周文王、周武王、秦始皇、汉高祖、汉光武帝、魏武帝、晋武帝、魏道武帝、周文帝、隋文帝(含两位功臣配祀)
文儒	孔子	各县建庙(包含七十二弟子与历代经师二十二人配祀)
武人	太公	各州建庙
忠臣		殷相傅说、殷太师箕子、宋公微子、殷少师比干、齐相管夷吾、齐相晏平仲、晋卿羊舌叔向、鲁卿季孙行父、郑卿东里子产、燕上将军乐毅、赵卿蔺相如、楚三闾大夫屈原、汉大将军霍光、汉太傅萧望之、汉丞相邴吉、蜀丞相诸葛亮
义士		吴太伯、伯夷、叔齐、吴延陵季札、魏将段干木、齐高士鲁仲连、楚大夫申包胥、汉将军纪信
孝妇		周太王妃太姜、周王季妃太任、周文王妃太姒、鲁大夫妻敬姜、邹孟轲母、陈宣孝妇、曹世叔妻大家
烈女		周宣王齐姜、卫太子恭姜、楚庄樊姬、楚昭王女、宋公伯姬、梁宣高行、齐杞梁妻、赵将赵括母、汉成帝班婕妤、汉元帝冯昭仪、汉太傅王陵母、汉御史大夫张汤母、汉河南尹严延年母、汉淳于缇萦

　　在李隆基的统治下,不只历代帝王的祭典和文庙稳定发展,武庙和忠孝义烈的人物典范也正式纳入国家典礼。这些卓异的历史人物,见证了君主、文武之道与忠孝节义的价值与伦理。于是,从最高权力的统治者,到被统治阶层的基层士民和男男女女等具有代表性的历史人物,都在国家礼仪中占有一席之地,展现了政治与文化的理想秩序。在帝制中国的历史上,这是汉人社会的基本价值在国家典礼上最早的完整呈现。崇拜的活动也推动了意识形态的教化,有助

于维系国家与社会的稳定，此后，官民双方借由祀典和祠庙的形态来记忆历史、勉励士民的做法逐渐发展。在官方与民间的推动下，出现各种类型的祭典和祠庙，比如"名宦祠""昭忠祠"等，彰显对国家、社会与文化有贡献的各种人物。

历代帝王的三个层次

李隆基在 747 年、748 年致意的历代帝王，不只在国家祭典的体系中位居孔子、太公和四十五位忠义孝烈的典范之上，这二十五人也比历史上其他的君主更崇高。从 657 年到 748 年这近百年正式向历代帝王致意的国家典礼形成之前，华夏文明已经历了漫长的历史，真实的与传说的帝王不计其数。这些大大小小的君主，对被统治的广大士民而言，充满了神秘、威能与魅力。人们对帝王的迷信与敬畏，在传说与遗迹的土壤上酝酿，在各地催生了祭祀的活动，演变成祠庙的信仰。所以，李隆基不是唐帝国中唯一向帝王致意者，在高端的国家大典之外，各地士民也有自己的崇拜。[①]

各地士民祠祀信仰的对象多元而复杂，包罗万象，涵盖了自然山川、木石物怪到古今各种身份、地位与阶层的人物，帝王只占其中一小部分；只要能够祸福于人，或引起人的追思怀念，就被视为有灵的鬼神受到祭祀。官方对基层士民的信仰活动，抱持尊重的态度，除非危及政权安定和社会风气，大多避免过度的干涉。从八世纪起，李隆基在国家庆典上发布福利措施时，往往要求各地官民向"名山大川、圣帝明王与忠臣烈士"致祭。这些要求并不指明特定的对象，其实是容许、开放各地官民向本地崇拜的自然山川和历史人物献祭——这在当时是一项恩惠，国家并不乐见祠祀信仰过于盛大，以免有碍或有害政治、经济与社会秩序。特别因为各地祠祀信仰的对象非常复杂，

----

① 廖宜方，《试论唐代前期官方对人物祠祀的政策》，页 155—163。

往往包含了木石、妖怪和厉鬼等贴近基层民众宗教心理的鬼神。对治理国家的统治阶层来说,这些不入流的鬼神无益人心。官方支持的是比较高尚的"名山大川、圣帝明王、忠臣烈士":名山大川和地方的自然环境关系密切,忠孝义烈是汉人社会的基本价值,圣帝明王则是统治权力的代表,对这三者的崇拜都有助于社会秩序的安定。

因此,在唐王朝的统治下,获得信仰与祭祀的帝王组成的金字塔,其实分成三个层次。在金字塔的顶端,是由皇帝致祭、作为国家典礼之一环的历代帝王祭祀。这个祭典的对象虽然从七位增加到二十五位,其实仍只占历代帝王中极小的一部分。最下层则是基层民众的信仰对象,这一层的帝王来源非常多元而复杂,有时会遭到官方的取缔和禁绝。在上下层之间,存在着一个过渡与流动的中间地带,即地方士民崇拜的君主,但获得官方认可为"圣帝明王"。(参见表5-4)

表5-4　三个层次的帝王

被尊崇的帝王	天皇、地皇、人皇、有巢、燧人、伏羲、神农、黄帝、少昊、颛顼、帝喾、尧、舜、禹、汤、周文王、周武王、秦始皇、汉高祖、汉光武帝、魏武帝、晋武帝、魏道武帝、周文帝、隋文帝
可接受的帝王	汉惠帝、汉文帝、东汉明帝、曹魏明帝、晋文帝、北魏孝文帝等
被禁止的帝王	周赧王、越王勾践、吴王夫差、吴夫概王、西楚霸王项羽、南越王赵佗、吴桓王孙策等

被尊崇的帝王

最上一层、位居国家祭典的君王,受到当朝皇帝最高的敬意。在以皇帝为枢纽且至高无上的政治体制中,让皇帝致敬并非普通之事。而且皇帝的身份如此关键,任何人事物与他产生联系时,都必须适当界定双方的关系。祭祀并非理所当然的活动,关键在于由谁举行,以什么身份。尤其在国家典礼中,必须以最得体的方式,展现皇帝与其致意对象的地位:既不能轻忽被祭祀的鬼神,也不能有损皇帝的尊严。如何妥善拿捏两者之间的分寸，成为礼仪官员最费心思之处。

从祭文中皇帝如何称呼自己，可以看出双方的角色与位阶。李隆基对历代帝王的自称，不是"天子"——这个自称运用在自然天地的神明；而是"皇帝"——这个自称运用在生前为人的死者，包括他的祖先。当李隆基向孔子、太公致敬行礼时，也自称"皇帝"。但李隆基对祖先身居子孙之位，所以会在"皇帝"的称号之前，添加"子、孝子、孝孙、孝曾孙"；而且为了表示谦卑，他在皇帝称号之后，加上"臣"和自己的名字。这是"称臣"和"称名"，两者都是贬抑自我的表现。[①] 以开国之君李渊为例，李隆基在祭文中自称"孝曾孙开元神武皇帝臣隆基"。但对孔子，他就只需要简单写下"开元神武皇帝"。孔子虽然伟大，但孔子的爵号仍由李隆基册封，双方依然是君臣的关系。

李隆基与历代帝王的关系，比对待孔子高一阶。他在祭文中自称"子开元神武皇帝隆基"。[②] 他与历代帝王的地位平等，当然无须称臣，但加上自己的名字以示尊重。值得留意的是他自称"子"。历代帝王当然不是他血缘上的祖先，不过李隆基大概认为过去的帝王堪称他的"政治祖先"，[③] 统治权力的传承如同祖先与子孙的连结，所以他称"子"以示继承。此外，还有更慎重的。上古帝王中，对以伏羲为首、特别神圣的五位上古君主（包括神农、黄帝、少昊和颛顼），李隆基在顺应天时、迎接四季变换的仪式上多表示一层敬意，臣服于他们："子开元神武皇帝臣隆基"。[④]

李隆基向伏羲等五位帝王称臣的做法，在他的曾孙辈执政时被修正。当时有儒者官员主张，这五位帝王只是人君，并非天神。他们和唐王朝的关系只是政权先后的顺序，并非上对下，所以他建议皇帝

① 尾形勇著，张鹤泉译，《中国古代的"家"与国家》，页100—104。
② 《通典》，卷116，页2969。
③ "政治祖先"的概念：Howard J. Wechsler, *Offerings of Jade and Silk*, pp. 123-141.
④ 李隆基五郊迎气的自称：《唐会要》，卷10，页209。

在祭天的祝文中无须对这五位帝王表示卑下。李隆基的曾孙同意这一点，他表示自己的道德和功业虽然比不上这些圣君，但彼此的身份都是统治天下的君主，地位和威严则是相等。借由厘清双方的身份和地位，也确立了唐王朝和历代王朝属于先后而平等的关系。从"称臣"到"不称臣"的转变，透露出唐王朝的皇帝很重视自己的身份、地位和尊严：上古先王的声誉固然无可挑剔，但后世当权的帝王并不需要因此自我矮化。李隆基的曾孙"不称臣"的决定发生在安禄山起兵叛乱后三十年，唐王朝的国势与中央的权力已大不如前。正是在王权陷入危机的年代，统治者感到更有需要去强调自己的地位与威权。

这也是汉唐时代转变的一道痕迹。皇帝作为至高的权力者，所有人都应该称臣、服从于他，但仍然有一些例外。这些例外，意味着王权并非无所不包，仍有所限制。这些限制不一定有实质的约束力，但是能够发生作用。八百多年前王莽夺权时，表面上遵守了"不臣二王之后"的古典规范：让出皇位的汉朝皇帝不需要向王莽称臣。这是礼遇前朝皇室的措施，尊重过去王朝统治的功劳。但历经数百年的发展，唐王朝皇帝的地位和威权进一步提升，就像独一无二的"天"，[1]不只是不臣于他的对象减少了，他自己也不再向上古先王称臣。

可接受的帝王

国家典礼代表着王权最正式的表态，被尊崇的帝王享有最高的礼遇。国家祀典之外，各地官民也有自己崇拜的帝王。这些帝王之所以被崇拜，主要因其地缘关系、传说或遗迹。比如南阳是东汉开国之君刘秀的故乡，当地官民以之为荣，在 731 年、734 年先后为他修庙、立碑等。[2] 拓跋宏在迁都洛阳之前，曾经在平城兴建"明堂"——古代中国最富有王权意义的建筑物。734 年，当地官民就在这个两

---

① 唐代帝王尊严的"超越性"：金子修一，《中国古代皇帝祭祀的研究》，页 82。
② 刘秀的碑：施蛰存，《水经注碑录》（天津：天津古籍出版社，1987），页 438。

百多年前的遗址上建立祠庙来纪念他。[1]

基层士民其实非常热衷于统治者的传说。官方编纂的地方史志中，特别创立两个栏目："陵墓"和"帝王游幸"，供人记述历代帝王光临当地的故事和遗迹。七世纪以来，李隆基的父祖辈经常离开都城，在华北的土地上活动，尤其长安和洛阳的近郊，以及这两个城市之间的道路。他们"游幸"各地的一举一动，往往受到当地官民的瞩目。各项活动之一是皇帝在旅行途中向各地的名山大川、圣帝明王与忠臣烈士的祠庙或陵墓献祭。接受致意的历代君主，至少有隋文帝、汉惠帝、汉文帝、魏太祖、商朝的汤王、东汉光武帝与明帝、曹魏明帝、晋文帝、武帝和北魏孝文帝等人。[2] 国家最高的统治者向地方士民景仰的山川与伟人致意，往往同时增强了人民对统治者与家乡两者的认同。这种以"统治者的敬意"为荣、借此提升地方声望的心态，即便在中国脱离帝制之后，仍未消失。

以上所举，就是位居上、下层之间的"圣帝明王"，他们不像高居国家祀典的帝王那么伟大、获得隆重的纪念，但至少得到各地官方的认可。不是所有的君主都能享有这个待遇，因为地方民众的祠祀信仰是统治阶层最警惕的对象。七世纪末，李隆基的祖母武则天曾派遣官员视察江南。这位对祠祀信仰素无好感的官员，据说焚毁了当地一千七百余所的祠庙，只有四个历史伟人的祠庙获准保留：禹、吴太伯、季札与伍子胥。[3] 其中前两人是王者：会稽是大禹的传说所系之地，吴太伯则是周王朝的先祖之一，有着不恋栈权位的美谈。由于他们的成就和美德具有正面的教育意义，其祠庙得以留存，列入"可接受的帝王"之林。每年春秋，当地市场的同业公会准备酒食向地方的始祖与守护之神太伯祈福。庙宇内外的墙壁上，图绘了各个公会

---

① 拓跋宏的碑：《册府元龟（校订本）》，卷 174，页 1938。
② 廖宜方，《试论唐代前期官方对人物祠祀的政策》，页 149—155。
③ 《隋唐嘉话》，页 40；黄永年，《说狄仁杰的奏毁淫祠》，《唐史论丛》6（1995）：58—67。

敬献给神明的骏马、彩轿和美女。

被禁止的帝王

如今并不清楚被禁毁的一千七百余所祠庙究竟供奉哪些鬼神，能够确认身份者只有以下九位：周赧王、越王勾践、吴王夫差、吴夫概王、楚国的春申君、西楚霸王项羽、南越王赵佗、汉朝马援和吴桓王孙策。除了春申君和马援，其余七人都是帝王。春秋时代的吴、越两国离唐王朝有千年之久，三国时代的孙策也有四百年以上。他们的传说与遗迹始终在江南流传。其实，这些历史人物的评价和名声都不差，虽然不免有缺点或失政，但并非暴君之流。不过，历史人物生前的善恶好坏，与其死后的祠庙对乡里社会的正负影响，原本就是两回事。许多祠庙之所以被认为有害于人，在于主事的巫祝假借鬼神，要挟地方官民供献酒食，影响民生，引起地方官员的猜忌。

被尊崇、认可或禁止，指的是官方的立场。对地方士民来说，这些君王和其他的鬼神一样，都是信仰的对象。地方士民的信仰和国家祭典的对象有共同的基本范畴：自然山川、历代君主、文庙武庙和忠臣烈士。在国家典礼上，帝王的位阶远高于文庙的孔子和武庙的太公，以及其他四十五位忠臣义士、孝妇烈女。这是因为国家典礼具有浓厚的象征性，必须与现实的政治秩序保持一致。但地方祠祀则以民众的信仰为依归，只有灵验或能够赐福与消灾的鬼神，才能赢得士民的信仰。各地最受欢迎与崇拜的祠庙，并不必然是帝王。

如今并不清楚，这些帝王究竟为何被崇拜。他们绝大多数和江南有某种地缘关系，原本多为当地的统治者。不过，如果只着眼于他们的帝王身份，可能会忽略他们被祭祀的其他原因。比如上述九人至少有四位不得善终：夫差亡国自杀，项羽兵败自刎，春申君和孙策都是被对手或仇家的刺客伏击而死。对古人来说，这些死亡都是不正常的方式，死者的亡灵因此转化成凶恶的"厉鬼"。[①] 如果没有被安抚，厉鬼的强大威能将会带来可怕的灾害。这些人被崇拜的原因或许不只是身份和地位，他们不见得是被怀念或尊敬，而是令人畏惧。

中国历史上有非常多的君主，他们遗留下许多痕迹，比如王陵、祠庙和传说，这些物质与非物质的遗产，引发民众的信仰，遍布国土各地。以此视野来看，从李治到李隆基，官方在国家典礼上向历代帝王献祭，并非孤立的活动，而是呼应着基层社会的脉动，皇帝与臣民有共通的文化：崇拜历史上的统治者。不过，各地士民祭祀的对象都是单一的帝王，各自不同，比如甲地祭祀尧，乙地纪念汉高祖。但皇帝致意的对象则有一份名单，被视为伟大的君主都被囊括在内。华夏漫长的历史，也具体而微地表现在这项典礼中。国家祭典的稳定度相当高，一旦定为制度，政府官僚会忠实执行礼仪，但民间信仰的对象则遭遇许多变数。民间信仰有兴衰，如果被祭祀的鬼神不能保佑地方的幸福与安宁，不论他生前的身份为何，都将流失信众。反之，则能日渐兴旺，发展成更大规模的庙宇。

六、结　语

748 年，李隆基为三代以来的十一个王朝、十二位帝王，分别指定了地点，要求每年春秋两季举行祭典，纪念这些王权。这项祭典及其致敬的对象与地点，虽然有过去的渊源，但也有新意。这些纪念地被称为"肇迹之地"，意思是各王朝的开国之君在建国过程中的关键之地。依照华夏传统的观念，这些王朝都是以"革命"开创国家的格局——除了最早的夏以外，其他都以武力推翻前一个王朝，或从混乱的局势中击败其他对手。在这过程中，军事集团的发源地、根据地或

---

① 林素娟，《先秦至汉代礼俗中有关厉鬼的观念及其因应之道》，页 59—93。

起兵之地，在建国成功之后，其人其地往往被赐予特殊的待遇，编入建国史话。唐王朝的太原，就是李隆基及其祖父李治感念不已的国家圣地。如果没有这一份经验，李隆基未必能推出他的新规划。

在十世纪以后的中国，辽、金、元、清各有其民族的发祥地，宋与明都没有特别指定建国之地。但在帝制结束后的二十世纪，号称"革命"、以武力推翻清朝的中华民国，反倒指定了自己的建国之地——这个地点因"国庆日"的指定而连带立下。1912 年中华民国成立半年之后，新政府讨论到国家纪念日的订定。当时各种意见纷呈：有主张 1 月 1 日（孙中山于南京就任临时大总统）、2 月 12 日（南北和议）、3 月 10 日（北京的共和政府成立）、4 月 27 日（广州黄花岗起义）、10 月 10 日（辛亥革命、武昌起义）等。其实，国家的纪念日并不限定一个，这些日期也不冲突，不过意义最重大深长的"国庆日"（建国之日）只能有一个。选择哪一个日期，也连带决定了哪一个事件和地点，在建国史话中居于核心的地位。在民国刚成立的一年，各个政治势力彼此较劲，暗潮汹涌。纪念哪一个日子及其事件，牵动各个政治党派与人物的正当性、利益与地缘的情感。最后，临时参议院表决的结果是 10 月 10 日，而非另一个有力的竞争者：4 月 27 日。于是，武昌成为中华民国的建国之地，而非广州的黄花岗。在当时复杂的政治情势下，这个日期和地点并非同盟会（国民党）势力的议员最支持的对象，但从此成为二十世纪共和国的国家制度与政治文化的一环。[1] 二十世纪的中国进入了国民国家的阶段，纪念活动以动员、触及广大国民为目标。辛亥革命、双十国庆当天的庆祝典礼在首都与全国各地同步举行，让所有的参与者一起沐浴在共同体的想像中。武昌虽然是革命成功、建国的起点，但其他地方举行的纪念典礼比这里更盛大。

---

[1] 国庆日的争议与形成：小野寺史郎著，周俊宇译，《国旗·国歌·国庆：近代中国的国族主义与国家象征》（北京：社会科学文献出版社，2014），页 75—90。

二十世纪的中国，除了国家之外，其他两种类型的共同体也是积极建设的目标：政党和军队。这两种共同体也需要有自己的纪念日和纪念地。中国共产党于 1921 年在上海成立，直到 1941 年才将 7 月 1 日正式确立为"建党"的纪念日。"建军"纪念日的成立比建党更早，在 1933 年已将 8 月 1 日确立为中国工农红军的纪念日——这一天其实是纪念 1927 年由中国共产党发动的南昌起义。共产党的对手国民党，当然另有不同的纪念日与纪念地：建党是 1894 年 11 月 24 日在夏威夷，建军则是 1924 年 6 月 16 日在广州黄埔。其实，这些纪念日的背后都有一连串复杂的历史；尽管真正的历史牵涉到众多的人物、事件、时间和地点，难以切割，但在"记忆政治"（politics of memory）的操作下，最后只能挑出单一的纪念日和纪念之地，作为代表。

许多纪念日的背后，往往有一个纪念之地。1961 年，中华人民共和国公布了"第一批全国重点文物保护单位"，在第一项三十三处的"革命遗址及革命纪念建筑物"，正包括了以上武昌起义、黄花岗烈士、中国共产党建党和南昌起义的地点。这份经过选择、化约与诠释的"纪念地"名单，也成为中国共产党版本的近现代革命史。八世纪的李隆基也指定了十二个地点，举行祭祀，纪念历史上十一个王朝及其开国之君。李隆基的这份名单，同样反映了他对王权历史的认知。哪些帝王在或不在名单上，什么地点适合举行祭典，背后都有特定的政治考量。此正如同中国近现代革命历史的纪念日和纪念地都经过冲突和选择，是被官方刻意纳入或排除的结果。

第六章　赵匡胤的战争、祭典与国土

一、十世纪的王陵

955 年,二十八岁的赵匡胤(927—976,宋太祖)进入关中,来到长安西方的土地。他接受"后周"(951—960)第二任皇帝的命令,勘察前线战场的情势。[①] 这一年离唐王朝爆发安禄山叛乱的事件刚好两百年。唐王朝经历这场巨变,持续变革,重新调整帝国的构造,努力维持了一个半世纪,直到 907 年才灭亡。在王朝灭亡的前后,都城长安已经在各个军事集团的争夺战中饱受摧残,人口外逃,城市荒芜。因此,赵匡胤没能目睹唐帝国辉煌一时的城阙、宫殿与市井,满目尽是历经劫难的破败景观。

陷入荒废的不只是都城,城外的王陵也遭到武装集团的劫掠。唐王朝结束后,十八个分布在长安北方的帝陵,大多被地方军阀温韬的盗掘,以夺取墓中的财宝。财富令人向往,但盗墓的恶行却是人神共愤,这个大盗令人嫉妒又鄙视。当温韬向"后唐"(923—936)王朝投降时,执政大臣强烈主张"此劫陵贼,罪不可赦"。[②] 但他拿出许多金银财宝贿赂皇室——这些宝物大概来自陵墓的随葬品,结果暂时

---

① 《资治通鉴》,卷 292,页 9529。
② 《新五代史》,卷 40,页 441。

逃过被处死的命运。

李唐王陵在王权告终后被掘，引发后来一连串的事件；经过了半世纪，才在赵匡胤手中重新修复。此时二十八岁的赵匡胤，前一年才刚被提拔为后周政权核心部队的副指挥官，[①]恐怕还没能预期自己有朝一日将高居人君之位。但 955 年这趟关中之行，可能也让他留下了印象。这些印象和记忆，让他在 960 年成为宋国的开国之君后，得以站在帝王的高度和视野，思考历代帝王及其陵墓，和他的王权有何关联。这一章的故事，就是述说接下来二十余年的过程。

从唐王朝结束到赵匡胤创建宋国之间的近五十年，中国北方先后经历了五个王朝。可想而知，这五个王朝立国时间都很短暂，最长十余年。五个王朝中（梁、唐、晋、汉、周）有三个政权的国号和过去最强盛的统一王朝相同。为了避免误解，后人常称之为"后唐""后汉"和"后周"。这三个王朝的国号都和开国之君的姓氏有关。后唐的领导者其实出身北亚游牧民族突厥人的部族，他的祖先因协助唐王朝平定内乱，被赐予皇家的姓氏，因此他们自认是唐王朝真正的继承人。后汉的统治者姓刘，宣称祖先是千年以前之汉王朝的刘邦，但他其实也是突厥人的一支。对他们来说，汉、唐都是历史上伟大的王权；延续"唐"或恢复"汉"的国号，都让自己的政权更体面光采，具有历史深厚的质感。在十世纪的中国，"汉"和"唐"已经成为如此重要的象征符号，让人对伟大的王权心生向往，所以它们都不是当时唯一命名为汉、唐的国家。

汉、唐的子孙与祖陵

既然想沾汉、唐的光，后唐和后汉的统治者就必须肩负起后代子孙的责任，尽心维护祖先的陵墓。923 年，后唐的领袖李存勖（885—

---

① 《资治通鉴》，卷 291，页 9508。

926)终于击败世仇宿敌，正式建国，从军事性格的组织转换成王朝政府的体制。在彰显统治正当性的制度中，其中之一是建立祭祀皇家祖先的"宗庙"。宗庙不只是皇室祭祖的私人场所，更是象征王权的核心设施。宗庙供奉的对象是开国之君从出的七代祖先。然而李存勖只将自己的父、祖和曾祖三代送进宗庙，更早四代的位置保留给创建唐王朝的李渊和李世民父子，以及结束前的两个皇帝。[①] 这种安排完全违反华夏文明的政治文化，意在宣示李唐与后唐紧密相连，后者的王权承自前者。

只将唐王朝的祖灵供奉在后唐的宗庙里，似乎还不够虔敬。924年，李存勖指派官员视察唐王朝的帝陵。经过一年多的调查，特使回报有三十三处的陵墓应该掩埋、回填和整修，以及重新备置祭祀器物。这个数字超出唐王朝即位皇帝的数目，可想而知涵盖了皇后、太子及其他皇室成员。李存勖除了依照特使的意见下令办理，还要求地方政府将陵墓周遭的二十户平民家庭，指定为"陵户"，负责清洁和维护陵园。但接下来不到两年，李存勖就因政变而死。不过，维修李唐的帝陵，到936年后唐灭亡为止，一直是统治者固定关注之事。负责官员提出许多改善的方案：包括厘清陵园土地的所有权，增设专责的官吏，地方政府出钱雇工修缮等。虽然后唐的统治高层重视这件事，但政权本身并不安定，不断发生政争与叛变。因此后来就有人指出，由于各种变故，迫于情势，这些政令未必确切执行、贯彻到底。

后唐一朝持续关注李唐帝陵、派员调查，让立都洛阳的中央政府，对远方的关中土地有了更多的认识。其中有一项惊人的发现：不只帝陵遭到军阀和盗贼的挖掘，连平民百姓也侵占陵园的土地，利用起伏的地势，构筑烧制陶瓷的窑灶。为什么散布着帝陵及其陪葬墓

---

① 后唐礼敬唐王朝的帝王，纳入宗庙祭祀，修复其陵墓和画像，以及后晋认可后唐承续唐王朝：《册府元龟（校订本）》，卷174，页1939；《旧五代史新辑会证》，卷3，页786、806、914。

的这片土地，会出现烧制陶瓷的产业？因为墓葬中除了一部分珍贵的奢侈品，比如华丽的金银器之外，还有大量以黏土施釉烧制而成的陪葬品。这些器物包括日常使用的茶碗等饮食器皿，还有用来展现美好生活与富贵身份的陶俑，比如奴婢、侍女和骏马。以长安为中心的王公贵人对这些器物有庞大的需求，但他们也随着唐王朝一起走入历史。不过，广大社会各阶层对陶瓷制品的需求并未消失，所以这个产业仍然存在，制陶业者甚至侵占陵园土地、开发谋利。930 年，这个消息传回洛阳，官员沉痛指出这种恶行"掘断冈阜，惊动神灵"，其破坏不下盗掘，建议皇帝"此后请严切禁止，奉陵州县凡有封内窑灶，并宜修塞"。① 皇帝同意这项意见，但不到六年，后唐就被内部的叛将以及北方契丹的联军灭国。关中的陶窑则继续发展，在十世纪以后逐渐以青瓷取得盛名。在二十世纪下半叶，正是在盗墓的军贼温韬的驻地，考古学家发掘出关中最重要的陶瓷产业遗址：耀州窑。

后唐统治者如此重视李唐帝陵的作风，可能让当时人留下了正面的观感和印象，进而成为后继君主效法的对象。947 年，在山西太原建立"汉"国（"后汉"，947—950）的刘知远（895—948），其实和李存勖一样，祖先都出身突厥的部族。他也将西汉与东汉的开国皇帝：刘邦和刘秀，送进宗庙，并下令维修两汉在长安与洛阳的"列祖园陵，诸圣祠庙"。刘知远的儿子宣称："我国家肇迹丰沛"——丰沛是西汉开国之君刘邦的故乡；他还提到两汉有"四百年之洪绪，一千载之遗风"；②如今这个伟大的王权重新复兴——所以他的"汉"国并不平凡，王权源远流长，丝毫不逊于李存勖的"唐"国。如果说李唐王陵被掘最早引发的事件是促使后唐采取补救的措施，那么第二项效应就是后汉的模仿，让早就被掘一空、荒芜已久的两汉王陵，再次进入当时政治的地景。

---

① 后唐官员发现制陶业者侵占陵地：《册府元龟（校订本）》，卷 174，页 1939。
② 《册府元龟（校订本）》，卷 174，页 1940。

李存勖的祖父确实接受李唐皇帝赐予汉式的姓名，接受封爵，编入族谱，成为皇室的一员，所以他自认延续李唐的王权，并非毫无根据。但刘知远的姓氏则是他的祖先迁入中国后自己拿来用的。而且，立国三百年的唐王朝灭亡后，仍然回荡在许多人生命的记忆与怀旧的感伤中，所以李存勖的连结，可能获得了正面的效果。至于一千年前的汉王朝，恐怕就只是历史上的记载与传说，未必真能感动人心。

无论如何，刘知远一家，主张自己是刘邦的后裔、汉王朝的继承者，于是下令"天下州府应有两汉诸帝王陵园庙宇，宜令所属长吏检讨，量加修饰。其陵园侧近，禁止刍牧樵采"。两汉帝王陵园的分布比唐陵还多一处：西汉和唐的陵墓坐落在关中的周边，但东汉的王陵邻近洛阳。刘知远让人们对王陵的注意力延伸到比李唐更早的两汉，地点更从关中扩展到洛阳。927 年在洛阳出生的赵匡胤，在他成长的过程，对于重新受到瞩目的王陵，大概不会一无所知。

后周皇帝的遗言与墓葬

955 年，不到三十岁的赵匡胤已经历三次改朝换代：从后唐、后晋、后汉到后周。每当王朝更迭或新皇帝即位，依惯例制定新的年号标记时间。年号是王权的象征，帝王制定新年号时也提供各种恩惠和福利，争取官民的认可拥戴。其中一项展现王者气度的措施，是下令各地官员探访领地内没有子孙祭奠的"圣帝明王、忠臣烈士"之坟墓，施工维修，禁止伐木和农牧开发。这项措施旨在彰显统治者追求文明，有心维护社会秩序：敬重自古以来地位崇高、品德超卓的伟人。954 年更改年号时，皇帝发出的圣旨提到："前代帝王陵庙，及名臣坟墓无后者，所在官吏检校，勿令樵采耕犁。"[①]赵匡胤当时任都城开封

---

① 改元：《册府元龟（校订本）》，卷 174，页 1940；《旧五代史新辑会证》，卷 113，页 3492。后周太祖郭威，《改元显德赦文》（题拟），《全唐文补编》，卷 104，页 1303。

的武官,他大概不会负责这件任务,但应该知道这件事。

赵匡胤身为统治阶层的一员,对于政治地景中的王陵,不可能毫无感知。在 954 年稍晚,当他获知后周第一任皇帝郭威(904—954)的遗言,[①]一定会深思王陵的意义。郭威是赵匡胤军旅生涯的起点,赵匡胤的第一场战争就是追随郭威在 948 年攻打叛军的西征之役。郭威后来向人提起这场战争:我六年前进入关中,亲眼看见唐王朝十八个皇帝的陵墓,规模浩大、耗费许多物资人力,但都被挖掘一空;原因只有一个:墓中埋藏了太多金银财宝。惨被盗掘的王陵,令他感伤王权的衰败。这是繁华无常、转瞬成空的时代,就像郭威是孤儿,出身基层士兵,他何曾料想自己有朝一日竟然成为帝王。唐陵被掘的震撼经验,让郭威决定妥善规划自己的后事——这可说是李唐帝陵被盗的第三个后续效应。赵匡胤也在当时西征的队伍中,他是否和郭威有类似的经验和感受? 如果没有,他在 954 年参与郭威的葬礼,一定会思考:生前拥有莫大权力的帝王,死后是否如同凡人? 如果王陵被掘,不再是夸耀王权的奇观,王陵的意义又在哪里? 这些问题的答案,恐怕也影响了他登基称帝之后,对历代王陵进行的一系列决定。

郭威安排自己后事的做法,为这些问题的答案,提供了一些线索。郭威的遗言除了处分军国大事,对自己的墓葬和祭祀也有一套独特的规划。他交代后人营造陵墓以节俭为原则:营造的人力必须支付工资,不得强征摊派,以免引发怨恨。墓室不必用石块修筑,因为太耗费人力,可以用砖代替,棺木也以瓦制即可;不必兴筑多余的、装饰性的石人、石兽等。陵墓的维护由邻近的平民家庭担任"陵户"负责,不用另派宫女看守;封闭墓门之前,带领陵户的民家过目一遍,见证墓内确实没有财宝。最后,千万不可杀害雇工。郭威叮咛后人

---

① 郭威的遗言与衣冠冢:《旧五代史新辑会证》,卷 113,页 3500;《新五代史》,卷 40,页 442。

的细心安排,恐怕不只基于他西征关中、目睹唐陵被盗的触目经验。出身平民的他生于唐王朝灭亡前三年,在他五十年的人生,经历梁、唐、晋、汉四个王朝的兴灭,多少权倾一时的君主不得善终。他想必也见识不少统治阶层的帝王、权贵和武人为了营造宏伟的墓葬,毫不吝惜物资人力又手段残酷。但在这半个世纪,权力不再如磐石般久远牢固,依赖专横的强制力构筑而成的陵墓,往往在王权衰败后毁于一旦。郭威对强制的权力已经失去了信心。

王者的威灵

除了规划自己死后墓葬的营造和管理,郭威还嘱咐继承人为他另外建立四处衣冠冢:河府、魏府各葬一副剑甲,澶州葬通天冠、绛纱袍,东京葬一副平天冠、衮龙服。郭威出身武人,剑和甲胄是他出征打仗的装备;通天冠、平天冠、绛纱袍、衮龙服都是只有皇帝才能穿戴的冠冕和袍服。郭威要求将他生平穿着的四套衣物,分葬在四个地方:河府、魏府、澶州和东京。(参见图 6-1)一百年后的十一世纪,兼有作家与学者双重性格、趣味与才华的欧阳修(1007—1072),为郭威一生经历的半个世纪撰写史书,其中一个篇章叙述了温韬盗劫唐陵的故事,以及他最后被流放、难逃一死的下场。欧阳修讲完故事后,感叹历代帝王奢侈厚葬,始终无法领悟王权有终的历史现象,并敬佩郭威能够吸取唐陵遭劫的教训,俭朴治丧。但他对郭威另外设置四处衣冠冢的规划,表达难以理解的疑惑。比欧阳修晚一世纪左右的学者程大昌(1123—1195),也注意到郭威这项特殊的安排。他推测这是故布疑阵,企图引诱盗墓者扑空的计策。[①]

其实,郭威下令要求设立衣冠冢的四个地方,都是他人生中最重要的转折点。"河府"指的是河中(位今山西永济)。948 年,郭威率

---

① 程大昌撰,刘尚荣校证,《考古编·续考古编》(北京:中华书局,2008),卷 9,页 147。

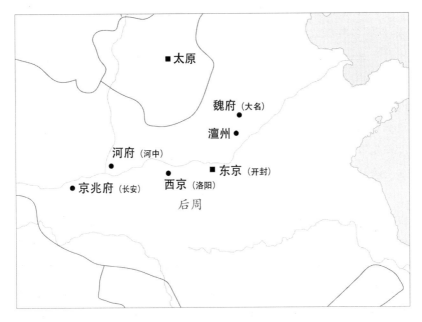

图 6-1　郭威的四处衣冠冢

兵攻打河中和关中的三支叛军。这是他首度以最高军事官员的身份指挥战役,这场战役的成功稳定了后汉的政权,可说是他最重要的军事成就。之后,郭威转赴"魏府"(位今河北大名),应对北方的国防危机。950 年,郭威在魏府军队的支持下,成功击败后汉君主的军队,清除了迈向皇位的障碍。郭威刻意将自己佩戴的武器和盔甲埋葬在这两处,似乎反映了他和这两个地方有密切的军事关系。"澶州"(位今河南濮阳)则是军队发生兵变,拥戴郭威成为后周皇帝的地点,至于"东京"则是王朝的首都开封。郭威在这两个地点埋葬的是自己成为皇帝之后穿戴的冠服。[1]　因此,郭威将自己一生武功与权力所系的四个地方,分别设置象征性的陵墓。

---

[1]　《旧五代史》,卷 110,页 1450—1451、1455—1456。

衣冠冢是埋藏死者生平服饰的墓地。墓地理应安葬死者的遗体,但因各种缘故,比如客死异方或尸骨无存,无法归葬,家属只好用死者生前的衣服代替,举行仪式召唤灵魂来归,完成生命礼仪的流程。因此,衣冠冢是不得已的权宜措施。在郭威生活的时代,战乱频仍,许多死于沙场的军人,未必都能归葬故乡。因此,衣冠冢的办法并不令人陌生。郭威显然不属于这个情形,但他了解衣冠冢的意涵:代表死者,供后人追思、悼念。他设置的四个衣冠冢如同四个代表他本人的墓葬。

如果离郭威死后才一两百年的欧阳修和程大昌,都没有把握能够猜透宋王朝开国前夕的武人心理,那么一千年后的人能够了解多少？如今我们只能和程大昌一样,略作猜测。郭威身为君主,一生事迹往往演变成各种轶事和传说,流传于士民的口耳之间。这四个地方和郭威的关系最深,反映了他权力与军事的成就;有关他击败敌人、统率军队、黄袍加身与登基即位的小故事,想必是这些地方的士民印象最深的记忆。由于衣冠冢具有代表性,宛如纪念碑,难道郭威希望这些衣冠冢成为四地士民追思、致祭的地方？十世纪的中国,纪念一个人最尊敬的方式是为他设祭致意,这是长久发展而成的文化习惯。之前的千百年,许多人物死后受人怀念和祭祀,逐渐发展成祠庙信仰,地方士民祈求英灵的庇佑。郭威习以为常的这个宗教景观,或许让他期待自己死后也将厕身人们信仰的鬼神之中。

郭威担忧自己的墓室被盗、遗体蒙羞,但他相信自己的灵魂长存不灭,而且有强大的威能,因为他警告继承者必须遵守遗言,否则他的"阴灵不相助"。人死成鬼,但幽魂无法长存,只有特殊的死者,灵魂才能发挥强大的威力,影响人世。特殊的死者有两类:一是"贵人",生前的食衣住行舒适优渥,摄取天地万物的精华,所以死后的魂魄特别强大。依照这种观点,富贵人家死后的灵魂比贫贱者更持久。在权力与财富的金字塔顶端,就是帝王;帝王的灵魂比普通人更强大，即便沧海桑田、人世变迁，帝王威灵长存不灭。二是不正常的死亡，尤其战场上横死的将领和士兵。生前残暴的武人，死后也令人恐惧，化为暴虐的厉鬼。在九世纪，有位诗人写诗纪行他在长江的旅途："行到南朝征战地，古来名将尽为神。"[①]此处的南朝指的是三世纪以后中国南方的政权。经过数百年，当年叱咤战场的将军都成为庙里受人祭拜的鬼神。郭威本人兼有帝王和名将双重身份，其灵力一定非常可怕。当这两种特殊的死者相遇，战死的厉鬼对上帝王的威灵，谁能制服谁？927年生于洛阳的赵匡胤，在青少年时可能听过一件事。他还不到十岁，就经历了人生第一次的政权更迭。"后晋"（936—946）取代后唐的第二年，洛阳军官张从宾原本受命讨伐敌人，但倒戈回击，结果在洛阳东方的汜水关与另一支军队大战，最后以张从宾战死告终——这是惨烈的一仗，败军死将万余人的尸身几乎阻断了河水。战胜的将军回报朝廷：汜水关有一座后唐皇帝李存勖修筑的亭子，他在战前曾向李存勖的威灵祈求胜利。如今他想还愿，将这座亭子修筑成祠庙，压制张从宾的妖气。[②] 这就是十世纪的武人对帝王死灵的信仰。这位将军和郭威、赵匡胤的人生都有交集和互动，他们其实共享同一种对王灵的观念。李存勖的祠庙，郭威替自己建立的衣冠冢，还有赵匡胤日后修建的三十八座帝王陵庙，无不寄托了王者强大的灵力。

二、盛世典礼的再现

赵匡胤在955年从关中回到开封之后，几乎每一年都投入战场：第一、二年追随后周皇帝向东南方开拓领土，第四年则准备与北方的

---

①　诗句见刘禹锡著，瞿蜕园校点，《刘禹锡全集·外集》(上海：上海古籍出版社，1999)，卷8，页309。

②　《册府元龟（校订本）》，卷174，页1939。

契丹作战。但皇帝意外病逝，赵匡胤一跃成为掌握军权的大臣与精锐部队的指挥官。在第五年的 960 年，他趁机发动兵变，成功建立"宋"国。[1] 但不服气的将领随即起兵反抗，赵匡胤率兵亲征，展现他指挥作战的气魄与才能，树立王者的威严。[2] 没有战争的和平日子只过了一年，接着又出现新的机运：位在宋国西南的两个独立政权，因为领导者先后去世，内部纷争让赵匡胤有了出兵干预的机会。结果在 963 年，他成功将领土扩展到今湖南一带。

国家祀典的建构

963 年，赵匡胤下令制定国家典礼，向历代帝王致敬。这项礼仪只是他开国三年来推动的众多措施之一。赵匡胤从镇压心怀不满的叛乱者到首度出兵扩充领土的这段期间，还要求文官检讨和举行一系列国家祀典。[3] 国家祀典是王权的崇拜活动，皇帝的职责之一，以及权力展演的舞台。其中最重要者是皇帝的祭天和祭祖：上天的旨意是王权统治的根源，祖先则是血脉的渊源。透过这两个仪式，赵匡胤作为皇帝的权位将获得进一步的认证。但这两件大事在赵匡胤下令筹办历代帝王的祭典时，都尚未举行——因为是关键的仪式，筹备慎重而费时较久。直到当年冬天，他才首度以帝王的身份和地位，向宗庙的祖先致意，并在开封城南的郊外祭祀天地，向上天和祖先宣告自己的成就与感谢。[4]

在南郊祭天与宗庙祭祖之前，赵匡胤已经先驾临孔庙和武庙，向文官、武将的宗师——孔子和太公致意，展现王权对这两种文化价值

---

[1] 《宋史》，卷 1，页 2—8、13—14。

[2] 赵匡胤即位后所遭遇的挑战：柳立言，《从御驾亲征看宋太祖的创业与转型》，田余庆主编，《庆祝邓广铭教授九十华诞论文集》（石家庄：河北教育出版社，1997），页 151—160。

[3] 参定礼仪：曾枣庄、刘琳主编，《全宋文》（上海：上海辞书出版社，2006），卷 2，页 46。

[4] 祭天、祭祖：《续资治通鉴长编》，卷 4，页 100、108。

的支持。① 从七世纪的唐王朝以来,为了激励文武官员的忠诚,依据他们的身份认同,在都城创造出文庙和武庙的崇拜。在唐王朝结束后的十世纪,这个"新发明的传统"已经被认为是国家祀典不可或缺的一部分,随都城而转移,从长安搬到开封。另外,赵匡胤还派遣使者和命令地方官员,修缮恒山和华山的庙宇。② 这也是宣示王权的行动。因为恒山和华山并非单纯的山岳,而是华夏土地的象征。这两座山和泰山、嵩山与衡山,合称"五岳":嵩山位于国土的中心,距离开封最近,其他山岳则分布在四个方向。秦汉之前的古典时代开始出现这样的理念:最高权力的统治者应该将国土延伸到五岳的所在地。对赵匡胤来说,"收集"五岳是王权扩张的同义词。在 963 年以前,宋国以及之前五个立国华北的政权,领土中只有四岳,位在湖南的衡山不在管辖内。当赵匡胤得知成功征服了湖南,一个月后即派遣文官祭祀衡山。③ 从此,五岳都在宋国的版图中,不再少了南方的一角,赵匡胤也在统一天下的路上斩获更高的声望。

就在同一年,赵匡胤和他的文官进一步追加了历代帝王的祭典,向喾、尧、舜、禹、汤、周朝的文王和武王、汉朝的刘邦和刘秀、唐朝李世民等十位君主致敬。④ 祭拜天地、祖先、文庙、武庙和五岳,都是国家典礼中公认最优先的传统项目,但历代帝王的祭典稍有不同,比较后起。这项典礼在七世纪才正式纳入国家祀典,刚开始时只向七位帝王致意。八世纪的皇帝李隆基先增加一位,然后又重新规划,扩充到二十五位。但随后爆发的安禄山叛乱让他蒙羞,他的各项施政也失去信誉,大多被后来的皇帝取消。而且,唐帝国从此面临内忧外患,朝野君臣更关切军事与财政的实际议题,不再像李隆基和他的祖

---

① 文庙、武庙:同上,卷 3,页 68、72。
② 恒山、华山:同上,卷 2,页 49、53。
③ 南岳、武庙:同上,卷 4,页 88、92。
④ 祭祀先代帝王:同上,卷 4,页 95。

母武则天那样,企图借由各种典礼和仪式,激发臣民的拥戴。所以祭祀历代帝王的典礼,在唐王朝的后半期不再受重视,没有重新恢复的迹象。

历代帝王的祭典

因此,赵匡胤 963 年推出的祭典,其实恢复了被忽略近两百年的典礼,而不只是过去五十年而已。赵匡胤也并非向李隆基开列的二十五位帝王致意,而是更早之前、只有八个人的版本。[①] 这个版本记载在《大唐开元礼》。这部典籍完成于李隆基的统治最安定繁荣的时代,完整记载着唐王朝的各项礼仪,在纸上展现了王权的礼仪秩序,成为盛世的象征。当唐帝国日趋衰落,人们一直从这部书去想像过去那个美好的旧时代。赵匡胤的官员就是以这部书的八人名单为基础,另外新增东汉的刘秀与唐朝的李世民,将过去的历史记载付诸实践,重新展演庄严的国家典礼,企图再现王权的光采。在有些人眼中,新生的宋国向盛世的典范又更接近了一步。

这一章接下来的篇幅,主要叙述赵匡胤如何发动军事征讨、扩充国土,同时设法建构完备的国家典礼。这两件事是皇帝最重要的事业,一文一武看似没有关联,但其实彼此交错、互相牵连。原因在祭祀的地点。皇帝祭拜天地、祖先、文庙和武庙的典礼,都在都城开封举行。皇帝不轻易离开都城,这些地点也都在赵匡胤可及的范围内。但五岳不只在都城之外,而且分布在国土四方的最远处——只能派遣使节前往,有些甚至坐落在宋国的边境。

不只是五岳的地点涉及领土,其实历代帝王的祭典也是。赵匡胤在 963 年致敬的十位君主,致意地点大多位在陕西和河南的国土。但三年后,他更加关注纪念历代帝王的活动:决定增加致敬的对象,

① 雷闻,《郊庙之外:隋唐国家祭祀与宗教》,页 80—84;廖宜方,《中国中古先代帝王祭祀的形成、演变与意涵》,页 507—568。

而且改在帝王的墓地举行。如此一来，不但数量更多，而且地点更分散，有些根本不在宋国的领土内。面对复杂纷歧的状况，赵匡胤和官员如何规划这项活动，让它呈现国家典礼的严整面貌？他们如何采用军事或外交手段，处理五岳及其他名山、大川，以及历代王陵的地点，位在国境之外的难题？

战败者的命运

赵匡胤的军队在攻下湖南后，休养生息过了一年，接着又出现新的目标。这次宋国的兵锋西指位在四川的蜀国。远征军分为两支，一支从新取得的湖南沿长江向上游推进，另一支从陕西的西侧进攻——十年前，赵匡胤就是到这里视察战事。这场攻打四川的战争费时两个月，在965年以宋国取胜告终。蜀国的第二代君主投降，请求保全父祖先人的坟庙。他得到赵匡胤的承诺："先代坟茔无得焚毁，复守冢户，官岁给粟帛充时享。"①赵匡胤并非不能明白蜀主的心愿：他去年才完成改葬父亲的大事。赵匡胤的父亲也是统率军队的将领，在儿子称帝前去世。如今赵匡胤贵为一国之君，父亲的成就与评价也随之改观，被认为是"王业"的起点，所以必须改葬，并修建成更巨大、崇高与庄严的皇陵。②

为什么亡国之君，生命有不虞之忧，仍然在意先人的坟墓？汉人社会本极重视家族父子的连带，子孙有责任守护祖先墓地。在唐王朝统治秩序瓦解的十世纪，各地军阀的势力冲突引发了许多战争。战争崇尚暴力，军队所到之处往往动摇社会秩序、道德与文明的尺度。战胜的骄兵、溃逃的败军和伺机的盗贼，无不觊觎、趁乱打劫统治阶层墓葬中的财宝。在这个年代，坟墓本身沦为政治与军事斗争的牺牲品：竞逐权力的武人动辄以挖人祖坟来牵制、背叛、报复、惩罚

---

① 赵匡胤的承诺：《续资治通鉴长编》，卷6，页152。
② 赵匡胤改葬其父事：同上，卷5，页125。

和羞辱对手。武装集团的领袖生活在丧失权力的恐惧中，统治阶层的墓葬更是被统治者、被剥削者的贪婪与怨恨凝视的对象。唐王朝的失势继之以帝陵被劫的惨况，不只让郭威怵目惊心，更是所有掌权者警惕的教训。蜀国先君的坟墓虽然获得赵匡胤首肯保存，但在日后漫长的岁月中仍逃不过被盗的命运。这座被称为"和陵"的墓葬，到千年后的 1970 年代重新出土，经过考古挖掘，被中华人民共和国指定为"全国重点文物保护单位"之一。[①]

赵匡胤又为何同意保全蜀王的祖坟？赵匡胤对这个措施并不陌生。七年前，他追随后周皇帝攻陷敌国在长江北侧的土地，当地还坐落着该国以往君主和大臣的坟墓。后周皇帝指派民家守护墓地，并要求地方官员视察。[②] 人们歌颂这种尊重敌国故主陵墓的德政，但这其实也是后周皇帝的政治姿态，标榜自己异于其他唯利是图或心存报复的胜利者，展现贤明之君的非凡气度，淡化了军事杀戮带来的伤害。赵匡胤在征蜀的军队出发前，特别告诫将士，不准"开发邱坟"等扰民措施，违禁者将处以军法。他在攻下蜀国之后的十年间又征服另外两个国家，同样下令保护亡国君主的祖坟，希望借由柔性的措施，降低江南士民对这个华北大国挥军入侵的反感。

"礼"的意义

即位以来，赵匡胤已先后取得湖南和四川的领土。在十世纪，这些地方原本都不在华北政权统治的范围内，多年来维持着自己的风俗习惯。如何控管新土地的人民，整合进中央的施政，成为赵匡胤和官员最关切的问题。这些问题大多是实务性的，涉及财政、司法和吏治，还有当时关键的议题：武人强势的现象。当武勇的将军开疆拓

---

① "和陵"，亦即后蜀孟知祥的坟墓：成都市文物管理处，《后蜀孟知祥墓与福庆长公主墓志铭》，《文物》1982.3；15—20。

② 《旧五代史》，卷 118，页 1571。

土,能干的官员积极推动行政改革,企图让国家重回过去唐王朝治下稳定运作的政府,赵匡胤手下还有另外一批官员,努力在蒸蒸日上的国势中,寻找自己能够出力扮演的角色。他们的专长不是打仗、处理预算,或抽丝剥茧审问案件,这群官员关心意识形态的建构、维持与宣传。他们深信、也企图说服君臣士民,国家不只是战争机器或官僚行政而已,还有维系文化、价值与规范的职责。

　　在中国古代,融合了文化、价值和规范等多重意涵的字词,就是"礼"。三百年前,本书第四章登场的许敬宗、褚无量和张说,无不秉持"礼"的信念,说服皇帝举行各种祭祀、仪式和庆典,最后催生了李隆基热衷于用"礼"来呈现他所构想的世界秩序。十世纪的政治情势已和当年不同,赵匡胤生当统一王朝衰乱之后,各地武装集团自立崛起。如今宋国的国运正盛,这些坚持礼之价值与意义的官员也趁势向皇帝提议,应当举行国家大典,鼓舞军民士气,凝聚国家认同。虽然后世无法确切指出究竟是哪一位文官向赵匡胤提议制礼、修礼,但他们多半是比较富有知识和学问的"读书人",熟悉历史典故与行政惯例。只有懂得这些事物,才知道如何美化王权,增添它的光采。比如当皇帝需要独特而新颖的年号,如何取名就是一大挑战,稍不留意就会重复过去或他国曾经使用的年号。[①] 赵匡胤吃过这个亏,因此体认到礼仪与文化知识的重要性。

　　许多国家级的祭祀、仪式和庆典,正是赵匡胤和这批文官联手推动而成。按照帝制时代的理念,"制礼"是王者的权力,所以赵匡胤可以按自己的心意决定礼仪的内涵与形式。比如他认为在陵墓致祭比在王都或建国之地更恰当,所以更改了典礼的地点。但另一方面,礼仪的细节与争议极其繁杂,非赵匡胤所能掌握——何况他还必须处理军事、外交和司法、行政等国事。施行礼仪所需的知识,有赖于博

---

① "乾德"年号与前蜀重复:《宋史》,卷 3,页 50。

学的文官提出建言,提醒皇帝如何让国家典礼更完备。因此这是一群文化工程师协力帝王完成的集体事业。

三、历代王陵的维护

征服蜀国之后的四年间,宋国暂时没有向外发动战争。赵匡胤仍积极备战,持续调整军事组织,举行水陆演习,培养战力。虽然一时之间没有出兵的机会,赵匡胤仍不断搜集境内、敌人与中国各地的信息。除了外交官和间谍传回的情报,书籍是另一项重要的信息来源。书籍的种类各式各样,但赵匡胤对历史和地理深感兴趣:他和其他武人一样,喜好战争的历史故事,从中学习用兵之道,以及修养身为武人应有的品格与心性。[①] 地理书不只记载了各地自然与人文的信息,还有地图,让他在策划军事攻防与治理民众时有所参考。

在这几年中某日,赵匡胤浏览关中的地理书,发现书中记载在长安的西南、周王朝的旧都有一座周武王姬发的陵庙——他是历史上第二位以讨伐暴君、"革命"建国著称的帝王。赵匡胤曾在 955 年路经这一带,勘察后周与蜀国的战事。当时战况紧急,他恐怕没有余暇拜访,如今则产生了好奇。他要求地方官员探访、回报,结果是陵墓荒芜,庙宇无人祭奠。[②] 这丝毫不令人意外。过去千年的汉、唐帝陵尚且被盗,子孙不知所终,更何况两千年前的周王朝?相形之下,过去半世纪、华北的五个政权立国虽短、兴灭不常,但大多数仍有后人岁时祭奠故王先君。赵匡胤不禁为历史的沧桑感到哀伤:历代有不少帝王成就卓越,但如今陵墓颓圮,埋没在荒烟蔓草间,无人闻问。他向随侍的文官抒发心中这番感想,决定全面调查、整修国土之内历

---

① 赵匡胤读书:张元,《略谈五代宋初君臣关于读书的记载》,刘翠溶主编,《中国历史的再思考——许倬云院士八十五岁祝寿论文集》(台北:联经出版公司,2015),页 250。

② 赵匡胤询问陵墓:卢多逊,《大宋新修周武王庙碑铭并序》,《全宋文》,卷 56,页 329。

代帝王的陵墓。这件事发生在 966 年 11 月底之前。

不像后汉、后唐的统治者凭着姓氏夤缘攀附汉、唐王朝，赵匡胤无法自居为伟大王者的后裔。赵匡胤的国号与姓名无关，而是来自他的驻扎地"宋州"（位今河南商丘）——这个地名源自帝制之前、封建时代的"宋"国。那个时代还有一个"赵"国，但和宋国一样，都只是周王朝底下的封建诸侯。虽然四世纪的华北有另外两个"赵"国，五世纪的江南有另一个"宋"国，但历史上所有这些"赵"和"宋"，都不是统一而强大的王朝。赵匡胤自己就是赵姓的第一个皇帝。如果赵匡胤有伟大的祖先可以攀附，他可能会模仿李存勗和刘知远的做法，自诩为某个帝王的子孙，维护祖先的陵墓。或许因为没有，赵匡胤下令修复王陵，并不限定个别的一家一姓，而将范围扩大到整个历史上各个王朝，形成一个涵盖广大的计划，规模远远超过了后汉、后唐。这是他不同于前例的第一项创举。

这个决定也和八世纪以来皇帝颁布年号时下令修护历史人物冢墓的惯例不同。在 948 年、954 年，[①]赵匡胤身为地方武官，接受中央指令，修复"圣帝明王、忠臣烈士"的坟墓。这项行之有年的措施并不特别突出帝王的身份和地位，而是将帝王与臣民并列；隐然暗示忠臣、烈士并不逊于圣帝明王，同样都是值得纪念的不凡人物。赵匡胤当上皇帝之后的 961 年，也维持这项惯例。[②] 但 966 年的命令，则是特别针对帝王，希望遏止王陵衰败的情势，重新恢复王者应有的尊严与光荣。

赵匡胤的决定也异于 963 年的措施。当时的文官依据典章制度，复原了两百年前唐王朝的国家礼仪，向历史上的十大帝王致意。这十个人都是开国之君，代表了整个王朝。祭祀的地点大多选在王

① 赵匡胤在 954 年接到中央下令维护王陵的命令：后周太祖郭威，《改元显德赦文》（题拟），《全唐文补编》，卷 104，页 1303。

② 《续资治通鉴》，卷 2，页 43。

朝的象征地:都城。这些王朝的故都固然有很高的名声,具有代表性,但对赵匡胤来说,帝王的威灵所系之地在王陵。于是,他的意志推翻了文官的规划与过去唐王朝的传统,发展成宋王朝祭祀历代帝王的主要典礼。

963 年的规定被取代,历代帝王祭典的发展轨迹为之一变。维护王陵、遣使致敬并非创举,本是政治制度与传统的一部分,但竟然取代了原来在王都或建国之地的隆重祭典,被提升为高端的国家大典,乃是一大变革。从五世纪北魏的拓跋宏到七世纪隋唐的杨广和李世民,都已经注意到历代王陵荒废的景象,从而要求官员着手维护。如今,十世纪的赵匡胤有不同的想法,决定整合之前的两种做法,将祭祀历代帝王的国家典礼改在王陵举行,如此一来,过去那些象征王权的代表性地点,比如王都或建国之地,从此丧失了官方典礼带来的光荣。

赵匡胤的本意或许只是心有所感,想对历代帝王表示敬意,但他无法预见此事开展后卷入众多的人事物,牵涉从中央到地方诸多环节,逐渐衍生成规模浩大的行政、土木与文化工程。966 年访察和修复历代王陵的命令,后续还有多项进一步的措施,直到 976 年赵匡胤去世,前后长达十年的过程中,伴随诸多事件,历经皇帝与官员、中央与地方往复商议。这项典礼逐渐超越过去的传统,创造出新的崇拜。

历代王陵的名单

赵匡胤一时感怀,下达了访察和修复王陵的命令。他以帝王的大气口吻宣布:"封内有陵寝者,尔其条奏之,予当精葺之。"[①]实际上,他并不清楚历史上究竟有多少帝王,也没有预设任何特定对象,只要求各地进行调查。皇帝的心念,透过官僚体系的运作,散布到统治所

①　赵宁,《大宋新修唐宪宗皇帝庙碑铭并序》,《全宋文》,卷 46,页 140。

及的领土："洋洋德音,无翼而飞腾域中矣。"[1]此时宋国统治的县级行政单位至少超过九百个。[2] 皇帝的命令至少动员了相同数目的官员,风尘仆仆查访辖区内的王陵:查阅文书、档案和地图,询问见闻广博的长者,或亲自策马荒野,最后回报结果。

中央政府的文官汇整各地上报的信息,经过讨论和赵匡胤的首肯,最终推出一份七十九人的名单,公诸于世。[3] 所有政治权力制作的名单,都值得仔细检讨。任何井然有序的名单,都意味着有一个更芜杂的原始面貌。各地先后回报的王陵数量理应比最后定案的七十九人更庞大。宣称有王陵的县,保守估计恐怕超过一百。而且,由于王陵传说纷歧,各地回报的信息应该有矛盾、重复之处。所以,最后的七十九人是经过筛选、有所排除的结果,并非将各地的回报照单全收。

虽然经过删减,这仍然是个不小的数字。与文庙、武庙崇拜单一的主神不同,历代帝王祭典致意的对象是一个群体,最大特色就是人选众多,而且并非固定不变。一世纪的王莽是十位,七世纪唐王朝最初是七位,李隆基增加到二十五位。随时代往后、王朝新陈代谢,前朝或晚近的王权会加进新的名单中。比如唐王朝的名单上有汉高祖,宋王朝的名单则有唐高祖。但从二十五增加到七十九,扩充的幅度实在太大,显然不只是追加近世、后起的帝王而已。十世纪以前的一千年,在国家典礼上被崇拜的君主如果不是伟大的上古先王,至少也是后世王朝的开国皇帝,都是崇高至上或王朝的代表性人物。但赵匡胤调低了这项标准,扩大了范围,所以数量才会暴增。

---

① 李昉,《黄帝庙碑序》,《全宋文》,卷 47,页 160。

② 县的数量:李昌宪,《中国行政区划通史·宋西夏卷》(上海:复旦大学出版社,2007),页116—125。

③ 966 年之制的名单:宋绶、宋敏求编,司义祖校点,《宋大诏令集》(北京:中华书局,1962),卷 156,页 585;《宋会要辑稿》,礼 38 之 1。汤勤福、王志跃详细比对各份史料,见汤勤福、王志跃,《宋史礼志辨证》(上海:三联书店,2011),页 404—406。

历史人物的评价

这份名单多达七十九人,无法让人一眼看完。虽然它以历代帝王为对象,但在赵匡胤宣布的圣旨中,名单上的七十九人并非按照时代的先后顺序排列,而是被分成四组:每组是一个等级,不同等级的帝王享有的待遇有别——这就有了秩序。赵匡胤的文官综合评量每个帝王的道德与成就之后,分成四等,每个等级规定的守墓户数和祭祀频率,各有多寡和高低的不同。(参见表 6-1)这项做法前所未见。在唐王朝的年代,指派民户守陵的对象仅限于最近的"前朝":周、隋两代。至于限制王陵周边开发的距离,可能有五十步和百步的差别。此外,就没有刻意针对历代王陵分群分级的措施了。

表 6-1　王陵名单的等级制

等级	守冢户数 祭祀频率	人选	数量
第一等	五户 一年两祭	太皥伏羲、黄帝轩辕、炎帝神农、女娲、高阳颛顼、高辛帝喾、尧、舜、禹、汤、周文王、周武王、汉高祖、汉光武帝、唐高祖、唐太宗	16
第二等	三户 一年一祭	商太戊、商武丁、周成王、周康王、汉文帝、汉宣帝、魏武帝、晋武帝、后周太祖、隋文帝	10
第三等	两户 三年一祭	秦始皇、汉景帝、汉武帝、汉明帝、汉章帝、魏文帝、北魏孝文帝、唐玄宗、唐肃宗、唐宪宗、唐宣宗、后梁太祖、后唐庄宗、后唐明宗、后晋高祖	15
第四等	禁樵采 不祭	周桓王、周景王、周灵王、周威烈王、汉元帝、汉成帝、汉哀帝、汉平帝、汉和帝、汉殇帝、汉冲帝、汉质帝、汉安帝、汉顺帝、汉献帝、魏明帝、高贵乡公、陈留王、晋惠帝、晋怀帝、晋愍帝、东魏孝静帝、西魏文帝、唐高宗、唐代宗、唐穆宗、唐懿宗、唐中宗、唐睿宗、唐德宗、唐敬宗、唐僖宗、唐顺宗、唐文宗、唐武宗、唐昭宗、后梁少帝、后唐末帝	38

　　之所以促成等级的划分,原因之一可能是致意的对象大幅膨胀。赵匡胤的名单近八十人,与李隆基时的二十五人相比,增加超过两倍。数量的增加,意味着异质性与多样化。八世纪时以上古先王为主,接着加入了各朝的开国之君。但十世纪的名单大幅放宽门槛,在第一流的伟大名君以外,纳入更多第二、三流的帝王,包括被评价为守成或中兴之君,还有不少治绩普通、道德不良,甚至亡国的末代皇帝。由于人数众多,王者群体内部的个别差异变得显著,难以一视同仁,因而产生了等级划分的需求。这份名单不只传达出这七十九位帝王在十世纪的评价和定位,也透露当时的勇武之君和他的文臣看待历史的眼光:历史人物必须有所评价,区分上下,否则就失去了典范与警惕的作用。

　　赵匡胤一定对这份名单感到陌生,他不认识的名字肯定远超过他知道的。每个帝王的知名度高低不同。唐王朝的皇帝大概还没有完全从人们的记忆消失,但更早时代的君主就不一定了。以唐太宗李世民来说,赵匡胤应该耳熟能详。他的文官进言时,一定也会抬出尧、舜这两位贤君的典范。不过,赵匡胤对禹及其治水的功绩,或许感触特深。因为从他即位以来六年间,黄河至少在十处决口、泛滥,在 966 年的夏秋,更发生了五次。[1] 赵匡胤当然也不了解名单中所有人的事迹,以及如何评价他们的高低,所以分等的工作恐怕交由他的文官来完成。他身为武人,其实更了解古今名将的事迹,而且有自己的道德判断。比如说他即位之初,首度参观武庙,发现庙中供奉白起(? —257BC)时,主动提起这个人“杀已降,不武之甚”,要求除去。[2]白起是公元前三世纪的武将,据说曾经坑杀数十万降兵。在八世纪初武庙始建时,位列古今名将第三人,可见他的历史评价非常高。但赵匡胤认为他于武德有缺,下令撤除。于是文官进一步重新审订入

①　河决:《续资治通鉴长编》,卷 7,页 172—177。
②　赵匡胤批评白起:《续资治通鉴长编》,卷 4,页 92—95。

祀武庙的资格。后来,赵匡胤的军队进入四川,击败蜀国,但他派出的武将却屠杀了许多降兵。当赵匡胤决定严惩这个战胜但失德的将军时,大概会想到之前白起的例子。他当然不了解公元前三世纪的时空背景与战争历史,但在军阀混战的十世纪,杀降的行为并不罕见。赵匡胤从自己的人生经验,总结出不应杀降的理念。他认为这是穿透时空的普遍原则,同样适用于古代。他判断是非、善恶与对错的观念,投射到历史上。这正是十世纪的人看待过去的方式之一。过去与现在的关联,在于永恒的历史教训。

如今他的新身份是最高统治者,对王者的历史评价和他有了更密切的关系。他对历代帝王的尊敬或否定,同样表现在名单的纳入与排除。比如终结汉朝的曹操(155—220)、篡夺唐朝的朱温(852—912),①原本都在历代王陵的名单中,但后来又被排除。透过纳入与排除,这份名单向天下臣民传达一个基本的政治常识:君主有好坏优劣之分。这对身为皇帝的赵匡胤本人来说也有意义。如果文庙和武庙可以鼓舞文官武将修养品德、追求成就,那么历代帝王又是谁的典范?首先应该是皇帝。赵匡胤当然不会以第二、三流的君主为榜样,而是自许成为第一等的帝王。

四等制的组成

礼遇的内容有两项:官方定期举行祭祀,以及指派"守冢户"看守和打扫。祭祀的频率越高,守护的民家户数越多,该名帝王的历史地位就越高。前一、二、三等共四十一人,都被认为是有成就的君主,因而享有程度不等的礼遇。第四等计三十八人,官方不祭拜致意,也不指派民户,仅消极禁止开发而已;可想而知,第四等帝王的历史评价最低。

---

① 赵匡胤对朱温的观感:《续资治通鉴长编》,卷 15,页 326。

赵匡胤及其文官没有说明等级划分的标准为何,但仔细观察可以发现,四等中的第一等是历史上最伟大的王者,即上古先王(三皇五帝与三代)以及汉、唐两大王朝的开国之君。第二、三、四等是秦始皇以降到十世纪的各朝君主。第二、三等的帝王差异不大,很难说有绝对区隔,基本上在道德和事业上都有一定的水准,涵盖创业、开国、中兴和守成等各种类型。

第四等大多是表现普通或低劣的帝王,生平几乎没有值得肯定的治绩;无能昏庸者有之,死于非命者有之,甚至还有被篡弒的亡国之君。这些人没有资格成为赵匡胤致意的对象,官方没有提供任何礼遇,在国家礼仪中也毫无地位。不过,他们的王陵仍然禁止开发;这项禁令透露了宽松的门槛:不问其道德功业,唯视帝王的身份,就应享有起码的尊重。

七十九人的名单看似庞大,但几近一半的第四等帝王不在国家典礼中占有一席之地,因此重点都在前三等。前三等中,第一等的地位崇高无庸置疑,其人选是从七世纪唐王朝的制度扩充而来,而且延伸到十四世纪朱元璋新创历代帝王庙的入祀人选。即便王朝更迭,第一等帝王的评价标准相当稳定,人选则随时代缓慢增加,只有汉、唐、宋、元等统一王朝的开国之君,才有资格比肩上古先王。既然第四等的成员无足轻重,伟大帝王的人选又维持稳定,那么这份名单的突出之处显然是位居中间层的第二、三等,宋国官员新增的人选是过去一千多年历史上主要的王朝君主,不限于建国的功业,将有相当水准治绩的君主都放入名单。

第四等的帝王被赵匡胤排除在致意的对象之外,其实和十八世纪的清代皇帝特意扩大历代帝王庙的祭祀时,设定的标准相近:"凡曾在位,除无道、被弒、亡国之主,此外尽应入庙,即一二年者亦然。"[①]

---

① 萧奭著,朱南铣校点,《永宪录》,收入《清代史料笔记丛刊》(北京:中华书局,1997 湖北第 2 刷),卷 1,页 1。

十八世纪历代帝王庙的扩充列出了一张有史以来包容最广的名单，意在将中国历代帝王一并请入庙中。入庙，意味着接受礼敬；这相当于十世纪名单中的前三等。无道、被弑、亡国之主不入庙，则相当于第四等。由此可见，从十到十八世纪，历代帝王最高与最低一等的标准为何，大体上相当明确。

皇帝的敬意

皇帝是国家礼仪中最核心的人物。皇帝应该用什么方式进行仪式才体面，非常关键。仪式进行的方式往往也定义了皇帝与其致意对象之间的关系。皇帝固然必须向天地、祖先等对象表示崇敬，但皇帝本身的权位也不容贬低。举行典礼的目的之一就是要展示王权，将皇帝谦逊的美德与伟大的成就同时传达给臣民。如何拿捏分寸，设法保持两者的平衡，让设计典礼细节的文官煞费苦心。

修礼的文官在 966 年针对祭祀的祝文，提出几项建议，请赵匡胤裁决。[①] 祝文是典礼中向祭祀对象宣读的文字，即人与鬼沟通的话语，内容通常是颂扬鬼神的尊贵不凡。文官建议：当祝文中发语的主体是皇帝，必须完全写出皇帝的"尊号"；当致意的对象是文庙或武庙的宗师，则皇帝不必亲自签名。尊号是皇帝生前的头衔，用来彰显他的品德和成就。人不便骄傲自夸，所以尊号必须由臣子向皇帝提出，因此不免歌功颂德，迎合皇帝的自尊。这种政治文化在两百年前盛极一时，李隆基就是最享受臣子奉承尊号的君主。赵匡胤在 963 年获得了第一个尊号："应天广运仁圣文武"。在献给鬼神的祝文中，全录皇帝的尊号，其实强调了皇帝的不凡。

至于献给文、武宗师的祝文上不必签名，突显了皇帝"亲书御名"的隆重，孔子和太公还承担不起。这一点要跟其他祭祀的对象比较

---

① 礼官的建议:《宋会要辑稿》,礼 14 之 3。

才看得出意义。名单中地位最崇高的第一等帝王,有一项特殊的尊荣,即祭祀时所用的祝版必须由皇帝亲自署名。祝版乃祭祀时书有祝文的木版或纸版。在主管礼仪的单位或直属皇帝的秘书写好祝文后,由皇帝亲笔签名,并盖上代表国家的印章。这个程序表示皇帝的重视,对历史上最伟大的君主致以最高的敬意。[①] 相形之下,文武宗师的地位矮了一截。以上两个细节界定了赵匡胤及其祭祀对象之间的关系与地位,官员认为赵匡胤身为有成就的统治者,不必过于谦逊,赵匡胤也不客气地接受了这些意见。

评价人物的危险

历史上的帝王当然远远超出赵匡胤的名单,但这份名单也已包含了大多数主要的统治者。不过,如果我们只想到名单中明白提到的帝王,不免忽略了被排除或遗漏在外的人。遗漏的原因之一是许多王陵在埋葬时或后世毫无踪迹或线索。尤其汉唐之间的三到六世纪,政治的动荡与不安的社会,或许比赵匡胤生活的十世纪更甚,当时的统治者为避免王陵被掘,或故布疑冢,或暗中潜葬,或刻意俭薄,结果造成陵墓的形貌不显著,具体的位置也失传。因此,有些王陵之所以未见于名单,原因是地点不明。

另一个可能性是有意的排除。赵匡胤曾经表示:"若禹、汤共桀、纣齐泯,则治乱□兴亡无分,将何以经□化□,垂□□□?"[②]虽然这则资料有阙文,仍然猜得出意思,即明君与暴君的王陵不能同归湮灭,否则"好的君主为臣民带来幸福"的道理就不能取信于人了。因此,桀、纣不会出现在名单中(传说中,商纣王死于焚毁的宫殿,原本就尸

---

① 皇帝亲署祝版的规定:王明清撰,田松清校点,《挥麈录·前录》(上海:上海古籍出版社,2012),卷 2,页 3580;《宋史》,卷 98,页 2427;郑居中等撰,《政和五礼新仪》,收入《景印文渊阁四库全书》第 647 册(台北:台湾商务印书馆,1983),卷 4,《序例·册祝》;《金史》,卷 35,页 819。

② 黄逊淳,《大宋新修周康王庙碑并序》,《全宋文》,卷 54,页 290。

骨无存）。但这份名单中，周朝不见幽王、厉王，东汉没有桓、灵二帝，隋朝无炀帝。这些帝王恶名昭彰，即使墓地还存在而且可知，大概也被排除了。所以，这是一份有取舍的名单。

但评价历史人物，分等分组，甚至排除，果真可行吗？之前，白起被皇帝逐出武庙时，曾有官员表示反对，理由之一是人孰无过、瑕不掩瑜。而且一旦入庙的人选可以进出上下，日后将异论纷纭，使人困惑，从而让历史人物失去了典范的作用，祭祀无法发挥纪念的效果。他担心："若今之可以议古，恐来者亦能非今。"[1]但赵匡胤没有接受，他认为历史人物必须有所褒贬，才能维护基本的核心价值。这位官员对武庙的预言没有成真，因为后来武庙祀典没有引发激烈的争论。当时的君臣都看不出宋王朝立国将向"文治"的方向倾斜；反而是入祀文庙的人选，未来成为君臣士民关注的焦点。日后朝野士大夫议古非今之广泛与激烈，远超出十世纪的人想像的边界。

接下来一个半世纪，历代帝王祭典的致敬对象，更动不大。朝野君臣并未积极议论历代帝王应该如何排列高低。其所以如此的原因很多，其中之一或许是这份名单的评价还算合理。这并不表示读书人对历代帝王没有自己的判断，而且皇帝本人也在思索：应该以哪个帝王作为自己的榜样？在十一世纪，唐王朝李世民可能是个热门人选。[2]对皇帝身边的大臣来说，主张哪一个帝王作为典范，更关系到自己如何说服或取得皇帝的认同。宋王朝的政治改革，就是从李世民失去典范地位开始的。从十一到十三世纪，哪些帝王作为政治典范，逐渐成为政论和史论的一部分。有些政治家和学者激烈地争论这个问题，尤其当他们身兼两者时更是坚持己见。这些敢于臧否帝王、议论政治的士人，正始于赵匡胤建国之后的新生代。他们逐渐养

---

[1] 《续资治通鉴长编》，卷4，页94。

[2] 李世民的典范：方震华，《唐宋政治论述中的贞观之政——治国典范的论辩》，《台大历史学报》40（2007）：19—55。

成了高昂的信心、自觉和使命感,发展出许多新的理念来评价历史上的王朝和统治者,比如"正统",甚至后来的"道统"。

但那是赵匡胤制定典礼之后的发展。由于他是开国之君,这套典礼也成为宋王朝日后不轻易更动的传统:"祖宗家法"。如果历代帝王分等致敬的政策晚一个世纪才提出,在十一世纪中的思想气候与政治环境下,对于哪些君主可以入选,四等制中又该如何升降,想必引发朝野士人热烈的议论,出现各种对立的意见。如果出现那样的景象,固然见证思想的活泼与多元的观念,但也应验了十世纪不赞成将白起移出武庙之人的预言,读书人将"吹毛求异代之非,投袂忿古人之恶,必使时情顿惑,窃议交兴"。

四、王陵名单的缺席者

中国历史上的王朝纷繁,不熟悉的读者可能感觉这份名单已经涵盖了大多数的王朝,呈现华夏文明的历史全貌——这正是赵匡胤企图传达的意象,借此展现宋国继承王权的雄心。如果依照时间,将七十九人还原到他们所属的王朝和时代,可以大致区分如下:三皇五帝、夏商周三代、秦汉、曹魏、西晋和北朝、隋唐,以及后梁、后唐、后晋。(参见表 6-2)在古代中国的人心中,三皇、五帝与三代是人类史上最美好的时代,这个时代的君主完美而崇高。在这之后有两个强盛的统一王朝:汉与唐。两者之间则处于王权分裂、霸主割据的状态。唐王朝结束之后,就是赵匡胤生活的时代。

表 6-2 王陵名单的历史分布

时代	人选	数目
上古先王	太皞伏羲、黄帝轩辕、炎帝神农、女娲、高阳颛顼、高辛帝喾、尧、舜	8

续表

时代	人选	数目
夏商周（三代）	禹、汤、太戊、武丁、周文王、周武王、周成王、周康王、周桓王、周灵王、周景王、周威烈王	12
秦汉	秦始皇、汉高祖、汉文帝、汉景帝、汉元帝、汉成帝、汉宣帝、汉武帝、汉哀帝、汉平帝、汉光武帝、汉明帝、汉章帝、汉和帝、汉殇帝、汉冲帝、汉质帝、汉安帝、汉顺帝、汉献帝	20
魏晋南北朝隋	魏武帝、魏文帝、魏明帝、高贵乡公、陈留王、晋武帝、晋惠帝、晋怀帝、晋愍帝、北魏孝文帝、西魏文帝、东魏孝静帝、周太祖、隋文帝	14
唐	唐高祖、唐太宗、唐高宗、唐中宗、唐睿宗、唐玄宗、唐肃宗、唐代宗、唐德宗、唐顺宗、唐宪宗、唐穆宗、唐敬宗、唐宣宗、唐文宗、唐武宗、唐昭宗、唐懿宗、唐僖宗	19
后梁、后唐、后晋	后梁太祖、后梁少帝、后唐庄宗、后唐明宗、后唐末帝、后晋高祖	6
合计		79

　　不过，这份名单看似完整，但其实排除了某些地域、王朝和统治者，或因故无法纳入。比如说，统一王朝的汉、唐帝王共三十八人，几乎占去名单的一半。这部分相当单纯，复杂的是分崩离析的时代。在汉、唐之间，名单上只列出了立国华北的政权，没有列入长江流域的蜀汉、孙吴、东晋和宋、齐、梁、陈。至于赵匡胤生活的年代，同样没有长江流域的政权，也没有纳入后汉、后周。找出名单上缺席的隐形者，探察赵匡胤的深意和他不得已之处，是接下来的目标。

后周与礼遇前朝的惯例

　　对赵匡胤来说，后汉与后周都还没有成为过去、走入历史，他们和宋王朝的关联与纠葛也最深。赵匡胤的军旅生涯始于追随后周的统治者郭威而踏上发达之路。他虽然夺取了后周政权，但善待下台的皇室，有所防范但没有赶尽杀绝，并给予后周王陵极高规格的礼遇，郭威入葬的陵墓即为其中之一。所以后周王陵不在名单上，是因为另外享有特殊的待遇。① 礼遇前朝，不只是赵匡胤个人的温暖心意，而是十世纪唐王朝灭亡后华北政权的政治惯例。这种惯例承继自唐王朝：王朝交替时，新政权承认统治权力有来之前朝的政治地位；礼遇前朝（仅限过去两到三个）皇室，封爵其后人，让他们维持祖先祭祀，享有崇高的地位与尊荣，从而显示新政权的权力来源和宽宏的气度。②

这种理念渊源自古典时代，从王莽以来成为中古国家政治文化的一环——本书第一章登场的王莽礼遇了汉朝的末代皇帝；在接下来的千年，这成为王权轮替时提供新统治者正当性的重要措施之一，一直延续到赵匡胤的时代。③ 但这个理念在付诸实践时也常因政治权力的激烈冲突而变形。比如十世纪的后梁（907—923）和后唐乃两代结仇的宿敌，因此后唐终于击败后梁时，并不承认后梁政权的正当性，视之为"伪"，不提供任何礼遇。其后政权几经更迭，这种敌对的情绪、进而排斥的态度也淡化了。后周皇帝即位，就清楚宣示后梁以来四个王朝都有不容否认的正当性；他礼遇前朝的范围，甚至超出惯例的三朝上限。④ 赵匡胤先后服事后周的两任皇帝，可能也身受这种开放和包容性格的影响。他称帝后，善待后周皇室、祖庙和王陵，并

①　赵匡胤对后周王陵的礼敬，见《宋大诏令集》，卷 156，页 588；《续资治通鉴长编》，卷 1，页 7。

②　礼遇前朝：渡边信一郎著，徐冲译，《中国古代的王权与天下秩序》，页 84—85；谢元鲁，《隋唐五代的特殊贵族——二王三恪》，页 41—48。

③　耿元骊，《五代礼制考》（长春：东北师范大学中国古代史硕士论文，2003），页 49—54；王美华，《唐宋礼制研究》（长春：东北师范大学中国古代史博士学位论文，2004），页 131—133。

④　郭威下令"不得名梁朝为伪朝，潞王为伪主"：《册府元龟（校订本）》，卷 96，页 1050。

将后梁、后唐与后晋纳入历代王陵的名单中,唯独排除了后汉一朝。

后汉与礼遇惯例的变形

相较于赵匡胤对后周皇室的温存态度,他与后汉的关系则充满了苦味。其实,赵匡胤与后汉本无仇怨,后汉是被后周篡夺,与他无关。但因后汉的残部仍坚守山西太原的根据地("北汉"),并和北方草原的强权契丹联手,成为后周与宋王朝的心腹大患,带来莫大的国防压力。969年,赵匡胤决定亲自解决,率兵进攻,结果却品尝生平少有的败战之辱。正因为后汉的势力尚存一息,宋国与它的敌对与冲突,所以赵匡胤既没有将它和后周一起纳入礼遇前朝的政治惯例,也没有放进历代王陵的名单。礼遇前朝的措施,只针对过去两到三朝的政权,不多也不少。但由于宋国与后汉残部的对立,赵匡胤只优待后周一朝的皇室,让这项惯例产生了变形。其后千年,中国先后由女真、蒙古和满人从北方入主,政权交替皆诉诸暴力的征服,更缺乏礼遇前朝政权的余地,这项政治惯例从此消失在历史中。

契丹,以及后汉的残留势力,对历代王陵的名单还有另外一项影响。名单中提到后唐三位帝王的墓葬,独漏了最早的太祖,即李存勖的父亲。原因是他的墓地位于北汉境内的山西代县。[1] 王陵位在敌对势力境内而无法纳入名单者,还有一个例子,即四五世纪的北魏皇帝拓跋珪(371—409)。八世纪的李隆基曾经列举三代以降十二位开国之君,拓跋珪名列其中。但赵匡胤的名单只有拓跋珪的子孙、本书第二章的主角拓跋宏,原因是拓跋宏的陵墓近在洛阳。拓跋珪葬于传说中的"金陵";这个地点的具体位置至今不明,一般推测如果不是远在今内蒙古,就是近在平城。前者在契丹境内,后者在北汉境内,都不在宋国的领土中。因此,历代王陵的名单无法涵盖历代的帝王,

---

[1]　后唐太祖墓葬:《旧五代史新辑会证》,卷26,页712。

其中一大限制是政治现实，敌国境内的王陵都不在名单上。

南唐与六朝王陵的空白

赵匡胤生活的年代，中国各地政权林立。上一个王权分裂的时代则是汉、唐之间。赵匡胤的官员在规划历代王陵的名单时，这也是最不容易处理的时段。列在名单中的帝王都立国华北，南方政权一个都没有——这里指的是三到六世纪以建康（位今南京）为都的政权，包括三国时代的孙吴，之后的东晋，以及宋、齐、梁、陈。[①] 他们在游牧民族席卷华北的年代，在江南保留了汉魏时代的汉人文化，直到被隋唐帝国征服为止。这些王朝的陵墓分布在长江南侧今南京和丹阳一带，这些土地在 966 年时还不属于赵匡胤的领土，归另一个国家"唐"（南唐）管辖。

南唐是唐王朝结束后、分裂的国土上，另一个以唐为号的国家。赵匡胤尚未登基前，曾追随后周皇帝攻打南唐。后周取得这场胜利，夺得长江以北的土地。历代王陵的名单上之所以没有六朝君主，原因就是这些墓地不在赵匡胤的控制中。直到他去世前一两年，才成功并吞南唐。那时候，宋国祭祀历代帝王的制度已经大体完成，不再新增。如果江南的土地早一点落入他手中，赵匡胤大概不会排斥将六朝王陵放进名单中，但时机不巧，这些陵墓就此错过，未能纳入宋王朝的国家典礼。

或许赵匡胤有种中原本位的优越感，认定江南建立的政权，不论在过去和现在，都不可能拥有统治天下的实力和正当性。如果他这样想，也并不是第一个重北轻南的君主。两百年前的李隆基在扩充历代帝王的祀典时，数量从八位提升到二十五位，涵盖了许多王朝，但这二十五位开国之君都立都于中原，他也无视六朝政权的历史。

---

① 《宋会要辑稿》，礼 38 之 1。

其实,对李隆基和赵匡胤来说,他们成长的中原土地并非相对于南方的北方,而是相对于边陲的核心。黄河流域的长安、洛阳是汉唐帝国的政治中心,吸引全国各地的社会菁英定居,经济发达而且文化繁盛。相比之下,十世纪以前的长江流域属于后进的"开发中"地区,在过去两百多年才出现快速的发展。

历代王陵的名单少了六朝君主这件事,后来引起一些推测。评论此事的人认为,赵匡胤既然有心维护天下王陵,就不应该遗漏南方政权。之所以没有放进名单,并不是找不到,因为这些王陵的遗迹班班可考,而是赵匡胤尚未征服这片土地。赵匡胤和他的文官有心建构一个完整无缺的国家典礼,但祭祀地点在领土之外的困境不只一次出现。他们当然不会在昭告天下的圣旨中提起这个遗憾,但仍逃不过宋王朝后人的洞察。三百年后有位学者俞德邻注意到这件事,很可能有地缘关系的背景:他家住今江苏省镇江市,距离六朝王陵所在的南京和丹阳非常近。想来他对家乡附近的王陵相当熟稔,难怪他对 966 年看似完整、实则有缺的名单特别敏感。[1]

湖南的圣地:炎陵、舜墓和衡山

赵匡胤的名单看似庞大,高达七十九人,但汉唐帝陵几占一半,其分布也集中在王朝都城的长安和洛阳周边。其余大多数王陵分布在华北的黄河流域,都在宋国统治的土地上。这不全然是赵匡胤的文官刻意为之,而是基于客观的历史事实:上古以来华夏文明与王权的核心在黄河中下游,因此这些地区也有着许多王陵。尽管如此,仍有三处位在长江流域:长沙炎帝陵、九疑山舜墓和会稽禹墓。这三人

---

[1] 对 966 年名单中缺乏南京六朝王陵的评论:《宋会要辑稿》,礼 38 之 1;《挥麈录·前录》,卷 2,页 3581;同书,卷 1,页 4;俞德邻撰,《佩韦斋辑闻》,收入周光培编,《历代笔记小说集成》元代笔记小说系列,第 1 册(石家庄:河北教育出版社,1995),卷 3,页 6—7;顾炎武,《原抄本日知录》(台南:平平出版社,1975),卷 23,页 640。

都是最古老久远的统治者,依现代学术的观点,乃文字历史之前的传说人物,并不可信。所以这三处墓葬也很可疑,属于无从合理解释的传说遗迹。但赵匡胤一点也不怀疑这些英雄、神王及其记忆所系之处。

炎帝在名单中仅次于伏羲和黄帝,三者都是人类文明初始的统治者,合称"三皇",广受汉人的崇敬与信仰,衍生众多的传说、遗迹和祠庙。三世纪的一部著作《帝王世纪》宣称炎帝死于湖南长沙,从此形成了这处"传说性遗迹"——基于无法实证的传说而成为记忆所系之地。舜的故事更丰富,特别以其孝行传颂人口。据说他死于巡视南方国土的路上。这个传说更早,至少在公元前三世纪就已经出现,秦汉时代的地图曾经标示出舜墓的地点,位置比长沙更南。[①]

十世纪的赵匡胤指定长沙和九疑山,作为向炎帝与舜帝致意的地点。这个看似简单的念头能够付之实践,脱离不了宋国的军事力量和行政运作。对身居中原的赵匡胤来说,湖南的长沙和九疑山都在遥远的西南,而且原本不在中原政权境内。如果 963 年他攻打湖南战败,这两个地点就绝不可能出现在 966 年的王陵名单。当年赵匡胤接获胜利的捷报,随即派遣特使前往"南岳"衡山举行典礼——地点位于炎陵与舜墓之北,宣示他完成了囊括五岳的成就。千百年来,由于传说的发酵,炎陵和舜墓的角色逐渐变得和衡山一样,成为久负盛名的历史纪念地。赵匡胤也要求地方官员访查这两处遗迹,修庙致意。[②]

---

① 谭其骧《二千一百多年前的一幅地图》与《马王堆汉墓出土地图所说明的几个历史地理问题》二文,见氏著,《长水集》(北京:人民出版社,2011),下册,页 248—260、261—279。

② 赵匡胤的官员与长沙炎陵和九疑山舜墓:见王象之撰,岑建功辑,刘文淇校,《舆地纪胜》(北京:中华书局据道光 29 年[1849]惧盈斋刊本影印,1992),卷 63,页 2180;吴绳祖撰,《九嶷山志》,收入《故宫珍本丛刊》史部地理.山水,第 262 册(海口:海南出版社据清嘉庆元年[1796]刻本影印,2001),卷 1,页 443。

当他和官员拟定历代王陵名单,其实不只有意呈现华夏王权历史全景的意象。当他企图再现消逝在过去时间中的事物时,需要进行转换,落实在具体可见的地理空间,并以祭典的形式,将不可见的历史带入人们的视野与感知。在过去,这个转换点是王都或建国之地,如今改成王陵。当赵匡胤指定在长沙和九疑山向炎陵、舜墓致意,其实也将国家典礼的地点,推进到王权所及、最新最远的前线,而非局限在中原或华北,意在宣示新的领土、广大的国境与王权的成就。

各地士民往往自豪于本地乡邦的历史圣地,伟大王者的传说性遗迹颇能助长地方的名声,引发外地人的想像。四世纪时的氐族领袖苻坚(338—385)就对九疑山的舜墓向往不已,他在成功统合华北不同民族的势力后,企图征服南方的土地,对劝阻的人说:"朕将与公南游吴越,整六师而巡狩,谒虞陵于疑岭,瞻禹穴于会稽,泛长江,临沧海,不亦乐乎!"[1]疑岭的虞陵,即九疑山舜墓。这是古人旅行的目标之一:赴古代王陵朝圣,表示崇敬之意。但如果这个心愿出自统治者之口,而且王陵又在敌国境内,那就是政治宣示,意味着战争。苻坚并非真的要拜访舜墓,但有志统治天下的王者,希望集满和王权有关的历史圣地,彰显自己的成就。可惜苻坚的愿望最后还是落空,他的王国在一场南征的败战后分崩离析。

浙江的圣地:禹墓与会稽山

苻坚和赵匡胤的处境至少有一点相似:两人完成华北的政治统合之后,都企图吞并南方。赵匡胤在963年成功取得苻坚口中的"疑岭虞陵",还剩下东南的"会稽禹穴"。这个地点和南京六朝王陵一样,不在赵匡胤权力所及的范围内,而是属于"吴越"国的领土。(参见图6-2)

---

[1] 苻坚誓言南征的豪语:《晋书》,卷114,页2913。

图 6-2　长江流域的王陵与名山

　　禹是上古历史最伟大的统治者之一,疏浚河川、治理洪水的事业让他广受后世景仰。禹的地位如此崇高,所以赵匡胤无法像忽视六朝王陵那样略而不提。会稽(位今浙江绍兴)禹墓的传说至少和长沙炎陵一样流传久远。十世纪统治浙江的"吴越"(907—978),是当时立国最久的政权之一。长期以来,吴越对中原政权采取低姿态,称臣顺服。由于双方的关系比较温和,赵匡胤不必像对北汉、南唐那样只能诉诸战争,得以运用外交策略来达成他的目标。吴越是独立政权,赵匡胤的命令无法直达,但透过吴越国的领导者,问题就迎刃而解。在推出王陵名单的同年,他下令吴越国王钱俶(929—988),要求他指派民户看守禹墓,禁止开发,定期举行祭典,与宋国其他地方维护王陵的措施保持一致。[①] 这让赵匡胤向历代帝王致意的祭典显得完整,

① 　赵匡胤下令吴越维护禹墓:《续资治通鉴长编》,卷 7,页 179;欧阳修等撰,《太常因革礼》(南京:江苏古籍出版社,1988),卷 80,页 385;《宋史》,卷 2,页 25;吴任臣撰,徐敏霞校点,《十国春秋》,收入《五代史书汇编》丙编第 7—8 册(杭州:杭州出版社,2004),卷 81,页 4451;钱俨撰,李最欣校点,《吴越备史》,收入《五代史书汇编》丙编第 10 册(杭州:杭州出版社,2004),卷 4,页 6259;《令吴越王钱俶祭享夏禹陵庙诏》,《全宋文》,卷 3,页 73。

没有失落重要的一角。

会稽禹墓的历史有千年之久,乃当地最重要的历史圣地,自有其文化传统,未必需要赵匡胤下令保护,但他不一定清楚这一点。他之所以要求钱俶,原因之一是借由上对下的命令,强调宋国作为宗主支配藩属的权力,确认双方的政治隶属关系。这是宋对吴越一贯的"控御"方式。[①] 控御的意思和"羁縻"一样,都是指人有技巧地驾御牛马,使之服从主人的权力,而非粗暴的惩罚。在政治情境中,就是宗主国要求藩属国朝贡物资或执行政令。上供的物资不见得是沉重的负担,宗主的命令也未必苛刻,关键在于服从。维护会稽禹墓的命令就属于这一种。钱俶以往大概也有向禹墓致祭的惯例,但如今被取代,改由赵匡胤作为当世王权的最高代表。这件事再次确认了赵匡胤的地位与权力,宋国皇帝的声望也透过禹墓的祭典传播各地。

取代钱俶成为禹墓祭典的最高领袖,不是赵匡胤第一次施展"控御"的手段。在965年,赵匡胤要求钱俶破坏吴越都城杭州的一处山头。这座"虎头岩",山如其名,山势突出有如昂扬的虎头。赵匡胤手下的天文专家观测星象时,发现杭州出现了"王气"。[②] 这是中国古代的迷信:"王气"是预告王者降临的征兆,出现王气的地方将诞生新的王者,所以掌权者特别忌讳。想要削弱王气,必须破坏王气所在的地形地貌——这种想法似乎和"风水"的玄学有关。无论如何,赵匡胤不容许任何人威胁他的权力,所以要求钱俶自行毁去虎头的"王气"。禹墓的祭典和虎头岩看似寻常,却与王权有着无形的关联,从而成为赵匡胤企图霸占或破坏的对象。

吴越的土地上尚存一处与王权有关的圣地:会稽山,所以赵匡胤还有其他施压钱俶的举措。会稽山高度不到四百公尺,却是一座历

---

① 宋国对吴越的"控御":何灿浩,《控御与柔服:赵宋兼并吴越国的特殊方式》,《史学月刊》2008.9:18—28。

② 宋国要求吴越凿虎头山、破坏"王气":《十国春秋》,卷81,页4451。

史名山，据说禹曾经在此隆重祭天；会稽山也被列入"五镇"，五镇和五岳代表天下的中心与四方土地，在地理上成为具有政治意涵的十大名山。966 年之后两年，赵匡胤有意恢复历史传统，扩充国家祀典的规模，在五岳和五镇举行祭典，会稽山当然也在其中。但就像禹墓不在他的直接控制之下，会稽山也面临同样的状况，于是由"礼院牒本国祭飨"：[①] 由主管礼仪的官员发公文给吴越，要求他们以宋国皇帝的名义举行典礼。吴越的钱俶只能卑屈、协同宋国推动的政策与活动，这进一步抬升了宋国作为宗主的地位。

从北汉、南唐和吴越的例子可以明白，赵匡胤的名单只是描绘了一幅天下的虚像，隐藏在名单中的是国境的实线。赵匡胤的政令无法施行于他的领土之外。当王陵位在敌国，或地处两国交战的前线或边界，比如北魏道武帝、后唐太祖，他就必须迁就现实。如果湖南不是新纳入宋国的领土，如果吴越不是称臣于赵匡胤的藩属，炎帝和舜、禹的陵墓都将无法出现在名单上。如果少了这三位，历代帝王就缺失最重要的人物。因此，966 年的名单其实是特定的政治形势与时机的产物。

王权的圣地

从赵匡胤出兵征服湖南，他和官员越来越注意到各地分布着一些具有代表性的历史圣地。在这些新取得的地点举行祭典，特别能夸耀王权的成就。这些圣地有两种类型，都有悠久和广大的知名度：其中一种像是衡山、会稽山，被列入五岳、五镇的十大名山，反映了华夏文明界定国土四方的地理秩序；另外一种例如炎陵和舜墓，反映了历史上的君主统治所及、足迹所至的范围。这两种圣地纳入国家祀典的过程，正和宋国扩张领土的进程同步。军事征服的成功或失败

---

① 《宋会要辑稿》，礼 21 之 1。

往往反映在国家祀典的有与无之中。

这两种圣地都具有政治意义,赵匡胤和他的官员也并不陌生,因为过去的典范历历在目:千年以前的秦始皇统一天下后,巡视全国。他曾赴湖南的九疑山向舜墓致意,又到浙江登上南镇会稽山、祭祀大禹,并在东岳泰山举行祭天大典。后来的汉武帝也几乎做了同样的事。这些地点原本就具有重要的地位,又经过王权的认可,不断累积的祭典增添了历史的厚度。因此,后世帝王自然会想将这些地方纳入统治,举行祭祀,证明自己也像过去的王者一样伟大。当然,这些圣地不像耶路撒冷那样具有宗教的神圣性。取得纪念地所在的领土,才是中国的帝王最实际的政治目的。所以四世纪的苻坚,以"谒虞陵于疑岭"来比喻他征服南方的意图。赵匡胤努力踏出的每一步,其实回荡着历史的跫音。

虽然每个王者都想囊括这些王权的圣地,但他们所处的时空环境却各自不同。八世纪的李隆基继承祖先的基业,拥有广阔的帝国。他只需要指定地点,布置仪式——包括五岳、五镇以及历代帝王的建国之地。但他对这些典礼所在的土地,并不特别感觉兴奋或失落,因为他没有付出艰苦的代价,他不必面临战败的风险。只有明白这一点,比较他和赵匡胤所处的历史背景,才能了解同一件事带给他们的感受有很大的差异。我们才能明白,赵匡胤出征的胜败,领土的得失,以及祭典的完满或缺憾,他的感受比李隆基强烈得多。

赵匡胤之所以重视王陵的维护与祭祀,恐怕也和他所处的社会氛围有关。十世纪的中国,由皇帝所代表、最高而单一的王权已经消失,各地的大小军阀取而代之,统治权力被各个阶层的武人分割,连最低阶的军官都能作威作福、鱼肉乡里。赵匡胤的目标不只是整合国土,更是重建由皇帝领导的文官政府,重新集中权力,让基层民众能够诉诸更高的政治权威。[①] 当他下令向历代王陵致意,其实也是提醒统治与被统治的各个阶层,从过去到现在,帝王才是天下的主人。

五、王陵地点的正确性

攻打北汉失利的挫折,没有让赵匡胤灰心丧志。970 年,他再度发起了军事行动。这次的目标同样是"汉"(南汉,917—971)——立国广东、广西和今越南北部的政权。南汉及其北方的吴越都是十世纪维持最久的国家;也因为濒海,都从海上贸易获得可观的财富。但吴越距离华北近而南汉远隔,因此前者对中原王朝的态度恭顺,后者对中原大国的实力认识太浅而态度不逊。但七年前宋国攻下湖南后,就与南汉的国土接壤,使得两国直接产生冲突。结果,这场远征费时半年,赵匡胤就接获胜利的捷报。

当赵匡胤派遣武将和军队南征的前后,他的文官和地方官也持续规划国家祀典的事宜。这一年,河南府、京兆、凤翔府、耀州四处的官员回报,先前承命视察历代王陵,经实地调查后发现有二十八座王陵被掘。赵匡胤要求修复陵墓,由官方准备服饰与棺椁,重新安葬,举行祭祀。[②] (参见表 6-3)他和文官对此相当慎重。被掘墓的帝王将获得两件新衣:"礼衣"和"帝服"各一件——有些王者的尸骸肯定已不存在,此处可能有以衣冠代替遗体之意。服饰的样式颇为考究,必须符合历史原则,不能让过去的帝王身着时代错乱的服装。为了避免再次被盗,衣服上原本用黄金和珠宝制作的装饰,改用其他替代品。衣服制成后,先上呈、经检视再发给各地。这可能是有史以来第

---

① 赵匡胤从地方军阀转变为观照全局的帝王:柳立言,《从御驾亲征看宋太祖的创业与转型》,页 151—160;Peter Lorge, "From Warlord to Emperor: Song Taizu's Change of Heart During the Conquest of Shu," *T'oung Pao* 91.4(2005): 320-346.

② 重葬:《宋会要辑稿》,礼 38 之 3;《续资治通鉴长编》,卷 11,页 249。两份史料的记载有参差,后者称二十七陵,不含隋文帝,关键在于前者"太祖文帝"是否连读或断开。

一次大规模掩覆王陵和重葬帝王的活动,过去并无前例。为了安抚
亡灵、表示尊重,掌管礼仪的部门先行制定仪式的流程、步骤和细节,
再交由地方单位执行。

表 6-3　王陵回填、重葬的名单

周文王	成王	康王				
秦始皇						
汉高祖	文帝	景帝	武帝	元帝	成帝	哀帝
北魏孝文帝						
西魏文帝						
后周太祖						
隋文帝						
唐高祖	太宗	中宗	肃宗	代宗	德宗	顺宗
	文宗	武宗	宣宗	懿宗	僖宗	昭宗

各个时代的帝王应穿着合乎历史风貌的服装,合乎"历史主义"
的信念。赵匡胤在两年前也出现过类似的想法。当时他走进宗庙祭
祖,发现陈设的器物竟然都不是他熟悉的生活用品,直率地表示他的
祖先根本不认得这些东西,立刻要求撤除。[1] 宗庙是国家祭祀的最高
殿堂,祭祀的本意是奉献食物给祖先。由于宗庙礼仪渊源自千年以
前的古典时代,所以庙中用来盛装饮食的器物都以仿古典的风格制
成。长久以来,人类生活使用的食器持续演变,但皇帝祭祀祖先是国
家礼仪的核心,是政治文化与国家制度中最传统保守的部分,所以宗
庙的祭祀器具成为高度象征性的"礼器",不轻易随时代更动。赵匡
胤难以想像他的父祖使用陌生的古董食器进食,如同他认为古代的
帝王不应穿着他们不认识的衣着长眠。

---

[1] 《续资治通鉴长编》,卷 9,页 211。

不过，赵匡胤最后妥协了，保留宗庙的礼器，因为"古礼"占据高等的文化位阶，即使皇帝也无法轻易改动。出身武人的赵匡胤，即使贵为皇帝，仍然必须适应国家礼仪的保守文化。另外，他希望复原各朝帝王服饰的目标，可能也没有达成，因为他太高估当时政府文官的水准了。政府中的礼仪专家最后可能无法制作出各时代的历史服装，而是制作统一规格的"通天冠"和"绛纱袍"，分发各地。这是公认的帝王服饰。过去十年，赵匡胤至少两度穿着这套正式的服装，接受文武官员和外交使节的庆贺。更早之前的郭威，在他遗令设置的衣冠冢中，也是埋入他穿着的通天冠和绛纱袍。[1]

王陵回填的工程也比赵匡胤预期的更浩大。他和官员考量到征调男丁服役修复王陵，将妨碍农业生产，于是改派中央军队中战力低下的冗员士兵前往陕西，进行维修——这里集中了西汉与唐的王陵，并且规定以后凡有修缮，都交由地方军人负责。[2]

地点误植的王陵

赵匡胤接获各地回报王陵的信息，对于王陵遭到挖掘、修复需要人力等接连出现的问题，逐一提出对策，可见他有心贯彻此事到底，不因新的远征而延宕或搁置。不过，他大概以为历史的真实，唾手可得。因为他要求中央的文官依据各朝典章，真实重现历代帝王的服仪，而且不曾怀疑地方回报的王陵信息不可靠。但事实是，各地回报的王陵信息有不少是错的，墓里的死者并非他们以为的帝王。

十七世纪的学者顾炎武（1613—1682），很钦佩赵匡胤尚未统一天下时，已目光远大，立志向历代帝王致意。但他也是个细心的学者，发现历代王陵名单指定的地点，有许多错误。比如陕西官员回报

---

① 当时对皇帝服饰的认知：《新五代史》，卷40，页442；《续资治通鉴长编》，卷2，页44；同书，卷6，页159。

② 《宋会要辑稿》，礼38之4；《宋史》，卷2，页33；《续资治通鉴长编》，卷12，页264。

周文王姬昌的陵墓被挖,需要重葬。但顾炎武比对十世纪以前的历史文献(他大概认为赵匡胤的文官应该都能看得到、读得懂这些书),指出那座墓的墓主其实是秦惠文王,两人相差了七个世纪。周、秦故都相近,还情有可原。但另一个搞错的地点就太荒谬了。陕西的地方官回报的王陵中,还有本书第二章的主角拓跋宏。他们似乎不知道拓跋宏迁都河南洛阳——所以怎么可能葬在陕西?这座被指为拓跋宏的墓,其实埋葬的是他的孙子。顾炎武晚年定居陕西,似乎亲自踏查了这座墓,发现陵上误标的宋代石碑,竟也屹立了七个世纪。其实,顾炎武的"考证"未必一定是对的,即被指为周文王的墓,一定不是周文工,但未必属于秦惠文王。但他对拓跋宏墓地的订正,恐怕没错。更重要的是,他的批评和论证,让我们对历代王陵的名单,不禁产生了怀疑。赵匡胤立意良善的政策,有多少立基于错误的信息,还误导了后人?他在 970 年慎重准备了服饰和重葬的仪式,至少周文王姬昌和拓跋宏都葬非其人、祭非其鬼了。

种种张冠李戴的错误,不禁让顾炎武思索造成错误的缘故:"惜当日儒臣考之不审,以致传讹后世……岂非五代丧乱之余,在朝罕淹通之士,而率尔颁行,不遑寻究,以至于今日乎?"[①]顾炎武猜想,这是朝中官员既不博学,又不严谨所造成。他似乎以为赵匡胤身边的文官只要指出正确的地点,就能够精确定位王陵。顾炎武本人有丰富的旅行经验,称得上是实地调查的专家,但他可能低估地方官员执行的难度了。以误传在咸阳县北方"十五里"的周文王陵为例,十五里在书上只是三个字,但在地理空间却是七公里的距离。在空旷的大地上,定位墓葬并不容易。即使有图书的记载、口传的访问和地形的观察,任何一座土丘也都可能被误指为周文王的陵墓。

---

① 顾炎武对历代王陵的研究:《原抄本日知录》,卷 23,页 640。

王陵的存在与王陵的信息

十世纪的官员之所以误认王陵，也许因为疏忽，但并非造假，他们相信那些正是历代帝王的陵墓。其实，从十世纪到十八世纪，一直有官方和读书人尝试找出王陵的正确位置，但他们的错误也一直被指认出来。直到二十世纪，即便学者借助许多科学技术，进行实地考察，仍然不能确定许多王陵的地点。因此，如果有错误，并非特异，而是常态。

顾炎武以为历代王陵的名单只是皇帝身边的官员根据书籍的记载而拟定，他可能不晓得奔走各地、调查回报的官员也参与铸成了这些错误。顾炎武以为皇家藏书甚为丰富，但他是否知道活字印刷是十一世纪以后的发明？在此之前的雕版印刷主要用来印刷佛经，此前的图书资源不像后世那么容易取得和使用？顾炎武绝对不晓得：他竟被后世誉为其身后三百年"考证学"的宗师。像他那样阅读文献资料、严格比对的知识风格，在他之前并不存在，或没有成为读书人的思想主流。所以赵匡胤身边的文官并非寡学无能，而是他们的思维和顾炎武不同。

其实，王陵一直都在，始终在它被建造与被盗掘的地方。在国家或官方不去注意的时候，它们就在时间中慢慢衰败，许多坚固耐用的石材被移走挪为他用，或一而再被盗掘，直到失去所有的价值。盗墓贼知道王陵在哪，不管墓主是谁。当地人也知道，他们朝夕可见那高耸的土丘，偶尔也会拾获墓中的珍宝，或领着牛羊到坟丘上吃草。王陵的地理位置一直被记载在官方和私人的各种文字纪录，一直流传在当地人的记忆，口耳相传。这些信息始终都在，被保存和流通，传递给读者与后人，直到某一天突然有人产生了兴趣。

王陵的调查

虽然赵匡胤的官员上下协力定位的地点并不可靠，令人起疑，但他们究竟如何找到这些王陵？王陵如何被发现？对现代的学者专家来说,这仍是困难的问题,即使拥有科技设备的协助,仍然无法精确的定位。许多历史上的王陵,甚至根本无从找起。如今被指认为秦始皇陵的墓葬,其实是意外的发现。既然如此,千年以前的赵匡胤和他的官员,为何能够详细列出近八十处的王陵？

中央官员理应掌握一些情报,但既不全面,也无法确定,仍有待地方查核。当时各地官员如何调查境内王陵,没有留下任何具体的资料,但有一份资料,记载了相近的活动。968年,因赵匡胤出兵湖南与四川得胜,为了表彰皇帝的功业,群臣奉上新的"尊号",[①]比上一个尊号多了四个字:每一个字都意味着崇高的美德。经过重新排列组合的十四个字,让皇帝的光荣上升到新的高度。赵匡胤依不成文的习惯,先表示谦逊,然后接受,最后下令施行善政、广布恩惠,证明皇帝并非浪得虚名。其中一项措施即"修前代圣帝、功臣、贤士陵墓之毁圮者"。中国各地历来都有一股热爱乡土的情怀,而历史伟人的墓葬最能提升当地的名声。地方士民乐见当地杰出秀异的人士获得表扬,王陵更能提升地方的价值。所以皇帝要求地方官员修缮人物墓冢的命令,往往受到地方士民的欢迎。

各地州县官员接获这项谕令,不敢虚应故事。蜀地梓州(位今四川三台县)有位官员郭廷谓(919—972)"亦奉斯命。由是不俟驾而按其部"。郭廷谓家在江南,原本效力南方政权,但十年多前因战败而投降后周,成为后周与宋的官僚,被调任梓州长官。一个外地官员当然不清楚当地有哪些历史遗迹,来了才知道这里是唐代作家陈子昂的故乡。他来到陈子昂位今射洪县的墓地:"至独坐山前,过有唐故右拾遗陈公之坟"。从三台县到射洪县,沿途崇山峻岭,乘舟沿江而下,至少超过二十公里。据郭廷谓说,陈子昂的墓"封树茂,不劳增筑

---

① 《宋史》,卷2,页28。

而加植也",所以他只命工匠重新模勒了墓前一块有两百年历史的石碑。翻新的石碑上,也赞颂了皇帝的恩惠与美德。从接获诏书到完成整修,只花了两个半月的时间。来自赵匡胤的一道命令,动员全国各地类似郭廷谓的州县官员,纷纷策马乘舟,访察辖区内英雄伟人的墓葬。[①]

　　赵匡胤要求各地普查王陵,引发的活动大概比这个例子更郑重。郭廷谓外出考察的原因是皇帝即位、更改年号、获得尊号的例行政策之一,但 966 年的命令则是特别指定王陵,重要性大多了。无论如何,实地调查是这一类"文化行政"的重要环节,地方官员扮演重要的角色。正因如此,后来发现有不少错误的王陵地点,恐怕和地方调查的品质有关。

王陵的两种类型

　　顾炎武驳斥历代王陵的名单有错误,但他并不认为拓跋宏和周文王的陵墓有本质的差异。其实有的。他所举出的两个例子,正好是两种类型的墓葬。历史上的王陵并非铁板一块,除了埋葬王者之外,还有许多大大小小的差异。我们至少能够以秦始皇为分界,划分上古时代和秦汉以降两种不同的类型。

　　如今人们对中国传统墓葬的一般印象是圆耸的土丘。这种类型的坟墓从公元前四世纪才开始出现、流行。统治阶级为了夸耀财富和权势,在埋葬遗体的墓室上堆土成丘,日渐高耸,逐渐成为中国墓葬的主流形式。[②] 秦汉以降的王陵大多采取这种类型,并以地底的墓室、地上的坟丘为核心,规划出大范围的陵园,种植特定类型的植物,

① 郭廷谓重刻陈子昂墓前石刻:陈子昂著,徐鹏校,《陈子昂集》(北京:中华书局,1960),《附录·旌德碑》,页 259。
② 坟丘墓的起源:杨宽,《中国古代陵寝制度史研究》(上海:上海古籍出版社,1985),页6—14。

比如松树、柏树和白杨，[①]布置石人、石兽等雕刻，形成墓域的"死亡景观"（deathscapes），弥漫肃穆的氛围。五世纪的拓跋宏，其陵墓就属于这种类型。但在坟丘墓的形态之前，没有后世那样高大突出的土丘。所以公元前十一世纪的周文王，他的埋葬地点没有土丘，地表上大概有其他的建筑物或标志，但在漫长岁月中，早已毁损殆尽。因此，两种类型的王陵，基于其原始构造的差异，地貌颇为不同。

除了景观之外，后人对这两种类型王陵的知识，也不一样。夏商周三代及之前的三皇五帝，其墓葬的位置大多是后人从文字记载的传说推测而来。就以上古帝王中时代最晚、公元前十一世纪的周文王为例，如今可知最早的历史记录出现在公元前一世纪的《史记》，相隔已经千年。严格说来，这令人难以置信，更别提其他久远的先王了。至于秦汉以降的王陵，不但地表上的土丘和建物可以直接观察，同时代的官方与士人也留下比较详细而清楚的文字记录，比起上古王陵只字片语的记录可靠多了。因此，帝制时代王陵地理位置的记载，虽然无法提供绝对精确的坐标，容或有错，但在地理定位上算是有参考价值了。

在现代的学者看来，这两种类型的墓葬也反映了不同的历史阶段。秦始皇开启了皇帝制度、官僚政府的统一国家，直到清王朝结束的 1911 年，属于中国的"帝制"时代，高耸的王陵就是帝制的产物与象征。在此之前，先是周王朝的封建时代，更早则是东亚大陆上不同民族的势力消长与争霸。这个时代的帝王，在后世的记载中，充满了难以置信的传说色彩，大多属于无法证实的神话英雄。但对十七世纪的顾炎武和十世纪的赵匡胤及其文官来说，华夏天下的王权，有一以贯之的历史；他们不曾怀疑上古先王的真实性。顾炎武虽然批评赵匡胤的文官弄错周文王的王陵，但对于比周文王更古老、至少更早

---

① 墓域植物：周明仪、赵桂芬，《陵墓茔域及其常见植物伤悼意象之探讨》，页 161—180。

一千年的九疑山舜墓和会稽禹墓，他认为地点是正确的。顾炎武相信古典文献的记载，只要细心比对，百世之后仍然找得到尧、舜、禹的墓地。反倒是生于十二世纪的学者洪迈（1123—1202），对开国皇帝赵匡胤指定的地点，有点半信半疑。他认为时光流逝，山河变迁，已经不可能找到真正的古迹。比如会稽的"禹墓"和"禹穴"，他对前者不置可否，对后者更嗤之以鼻。[①] 洪迈可能不是第一个这样想的读书人，不过即使心有所疑，大多数人又岂敢随便公然批评开国之君的"祖宗之法"——祭祀历代帝王陵庙已经成为国家制度与传统。

上古王陵的异说与名单的影响力

两种类型的王陵还有一项差异。秦汉以降帝陵的位置，许多文字记录透露的信息不常出现矛盾和冲突，人们的看法有稳定的共识。定位不精确或误认难以避免，但像拓跋宏那样从洛阳被移到陕西，则是很少见的错误。没有人会将李世民的墓从陕西搬到洛阳，至少十世纪的官员还知道唐王朝的都城在长安。

但上古先王的情况，完全不同。基本上，上古王陵的记载不但都是传说，而且众说纷纭，一个帝王有两个以上传说中的墓地，相当平常。而且时间越久远的古老帝王，传说的地点就越多。这些信息往往错综复杂，并无公认的定说。比如王权史上的第一人伏羲，赵匡胤指定在陈州祭祀，但其实至少还有另一个传说墓地在单州。伏羲之后的女娲和黄帝，也都分别至少有两到三个以上的传说墓地。[②] 长久以来，各地甚至已经发展出祭祀的祠庙、文化传统与记忆。各地都自认是唯一、真正的王陵所在地。结果，上古王陵出现了纷歧、重复和

---

① 洪迈撰，孔凡礼点校，《容斋随笔》（北京：中华书局，2005），卷 12，页 372。

② 伏羲、女娲和黄帝的王陵传说：伏羲，见《元和郡县图志》，页 1106；女娲，见《太平寰宇记》，卷 6，页 107；卷 14，页 282；卷 43，页 906；黄帝，见《太平寰宇记》，卷 34，页 727；卷 35，页 741；卷 71，页 1429。

矛盾的状况。这些秦始皇以前的上古先王,在赵匡胤的名单中有二十人,占了近四分之一。

这个现象很早就让人感到困惑。四世纪时有人试着解释:"按帝王冢墓皆有定处,而《山海经》往往复见之者,盖以圣人久于其位,仁化广及,恩洽鸟兽,至于殂亡,四海若丧考妣,无思不哀。故绝域殊俗之人,闻天子崩,各自立坐而祭醊哭泣,起土为冢,是以所在有焉。"[1] 他认为:真正的王陵当然只有一个。但伟大的帝王死后,各地百姓因为哀悼,于是各自堆起土丘,举行祭奠。这些土丘后来就被当作墓地。他企图解释王陵所在多有的现象,设想出可能的历史情境。现在看来,这完全是幻想。实际上,上古先王不只墓地众说纷纭,就连出生地点的说法也不一致。从传说的演变、扩散和变异来看,这其实是自然的现象。这个现象由来已久,但过去官方很少刻意指定哪个地方才是真正独一无二的王陵,并且举行国家大典,赋予纪念之地的崇高地位。因此各个传说之地维持自己的主张,官员也不讲究,视为民俗信仰而已。赵匡胤和官员当然也注意到这个很普遍的现象,所以附加了一条但书:"他处有祠庙者亦如祭享",尊重各地民情,不影响其原来的信仰与祭祀传统。[2]

既然上古王陵的传说纷歧,那么赵匡胤的官员如何选择?虽然同样都是传说,也都有历史文献的根据,但各地王陵的知名度并不相等,有些地方获得比较多的认可。如今无法确切知道这份名单如何取舍,是否有单一的标准,或每个地点分别经过讨论。不过,这份名单的影响,比起它如何形成更值得注意。在这些被指定的王陵举行的祭典,维持了一百五十多年,直到十二世纪初宋王朝丧失在华北的

---

[1] 郭璞对王陵传说的解释:袁珂校注,《山海经校注》(成都:巴蜀书社,1996 增补修订本),页 248。

[2] 966 年的王陵名单尊重各个传说地点的祭祀:《宋会要辑稿》,礼 38 之 1;《太常因革礼》,卷 80,页 385—386。

领土，赵匡胤指定的王陵地点大多落入女真人的手中。统治华北的女真人和之后统治中国的蒙古人，对这个仪式不感兴趣。但这份王陵名单已经被认可为最权威的说法，被抄进更多的书籍，比如元代的《文献通考》——那个时代的人不像三百年后的顾炎武那样仔细考证地点的真实性。直到十四世纪后半，朱元璋重建汉人政权，历代王陵再度成为王权致敬的对象，在这份名单的地点上重新举行典礼，并延续到清王朝，直到中国的帝制时代在二十世纪初结束。

六、王陵的建庙

971 年，在赵匡胤派遣工兵队进入陕西、修复王陵的前后，他发布了一项改善历代王陵的措施：增派守护王陵的人力。[①] 这些被指派的民家称作"守冢户"，大多居住在王陵附近，因而被赋予这项任务，并以免除其他劳役作为交换条件。五年前，赵匡胤首度公布维护王陵的规定时，七十九位帝王可以依守冢户的有、无分为两种。前者计四十一位，其他三十八位则不必维护。如今，可能因为指派的人力负担不了，赵匡胤决定增加。

最晚在这一年春天，赵匡胤及其官员更下达了一项重大的决定：为前三等的帝王修建庙宇，成立固定的仪式场所，让帝王的神灵能够接受士民百姓的崇拜和祈求。[②]（参见图 6-3、6-4）建庙，是赵匡胤动念向历代帝王致敬以来，最重大的决定。他最早只下令修墓、派人看守和行礼致祭，这些都是过去官方已有的既定措施，并非积极作为。皇帝与官员历经数年的摸索，地方与中央交换信息，终于决定建庙。如此一来，"四时祭享"有了固定的场所。在此之前，可能在野外或残破的废墟中举行典礼。因陋就简的环境使得仪式不够庄严，无法让

① 《续资治通鉴长编》，卷 12，页 262。
② 立庙的决定：《宋会要辑稿》，礼 38 之 4。

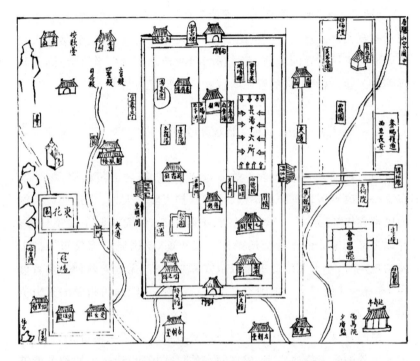

图 6-3 "唐骊山宫图"中的始皇陵与始皇庙

骊山为传说中秦始皇的埋葬之地,今出土的兵马俑坑即在骊山北侧。唐皇帝李隆基喜好来此休憩,因而建设了许多宫殿。此图绘于元代,当时指认的始皇陵与始皇庙,位于图的左下角。

资料来源:《长安志图》(北京国家图书馆藏,元抄本),卷上。

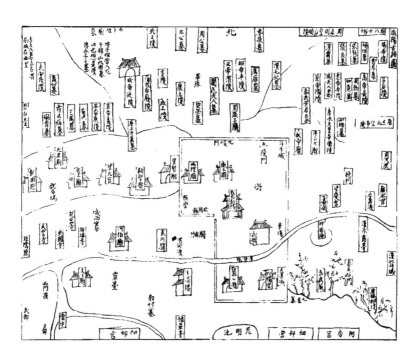

图 6-4 "咸阳古迹图"中的帝王庙

咸阳位于渭河北侧，隔岸即为长安。当地遍布周、秦、汉、唐各时代历史人物的墓葬。元代绘制的地图尚指认出不少帝王的陵墓与祠庙。

资料来源：《长安志图》（北京国家图书馆藏，元抄本），卷中。

行礼的官员和观礼的士民,强烈感受到过去帝王的贡献,也不能突显当今皇帝的存在感。当典礼一结束,王权的光芒随即消退,一切回到空旷荒凉的地景。如今修建庙宇,得以持续彰显王权。

赵匡胤决定建庙时,要求"务尽宏壮",透露出他看重此事的程度。为什么要建设恢宏雄伟的庙宇? 他认为"非严肃于庙貌,何崇重于瞻仰"[①],只有以华丽的建筑景观,才能让士民百姓对王权的景仰达到顶点。王陵的奇观是王权力量的象征,但过去的王陵无不被盗,奇观沦为废墟;这意味着无论多么强大的王权都逃脱不了失势消散的命运。这对正在崛起的宋国而言,并不能鼓舞人心,带来正面的启示。赵匡胤无法恢复这些衰败的王陵,也没有必要。但他可以缔造新的象征,在旧的王陵之前创建新的庙宇,树立新的奇观。

赵匡胤用来宣扬王权的庙宇,并不限于历代帝王。代表天下四方的名山、大河与海洋的圣地,也囊括在这一波建庙的政策中,总计达五十二处。虽然这两种纪念之地都有长久的祭祀传统,但赵匡胤显然并不满足过去的陈规,他认为"祀事,恒典也,何以加焉;封爵,旧制也,无以增焉"。祭祀典礼已经定期举行,无法更隆重;将人格化的爵号授予山神、河神和海神的荣誉,也已经达到上限。这些都太寻常,不能满足他夸耀王权的雄心。"将欲隆万人之瞻仰,莫若严绘塑;必欲垂永世之崇重,莫若阐庙貌。"[②]唯有以工程浩大的庙宇建筑,加上塑像、壁绘等造型艺术装饰内外,再造奇观,才能征服士民的视觉感官,使之由衷惊叹王权的伟力,从而感念历代帝王的成就,敬服赵匡胤的权力。废弃的王陵重获新生,转而演变成新的崇拜场所,被赋予宗教的意义。

---

① 梁周翰,《大宋新修商帝中宗庙碑铭并序》,《全宋文》,卷51,页238;李莹,《大宋新修唐太宗庙碑铭并序》,《全宋文》,卷45,页120。

② 卢多逊,《大宋新修嵩岳中天王庙碑铭并序》,《全宋文》,卷56,页332。

建庙的对象、经费与规划

建庙向历代帝王致敬，并非奇事，但很少由官方进行，大多基于地方士民信仰自发形成。两百年前李隆基曾经在都城建庙合祀三皇五帝等上古先王，但那是附属于政权中枢的祭祀场所。如今，赵匡胤指定了全国三十八处王陵，为之修建庙宇，其规模之大，史无前例。这三十八处都是前三等帝王的王陵，没有一位在第四等。前三等帝王共四十一人，但只有三十八人建庙，不建庙的三位是夏禹、曹操和朱温。夏禹治水的功劳让他跻身最被景仰的帝王，但他的传说陵墓却在附庸国吴越境内。终结汉、唐王朝的曹操和朱温，可能因其恶名被有意排除在外。

这三十八所陵庙并非全部新建。若干早有现成的祠庙，比如伏羲庙、高辛庙和武丁庙；有些则利用陵域中既有的建筑为基础改修而成，比如唐王朝的高祖庙和宪宗庙。[①] 新建或增修的经费由官方负担，营建的人力或许部分来自工兵部队——他们是军队中战力较弱的兵员，经常被派遣从事土木工程的劳动。一般民间祠庙，多由当地士民集资修建。地方官员有时也顺应民情，赞助当地祠庙的修建与升级，但这次基于皇帝的意志，一切由官方主导、中央指挥，三十八处王陵所在地的官员奉命一同进行。

这些陵庙由赵匡胤下令兴建，他也参与了庙体建筑的规划。负责施作皇家建筑的部门根据建筑的技术规范绘制土木施工的蓝图，

---

① 帝王陵庙的前身：见叶梦得撰，徐时仪整理，《石林燕语》，收入《全宋笔记》第 2 编第 10 册（郑州：大象出版社，2006），卷 1，页 6；《旧五代史新辑会证》，卷 14，页 393；刘于义等监修，沈青崖等编纂，《陕西通志》，收入《景印文渊阁四库全书》第 551—556 册（台北：台湾商务印书馆，1983），卷 71，《蒲城县宪宗景陵》。

赵匡胤亲自看过之后,任命特使前往各地执行,督导工程。[①] 中央政府介入主导相当深,并不轻易交由地方官员自行兴建——这种由中央派员来推动政务运作的模式,始于两个世纪之前,并成为日后宋王朝行政体系的特色。同时兴筑的山川祠庙,在规划与执行的程序上也如出一辙。三十八所帝王陵庙和十四处山川祠庙虽然分散各地,但因施工蓝图统一来自中央单位,因此这些庙宇的布局和景观,可能有不少相同或近似之处。施工的期程,以商中宗庙而言,一年左右即告竣工。(参见图 6-5、6-6)

陵庙的规模、构造和布局

庙宇落成之后,赵匡胤虽然关心,却不可能一一前往参观,于是派遣画家至庙宇所在地,如实描绘庙宇的外观,化成纸上的风光和景观,送回开封给皇帝寓目。赵匡胤甚至派人覆检,核对绘画与建筑是否符合。[②] 这种描绘宫殿楼阁的图画,称为"界画"。界画里的宫殿规模宏大,令人惊叹。因为赵匡胤下令建造的陵庙,如同为已逝的王者建造皇居。

陵庙占地的规模如何?据说"每庙须及一百五十间以上"。古建筑两柱之间称为"间",这是用来计算建筑物正面宽度的单位。一百五十的数字大概是全区建筑合计所得,表示整座陵庙的规模。以早先重修的中岳嵩山庙为例,单是连结建筑物的长廊,计有"一百余间"。[③] 从占地面积来看,女娲庙"南北百丈,东西九筵"。[④] 这个叙述用了古典的形容词,不易让人掌握具体的长度。不过,现代对宋王朝

---

① 苏德祥,《新修江渎庙碑》,《全宋文》,卷 54,页 301;卢多逊,《大宋新修嵩岳中天王庙碑铭并序》,《全宋文》,卷 56,页 332;梁周翰,《大宋新修商帝中宗庙碑铭并序》,《全宋文》,卷 51,页 238。

② 《挥麈录·前录》,卷 1,页 3573。

③ 骆文蔚,《重修中岳庙记》,《全宋文》,卷 44,页 105。

④ 裴丽泽,《大宋新修女娲庙碑铭》,《全宋文》,卷 54,页 296。

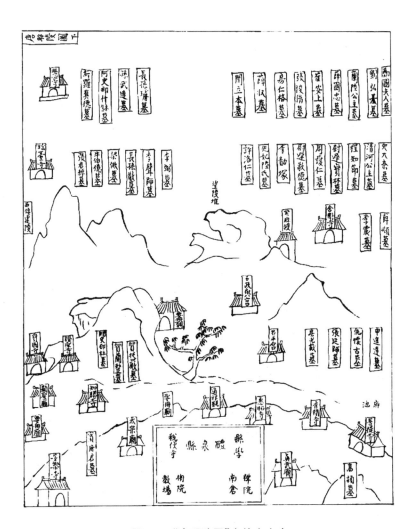

图 6-5 "唐昭陵图"中的太宗庙

唐太宗李世民的陵墓"昭陵",包含了庞大的陪葬墓群。图中的左下方的"太宗庙"可能即始建于十世纪宋太祖赵匡胤。

资料来源:《长安志图》(北京国家图书馆藏,元抄本),卷中。

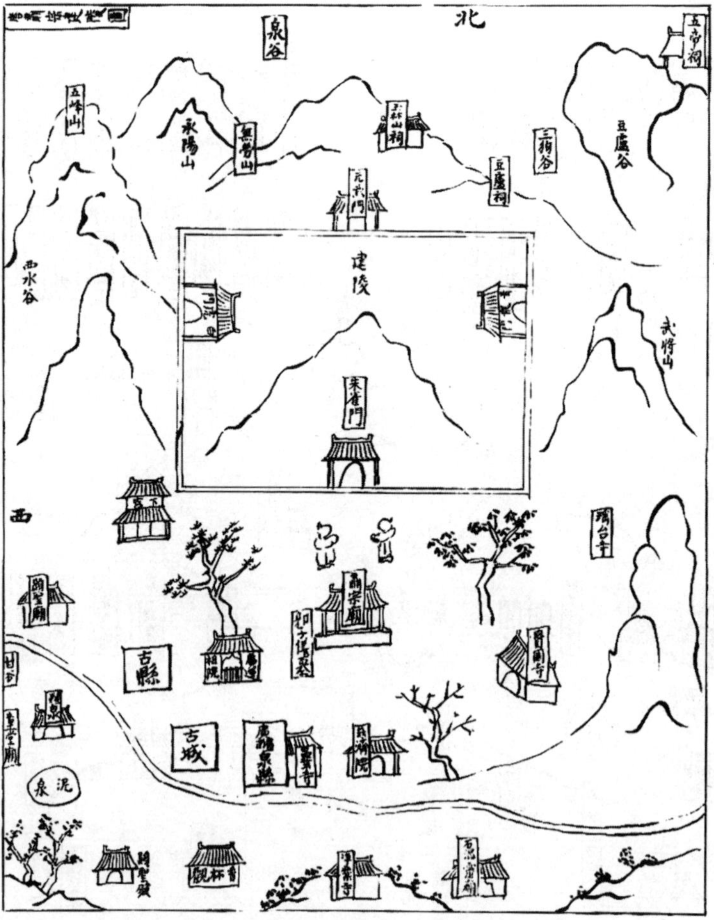

图 6-6 "唐肃宗建陵图"中的肃宗庙

唐肃宗李亨乃李隆基之子,他在父亲引发的安史之乱中仓促即位。其陵墓"建陵",也在赵匡胤修陵、建庙的名单上。

资料来源:《长安志图》(北京国家图书馆藏,元抄本),卷中。

祠庙建筑的考察,测量当时名山神庙和孔庙的庙域"深在九十五丈至一二五丈之间",①因此帝王陵庙南北百丈是合理的数字。换算成公制,纵深达三百公尺。

关于陵庙的平面布局,在建庙百年后的十一世纪,有人如此记述商王朝武丁的陵庙景观:"(赵匡胤)广其栋宇,至八十八楹,塑其像于殿中,又立甘盘、傅说二相夹侍左右,列绘群臣于四壁。复敞东、西两序,前辟重闼,后严燕寝,致斋有厅,供庖有次,珍木森于其中,缭墙周于其外,壮丽秘邃,灵威如在。"②商王朝创建于公元前十七世纪末,武丁是后期的君主,当时国力正当鼎盛。武丁前三代的君主迁移都城至今河南安阳,经二十世纪考古学者的挖掘,发现了许多大型建筑的遗构与珍贵的文物。武丁的配偶"妇好"的墓葬,也在 1970 年代出土。不过,十世纪指定的武丁王陵及其陵庙,却在安阳南方超过二百五十公里远的西华县。因此,武丁真正的王陵恐怕并非赵匡胤以为的那一座。

上引文字为读者描述了武丁陵庙的布局和景观。其他陵庙大体上应与此相去不远。以下从外而内来介绍陵庙的布局。③ 整个庙域由"缭墙"(围墙)划出界域。由外而内入庙,进入前后二层的"重闼"(重门),每一层分左中右三门。跨进重门之后,就来到由正殿和后方的"燕寝"(寝殿)构成的核心区:正殿和寝殿之间以走廊连结,两殿一前一后呈吕字形,四周并由回廊环绕,构成封闭式的廊院。正殿并不位居廊院中央,而在稍北之处,从而在前庭保留较大的空间,得以进行仪式与活动。整个庙区遍植珍贵的树木。

---

① 崔梦一,《北宋祠庙建筑研究》(开封:河南大学中国古代史硕士学位论文,2007),页33。

② 武丁陵庙:王汾,《修商王高宗庙碑》,《全宋文》,卷 2028,页 216;中国社会科学院考古研究所,《殷墟妇好墓》(北京:文物出版社,1980)。

③ 宋朝宫殿建筑的规制:《续资治通鉴长编》,卷 79,页 1802;崔梦一,《北宋祠庙建筑研究》,页 29—30。

整个陵庙的重点是奉祀王者的正殿。赵匡胤拓展了武丁庙的大殿"至八十八楹"。现代复原济水的河神庙，测绘正殿和寝殿的楹柱数目是四十四。[1] 武丁庙的规模显然比济渎庙大一倍。今存济渎庙的正面为七间，那么帝王陵庙应该更为宽敞。

帝王的形象、服饰和排场

进入正殿，主角就是帝王的塑像。塑像以坐姿呈现。成功的人物造型艺术，多以生动神情和身体曲线慑人。但陵庙的帝王塑像，旨在呈现统治者的崇高，引起士民的景仰，重点不在艺术的神似。这并不是说塑像不重视真实的再现，而是正当的形象更重要："威仪"。帝王端坐之姿，当然不偏不倚、保持均衡。

至于相貌，赵匡胤的文官如何能知数百千年以前的古人相貌？唐王朝的时代近，还留存一些图绘皇帝的"圣容"和铜像可以参考。至于更早以前的君主，有赖图画。宋朝的宫廷继承和收集过去的艺术藏品，其中就有不少描绘古代帝王的肖像，如今可见者有据传阎立本的《历代帝王图》。这幅卷轴画有十三位帝王，其中和赵匡胤的名单重叠者有汉光武帝、魏文帝、晋武帝和隋文帝四人。陵庙塑像的面貌大概由画家参考这一类的作品绘制而成，再交付工匠依样雕塑。

比起面貌和姿态，塑像穿着的服饰才是关键。墓里的死者和庙中的神像，都要身着符合身份地位的服装。[2] 两年前赵匡胤替被盗墓的帝王重新下葬，就准备了合适的衣服。他征服广东后，也替南海庙的神像换装。如今他向历代帝王致意，当然要为他们换上新装。服饰显眼，参拜者远远就能望见。帝王的服饰充斥着许多纹饰，这些象

---

[1] 济渎庙的测绘：崔梦一，《北宋祠庙建筑研究》，页 52。

[2] 神像服饰和身份等差的关系：陈致雍，《庙像无妇人配座议》，董诰等编，《全唐文》（北京：中华书局，1987），卷 874，页 5390；杨俊峰，《唐宋之间的国家与祠祀——兼论祠祀走向政教中心的变化》（台北：台湾大学历史学研究所博士学位论文，2009），页 114。

征性的符码标示王者的身份。① 在唐王朝开国之君李渊的庙中,有人如此形容塑像的服饰:"其像塑也,饰之以金碧丹青;其服御也,赍之以藻火粉米。"金碧丹青形容塑像设色华丽多彩,"藻""火""粉米"则是三种政治象征的图像:藻是水草,取其有条理之意;火是火焰,意味着光明;粉米即洁白的谷类,象征食物的滋养。② 三者都是对帝王的美化,比喻统治者带来了秩序与光明、照顾万民。这些服饰的细节不仔细观察是看不到的,地方士民也未必了解其象征意涵。无法了解的符号,反而让人们更慑服于王权的神秘。

帝王坐像的左右有辅佐他们的大臣立像,正殿四面的墙壁上描绘了其他文官武将的形象,③在殿外的回廊中,还有各种彩绘与装饰,包括排列成行的侍从、护卫和士兵,以及旗帜。王者生前浩大隆重的排场,都在正殿内外透过壁绘重现。在祠庙的整体装饰与设计上,也投注了许多心力,包括梁柱、台基和阶梯,以及天顶、门窗和屋瓦,许多作家倾其笔墨形容其华丽:"丹楹赤墀,瑶轩藻井,金阶宝砌,回廊环周,雕甍对飞,朱栏绮疏,交错光辉""绣闼文楣……虹梁鸳瓦",④从这些精雕细琢的文字,不难想像整座陵庙丰富的颜色、珍贵的材质、精致的设计,构成了"奇观"。

统治者的贡献

赵匡胤为何想在王陵建庙?建庙意味着什么?他没有让自己成为礼敬的对象,所以这不是对皇帝的个人崇拜;他也没有拉抬自己的家族和祖先,攀附华夏文明的历史伟人,以分享其不凡的光芒。这些

---

① 帝王服饰的象征性图像:陈文曦,《阎立本的〈十三帝王图〉初探——以冕服"十二章"纹饰为基准》,《书画艺术学刊》4(2008):529—553。

② 李渊塑像的描述:扈蒙,《新修唐高祖庙碑记》,《全宋文》,卷14,页87。

③ 帝王陵庙配享功臣的画像:见《挥麈录·前录》,卷1,页3573。

④ 殿外回廊:李昉,《帝尧庙碑记》,《全宋文》,卷47,页164;装饰与设计:卢多逊,《大宋新修周武王庙碑铭并序》、黄逊淳,《大宋新修周康王庙碑并序》。

事在两百多年前的李隆基都进行过,日后宋王朝的皇帝也将采取类似的做法。但身为开国之君的赵匡胤没有这样做,他选择不同的方式来强化士民对王权的认同。

借着向历代帝王致敬的典礼和庙宇,赵匡胤希望突显最高的统治者有不可磨灭的贡献。他之所以如此,心中其实有个比较的对象,那就是社会各地士民对忠臣、孝子等历史人物的祠祀信仰。"祠祀信仰"是汉民族宗教生活的基层和古层。过去千百年间,随着佛教、道教等宗教逐渐体制化,相信万物有灵的信仰则扩散到各地聚落,凡有人群之处即仰赖祠祀祭典以调节人与自然、人与社群之间的关系。在天地万物的鬼神中,历史上杰出秀异的人士,占了相当大的比例。各地当然也有一些以帝王为对象的信仰,但相比之下,忠臣、贤士的数量更多。忠臣、贤士和孝子等楷模,以及为群体福祉牺牲奉献的人士,都有资格被祭祀和追思,因为他们维系了社群的存在与价值。出身民间的赵匡胤,深受这套文化的影响。他之所以坚持将白起从武庙除名,因为他认为祭典的纪念对象应该具有正面价值,才能提升社会风气。这个逻辑顺序反过来也成立:为了树立正确的价值观,应该向非凡卓越的伟人致意。既然身份地位较低的忠臣、贤士都获得追思,那么造福人民、贡献深远的帝王怎么可以不为他们建庙?

创造的信仰

过去,历代帝王的祭典是国家礼仪的一环,由皇帝遣使代表他本人行礼致意。在偏远之地,这项典礼不免沦为官方的例行公事,活动结束后毫无影响。比如在湖南的舜墓,两百年前已经找不到具体的位置,当时的地方官员就在荒野中草草举行。没有固定场所的祭典被有些人批评为缺乏诚意。为求王权与被统治的士民产生连结,赵匡胤希望让国家层次的祭典,向下融入蔚为社会潮流的祠祀信仰,传播和提升新王权的存在感。

三十八所帝王陵庙中,若干原本就有民众信仰的物质与精神基础,尤其黄帝、女娲、神农、尧、舜等上古先王,可能早已融入当地的社会、文化与生活,官方只是因势利便。以同在修庙之列的嵩山神庙来说,据说其信仰圈远达千里:"国家祭享之外,留守祈祷之暇,每至清明届候,媚景方浓,千里非遥,万人斯集,歌乐震野,币帛盈庭,陆海之珍,咸聚于此。"[1]当赵匡胤下令扩建庙宇、举行祭典,为神像更换新的神衣和祭器,以新王者的身份与神灵缔结关系,新王权的荣光借由这些活动,透过信仰圈的传播而扩散,祠庙则因中央的荣宠而提升其地位与声望。

各地对于被指定崇拜的帝王,信仰的程度不一。并非每一处陵庙都像南海、嵩山那样广受信仰。有些帝王的知名度低,人们的印象不深,陵墓也不受所在地的重视。秦汉以降的君主,就不像上古先王那样受拥戴。如今,由于赵匡胤的关注,一道命令改变了信仰的景观,为地方官民的生活带来新的变数。他从无到有创造出信仰的场所,欢迎士民祈福参拜。庙宇及其祭典激发出这些帝王的记忆,记忆也让这些王陵重获新生。

王权的崇拜

赵匡胤不是第一个透过宗教信仰的场所来传达王权的统治者。唐王朝的皇帝多运用道教,一度颠覆唐朝的武则天则特别借助佛教。唐朝之后的赵匡胤没有利用佛、道教的体系网络,他选择了另一条路。祠祀信仰是当时宗教生活的基本形式之一,人们前往庙宇向鬼神祈求庇佑,解决个人、家庭与社群的危机。这是赵匡胤习以为常的生活与文化。在各地人群的崇拜对象中,当然也有帝王的身影。不过,在各种鬼神中,比如山神、河神、战死的英雄,帝王并不普遍也不

---

① 骆文蔚,《重修中岳庙记》,《全宋文》,卷 44,页 105。

突出。赵匡胤为历代帝王建庙,其实运用了社会士民最容易接受的宗教形式,并将重心放在最能代表王权的帝王身上。

赵匡胤推动的三十八所陵庙,和自然成长的祠祀信仰有三点不同。帝王陵庙由官方支持,不只由官方出资修建,而且负责管理。相较于其他祠庙,陵庙因朝廷的威权而地位较高。陵庙中最隆重的祭典属于国家典礼的一环,有其固定的行事:祷词由朝廷颁下,甚至皇帝亲自签名;配合精美的礼器与严格的仪式,一切都有制度化的规范。为商王太戊庙的落成写文章的官员认为,陵庙的礼仪将散放着高级文化的光芒:"当使泯然之俗,纷若之巫,祷请天时,将有豚蹄之愧;喧哗神宇,益知铜鼓之非",[1]其他普通的祠庙都将自惭形秽。

年度祭典上,官员代表赵匡胤向历代帝王祝祷,感谢他们的贡献。皇帝则代表了人民,借由致敬、祈福的仪式,赵匡胤成为历代帝王的神灵与广大士民之间的中介——在一般的民间祠庙,不存在这种情形。[2] 透过回忆和纪念的仪式,参与的官吏士民重新领悟自己处在古今王权的恩泽中。陵庙和祭典是记忆的媒介与仪式,成为指向过去的时间索引,参拜的士民被提醒王者的生平事迹。陵庙连结了中央与地方,官方与士民透过祭典凝聚起来,同时也连结了王权的过去与现在。

陵庙不只由官方创建,而且与皇帝连结,被祭祀的帝王因其身份,还有一项异于其他祠祀的特殊之处。过去数百年间,民间信仰稳定发展,逐渐成为政府必须正视的社会现象与施政议题,士民信徒也希望自己崇拜的鬼神获得官方的认可。双方的需求催生了由中央颁赠爵位给鬼神的方式,调节官方与士民的关系。[3] 封爵的名称有"王"

---

① 梁周翰,《大宋新修商帝中宗庙碑铭并序》,《全宋文》,卷51,页238。

② 赵宁,《大宋新修唐宪宗皇帝庙碑铭并序》,《全宋文》,卷46,页142。

③ 须江隆,《唐宋期における社会构造の变质过程——祠庙制の推移を中心として》,《东北大学东洋史论集》9(2003):247—294;《"熙宁七年の诏"——北宋神宗期の赐额・赐号》,《东北大学东洋史论集》8(2001):54—93。

"公""侯"等，这些爵号源自封建时代，用来区别地位高低。地方的祠庙获颁某一级的爵位，显示了它在该区域众多神灵中的地位。没有比"王"更高级的爵号，这是民间的祠祀庙宇在国家制定的地位体系中最高的天花板。

考虑到这个背景，帝王陵庙的特殊性就很清楚。历代君主都是最高权力的统治者，他们的身份是皇帝，高居所有人之上。理论上，皇帝是上天指定的。这些帝王的身份和地位，都不是赵匡胤能够用封爵的方式加以认可的。赵匡胤和他们的身份、地位相等，没有资格授予他们更崇高的尊称。所以帝王陵庙，和官方管理祠祀信仰的封爵体系不同轨，其地位高于一般的鬼神之上。

三十八所陵庙不单纯只是国家祀典的祭神之所，而是成为王权的媒介，兼具政治与信仰的意涵。王权的崇拜，透过庙宇建筑和仪式的展演，年年岁岁反复传承而稳固，王权的意象也透过当地的居民和信众向外扩散。

陵庙的纪念碑

在古代中国，民间修建庙宇，兹事体大。当鬼神灵验，吸引信徒，才能积聚足够的人力和物力，从简陋的祭拜场所逐步升级成堂皇的庙宇。在财力并不充裕之地，祠庙扩建的速度相当缓慢，如果没有地方士民多年的支持，极难成功。但官方在王陵建庙，迅速达成了目标。从赵匡胤下令修建，经过一年半，各地陵庙大多已告完工。根据长久以来庙宇竣工的习惯，这件大事必须成为庙史的记录，具体的做法是请人提笔撰文，叙述修建的源起，刻立石碑。在地方社会，文字本身具有令人景仰的文化价值。赞颂的文章让完工的庙宇锦上添花，更增光采。文章刻石立碑，则以最坚固的材质昭示未来的世代。因此，当陵庙完工，还有丝毫不可轻忽的最后一步是撰文立碑，纪念这项盛事。

在 972 年，赵匡胤动员了手下至少十三位以上的文官，为这五十二所庙宇的落成撰文立碑，[1]这些人是赵匡胤身边最有才华的文章作家。虽然这五十二篇纪念文章出于十三位以上的作家之手，但这是一项集体性的文化工程，每一篇碑文有统一的命名格式："大宋新修〇〇庙碑铭并序"，举例来说，比如"大宋新修后汉光武皇帝庙碑铭并序"。撰文刻石立碑虽然比不上修建庙宇的工程浩大，但也需要作家、书法家、刻工等专业人士的合作，才能完成。因此前后费时约一年，直到隔年才各自树立在每所庙宇的大门。

这五十二块石碑的尺寸参差不等，高度在两公尺半到四公尺左右，宽度介于一到两公尺之间。[2] 以所知最高大的商王朝武丁庙的石碑而言，石碑及其承负的龟座合计约六公尺，碑身约三点五公尺，宽约一点七公尺。每篇碑文的行数在二十行上下，每行字数在五十左右，即约千字，字体为行书。至少有三位书法家参与这项文化工程，他们都是赵匡胤的宫廷中第一流的文士。

这些纪念文章，写些什么内容？这些作者如何看待陵庙？如何赋予诠释？虽然其中三十八篇碑文出自不同的作者，但叙述的内容有基本模式。由于这是以帝王为崇拜对象的庙宇，因此碑文首先叙述了这些君主对文明秩序有不朽的重要性，以及他们的成就与事迹，他们如何造福人民。更重要的是，每篇文章都会提到当今的天子赵匡胤，说明建庙和立碑都出自他诚恳的用心。

此时离赵匡胤建国已逾十年，宋国的领土持续扩大，国势蒸蒸日上。因此，这些碑文也洋溢着胜利的夸耀与昂扬的信心，比如"括地两百州，拓土数万里""德威四方，擒僭伪之君者二""举偏师而下西

---

[1] 赵匡胤下令立碑：《续资治通鉴长编》，卷 13，页 292。撰文者的身份：洪遵著，《翰苑群书》，收入傅璇琮、施纯德编，《翰学三书》第 1 册（沈阳：辽宁教育出版社，2003），卷 10，页 73—75；《宋会要辑稿》，帝系 1 之 21。

[2] 王昶著，《金石萃编》，收入《石刻史料新编》第 1 辑第 1—4 册（台北：新文丰出版公司，1982，据清同治 11 年[1872]跋刊本影印），卷 124，页 2286—2296。

蜀……用裨将以复南荒"。① 当时也有一些民间祠庙进行整修和扩建,也留下了纪念性的石碑,但碑文很少渲染国家政治的大事件,而是着墨在祠庙信仰与当地社群的关系。但帝王陵庙的碑文充满了政治性的言语,在颂扬历代王者的同时,也用心赞美当今皇帝的成就。

陵庙与官署的整合

976 年,赵匡胤在开封接见了李煜(937—978,李后主)。李煜是南唐的末代君主。前一年,宋朝大军攻破南唐都城,如今赵匡胤已几乎统一全国,南方已无任何敌对势力。赵匡胤心中对国家发展的重心与方向,也有了新的规划。他决定暂离开封一趟,亲自前往洛阳视察。这是他的故乡,也是中原的历史名城,被认为是"天下之中"。赵匡胤有意将都城迁来此处,就像六百年前的拓跋宏一样。但后者达成了目标,而赵匡胤最后还是回到了开封。②

乘着征服江南的军威,赵匡胤也企图洗刷之前的耻辱。七年前他亲征北汉失利,如今他准备再度发兵,希望解决这个心腹之患。在巡视洛阳和发动战争之间,赵匡胤也没有忘记五十二处的帝王陵庙和名山、大河与海洋的神庙。他下达一道命令,要求各地政府评估,如果当地的县、镇治所距离这些庙宇不远,就将官署搬迁到陵庙或神庙办公。③

从十年前赵匡胤开始关注历代王陵以来,地方官员被要求视察王陵,举行祭祀,职司保护和维修。建庙之后,不但庞大的房舍需要保持完整,环境维持清洁。管理陵庙成为县府官员的工作内容,除了基本的维护工作,每一年还要种植树木,让庙域的环境维持美观与肃

---

① 裴丽泽,《大宋新修女娲庙碑铭》,《全宋文》,卷 54,页 296;苏德祥,《大宋新修后汉光武皇帝庙碑铭并序》,《全宋文》,卷 54,页 299;赵宁,《大宋新修唐宪宗皇帝庙碑铭并序》,《全宋文》,卷 46,页 140。

② 《续资治通鉴长编》,卷 17,页 367、369、370。

③ 《续资治通鉴长编》,卷 17,页 374;《宋会要辑稿》,方域 7 之 25。

穆的气氛。毕竟这是国家规划、督造的庙宇,春秋二季固定收到来自皇帝的祷文,举行祭典;作为国家祭典的场所,陵庙必须保持庄严的面貌。这些事务列入官员的考绩,并在就任、卸任的交接时进行清点。[①]

但另一方面,这些陵庙并非大门深锁的封闭之地,而是开放给地方士民祈福祷祀。不过,这是陵庙定位的两难:赵匡胤原本希望透过陵庙,结合国家祭典与祠祀信仰,连结政治权力与社会民众,让王权得以下达。但也许他想得太容易了,帝王陵庙浓厚的官方色彩与崇高的地位,是否过于严肃,充满了威权?究竟能否吸引民众的参拜与信仰?自发形成的祠祀信仰,一向充满了民间社会活泼的动能,许多庆典散发着嘉年华的欢乐。这种被界定为"流俗"的气氛,往往是在没有官方的监管下自由发生的产物。如今,赵匡胤提议将县、镇治所迁移至陵庙,兼作政府机关使用,是否更增添了帝王陵庙的官方色彩?

由于三十八处陵庙所在的环境各自不同,与地方官民形成的关系也不一样。以陕西而言,至少有十五个县、镇治所,评估后迁移到周、秦、汉、唐的帝王陵庙办公。[②] 不妨想像,这十五处由赵匡胤下令修建的庙宇,乃当地最新的建物。在官方资源的挹注下,成为当地前所未见的奇观。这些县、镇原来的治所,肯定比不上华丽的陵庙。如今迁移过去,让更多洽公的民众,见识到王权的伟力。不论迁或不迁,这项提议透露出十世纪的统治者,并没有在政治与信仰之间划出明确的界限。赵匡胤对民众祠祀的态度相当开放,他不只开放国家祭典的场所让士民参拜,也不介意让官署与祠庙合体。这在过去都是难以想像的事。这种打破界限的态度,或许正是十世纪的中国,逐渐脱离中古时代的严整性格,走向新时代的心态变化之一。

---

① 《宋会要辑稿》,礼 38 之 4。

② 宋敏求撰,李好文撰,辛德勇、郎洁点校,《长安志·长安志图》(西安:三秦出版社,2013),卷 1,页 137。

七、结　语

　　955 年，赵匡胤还只是后周皇帝手下的军官，被派赴关中勘查战事。在那之后，他再也没有机会重返，但他并未忘怀这片唐王朝立都三百年的土地。他对国家的未来有许多规划，其中之一是迁都洛阳，甚至打算向西再迁到长安。但在 976 年，他意外过世。继位的新君不认同迁都的计划，所以西迁洛阳或长安的盘算都没有进一步实施。至于这两大都城周边的王陵、陵庙和祭典，已经被定位成赵匡胤任内重大的政治遗产之一，作为国家的"祖宗之法"流传下来。

　　这些宏伟的陵庙，是过去十年才出现的新建物。在此之前，这些王陵如果不是早已被盗，就是晚近被掘。修复王陵的序幕，由后唐与后汉的统治者拉开，最后成就于赵匡胤的手中。在君主制的时代，帝王是历史上最显眼的人物，王陵则是王权的奇观与象征，传递着统治者拥有强大威能的意象。当有人企图扩张权力到整个天下，就无法遗漏这些象征。赵匡胤不只企图在军事上统一天下，也在国家礼仪上追求皇帝的荣耀，希望将历史与地理上具有代表性的王陵与山川都纳入祭典，展示他的威权。这些祭典的举行和成型，正和赵匡胤攻略南方、扩充领土的进程相前后。

　　这件事始于他的念头，整个过程如果没有他的意志就不可能贯彻到底，发展成宏大的规模。他在人生的最后十年，整修这些王陵、维护与管理，重新安葬，举行祭典，尝试弥补这些王陵遭受的自然与人为的损害。不只如此，他还进一步建庙，供士民祭拜，甚至让官署进驻这些庙宇，办理公务。这两项前所未见的创举，让这些王陵不再寂寥，在当地的生活环境中发挥功能，扮演更积极的角色。在历代帝王祭典超过千五百年的历史上，这是一般士民参与最深、关联与互动最强的形态与阶段。

虽然赵匡胤的构想只维系了一个半世纪，随着宋朝失去华北的领土而告终。但是他的做法，打造出王权与历代王陵的新关系。在十四世纪之后，这项关系被明清时代的政权所认可，维护历代王陵的措施由新政府继续沿用。于是，新的王权维护过去的王陵，历代帝王也眷顾新的政权，两者交互作用，又绵延五百多年，直到帝制结束。

陵庙的日常与演变

从 976 年赵匡胤下令迁移官署到陵庙，到 1127 年北宋灭亡，有一百五十年的时间。在这段期间，赵匡胤及其官员为这些王陵、庙宇与祭典所作的规划，一方面稳定地执行，但另一方面也产生变化——有些变化是逐渐的，有些则是突然的。变与不变的混合，正是"制度"的常态。在比较接近赵匡胤原初构想的前半期，这些陵庙固定举行年度祭祀的活动，典礼的主事者会收到来自皇帝及其秘书拟定、颁布的祝祷文。这是特别的尊荣，地方上其他的庙宇没有这么隆重的待遇。此外，朝廷若有重大的事件或庆典，则另外下令献祭、致意。比如在 1050 年，在位皇帝举行传说中的"明堂"大典，同时派遣官员到各地的陵庙献祭，将王权核心的大事件传递给地方的官民士庶。①

陵庙由开国之君指定兴建，又固定举行国家典礼，具有官方的色彩，地方政府因此有责任进行维护和管理。如果不能维持体面，将有损皇帝和国家的尊严。从一开始，赵匡胤就要求地方官员在就任、卸任的交接时，必须检查王陵、陵庙是否完好，并将这一点登记在官员政绩的簿书上，作为升迁的考核。② 这让官员不敢懈怠，但也让地方官员不敢擅作主张，结果反而造成延误。于是有人提议，动工整修的事宜应该交由地方裁决。③

---

① 黄庶，《祭古帝庙文》《祭汉唐配享功臣文》，《全宋文》，卷 1113，页 261、263。
② 官员交接与考核的项目：《长安志·长安志图》，卷 1，页 137；《宋会要辑稿》，职官 59 之 2。
③ 地方的权责：杨亿，《代人次对奏状》，《全宋文》，卷 289，页 273。

　　除了例行事务之外，地方官员和陵庙还有其他形式的互动。1070年，三十一岁的苏辙（1039—1112）被聘为陈州的官学教授。[1]陈州有两处帝王陵庙：太昊（皞）和商高宗武丁。聘请苏辙的官员张方平（1007—1091），曾经写了两篇祷文向太昊和商高宗祈雨。[2] 张方平离任后，新的长官是陈襄（1017—1080）。陈襄待不到一年也离开，临去时赴太昊祠告别，苏辙替他撰文答谢神灵的眷顾。接任的长官是张刍（1015—1080）；其间因为发生了日食的异象，苏辙为他代笔了另一篇祷文。[3] 苏辙在陈州的两三年间，曾经接待兄长苏轼（1037—1101）来访，两人拜访了陈州的众多名胜古迹，太昊陵庙是其中之一。苏轼离开后，写了一首诗给弟弟还提到"太昊祠东铁墓西"。[4] 这些文人和官员来来去去，太昊祠都在他们的人生中留下了一点印象、记忆和文字记录。苏辙在这两年间还结识了张耒（1054—1114），张耒晚年定居陈州，写下一首《谒太昊祠》："风摇广殿松杉老，雨入修廊羽卫昏。日落狐狸号草莽，年丰父老荐鸡豚"，记录它的自然与人文景观。与张耒同辈、都受教于苏轼兄弟的李廌（1059—1109），则有《商高宗陵庙诗》，提到"古庙秋风尘黯黯，故陵烟树月昏昏"[5]。从这些记录来看，陵庙成为地方政治、宗教与文化活动的名胜。

　　不是每一所陵庙都像太昊祠在文学作品中有这么高的能见度。历代帝王的祭典涵盖众多的对象，时间上从上古到五代，地域分布的

---

① 孔凡礼，《苏辙年谱》（北京：学苑出版社，2001），页81—101。

② 张方平的祷文：张方平，《陈州祭太皞庙祈雨文》《陈州祭商高宗庙祈雨文》，《全宋文》，卷831，页353。

③ 苏辙的祷文：《日食祷诸庙文》《陈述古舍人辞太昊庙文》，《全宋文》，卷2104，页308、309。

④ 苏轼诗《和子由柳湖久涸忽有水开元寺山茶旧无花今岁盛开二首》，苏轼撰，《东坡全集》，景印文渊阁四库全书本（引自"文渊阁四库全书电子版"资料库），卷3。

⑤ 张耒诗《谒太昊祠》，张耒撰，李逸安等点校，《张耒集》（北京：中华书局，1990），卷22，页398。李廌诗：北京大学古文献研究所编，《全宋诗》（北京：北京大学出版社，1995），卷1203，页13622。

范围广大。每位帝王的传说与历史、评价与知名度都不同，王陵及其庙宇所在的自然环境、地理位置和风土民情，差异也很大，很难一概而论。不过，中央政府的指令，仍然有共同的影响。在十一世纪的下半叶，王安石领导的政治与经济改革也给帝王陵庙带来了冲击，详情已在本书第三章叙述过了。因为帝王陵庙的运作已经无法像当初那么健全，才有改革的需要。到了十二世纪初，新即位的皇帝崇奉道教，有部分陵庙被改建为道观。① 至此，赵匡胤当初的本意丧失殆尽，不再是王权崇拜的圣殿。但不到十五年内，这些陵庙（或道观）及其祭典，也与北宋一同灭亡。

日本"律令陵墓"制的参照

十世纪的赵匡胤找出的七十九座王陵，是中国史上所知最早的一份历代王陵的名单。虽然七世纪的李世民也曾经下令调查，但没有留下任何完整的清单。世界史上，近代以前的政权如此大规模普查历代王陵，并不常见。但中国并非唯一这样做的国家，同在东亚的日本也有类似的措施。第三章提到的持统女帝在701年颁布律令，完成了以天皇为中心、豪族支配的体制。在律令体制运作的时代，日本也调查过陵墓，并举行祭祀。② 完成于927年（赵匡胤正是在这一年出生）、根据律令而制定的施行细则中，列出了七十三座的天皇陵。③ 这七十三座王陵，最远包括第一代天皇"神武天皇"及其之前的三个"神"。然而，这三个神和神武天皇虽然都列入王陵的名单，却不是当时天皇祭祀的对象，而是列入"远陵"。"远陵"和"近陵"的分别，

---

① 会稽禹庙和汉光武帝陵庙改为道观：沈作宾修、施宿等纂，《嘉泰会稽志》（北京：中华书局，1990），卷7，页6819—2；施诚修、裴希纯纂，《（乾隆）河南府志》（清同治六年刻本，引自"中国方志库"），卷76。宋徽宗崇道、兴建"神霄宫"的风潮：李丽凉，《北宋神霄道士林灵素与神霄运动》（香港：香港中文大学哲学博士学位论文，2006），第五、六章。

② 平安时代的天皇陵及其祭祀：茂木雅博，《日本史の中の古代天皇陵》，页43—46。

③ 日本的王陵名单：茂木雅博，《天皇陵の研究》（东京：同成社，1990），页9—20。

不是依据空间的距离，而是血统。[①] 天皇只向最晚的、离自己近的十位天皇献祭，被列入"近陵"的祖先中最早的一位正是持统女帝的父亲，他也是成立律令国家最重要的推动者之一。

日、中两国在十世纪都有向历代帝王致意的祭典。这是因为日本的律令国家和赵匡胤的宋王朝有着共通的根源：唐帝国，所以双方都规定了指派民家守墓的"陵户"制度。[②] 两份名单的数量相近，都超过七十，而且都追溯到古老久远、天地初开的君主。赵匡胤的名单以伏羲为首，日本则始于神武天皇及其之前的三神。现代的日本学者敏感地注意到，在近代日本"万世一系"的政治神话中扮演重要角色的神武天皇，虽然也被指定了陵墓，却不是天皇献祭的对象——显示这个神话是近代发明的传统，十世纪时并不特别重视神武天皇作为皇室起源的角色。近现代的中国也有国族起源的政治神话："炎黄子孙"，但在赵匡胤修陵、建庙和致祭的名单上，第一人却是比炎帝（神农）、黄帝更早的伏羲。1962 年，中华人民共和国首度指定第一批全国重点文物保护单位，"古墓葬"类的首位就是"黄帝陵"。尽管十世纪和二十世纪的名单之首有伏羲和黄帝的细微差别，但不影响"三皇五帝"作为华夏始源的观念。这个观念就不是新发明了，其延续几乎与中国的帝制时代重叠，乃皇帝统治的意识形态之一。

十二世纪的上半叶，赵匡胤建立的国家遭到女真人入侵，损失了北方的领土；在下半叶，日本的历史也进入新的阶段，新崛起的武士集团及其最强大的领袖建立的幕府成为实质的统治者，天皇失去了权力。两个国家的历代帝王祭典都中断了，王陵被盗掘或荒废。中国的统治者再次注意到历代王陵，已经是十四世纪的明王朝。日本

---

① "远陵""近陵"：小岛毅，《天皇と儒教思想：伝统はいかに创られたのか?》（东京：光文社，2018），第二章山陵，页 74。

② 陵户制：石井辉义，《律令陵墓制の特质について：陵户の考察を通じて》，《史苑》67.1（2006）：41—76。

又更晚，直到战国时代结束之后的十七世纪才又有相关的活动。当时日本已经进入江户时代(1603—1867)。江户幕府开创者德川家康的孙子辈、水户藩主德川光圀(1628—1701)，接受中国的儒学与教养，企图模仿《史记》，编成一部日本通史，他将日本史的起点定在神武天皇。他派人四处考察、搜集资料，过程中注意到神武天皇的陵墓荒废，起了修复、致祭的念头。[1] 这件事，成为近现当代的日本向历代天皇致敬的源头。

---

[1]　神武天皇陵：铃木暎一，《德川光圀・斉昭の修陵请愿》，《季刊考古学》58(1997)：62—65。

第七章　朱熹的"道统"：批判帝王与功业

　　1086 年春，六十五岁的王安石（1021—1086）即将走到人生的终点。去年，支持他推行新政的皇帝赵顼（1048—1085，宋神宗）去世，年仅三十七岁。王安石是否会想起十七年前两人初见面时的情景？1068 年，年方二十、刚即皇帝位的赵顼任命他为政治顾问，将他从家乡召来首都开封。当时年近五十的王安石，在此之前已经推辞了几次征召。不知他是否对政治感到失望？但年轻的新皇帝即位，多次与他长谈，让他燃起了改革政治的抱负，让他自己和宋王朝，走上了一条无法回头的道路。

　　两人第一次见面的谈话，身为皇帝的赵顼关心的问题是如何治国。历史上的帝王有谁可以作为典范？赵顼心中早有人选，主动问王安石对唐太宗李世民的看法如何，李世民是七世纪唐王朝的开国君主之一。虽然任何统治者都有正负两面的人格特质，而且施政决策有得有失，但李世民死后百年，他的事迹被编纂成书：《贞观政要》，从而被形塑出一个明君的形象与传说，建构成"贞观之治"的政治神话。李世民不但成为后继皇帝仰慕的开国先祖，甚至在唐灭亡后，这个美好的神话仍令后人向往。[①] 年仅二十的赵顼，从小接受的信息，无不颂扬李世民的人格与成就。但李世民遭到王安石无情的评价：

---

① 李世民"贞观之治"的政治神话：方震华，《唐宋政治论述中的贞观之政——治国典范的论辩》。

李世民"所知不远,所为不尽合法度,但乘隋极乱之后,子孙又皆昏恶,所以独见称于后世"。[①] 王安石认为李世民只不过因为世运浊乱才显得突出。如今世界已走向正轨,蒸蒸日上,在这个进步的时代,赵顼应该以王权史上最伟大的尧、舜为榜样。这就是宋代历史上最著名的场面之一,赵顼和王安石日后推动政治改革的动力与无止尽的争议和冲突,都源自这次的对话。

两人讨论谁才是历史上值得效法的君主,还有更深一层的思想意涵:统治者应该推行什么样的政治。长久以来,"尧舜三代"在华夏文明中被视为黄金时代(这个印象其实也是一个政治神话),在那之后的王朝,无不屈居其阴影之下,在耀眼的光芒中设法寻找自己局促的位置。于是,从遥远的上古到宋开国之前的历史,被分成两个阶段:尧舜三代的政治是"王道",过去一千多年的汉唐王朝则是"霸道"。两者的差异来自君主施政的原则和目标。王道指统治者以爱民之心施行仁义之政;霸道则是重视军队,采用权谋的手段,追求利益。前者的代表是尧舜禹汤文武周公,后者则是李世民。王安石认为,李世民这样的帝王名过其实。他鼓励赵顼向尧舜三代看齐,砥砺自我,迈向正大光明的理想政治。

王安石身处十一世纪活泼而多元的思想气候中,他对王道和霸道的划分,不同于上述的传统观念。[②] 他认为两者的差别在于执政者的用心。如果执政者的目标是为了服务百姓、追求仁义,那么增强军备、增加国家和人民的财富,都合乎王道的精神。传统上,儒家希望以仁义立国和追求富国强兵的法家,彼此对立。但王安石认为,只要执政者真心关怀民众,两者并无冲突。李世民仍然是个水平不高的

---

① 杨仲良撰,《皇宋通鉴长编纪事本末》(上海:上海古籍出版社,1997),卷59,页493。

② 王安石的王霸思想:张元,《从王安石的先王观念看他与宋神宗的关系》,宋史座谈会编,《宋史研究集》,第23辑(台北:"国立"编译馆,1995),页273—299;陈盈助,《宋代王霸思想研究——以心性观点为主轴的探讨》(台北:政治大学中国文学研究所硕士学位论文,2006),页19—24、41、45—47。

君主，但他和汉唐时代其他帝王治国的政策，只要本之于正当良善的立意，都值得后人采纳。基于这个理念，王安石和赵顼放手推行宋王朝成立百年以来最浩大的政治改革。

赵顼和王安石的新政，引发了许多争议。当人们出现不同的意见，又无法沟通或调和，想法的差异就进一步划分了人群的界限，进而形成了派别。官场的党派往往运用权力来追求目标、获取利益和排除对手。结果，党派的激烈斗争持续了近半个世纪，直到北宋王朝亡国于入侵的女真人。王安石是新政的核心人物，因而成为新、旧两派极力誉之或毁之的对象。不只具体的政策，连他的学术、思想和观念也引发争议，有些读书人认为，这些都与政治密不可分。于是，王安石也在思想界引发巨大的震荡，十二世纪最重要的学者与思想家朱熹（1130—1200）也未能脱离王安石的光亮与阴影。

在朱熹出生的前一世纪，王安石在政治上取得了巨大的成功，他的历史定位甚至一度达到一介士人的巅峰：以功臣配祀宗庙，并入祀孔庙。这意味着他在政治与学术上都有最高的成就。反对新政者当然拒绝承认，朱熹也不赞同，但朱熹的思想比其他反对者更深刻，发展出"道统"的论述、名单与系谱，企图厘清政治与学术的关系。被朱熹列入道统的成员有两类：伟大的王者与哲人。王者当中没有李世民，王安石也没有被列入哲人。朱熹否定李世民：他就是个"霸道"之君，而王安石也没有真正掌握儒学的真理。他们的事业与成就都不值一顾，只有真正体认"道"的王者与哲人，才有资格厕身"道统"。

本章的内容并不涉及历代帝王的祭典，但王安石对尧、舜、李世民的评价，对三代与汉唐时代的历史定位，对王道与霸道的看法，其实都与历代帝王有关。在朱熹生活的时代，官方甚至并未举行历代帝王的祭典，但他的道统论，其实质疑了祭祀历代帝王的基本理据："功业"。朱熹对历代帝王并不一体看待，他的高标准只推崇合乎"王道"的先王，至于其他"霸道"之君，不论成就与事业如何，都被他鄙视。然而,肯定统治阶层的事业与成就,给予荣耀和福利,其实是帝制中国政治体制的核心理念,从皇帝制度与官僚政府建立以来,就已经逐步内化为国家体制。这个理念表现在许多方面,王安石被视为赵顼的功臣,陪他入祀宗庙,就是肯定君臣二人对国家的贡献。朱熹以"道统"的高标准,严苛检视帝王与官员的事业和成就,其实挑战了政治文化的主流。

朱熹的道统论最后与孔庙结合,在国家制度中取得了阵地,就像功业的价值观体现在宗庙、功臣配祀和历代帝王的祭典。道统名单上的哲人,以及朱熹本人,最后都被送进孔庙。但在朱熹生活的十二世纪及其之前,有志的帝王比如赵顼,向往伟大的成就,进取的士大夫比如王安石,投身政治、追求事业,都是基于"建功立业"这个广受认可的价值观来追求人生的目标。孔子或孔庙,儒学或道统,不论吸引力或约束力,其实相当有限,但朱熹成功跨出王安石巨大的阴影,标举他所认可的真理,批判政治。他拟定的道统系谱,更将影响十四世纪以后历代帝王的祭典。这一章的故事,将从王安石以功臣配祀宗庙和入祀孔庙的历史定位谈起,呈现帝制时代的主流价值如何歌颂政治事业,以及朱熹如何颉颃这一点,重新评价历代帝王。

一、"功臣"的荣耀

帝王与功臣共享荣耀与纪念

王安石获得了皇帝的支持,开始以"无畏"的精神和意志推动政治革新。这段期间,他遭遇各种反对,乃至背叛,更经历人生的苦痛与低潮,但这项政治工程成为他一生最重大的事业。他很清楚新政引发的争议,反对者虎视眈眈,但他恐怕没想到赵顼竟然不满四十岁即因病去世,让新政陷入前途未卜的境地。他和许多人一样,如此专注在自己生活的时代，"努力在和现在搏斗，而那是太沉重的负担"，[①]以至于无法去多想未来人们将如何看待他。当赵顼一死，虽然王安石最关注的是新政能否延续，但熟悉国家典章制度的他，很清楚皇帝葬礼结束之后，有两大议题将提上日程：一是赵顼一朝的历史编纂，二是谁有资格出任赵顼的"功臣"。这两项议题有共通的本质，旨在评价政治人物，这是传统中国基本的政治机制。

赵顼在 1085 年过世，半年后入葬，依照国家礼仪的规范，他的神主将送入宗庙接受供奉。宗庙是向皇家历代祖先献祭之地，致敬的对象主要是传承帝位的男性祖先，以及他们的妻子。不过，宗庙其实还有皇室以外的人。皇帝并非一人独治天下，而是和辅佐他的文武官员共同治理国家。"功臣"就是这些官员的代表，过世的帝王及其功臣一起在宗庙接受致敬。赵顼身为皇帝，死后在宗庙的神主，也必须有后妃和功臣的陪伴，才算完整。

这种被称为"功臣配享"的礼仪与制度，到宋王朝时已持续一千多年。这个构想的原型出现在秦汉以前的古典时代，最晚在公元初的东汉王朝已经将这个理念纳入国家祭典中，当时有四十位功臣在宗庙接受祭祀。从汉王朝结束到唐帝国成立的四个世纪，在武力主导的时代，战争的胜败决定了国家与人的命运，军事的功劳和成就特别受重视。战场上出生入死的将领，往往和开国之君共享荣耀与纪念，被铭刻在国家的记忆中。以三国为例，曹操死后被尊为魏国的开国之君，与超过二十位军师、勇将一起接受后人祭拜。[②]

这种数十位功臣陪祀开国之君一人的现象，到了唐王朝明显减

---

① 卜正民著，黄中宪译，《维梅尔的帽子》（台北：远流出版公司，2009），页 259。
② 功臣配享的古典：郑玄注，贾公彦疏，赵伯雄整理，王文锦审定，《周礼注疏》（北京：北京大学出版社，2000），卷 30，页 925—926。功臣配享的历史：甘怀真，《皇权、礼仪与经典诠释》，页 235—236；梁满仓，《魏晋南北朝五礼制度考论》，页 274—278。

少。八世纪之后,继受权力的皇帝的配享功臣不超过五个人,[①]这意味着能够陪同皇帝入祀宗庙的机会大幅降低。文武官员出任宰相已经是位极人臣的最高成就,但只有更少数被认为缔造了值得称道的事业,留下可贵的政治遗产,有资格与他服事的皇帝在国家圣殿的宗庙中享受荣耀。这可说是王权统治下投身政治的士人,在世俗的层面上最崇高的肯定。赵顼已死,一个时代结束了。谁将获此殊荣,在国家圣殿和皇帝一起享有不朽的历史定位?[②]

王安石死后的争议

王安石当然清楚这项政治礼仪。赵顼父亲的配享功臣之一,就是在他执政期间定下人选。[③] 赵顼死后,王安石可能也想过自己最有资格和这个他辅佐的皇帝一起接受尊荣:赵顼在位十八年,王安石第一年从地方被召入首都,第二年升任副宰相,第三年出任宰相,其后主持政事近八年。两人联手推动了范围广泛的政治改革,也引发了巨大的骚动。无论如何,赵顼与王安石志同道合,连反对者也不得不承认。

赵顼死后,政治动向发生了巨变。新皇帝年幼,便由赵顼的母亲主导政局。新皇帝的祖母反对新政,任命了当初被赵顼和王安石排除外放的官员。他们上台后,一一撤销了推行近二十年的各种措施。当王安石听闻他和赵顼商量了两年、曲尽各种细节才施行的免役法也被废除,终于在挫折与失望的心情下死去。此时离赵顼过世,已经超过一年。虽然新政的措施已被逆转,但想要彻底否定王安石和赵顼的事业,还必须将过去这段时间的历史重新叙述和定位,才算成功。

---

① 郑迪,《唐代功臣配享制度初探——以唐太宗、唐玄宗两朝为例》,《安庆师范学院学报(社会科学版)》30.7(2011):87—91。

② 王安石死后配享赵顼与孔庙的经过:程元敏,《王安石雱父子享祀庙庭考》,《文史哲》27(1978):115—144。

③ 英宗的功臣配享:《宋会要辑稿》,礼11之3、14之57。

赵顼统治期间的历史，依国家的规定必须编成史书。修史工程在新皇帝即位后开始进行，耗时五年方告完成。执笔者大多反对变法，所以有关王安石和新法的记载和评价，被认为失之公正，又引发更多的争论。结果，叙述赵顼在位十八年的史书，在日后五十年间历经五次修订；王安石的是非对错和新法的利弊得失，也不断被重新评价。① 历史诠释之所以成为新旧阵营争夺的对象，在于这段历史所涉人事物的评价，等同对新政的评价，而新政优劣好坏的评价连带影响支持或反对者的正当性、地位、利益与权势。在这半世纪间，支持或反对新法的人士交替得势，在朝与在野互相指责；其间又因 1126 年宋朝遭遇来自女真人的袭击而灭亡，使得避难南逃的人们，除了相持不下的党派意见，更增添了亡国的屈辱与愤怒。

新旧党人针锋相对的，不只是如何叙述赵顼统治的历史，还有王安石死后的历史定位：即王安石究竟能不能作为赵顼的功臣，供奉在国家圣殿？赵顼先后有九个宰相，最后从众人的讨论中出线的候选者有三位，王安石是其中之一。实际上，赵顼只比王安石的独子小四岁，两人份属君臣，亦以师生相待。所有人对他们彼此相得的关系心知肚明。王安石取得赵顼的信任，推动政治改革，无疑是功臣配享的不二人选。反对新政者很清楚赵顼支持新政的立场，但碍于身份，无法直接批评皇帝。然而，只要能够贬抑王安石的行事为人与事业成就，不让他取得配享功臣的崇高地位，就达到了否定新政的目标。当时政府中支持新政的官员已被贬官外放，最后在旧党人士的主导下，决议由反对新政的富弼（1004—1083）入祀，配享赵顼。然而，配享赵顼的功臣，就和记载赵顼一朝的史书一样，在近五十年的时间中历经新旧党人的角力而变动。当新党再度得势，先将王安石送入宗庙，与富弼比肩；接着进一步取消富弼的配享，由王安石独居功臣之位。新

---

① 神宗实录的编纂：吴振清，《北宋〈神宗实录〉五修始末》，《史学史研究》2（1995）：31—37。

旧党人的争执,一直持续到北宋的灭亡。逃难到临安(位今浙江杭州)再起的皇帝,将亡国的责任归咎给新法和王安石,因而又取消王安石的功臣资格,重新迎回富弼的神主,回复到近半世纪之前的原貌。[①]

"功业"的价值观

王安石在功臣配享的去留,反映了新旧阵营争夺历史诠释的权力,但这项制度在过去的运作都相当稳定,宋王朝其他皇帝的配享功臣,很少像王安石这样引发激烈对立的争议。[②] 这项运作顺利而稳定的制度,其实是鼓励文官武将为王权努力奉献。事业成就最高的官员,将有资格陪伴皇帝,在国家圣殿中接受永恒的荣耀。这是他们服务统治权力所得的报酬。

帝制时代的官僚体系,设计了各种奖励的机制,鼓励文武官员投身政治事业。这些设计并非赤裸的利益交换,制度设计的逻辑必须符合文化的价值理念,其中最重要的价值观就是"立功"。立功和"立德""立言",合称为三种"不朽"。这个观念最早出现在秦汉帝国建立以前的古典时代,两个封建贵族在对话中,一人强调自己的家族世系绵长,祖先可以追溯到久远之前的伟人;他认为这就是"不朽"。但另一人不以为然,主张立德、立功、立言才能作为人类永恒的典范,通过时间的考验,流传后世。[③] 三者的高低有别,最低一级是立言。在封

---

① 赵顼配享功臣的争议:龙坡涛,《宋神宗太庙功臣配享变动述论》,《商丘师范学院学报》30.8(2014):61—65。

② 宋代的功臣配享:袁良勇,《宋代功臣配享述论》,《史学月刊》5(2007):27—34;王瑞来,《配享功臣:盖棺未必论定——略说宋朝官方的历史人物评价操作》,《史学集刊》5(2011):31—41。

③ "不朽"的讨论,见《左传》襄公24年叔孙豹与范宣子的对话:杨伯峻编著,《春秋左传注(修订本)》(北京:中华书局,2009),页1087—1088;左丘明撰,杜预集解,李梦生整理,《春秋左传集解》(南京:凤凰出版社,2010),襄公四第十七,页502;《春秋左传正义》,卷35,页1149—1153。

建时代的历史背景中,立言指的是统治阶层的菁英贵族能够发挥知识和见解,在各种场合运用卓越的语言能力来处理政事、说服他人。日后则成为文章、著述的同义词。至于位阶更高的立德、立功,并非普通人所能企及的高标,只适用极少数伟大的帝王。公元以后汉唐时代的学者举出立德的代表,有伏羲、神农、黄帝、尧、舜、禹、汤,和周朝的文王、武王、周公和孔子。除了孔子之外,这些人都是"创制垂法,博施济众"的君主。在中国的政治文化,统治者一向是所有人的模范,而且是终极的。

汉王朝以后,这套观念逐渐向下普及。对一般士人来说,立德、立功和立言这样的目标过于高远,比较踏实的起点是先求"立身""立家"。这套价值观念也不限于男性,经过修改和增加,对女子的期许就是达成"妇德、妇言、妇功、妇容"的自我规范。[1] 立德、立功和立言可说是儒家重视社会生活的参与,认为生命意义就在其中,有别于佛教和道教离世、出世的生活理想。汉帝国灭亡后,新领域的事业也逐渐确立了正当性:武人追求军功,作家创作诗文,这两种追求自我实现的目标,分别从"立功""立言"的范畴,界定了本身的价值。尤其这个年代兵荒马乱,各路英雄豪杰无不怀抱权力的野心,投身军旅、建立功业,享有极高的荣誉,也获得丰厚的物质报酬。[2]

认为帝王应该和功臣一起接受追思的理念,不只在宗庙的制度中运作。七世纪的隋唐王朝正式订定历代帝王的纪念典礼时,也替这些王者配对功臣。[3] 刚开始时只挑选一位名臣陪祀,其后固定为两位。到了八世纪,随着武庙逐渐发展,地位上升到几乎与孔庙相捋,构成了文、武的对称性。基于文官、武将共同为王权服务,于是配祀

---

① 　汉代班昭《女诫》论妇行有四:《后汉书》,卷84,页2789。
② 　魏晋南北朝对武将功业的酬报:梁满仓,《魏晋南北朝五礼制度考论》,页385—415。
③ 　针对《周礼》"六功",郑玄所举人物,如周公、伊尹、后稷、禹、咎繇(皋陶),基本上即唐高宗时代订定之先代帝王祭祀的配享功臣。

于历代帝王的功臣,也"取当时将、相德业可称者二人配飨",①即功臣也分为文、武两系。在秦汉以降的功臣中,武将多选取任太尉、将军或大将军一职者出任。(参见表 7-1)不论当朝的宗庙或历代帝王的祭典,都肯定功臣的成就:他们与效忠的帝王共同巩固了王朝的基业;从而肯定了"功业"的价值观。

表 7-1　七到十世纪历代帝王的配祀功臣

先代帝王	配祀功臣		
	七世纪	八世纪	十世纪
太皞伏羲		勾芒	金提、勾芒
黄帝轩辕		风后、力牧	后土、风后、力牧
炎帝神农		祝融	祝融
高阳颛顼		蓐收	玄冥
高辛帝喾		玄冥	稷
少昊		稷、契	
尧	稷、契	羲仲、和叔	司徒禼
舜	皋陶	夔龙	咎繇
禹	伯益	虞伯益、秩宗伯夷	伯益
汤	伊尹	阿衡伊尹、左相仲虺	伊尹
太戊		伊陟、臣扈	
武丁		甘盘、傅说	
周文王	太公	师鬻熊、齐太公望	师鬻熊
周武王	周公、召公	太师周公、太保召公	召公
周成王			周公旦、唐叔、虞叔
周康王			太公、毕公
秦始皇		丞相李斯、将军王翦	李斯、蒙恬、王翦

---

① 《唐会要》,卷 22,页 431。

续表

先代帝王	配祀功臣		
	七世纪	八世纪	十世纪
汉高祖	萧何	太傅张良、相国萧何	萧何
汉文帝			周勃、陈平、刘章、宋昌
汉景帝			周亚夫、窦婴、申屠嘉、晁错
汉武帝			公孙弘、卫青、霍去病、金日磾、霍光
汉宣帝			丙吉、魏相、霍光、张安世
汉光武帝		司徒邓禹、将军耿弇	邓禹、吴汉、耿弇、贾复
汉明帝			东平王苍、桓荣
汉章帝			牟融、赵意、宋安
魏武帝		侍中荀彧、太尉钟繇	钟繇、荀攸、程昱
魏文帝			贾诩、王朗、曹真、辛毗
晋武帝		司空张华、大将军羊祜	羊祜、张华、王濬、杜预
后魏道武帝		太尉长孙嵩、尚书崔玄伯	
北魏孝文帝			王祥、王肃、长孙晟
周太祖		尚书苏绰、大将军于谨	宇文宪、苏绰、燕公于谨、卢辩
隋文帝		仆射高颎、大将军贺若弼	牛弘、高颎、贺若弼
唐高祖			河间王孝恭、殷开山、刘政会、淮南王神通
唐太宗			长孙无忌、房玄龄、杜如晦、魏徵、李靖
唐玄宗			张说、郭元振、王琚
唐肃宗			苗晋卿、裴冕
唐宪宗			裴度、杜佑、李愬

续表

先代帝王	配祀功臣		
	七世纪	八世纪	十世纪
唐宣宗			夏侯孜、白敏中、马植
梁太祖			刘鄩、敬翔、葛从周、袁象先
后唐庄宗			郭崇韬、李嗣昭、符存审
后唐明宗			霍彦威、安重进、任圜
后晋高祖			桑维翰、赵莹

说明:历代帝王祭典也有配祀功臣,因时代不同而人选有所变动,但争论不多,不像孔庙从祀制引起儒士和文官的议论。

所有的政权都对积极协力统治的成员,有一套奖赏与尊崇的机制。在王权统治下的中国,投身政治的士人在追求个人成就的同时,也巩固了统治权力,因而获得统治者的褒扬和优待。王权的利益与士人的事业在此聚合,"功业"就是两者的黏着剂,功臣配享正是彰显功业的制度。当功臣陪葬帝陵,或配祀宗庙,或出现在历代帝王的祭典中,都显示皇权的恩宠,传达一个信号:这是协力王权的人所得的终极报酬;参与政治的士人有机会进入国家祀典,取得中国文化的神圣性:"不朽"。王安石取得的成功与尊荣,也鼓舞了其他读书人投入政治,协力巩固统治体制,肯定了人生在世以政治事业的成就为最高点的价值观。

帝王的功业

"功业"不只是用来评估文官、武将贡献国家的指标,进而赋予地位,给予报酬。作为国家领导者的帝王,定位他的尺度也是功业。功业是统治正当性最好的诉求。依据传统中国的意识形态,帝王的统治获得上天的授权,而且统治者本身具备卓越的品格。前者被称为"天命",后者即为"德治",两者共同建构王权统治的正当性。不过,上天的旨意或王者的品德都不可捉摸。具体的作为,比如击败敌人、开拓疆土,才是统治者不容否定的成就与贡献。

　　功业的准则乃定位君主的尺度,表现在历代帝王祭典的祝文中。八世纪的李隆基派遣官员向历史上的伟大君主致意时,他们口中诵念的祭文也表达了对帝王功业的崇敬。对于治理洪水的禹王,称赞他"克平九土,功施万代";对于讨伐暴君的汤王,赞美他"革命黜暴,功济天下";对于配享汉高祖刘邦的功臣萧何,则称扬他"翼成汉业,厥功惟茂"。[①] 无论是对历史上或当朝的帝王,王权的礼仪和文化都在强调统治者们的事业与成就。

　　界定当朝帝王功业的方式,是在王者死后给予他们一个在宗庙中的位置和称号。宗庙是展现这些帝王的成就之地,并由皇室和国家官员一同追思和纪念。一个王朝有许多皇帝,但功业最大的人无疑就是开国之君。开国皇帝永远在宗庙里占有一席之地,接受子孙的感恩,不像其他贡献较小的皇帝可能有一天因为宗庙的空间有限而被请出去。[②] 开国皇帝的称号为"高祖"或"太祖"。唐王朝的高祖是李渊,而宋的太祖是赵匡胤。次于开国皇帝的王者称号是"太宗":唐朝的太宗是李世民,而宋朝是赵匡胤的弟弟。这两种称号的来源出自这句话:"古者祖有功而宗有德,谓之祖宗者,其庙皆不毁。"因为他们"立功""立德",所以才能称"祖"称"宗"。他们的功业影响整个国家与广大人民:"创制垂法,博施济众",所以应该永远在王朝的宗庙中接受后人的祭祀。

　　衡量一个帝王是否伟大,最重要甚至唯一的标准就是他的功业,而不是他的人格、道德,或其他。七世纪初的学者虞世南(558—638)为李世民写的《帝王略论》一书就提到:"夫人君之才,在乎文德、武功

---

① 　《大唐开元礼》祭祀先代帝王的祝文:《通典》,卷116,页2969。

② 　宗庙不追溯遥远的始祖,以开国有功的君主为优先:高明士,《礼法意义下的宗庙——以中国中古为主》,氏编,《东亚传统家礼、教育与国法(一)——家族、家礼与教育》(台北:台湾大学出版中心,2005),页23—86;朱溢,《事邦国之神祇:唐至北宋吉礼变迁研究》(上海:上海古籍出版社,2014),第四章。

而已。文则经天纬地,词令典策。武则禁暴戢兵,安人和众。"李世民也以此自我认同和期许。他即位后的第一年,在国家大典中安排上演《秦王破阵曲》的歌舞。秦王是李世民未登基前的身份,《破阵曲》则是模拟他率兵冲锋陷阵、克敌制胜的表演,《秦王破阵曲》正是重现和展演他军事成就的主题曲。李世民欣赏后,志得意满地表示:"朕虽以武功定天下,终当以文德绥海内。"[①]

文德、武功与对人民的贡献,就是帝王接受追思的理由。秦汉之前的古典讨论到祭祀人物,表达追思和感念的原则,比如"法施于民""以死勤事""以劳定国""能御大灾""能捍大患";[②]人选则包括神农、黄帝、颛顼、帝喾、尧、舜、禹、商汤、周文王、武王等等,这些人绝大多数都是君主。日后,这些原则适用到平凡的一般人,成为官方认可民间信仰的标准,但这些标准的终极典范仍然是这些君主。本书第四章登场的许敬宗,向皇帝提议举行祭典、纪念历代帝王时,诉诸的理由正是这些标准。"功业"的意识形态,催生了帝制中国纪念历代帝王的典礼,这项典礼也建构和传播了王权统治的正当性。

二、孔庙地位的变化

王安石配享孔庙

在宗庙配享皇帝是朝臣一生的最高成就,王安石终于在 1094 年被新党阵营成功拱上功臣之位。但王安石身后的历史定位之争,并未停止。新党人士尚不满足,十年后的 1104 年,进一步将王安石送进孔庙,从祀孔子。这件事引起反对者的愤怒,恐怕更甚于入祀宗庙。

---

① 虞世南语,见《全唐文·唐文拾遗》,卷 13,页 10500 之 2。李世民语:《旧唐书》,卷 28,页 1045。

② 《礼记正义》,卷 46,页 1524。

从一千多年前的汉王朝，孔子开始受到儒生的推崇。人们认为孔子传承了古代的经典，阐扬了人世的道理，因而被尊为文化理念的代表与学术教育的不朽伟人。孔子在山东曲阜的故居和墓冢受到政权的重视与维护。在国家设立的学校，也举行典礼向孔子致敬，激励学子学习华夏文明的精神遗产。如同功臣襄赞帝王的功业获得入祀宗庙的最高荣誉，孔子的众多弟子与历代后学因努力传承圣人的学问，贡献卓著者也获得入祀孔庙的资格。孔庙主祀孔子、号称"先圣"，并由他的七十二名弟子配享，以及后世二十二位注解典籍、被尊称为"先师"的学者从祀。这套祭祀制度在唐王朝统治下的七、八世纪成形、确立下来。[①]

八世纪才确定的孔庙体制，特别是从祀的对象，几乎从此毫无更动。直到唐王朝结束，再也没有新的人选入祀孔庙。经过了近三个半世纪，孔庙才再度敞开大门，迎接新的成员，在宋王朝第六代皇帝赵顼在位的 1084 年，追加了四位：孟子、荀子、扬雄和韩愈。这是孔庙历史上最大的变革之一。一项维系三百多年的制度，在动荡的时局中，以其稳定不变的面貌传达永恒的文化价值，如今竟然开始接纳新的成员。对当时的人来说，这是数百年一见的盛事。此事正成于最具革新精神的赵顼和王安石，他们不拘成法旧惯，突破传统，才让入祀孔庙成为可望、可及，而且可欲的目标。

但二十年后，竟然又有新的人选，而且是功过是非争议不断的王安石。之前入祀的四人中，年代最晚的韩愈在死后经过两百多年才获此殊荣。但王安石在 1104 年入祀时，离他过世还不满二十年。这给许多人带来了巨大的冲击。这意味着王安石不只是政治功业达到了巅峰，在学术思想上也有不可磨灭的成就。

如果孔庙非常吸引人，为什么在 739 年确立之后三个半世纪的时间，没有人入祀？为何在 1084 年才开始有新的人选？为什么新党

---

① 黄进兴，《权力与信仰：孔庙祭祀制度的形成》《学术与信仰：论孔庙从祀制与儒家道统意识》，氏著，《圣贤与圣徒》，页 47—116。

人士要将王安石送入孔庙？这件事又为何引发争议？

中古的世界观

在十一世纪之前，很少人企图或期望进入孔庙接受祭祀，而且没有人争论谁应不应该入祀孔庙，只有一个人被提名入祀，那就是上述四人中时代最晚的韩愈。韩愈（768—824）成长的过程正经历唐帝国前所未见的战乱。755年安禄山起兵叛变，摧毁了皇帝李隆基一心构筑的政治秩序。成长在国家与社会陷入动荡不安的这一代人，对于政治与文化的关系有深刻的思考，并透过文学创作传达他们的新思想，而韩愈是其中最突出的一位。他一生最著名的事件，大概是他以严厉的言词批评当时的皇帝李纯迎接释迦牟尼佛的指骨进入皇宫膜拜，结果被愤怒的皇帝贬逐到遥远的边陲。李纯（778—820，唐宪宗）是李隆基之后最有作为的皇帝，他几乎要恢复唐王朝原有的实力。他也是一个信仰佛教的统治者，所以才会希望迎接佛陀的舍利到皇宫祈福。不只李纯，当时大多数人无不热切期盼佛骨的圣物来到长安；这反映了当时社会沉浸在佛教的信仰中。但韩愈不以为然，认为汉王朝灭亡以后传来的佛教，给中国带来了负面的影响。他重新鼓吹具有中国本土性格的儒家思想，梳理了孔子思想的传承，突显孟子和汉代扬雄的重要性。最后，他和孟子、扬雄一并被送进孔庙。

相较于宋代以降对孔庙的认同与重视，唐代人对这件事似乎缺乏热忱，非常冷淡。中古时代的社会热衷于佛教信仰，或许能够说明原因。当时的读书人学习华夏的古典文化，但他们大多数同时拥有佛教或道教的信仰。佛、道教让中古时代的人们形成了双重的世界观：出世和俗世，人们在"此世"的生活之外，还能寄托心灵到另一个世界。[1] 许多士人并不排斥佛教和道教，也没有形成单一的身份认

---

[1] 二元的世界观：陈弱水，《唐代文士与中国思想的转型》（台北：台湾大学出版中心，2016），页66—68。

同。这种深受宗教影响的世界观，拉低了读书人入祀孔庙的欲望。经过三四百年，在赵顼统治的时代，儒学的价值观与孔庙的重要性都大幅提升之后，孔庙的祭典才成为许多儒士在意之事，从而开启了其后数百年无止尽的争端。

对中古士人来说，入祀孔庙并非死后最向往的归宿。对入仕的官员来说，世俗的政治成就最奢侈的目标、最崇高的荣誉，仍然是功臣配享。以韩愈来说，他的政治之路并没有成功到这一步。他曾经参与讨伐地方军阀的远征军，担任司令官裴度（765—839）的副官。裴度因为这场战争的胜利，辅助皇帝李纯成为中兴的名君，死后成为配享的功臣。相较于入祀宗庙、配享皇帝这个可望而不可即的目标，许多官员比较有机会成为地方祠庙祭拜的对象——这也算是一种"不朽"的形式。长久以来，深受百姓爱戴的地方官往往被供奉在当地的祠庙，追思怀念。在韩愈身边，就有一个这样的例子。他的朋友柳宗元（773—819）因为政争而失意仕途，被贬逐到远方。据说他生前对部属饮酒浇愁说："明年吾将死，死而为神。后三年，为庙祀我。"柳宗元死后果然显灵、托梦，地方官民于是建庙祭祀。柳宗元死后成神、受民众祭拜这件事，就是由韩愈记录下来，并刻石立在庙里。①

唐代孔庙的地位

唐代的孔庙之所以不吸引读书人，可能还有一个原因。八世纪前后在制定孔庙配享的人选时，纳入孔子之后二十二位阐扬儒学经典的学者，理由是他们注解了古典的经书，后世学子仍然使用这些教材。这些专门研究古典的学问大家，有功于发扬孔子的学问，因此获得"先师"的头衔。尽管这是不平凡的荣誉，但儒学经典在当时的地位其实不高。以进入政府任官的科举而言，以儒学经典为考试内容

---

① 韩愈为柳宗元撰《柳州罗池庙碑》：《全唐文》，卷 561，页 5678 之 2。

的"明经科",难度比较低、竞争不激烈。朝野君臣与士民更重视的是"进士科",让考生展现写作文章的才华——这也是韩愈参加的科目。唐代是儒学不振的时代,既然儒学经典不能吸引读书人的兴趣,那么又有谁会真正尊崇孔庙的"先师"?恐怕连韩愈也不希望自己被界定为"偏善一经"的人,被冠上"先师"的名号。他终究是以发挥创造力与突破性的文章风格,著称于当时与后世。"儒"不是这个时代最受尊敬的身份,许多读书人也没有将自我认同限缩为单一的"儒"。[①]

在唐王朝的年代,文化更多元,不同价值也有相近的位阶,儒学对政治、社会与文化的影响力不像十世纪以后那么强大。"儒"被视为三教之一,和"道"、"释"(佛教)鼎足而立。在皇帝君临的长安城中,唯一祭拜孔子的庙宇设在国家的最高学府。但整个长安城,却有大量的佛寺和道观,皇帝与佛寺、道观的互动,更密切而频繁。即便皇帝亲临最高学府,举行典礼向学问与教育的宗师孔子致敬,典礼结束后的活动之一却是由三教各派代表,举行辩论,而儒教的辩论代表还不一定能在自己的地盘占上风。[②]

孔子作为儒教的宗师,之所以受到王权肯定,原因在于儒教肯定家庭价值,有助于社会稳定。儒学培训的士人成为国家的各级官员,效忠王权,维护统治。不过,"国家机器"的运作还必须获得另外一批人的支持,而这批人并不从心底景仰孔子,他们的兴趣与才能是舞刀弄剑、锻炼武艺,而非吟哦诗文、掉弄书袋。随着孔庙在唐王朝的国家祭典中成为代表文官价值的圣地,从戎打仗的武将与军人感到有需要建立属于自己的精神圣地。因此在八世纪,皇帝李隆基下令在长安和全国各地建立"武庙"。[③] 传说中的"太公"吕尚被尊为军神:他

---

① "儒"的观感与认同:陈弱水,《思想史中的杜甫》,氏著,《唐代文士与中国思想的转型》,页 164—211。

② 孔庙与三教的关系:谢明宪,《释奠与权力:初唐国家教化的理解与建构》(新北:华艺数位股份有限公司,2016),页 1—28。

③ 武庙:黄进兴,《武庙的崛起与衰微(7—14 世纪):一个政治文化的考察》。

曾经辅佐周武王发动革命战争,推翻商纣王的统治,写出了重要的兵法书。借由设立武庙,国家鼓吹武勇的精神,肯定军事功业的价值与成就。孔庙只反映广大人口中一部分人的价值观,其他人另外有自己崇拜的英雄。

政治功业的优位

王权统治下,孔庙的位阶始终是相对的,而非绝对的:文相对于武,儒相对于释、道。孔子受到重视,那是因为儒家的思想观念维系了汉人社会的运作,但统治体制的主流价值,仍然是政治的"功业"。孔子对后世的影响深远,但他始终被认为没有政治上的成就。公元前一世纪,汉代儒生最早为孔子请命,企图为他在国家典礼上争取一席之地。当时的人形容孔子的成就为"素功":[①]"素"有"空"的意思;孔子当然有贡献,但他没有统治者的权位,从未能将他的学问和理想化作具体的政治制度。因此,孔子的事业无法以"功业"的政治标准来衡量。

唐王朝建立以后,逐步建构各项具有重大象征意义的国家典礼。对孔子、太公和历代帝王的祭典,正是在七、八世纪陆续完成,用以纪念历史上贡献于华夏文明的伟人。这三项祭典分别代表不同的价值:文教、武艺和王权,三者共同保障了国家的存续。在这过程中,曾经发生一段插曲,孔子差一点被替换,失去学术与教育之宗师的宝座。在古代的历史伟人中,除了上古先王之外,谁能取代孔子? 有的,就是连孔子本人都尊敬不已的典范、他家乡鲁国的建国者:周公姬旦。[②]

姬旦是周武王之弟,他协助兄长击败商人集团。由于武王早逝,周王朝巩固政权的工作,几乎都由姬旦一手完成,堪称周人集团革命建国最大的功臣:包括辅佐武王之子成王,进一步击败趁机反叛的商

---

① 孔子"素功":《汉书》,卷 67,页 2925。
② 周公与孔子的文庙宗师之争:黄进兴,《权力与信仰:孔庙祭祀制度的形成》,页 35—41。

人势力，另建东都控管新的领土——拓跋宏就在他的新都洛阳祭祀这位最早的建城者。最重要的是姬旦制定周王朝的"礼乐"制度。这些伟大的成就都是身为鲁国小官的孔子可望而不可即的事业，孔子一生绝对不会自认比周公伟大。周公虽然不是帝王，但他对周朝王权之巩固，却有无人能及的成就。本书第一章提到的王莽，就是以周公为典范，逐渐取得最高的权力。周公的地位、事业与成就，在历史伟人中仅次于圣王而最为耀眼。古典的经书曾将地位是臣属的周公，和三代的五位开国君主（夏禹、商汤、周文王、武王和成王）比肩，合称"六君子"，可见其评价之高，逼近帝王。

在汉代的学术界，对于周公和孔子地位孰轻孰重，就有两派不同的看法。此后一直到唐王朝将孔子确立为文庙最高而唯一的宗师以前，周公或孔子都有资格坐上这个宝座。然而，在本书第四章登场、向皇帝提议国家应该尊崇历代帝王的许敬宗，认为由"儒官"（国家最高学府的主管）来执行祭祀孔子的仪式是恰当的，但如果是事业成就更全面而伟大的人物——周公，儒官的身份和地位就不适合，太委屈周公了。[①] 因为周公的政治成就太巨大了，不像孔子的影响限于教育与学术的传承。如果让国学的儒官来向周公致敬，那就太贬低周公的功业了。周公应该作为王者的功臣，在历代帝王的祭典中，由比儒官的身份更高的代表来致意。

孔庙地位的上升

虽然孔子象征的文化价值，在唐代的社会中仅能代表一部分人的心声，但这些人往往是掌握行政资源的文官。他们在地方设立学校，传播儒教孝亲忠君的价值观。在他们眼中，孔子甚至比古代的先王更伟大。在八世纪中叶，正当皇帝李隆基积极推动以老子为核心

---

① 许敬宗的意见：《唐会要》，卷 35，页 636。

的崇拜,推广道家思想与道教信仰,着迷于比儒家推崇的先王更古老、久远的古帝;这些措施甚至与王权结合、形成"国家崇拜"(State Cult)。对于皇帝的动向,有些接受古典教育的儒者和文官,心中不以为然。他们没有像韩愈那样,直接上书皇帝,却往往利用建立学校、刻石纪事的机会,坚定表达他们的想法与信念。在这个时代,有一位官员萧定表示:夏商周三代的帝王都是圣君,但他们的王权都结束了;后裔凌替沦落,甚至无法祭祀先人。相比之下,孔子的影响力反而更巨大,天下各地的学校学生都必须向孔子致敬。[①] 萧定大概知道,李隆基在位时为三皇五帝建庙,向历代帝王致祭等活动,他认为这些王权都消逝了,但任何王权都有不变的根基,那就是孔子的教义。

755 年安禄山起兵,中断了李隆基美化王权的文化工程。当统治权力失去了体面的外衣,激发了许多人的危机感。更多人表达和萧定类似的想法,他们相信儒学是重建世界秩序的指南,而韩愈是其中最激昂的声音。这些想法汇聚成一股被称为"儒学复兴"的潮流,逐渐卷入了许多在时代的动荡中寻找心灵锚点的读书人。韩愈当然无法预见他的思想将产生那么深远的影响力,他死后近两百年才出生的王安石,终于将韩愈送入孔庙,而孔庙在十世纪以后宋王朝礼遇儒士、尊重文官的统治下,已经提升到朝野君臣与士人瞩目的地位。这也是为什么王安石入祀引起儒士间的争论。

1104 年,在新党人士的倡议下,王安石入祀孔庙,并将他的泥塑坐像设置在离孔子最近的位置,仅次于孔子生前钟爱的颜回,其地位甚至比王安石一手推动入祀的孟子还要崇高,更不论其他的孔门弟子和汉唐时代的儒者。[②] 此举意在显示王安石对儒学的理解与贡献已经直逼孔子,几乎超越了后世所有儒者。可想而知,旧党人士毫不

---

① 萧定的意见:《袁州文宣王庙记》,《全唐文》,卷 434,页 4425 之 1。

② 郭畑,《道统与政统——王安石与宋代孔庙配享的位向问题》,《河南大学学报(社会科学版)》56.1(2016):108—113。

认同,认为这玷污了儒学圣道的神殿。但此时得势的新党人士正大肆迫害对手;当年在皇帝赵顼死后废止新政,或阻止王安石配享赵顼的人,无一不被指名为"邪党",遭到严厉的政治处分。在旧党人人自危的政治骚乱中,无人能阻止王安石入祀孔庙。此时离王安石去世不到二十年,创下了当世儒士死后入祀孔庙的最快纪录。然而,王安石在孔庙中仅次孔子与颜回的崇高地位,也只维持了二十年。这段期间是王安石身后荣耀最高的日子:同时配享于宗庙与孔庙。这项成就史无前例,亦后无来者。(参见表7-2)随着宋王朝丧失北方的国土,南逃的新君将亡国的罪过推给新党。王安石的地位从此开始下滑,先后被逐出赵顼和孔子的祭祀场所。

表7-2 王安石身后评价的变迁

公元	事件	孔庙	宗庙
1085 年	赵顼死		
1086 年	王安石死		
1094 年			王安石配享赵顼。
1104 年		王安石入祀孔庙,居地位最高的"四配"。	
1126 年	北宋亡	王安石离开"四配",降入地位低的从祀。	
1129 年			王安石罢祀宗庙
1130 年	朱熹生		
1200 年	朱熹死		
1241 年		朱熹入祀孔庙,王安石罢祀孔庙	
1279 年	南宋亡		

说明:表格中有底色者,表示王安石入祀的时间。深灰色是王安石同时位居宗庙与孔庙之顶端,地位最高的时间。

学术与政治的关系

王安石的争议，不只生前的政治改革引发新旧两派针锋相对，死后的历史地位也摇摆不定，一度站上同时配祀皇帝赵顼和孔子庙庭的绝高成就，显示他于王权与圣道都有不可抹灭的功绩，在政治与学术都有非凡的成就。虽然王安石之后被剥夺了配享赵顼的资格，但对许多人来说，王安石仍然令人景仰：很少人能像他这样充分获得皇帝的信任，一手推动重大的政治变革。他成为儒士得君行道、建功立业的典范，激发士人的欲望：投身政治事业，实践理念。

然而，他也留给后人一连串的问题，引发困惑与思考：究竟该如何评价新政？王安石的政治事业是成功抑或失败？一旦获得皇帝的信任，该如何运用权力？以政治作为志业，追求行动的人生，在伦理上可行吗？儒士投身政治、开创事业，究竟应该具备什么样的学术训练与思想精神？王安石作为十一世纪影响最深远的政治家，无论支持或反对他的人，都无可避免地从他的一生寻求正面或负面的历史教训。王安石的政治活动、思想著述和为人行事，成为宋朝南迁后、十二世纪的士人在思考学术与政治的关系时无法回避的对象，最后是朱熹提出了强而有力的回答。

王安石身后的政治与学术评价：皇帝的功臣与孔子的圣徒，也反映两种不同的理念与价值观。宗庙的功臣配享，基于王权的基本价值："功业"。这是衡量统治者的指标——包括文官与武将、当权或历代的帝王。功业的话语强调统治者的事业与成就，及其对人民的贡献。"歌功颂德"并非单纯的美化，而是王权的意识形态的支柱。纪念伟人、赞美功业的方式，体现在许多国家典礼上，比如宗庙对开国之君的尊崇、功臣的配享和武庙的祭典等等。向历代帝王致敬、献祭的理由，也是功业。功业的价值观有长远的历史，从帝制之初始，就已经内化在国家制度中，在朱熹提出"道统论"重新理解政治以前甚至之后，始终是王权的主流价值。

相形之下，尽管孔子从公元前二世纪以来日益受到推崇，孔庙在七世纪正式纳入国家典礼，但孔子及其代表的学术与文化理念，在王权统治下的价值位阶，从来不曾也不可能比帝王及其"功业"更高。在中古历史上，孔子及其传承的儒学，都没有在思想观念上构成抗衡或相对于王权的正当性。但从九世纪起，越来越多儒士认同孔子与儒学的精神。从十一世纪起，孔庙在士人、文官与帝王心中的地位已今非昔比。孔庙祭祀的人选，逐渐成为朝野君臣士民在意的事。当王安石受到同党推崇、经过政治操作被拱入孔庙，反对者视之为肉中刺，必拔之而后快。如何确立孔子与儒学的圣道，建构正当无误的儒者系谱，成为十二世纪的朱熹最关切的议题，"道统论"就是他提出的方案。

三、"道统"的批判

朱熹的立场

朱熹于 1130 年在福建出生时，正当宋王朝北方的领土陷落，最风雨飘摇之际。女真族的军队一路追击，即位才三年的皇帝赵构（1107—1187，宋高宗）从扬州到杭州一路逃窜，最后甚至乘船躲到海上。但女真的军队始终差一步，最后不得已只好退兵，反而在回程路上遭到岳飞等将领的袭击而大败。结果，这一年成为宋王朝由危转安、从谷底爬起的一年。赵构也从海上归来，决定将都城设在杭州，从此开启了史称南宋约一个半世纪的国家。

二十四年后，朱熹进士及第，初任官职来到福建泉州的同安县，掌管学校教育事务。在这五年间，他为县学设置了两座祠堂。在地方学校设立祠堂，致敬与当地有渊源的文官或儒者，乃当时的文化风习。但与地方有历史渊源的文官或儒者,为数不少,因此能够在地方学校的祠堂受祭,就和入祀国家最高学府的孔庙一样,都反映了主事者的意向和取舍。朱熹在同安县学分别为苏颂(1020—1101)和赵鼎(1085—1147)立祠,前者比王安石大一岁,后者生于王安石死前一年,分属不同世代,但两人的共同点是反对新政和新党。苏颂是同安县人,但朱熹发现当地人已经不记得这位官员的事迹:苏颂与王安石同年考上进士,但志不同道不合。地方人士反而津津乐道其他出身当地的新党人士。朱熹对此不以为然,希望扭转风气,乃特别为苏颂立祠纪念,每年固定率领学生行礼致意,希望借此传播另一种价值观点。①

至于赵鼎,则是将王安石从宗庙排除的关键人物。1129 年,皇帝赵构仓惶逃出扬州、躲避女真的追击,结果遭遇部属军队的兵变,一度被迫退位。但兵变弭平后,赵构惊魂未定,又因为所在之地久雨不停,阴霾的天气让他更加疑神疑鬼,因为按照中国传统对天地气候的诠释,阴雨意味着人心怀有怨气,累积的怨气将滋生叛乱的阴谋。赵构于是开放文官公开批评政治,希望借此疏导人心的不满。值此国家危急存亡之际,赵鼎认为只有将亡国根源的王安石从宗庙移除,才能振作人心,重新平衡天地之间的"气"。其实,北宋亡国,赵构带着都城开封宗庙的神主匆忙南奔。此时战云密布,政权安危尚在未定之数,宋朝历代皇帝的神主只能暂厝佛教寺院,连都城和宗庙的地点都尚未决定,但赵鼎却主张这是急务,必须立刻移除王安石配祀的神主。这项提议被接受了。② 但一个月后,金国的军队再度南侵,赵鼎也只好一路跟随赵构逃到海上。

---

① 朱熹立祠的想法和态度:束景南,《朱子大传》(福建:福建教育出版社,1992),页 134—135。

② 赵构对王安石的态度:陶晋生,《宋高宗的性格》,氏著,《宋辽金史论丛》(台北:联经出版公司,2013),页 311—312;赵鼎论罢王安石太庙配享:李心传编撰,胡坤点校,《建炎以来系年要录》(北京:中华书局,2014),卷 79,页 1289。

还不满三十岁的朱熹为苏颂和赵鼎在县学立祠,宣示了他一生批判王安石的立场。王安石作为十一世纪中国最突出与影响最深远的政治家,不可能不引起十二世纪士人持续的省思。面对亡国的惨痛教训,这些反省已经不只是基于党派立场的片面褒贬,而是触及政治与学术、学术与道德之间的深层关联。朱熹要面对的困境是,该如何看待这位政治家与学者? 如何界定他的成功、错误和失败?

"道统论"对历代帝王的观点

1182 年,五十二岁的朱熹结识了小他十三岁的后进学者陈亮(1143—1194),两人见面、通信,讨论各种议题。[①] 相较于朱熹在二十多岁就考上进士,然后潜心读书治学,陈亮的一生充满了风波与挫折。两人都在政治上谋求进取,但由于性格、经历和思想的差异,陈亮发展出许多和朱熹截然不同的观点。其中主要的争执之一,就是汉、唐这两个最强盛的统一王朝,究竟该如何评价? 是否值得效法? 如果值得,身为唐王朝最受推崇的明君,李世民就是夏商周三代之后最卓越的君主。1068 年,皇帝赵顼与王安石初次对谈的话题之一,就是唐太宗李世民究竟是不是值得向往的典范? 王安石断然批评李世民的缺点,鼓励赵顼向三代的先王看齐。朱熹也不欣赏李世民,基本立场接近王安石,可是陈亮认为李世民当然不如三代的君主完美,但他开创的王朝维系长达三百年之久,同样是值得肯定的成就。他不同意朱熹将汉、唐时代的君主和王朝都贬抑成毫无正当性的王权。

朱熹对三代的赞美与对唐太宗的批评,看似与王安石相近,但其实有些不同。将三代和汉唐的政治,区分成"王道"与"霸道"而有高低之别,是一种传统的、常识性的观点。不过,王安石看到两者之间的连结,而非不相容的对立,但朱熹的观点比传统的看法更严格。在

---

① 朱熹之"道统论"与陈亮的关联:余英时,《宋明理学与政治文化》(台北:允晨文化实业公司,2004),页 39—44。

他眼中，华夏文明漫长的历史可以分成两大段落：三代及其之前的时代，由伟大的君王以良善和正义统治天下；但从公元前三世纪秦汉王朝建立以来，统治者就失去真理的指引，迷失在个人的私利与欲望里。这个转捩点落在三代之末的孔子身上，只有他真正承继了上古先王的理念。孔子以外其他学派的思想，以及日后从印度传入的佛教，都是败坏人心的异端。因此，过去千年以上的历史，宛如黑暗的长夜。李世民建立的王朝，只不过因为运气好才得以延续。他并无过人之处，唐王朝也不值得仰慕。[1]

朱熹之所以比传统的王、霸之分更严格，在于他强调了孔子的角色。三代与汉唐的差异，除了政治之外，更有学术、思想的层面，深化了两者的落差。既然汉唐以来的历史如此幽黯，为何朱熹能够被启蒙、洞察真理的微光？因为在十一世纪，出现了五位伟大的学者和思想家，重新发现了被长久埋没的真理。（参见表 7-3）这些人和王安石同时代，乃当时最杰出的学者或官员，或兼有两种身份。虽然他们的政治成就都比不上王安石，但朱熹认为他们才是孔子真正的传人，重新阐发了三代、王道的真理：真理的本质是"道体"，王者的传承被称为"道统"，哲人的学问被称作"道学"。[2]

表 7-3　理学家的历史观

公元	时代	历史定位	道统	道统传承者的身份
前三世纪以前	三皇五帝	王道	伏羲、神农、黄帝、尧、舜等	王者
	三代		夏禹、商汤、周文王、周武王、周公、孔子、孟子	王者、哲人

---

[1] 陈亮、朱熹的争论：田浩，《功利主义儒家——陈亮对朱熹的挑战》（南京：江苏人民出版社，2012），第五章。

[2] "道学""道统"和"道体"的分析：余英时，《宋明理学与政治文化》，页 45—60。

续表

公元	时代	历史定位	道统	道统传承者的身份
前三世纪到十世纪	汉唐时代	霸道		
十一世纪			周敦颐、邵雍、张载、程颐、程颢(与王安石时代相近,乃朱熹尊崇的前辈)	哲人

　　朱熹在批判王安石的立场上,探索自己的道路,找到了服膺的宗师,逐渐形成了自己的思想体系。朱熹的观点源自他景仰的前辈,他虽然并不是他们唯一的传人,却是最坚持的,所以整套论述在他手中变得更加严整。这套政治、历史与哲学合一的论述,在许多方面都触及本书的主题——"道统论"的历史观本身就蕴含对历代帝王的评价,从而对十四世纪以降的国家祭典,包括孔庙与历代帝王庙的祭典,产生深远的影响。而且,朱熹对李世民、王安石和陈亮的批评,无不涉及政治事业与学术思想的一大关键:一个人,无论其为君或为臣,究竟该如何从事政治?政治的成就,是唯一或最重要的评价尺度吗?这一点触及历代帝王祭典最核心的价值观:"功业"。

批判汉唐帝王的统治

　　王安石和朱熹分别是十一和十二世纪最耀眼的思想家,两人对李世民一致给予不高的评价,但这未必是大多数人的看法。其实,王安石并未彻底否定李世民,他只是标举三代王道的高迈理想,激发赵顼改革政治的决心。包括王安石在内的其他官员,和赵顼讨论政事,仍然经常举出李世民治国、用人与政策的得失,作为当下政治议题的参考。赵顼也从未忘怀李世民的事业成就,他甚至认为,唐太宗的历史定位根本不是一介士人或学者所能了解:"唐太宗治僭乱以一天下,如房、魏之徒,宋祁、欧阳修辈尚不能窥其浅深,及所以成就功业之实。为史官者,材不足以过其一代之人,不若实录事迹,以待贤人去取褒贬尔。"[1]

赵顼的想法比较接近大多数人的常识。[2] 许多人都明白李世民有缺失,但无碍于肯定他开创王权的成就。三代与汉唐当然有落差,汉唐帝王不如上古圣君。没有人怀疑三代有最伟大的王权,汉唐之君明显有缺陷与不足,但汉唐时代君臣的事业与成就仍然备受肯定,无须一笔勾销,皇帝和文武官员仍从中寻找敬佩和认同的英雄伟人,以及历史教训。正是基于这种常识,在七世纪和十世纪,唐、宋王朝制定历代帝王祭典时,三代先王和汉唐之君一起被供奉在国家的祭坛上。

王安石标举三代、王道的理念,反而不同于当时的政治常识。后来有人批评新党人士动辄假借三代之名鼓励皇帝:"窃观贞观间未尝一言以及三代",意思是说李世民没有刻意追随三代,仍然有杰出非凡的成就。[3] 如果说王安石是标新立异,朱熹的态度就是苛刻了。朱熹不满意于上述那种常识性的思考,他的思路具有哲学性的严谨。他认为"道"的真理在孔子之后就式微了,所以三代王道与汉唐霸道的区别,是"天理"和"人欲"的本质彻底不同。他认为唐太宗的成就,缺乏真正的内涵与价值。这种强烈的观点其实违反了许多人习以为常的理性,但突显了"道统论"的特色。

朱熹只差没说出口的话是:当"道"的传承从三代的王者转移到哲人的孔子、孟子,之后的汉、唐帝王就成了"无道之君"。这个暗示是对汉、唐帝王最严厉的否定和批判。如果连最受推崇的李世民也

---

① 赵顼的言论:《续资治通鉴长编》,卷315,页7619。

② 赵顼对汉唐帝王的肯定,见其为《资治通鉴》作序:《资治通鉴》,序,页33—34。肯定汉唐的想法:余英时,《宋明理学与政治文化》,页8。

③ 批评蔡京动辄称引三代:余英时,《朱熹的历史世界:宋代士大夫政治文化的研究》(北京:三联书店,2004),页197。

丝毫不值得景仰，朱熹又如何看待其他帝王？十世纪的赵匡胤纪念历代帝王，将历代帝王分成四等，分别给予不同程度的礼遇，三代先王和汉唐最优秀的君主同居第一等。但对朱熹而言，这种分等并无意义，他以"道统论"的尺度评价过去的王者，只有两等：王或霸，后者若非人格有缺陷就是追求私利，几乎毫无地位。朱熹生活的南宋，并未恢复之前的历代帝王祭典。如果有的话，他一定从心底就不以为然。在他看来，三代以后的汉唐之君，虽然号称有功业，其实都缺乏真正有价值的内涵，其他的历代帝王就更不入流了。[1] 连赵顼都尊重不已的李世民，在朱熹眼中，竟然只是充满人欲、毫无天理的统治者。一介士人可以这样看不起最高的帝王吗？虽然朱熹和陈亮的私人通信所表达的想法，不一定为外界所知，但朱熹其他的言论已经逐渐让人察觉到他傲然的政治态度，最后也为他招来了敌人。[2]

批判王安石、诸葛亮的事业

朱熹的想法看似激烈，但并未真正挑战王权统治的正当性。他虽然批评了帝王功业的政治常识，但并不意味他反对王权。朱熹和许多有志的读书人一样，都渴望能够发挥所学、实践理想，关键在于得到皇帝的信任和支持。在十一世纪，正是王安石获得了这个千载难逢的机会，结果却引发了政治的动荡。生于 1107 年的皇帝赵构，成长于新党主政的年代，但他将国家动荡的原因归罪于王安石。1135 年，他批评王安石的学术"杂以伯道，取商鞅富国强兵"，伯道即霸道之意，商鞅则是法家的代表人物。[3] 王安石自认以三代、"王道"的政治理念推行新政，但反对者却常批评他的治国之术是"霸道"——缺乏高尚的核心价值。有些对王安石的批评非常极端而不

---

①　无道之君的批评：余英时，《宋明理学与政治文化》，页 16。

②　理学思想的政治意涵：余英时，《朱熹的历史世界》，页 142—157。

③　赵构的言论：《建炎以来系年要录》，卷 87，页 1449。

公正，无非偏见，或涉及党派的利益和倾轧，以及学术门户之见。但在广大的文官和士人群体中，王安石的政治与学术成就仍受到相当程度的肯定。[①]

朱熹反对那些过于简化的批评。他从未全面否定王安石的人品，他认为王安石的失败在于没有真正体认"道"的真理。这份真理始于人类史上最早而伟大的王者，之后传给孔子就中断了，直到十一世纪才由朱熹尊崇的哲人重新发现。朱熹排列真理传承的神圣系谱中，王安石没有任何位置。但在孔庙里，王安石却是唯一入祀的宋代士人。朱熹一定反对这一点，他从王安石身上看到的历史教训是：成功的政治事业必须奠基在正当的学术和思想上。朱熹重新定义"功业"的条件：不论为君或为臣，政治事业的成就，必定本之于当事人是否真正掌握儒家的学问和"道义"的原则。如果没有，即使拥有再大的权力或业绩，都不值得向往。所以，王安石并非理想的人物典范。[②]朱熹认为士人应该向他列出的哲人学习，才能创造真正有价值的事业，无论士人在政府中或社会上的哪一个位置。

王安石离朱熹的时代近、争议大，朱熹的观点很大一部分总结自前一个世纪的历史经验和反省。当他的思想理路愈益定型之后，朱熹看待更早的历史人物，也采取同一套的尺度，从而让他和更多人的想法产生分歧。分析和评断过去的人物，并非专属于学者或思想家的兴趣，许多一般士人、官员也从历史中寻找认同的英雄，鼓舞自我，投入当下的生活，就像皇帝赵顼以李世民来激励自己一样。和朱熹争论汉唐之君成就定位的陈亮，对汉唐时代的杰出人物深感兴趣，他

---

① 南宋初年对王安石的批评：葛兆光，《置思想于政治史背景之中——再读余英时先生的〈朱熹的历史世界〉》，田浩编，《文化与历史的追索：余英时教授八秩寿庆论文集》（台北：联经出版公司，2009），页 374—376。赵构一朝的王学势力：余英时，《宋明理学与政治文化》，页 69—70。

② 朱熹对王安石的看法：余英时，《朱熹的历史世界》，页 9、12—13、409—423。

非常崇拜辅佐李世民的魏徵,以及汉末的诸葛亮。[1] 但朱熹警告陈亮勿将这些人当作典范,劝他修养心性、读书治学,立志以"儒"为人生的目标,不要盲目迷惑于这些英雄豪杰的功业。

汉唐时代的历史人物中,只有诸葛亮勉强受到朱熹的肯定,但仍被挑出许多不尽理想的缺点。其实,大多数君臣士民无不赞美魏徵、诸葛亮和管仲的人格与事业,视之为历史上第一流的杰出人物。这是一般士民的常情与常理。尤其从八世纪唐王朝遭逢安禄山叛乱引发巨大的世变以来,不少朝野士人往往期许自我,成为像管仲或诸葛亮那样挽救时代危亡的人。当宋王朝在十二世纪丧失了北方的国土,同样激发了士人深刻的危机感和抱负。在这种时代背景下,具有卓越行政能力的人物受到推崇,是非常自然的事。[2] 朱熹的许多朋友和同志也高度肯定诸葛亮,但朱熹偏偏反对这种常识,他认为这些人不值得效法。十二世纪的学者,很少像朱熹这样坚持以单一而严格的尺度去评断人物,朱熹的想法并非主流的意见。

批评陈亮的"事功"心态

既然过去千五百年的政治领袖,不论为君或为臣,不受朱熹的敬重,那么学者呢? 朱熹对同道并未比较宽容。在 1084 年被送进孔庙的孟子、荀子、扬雄和韩愈,只有孟子被视为孔子的继承者,其他三人都不在朱熹所拟"道统"的名单上。孔庙从七世纪以来就供奉着汉唐时代注释儒学经典的学者,但朱熹认为这些人也迷失了真正的"道"。孔庙的祭祀如果按照朱熹的标准重新拟定人选,大概将为之一空。

---

[1] 陈亮认同汉唐的英雄豪杰,及其与朱熹的争论:田浩,《功利主义儒家——陈亮对朱熹的挑战》,页 82—90。

[2] 诸葛亮在宋代的评价:刘治立,《宋代社会对诸葛亮的理解与评价》,《许昌学院学报》26.4(2007):34—38;田浩,《旁观朱子学:略论宋代与现代的经济、教育、文化、哲学》(上海:华东师范大学出版社,2011),第七章。中唐以来对卓越之行政官员的推崇:廖宜方,《唐代的历史记忆》,页 126—133。

　　朱熹不只批判过去的儒者,对同时代的学人也不假辞色。他与陈亮的争论,不只是个人路向的差异,更反映了学术流派的竞争。在十二世纪,还有不少学者认真思索道德与政治、学术与历史等重大的问题,每个人的才智都有自己的侧重点。有人更强调去感受内心道德感的召唤,而非投入心力研读书籍。有人因家学、际遇或同侪的影响,拥有更多样化的思想资源,对历史现象和历史著作的兴趣更高,而不局限于儒学经典。朱熹不同意这些取向,而且严厉抨击他们。①朱熹还建立了一套传承的系谱,不但将自己与十一世纪的前辈连结起来,更进一步接上千百年前的孔子与孟子,以及更早之前的上古先王,而他本人则是最新与最后的一人。

　　朱熹的批判,与他的思想体系密切结合,他对陈亮、王安石和李世民的批评,都触及核心的一点:"功业"。大多数人都敬佩李世民、王安石和诸葛亮显赫的政治成就;凡投身仕途、很难不受到事功伦理的影响。但朱熹不以为然,他更抨击陈亮执着于"事功":尚未掌握"道"的真理,就贸然投身政治——幸运的话,或许碰巧仍有所成,但往往失败,甚至带来灾难。如果不是奠基在正当的学术之上,政治的成就不可能长久而远大;这就是上古、三代的王者开创华夏文明的做法。朱熹循着他的理论和思路,重估了华夏历史与王权的一切价值,重新界定何谓"功业",企图厘清学术与政治的关系应该是什么。朱熹并不反对士人从事政治,建立秩序,他也有自己追求的理想。他为士人参政设定了前提和条件:必须先读书问学,修养自我,之后才能投入政治的事业。借由这个方式,才能重新结合学术与政治。他很清楚,并非照他说的做,就一定能够成功,但他认为其他的途径或步骤都只会误入歧途。朱熹反对无条件肯定统治阶层的作为。他的独特观点,对照出"功业"价值观的本质:这是一种肯定统治者权

① 朱熹对他人的批评:田浩,《朱熹的思维世界》(台北:允晨文化实业公司,2008),页432—445。

力的意识形态。

朱熹以"道"的标准重新衡量过去千百年的人物，结果是所有人都达不到高标。这种单一的评断，几乎贬抑了历史上绝大多数有各种成就与贡献的人，也冒犯了许多人的理智、价值观与典范。朱熹景仰的对象，近世首推十一世纪的五位前辈，更远就是孔子和孟子。对他而言，王安石比不上同时代的这五个人，汉唐之君也比不上孔子。朱熹不以地位、权力或事业成就来评断人，而是更肯定传承知识、学问和真理的哲人；这也暗示了政治与学术在他心中的高低。[1] 虽然朱熹从未放弃参与政治，但他一生终究以治学为主。朱熹强调两者之间的张力，暗示有些事业、成就欠缺"道"的内涵；这种观点让学术与政治的分歧在日后变得更大。

四、结　语

陈亮没有被朱熹说服或驳倒，朱熹同时代的其他人也有自己的主张，他们都希望重建政治秩序，但各自在不同的学术道路上前进。在学者和思想家之外，还有更多处理实务的官僚，应对具体、棘手与复杂的问题。朱熹和他的同志期望能将所学付诸实践，结果卷入激烈的权力斗争，最后他的思想被当作"伪学"遭禁，临终前还遭到严酷的政治迫害。

朱熹死前五年，一度接近权力的核心，为皇帝授课（王安石也曾以这个职位作为推动新政的制高点），但随即一路走进人生最低潮的幽谷。但他死后不到十年，随着政治局势的变动，他又重新受到国家的认可，被赐予"文"的尊称（这也是王安石死后的称号）。接下来三十年，朱熹的地位越来越高，其学问开始获准在国家的最高学府讲

---

[1]　理学家对"事功"与"外王"的分辨，即英雄豪杰都能成就事业，但事功是低阶的，只有圣贤才能达到高阶的境界：余英时，《朱熹的历史世界》，页 925—927。

授。最重大的事件发生在 1241 年，新的皇帝赵昀（1205—1264，宋理宗）将朱熹及其尊奉的四位学者，一并送入孔庙接受荣耀和纪念。他更亲临国家最高学府，撰文赞美伏羲以降等十三位道统的代表，并下令绘制画像。从 1104 年王安石入祀孔庙以来，祭祀人选的变动非常小：没有人成功进入，只有王安石的儿子被移走。直到朱熹入祀，才同时取消了王安石的资格。新、旧党派的政治抗衡及其衍生的思想交锋，最后以王安石和朱熹的出入告终。此时离宋王朝的灭亡，已经不到四十年。最后这段期间，还有四位朱熹的前辈与朋友相继入祀。[①] 此后，朱熹的思想成为官方的意识形态，主导了入祀孔庙的标准，直到这项制度随帝制一并结束。

宋王朝超过三百年的历史上，孔庙在最后四十年才开始加速接纳新的成员。1241 年以前，孔庙并非"道统"的据点或指标，"事功"（功业）的价值观在国家祭典中仍占有崇高的地位，乃政治的主流。早在 1225 年，朱熹入祀孔庙前十余年、赵昀即位后第一年，皇帝下令建造十二世纪以来第二座"功臣阁"。在帝制时代，开国之君有为参与建国的功臣绘制图像、褒扬其成就的传统。功臣的图像集中存放、展示于单一的场所，在汉、唐时代，这些建筑被称作"云台阁""凌烟阁"。在宋王朝，这个制度发展成将开国之后、入祀宗庙、配享皇帝的功臣，也一并补绘，荣耀他们对国家的功劳与贡献。宋王朝未南迁之前，总共进行了四次大规模图绘各个皇帝与功臣的活动。南迁之后则有两次，第一次发生在 1143 年，重建殿阁安放北宋八位皇帝和十六位功臣的图像；第二次则在赵昀即位之后，为北宋和南宋合计二十四位功臣的画像，设置"昭勋崇德阁"。[②] 这座建筑的匾额由赵昀亲书，并由皇帝的老师（也是一位理学家）撰文记事，文中再三强调这些

---

① 张金岭，《宋理宗研究》（北京：人民出版社，2008），第五章。

② 宋代的功臣阁：王隽，《宋代功臣画像考述》，《河南大学学报（社会科学版）》51.6（2011）：68—75。

功臣不朽的成就:"功塞宇宙"。[1] 借由褒扬本朝历来的功臣,赵昀及其执政大臣希望激励官员,报效国家。这个制度、建筑物及其鼓吹的价值观,当然和朱熹的理学南辕北辙。

赵昀十九岁即位,十年后亲政,三十六岁正式让朱熹等人入祀孔庙。十年之后,年近五十的他却透露了对理学家的观察。1254 年,蒙古人南侵,赵昀对一位主动请缨、扼守四川的官员说:"士大夫以议论求胜者多,以事功自勉者鲜。朕为人才世道忧之。"[2]生于 1205 年的赵昀,一生都在面对蒙古人的军事威胁,两度遭遇成吉思汗的儿子和孙子发动的入侵战争。在这个时代背景下,赵昀大概是第一个对"道统"与"事功"之间的张力,有深刻体验的皇帝。宋王朝最后还是亡于蒙古人之手,但孔庙和朱熹的思想却保存下来,发展成明清时代的文化权威。结果,许多在政治实务上表现杰出的官员,很难获得公允的评价。如何扭转学问至上的观念造成的偏颇,重新赋予政治事业恰当的定位,成为近世学术与政治的新课题。[3]

除此之外,朱熹及其前辈形塑的"道统"也在哲人与王者之间,带来新的问题。道统是由上古三代的王者和传承孔子之道的哲人组成。虽然朱熹关注的重点放在十一世纪以来的学术传承,但他无法忽略道统的根源:华夏历史上最早的帝王伏羲。因为伏羲及其制作八卦,为道统的思想提供了宇宙论的基础。[4] 伏羲一直被认为是最早的统治者与圣人,他的地位因为理学家的理论化而更加崇高。然而,象征道统的孔庙以孔子为宗师,作为道统起源的伏羲却没有一席之地——这个问题迟早会浮上表面。在蒙古人的统治下,孔子与伏羲

---

[1] "昭勋崇德阁"的纪念文章:郑清之,《理宗御书昭勋崇德阁扁记》,《全宋文》,卷 7036,页 251—253。

[2] 佚名撰,李之亮校点,《宋史全文》(哈尔滨:黑龙江人民出版社,2005),卷 35,页 2313;《宋史》,卷 44,页 852。

[3] 有事功者不入孔庙的问题与解决:黄进兴,《圣贤与圣徒》,页 107—111。

[4] 道统之始与伏羲:余英时,《宋明理学与政治文化》,页 57—60、174—175。

的祭祀遭遇新的困境:伏羲被重新定位,转变为医药的祖师;孔子则被相对化,相对于道教和佛教,不再独尊。面对这个情势,十四世纪的儒者发展出从伏羲到孔子的"道统祭祀"新构想,并在明清时代逐渐落实。这是下一章要述说的故事。

第八章　朱元璋、朱厚熜与历代帝王庙的建立

一、"道统"的危机

　　1316 年,吴澄(1249—1333)已年近七十。几年前,他刚从蒙元王朝的国立最高学府辞职,回到故乡江西,重拾教书和写作的平静生活。江西一带的地方官员都敬重他,每当文教设施落成,往往向这位负有盛名的大师请文,想以他的名望来增添光彩,也借由他的文章彰显这些设施的意义,启蒙士民。宜黄县的官员修筑"三皇庙"完工后,写信给吴澄,请他提笔撰文纪念这件盛事。[①] 吴澄接受了这个邀请,他对宜黄县并不陌生,那是他早年授课之地,前几年还为当地县学的孔庙写过文章。在那篇文章中,他鼓励学生继承孔子的学问,仰望辉煌的"三代"。对三代与孔子的崇敬,乃宋王朝统治下儒士的精神与信念。吴澄三十岁以前生活在南宋的统治下,经历了亡国的惨痛之后,才成为蒙古人的臣民。

　　宜黄县学的历史悠久,据说始建于 1049 年,离此时已超过两个半世纪。其中经历多次天灾和战祸、迁徙和重建。最近的这一次修筑,主事者希望重刻县学始建时,由曾巩(1019—1083)所写的旧

---

① 吴澄,《宜黄县三皇庙记》,李修生主编,《全元文》(南京:江苏古籍出版社,1999),卷503,页 155。

记——这位作者是江西人，也是十一世纪最著名的文士之一。这篇旧记和吴澄写的新记，前后辉映，展现宜黄县学长远的文化传统——这段历史也是吴澄在文章中告诉读者的。[①] 相形之下，祭祀伏羲、神农和黄帝的三皇庙刚好相反。吴澄指出：设立医学校，医学校建庙，庙供奉三皇，则是元王朝前所未有的创造。不只如此，医学的三皇庙和儒学的孔庙地位相等，也是全新的安排。国家在各地建立学校、附设孔庙，始于七世纪的唐王朝，历经数百年扩散到中国各地，已经成为汉人社会的文教传统。但蒙古人征服中国还不满五十年，就以国家的力量，新建一个与孔庙地位相等的祭典和庙宇。[②] 对长久以来习惯于儒教意识形态的汉族士人来说，这是一项很大的冲击。

生活在北亚草原的蒙古人有自己的宗教、神话与传说，对三皇毫无信仰。他们和千年前入据中原的游牧民族不同，并不自认或宣称是炎帝（神农）或黄帝的子孙——第二章的主角、五世纪的鲜卑领袖拓跋宏，态度是接受的。蒙古人的文化记忆中没有伏羲、神农和黄帝的位置，三皇是华夏的传统，而且在过去漫长的历史中有着复杂的源流。除了八世纪的李隆基在都城建立"三皇庙"之外，他们很少被组合在一起接受祭拜，大多以个别的身份单独立庙，或者厕身历史上其他伟人当中，受到国家与民众的纪念。当元王朝下令建庙时，"三皇"至少具有三种不同的性格：上古帝王、道统圣人和医药祖师。然而，蒙古人尤其重视三皇作为医药祖师的角色，从而为十四世纪前后数十年的政教景观，投入新的变数，也严重伤害汉人儒士对"道统"的信念。当朱元璋重建汉人政权，再度翻转了蒙古人的这项政治遗产，重新定位三皇作为华夏文明的王者——这一切的变化在不到百年的时

---

① 吴澄，《宜黄县学记》，《全元文》，卷 502，页 130。
② 三皇庙：张世清，《元代医祀三皇考》，《史学月刊》7（2004）：32—35；薛磊，《元代三皇祭祀考述》，《元史论丛》，第 13 辑（北京：中华书局，2010），页 212—225；马晓林，《元代国家祭祀研究》（天津：南开大学中国古代史博士学位论文，2012），第五章《天下通祀》，页 419—425。

间迅速发生。在这一节中，我们将看到"三皇"如何在王者、圣人或医药始祖的不同角色之间流转。

医药祖师的三皇

三皇庙并非蒙古人的发明。早在十二世纪的中国，官方的医学校或医家个人，先后开始举行祭典，向医药的祖师致敬，尤其在女真人统治的华北。在当时这并不多见，有点特殊。[1] 许多职业都有自己的信仰与文化、崇拜的对象和场所，从中建构记忆与认同，但只有少数获得官方的支持。在国家典礼上，皇帝和皇后会象征性地举行耕田、养蚕的仪式，鼓励男耕女织，表达对农桑衣食的重视。国家也认可文庙和武庙——从七、八世纪以降，孔子和太公分别成为儒士和武人认同的宗师，成为两种文化价值的代表。但王权从来不曾赞美、鼓吹工匠、商人的伦理价值。

相较于经商营利被认为有害农业社会的人心、精雕细琢的工艺品诱发不必要的奢侈消费，医药救护生命无疑有着崇高的正当性。宋王朝的统治下，国家相当重视广大士民的健康与医疗，设置许多机构，透过医学教育训练医者，制作和贩卖药物，从而培养出一批医疗从业人员。[2] 这些人中有一部分和喜欢读书的儒士重叠、合流，从而出现了"儒医"的群体。他们熟读医籍的经典，采取特定的医疗方式，逐渐茁壮成为有别于"巫医""女医"的流派。这个群体感到自己的知识有其独特的传承，渐渐形成了认定伏羲、神农与黄帝为医药祖师的动向。[3]

---

[1] 金朝的三皇庙：马明达，《元代三皇庙学考》，暨南大学中国文化史籍研究所等编，《暨南大学宋元明清史论集》（广州：暨南大学出版社，1997），页 280—281。

[2] 宋代的医政与医学教育：廖育群，《岐黄医道》（台北：洪叶文化事业有限公司，1994），页 283—295。

[3] 宋元时代的医者和"儒医"：陈元朋，《宋代儒医》，生命医疗史研究室编，《中国史新论——医疗史分册》（台北：联经出版公司，2015），页 245—305。

神农和黄帝很早就被视为医学理论和药物知识的创始者,许多医药经典的作者据说出自神农和黄帝之手,比如《神农本草经》《黄帝内经》等。这个想法从公元以来逐渐确立,在七、八世纪的唐王朝,有人编纂历代名医传记来呈现医学的源流时,就将起源定在"三皇"的时代。不过,为何伏羲也被视为名医?这涉及古人对生死与命运的观念:人们相信死生有命,皆已预先注定。在医疗技术和效果都有极限的条件下,患者和家属需要借助其他方式来辅助医疗的进行,手段之一就是占卜,借此了解命运的安排。中国最古老而重要的占卜法就是伏羲创始的八卦。[1]

三皇作为医药祖师的角色,先出现在女真人统治的华北,而后被元王朝接受而推广。蒙古人并非崇拜三皇,而是重视医学。于是,十四世纪前后数十年,在国家的主导下,三皇庙出现在中国各地,成为官民士庶祭拜、祈求的对象。[2]

道统圣人的三皇

元王朝官方正式指定三皇为医药始祖、建庙祭祀,许多儒士并不认同。吴澄就表示:"三圣人之功在万世,如天地之覆载,日月之照临,奚翅医药一事哉!"[3]对他来说,三皇奠定人类世界的秩序与基础,不能将他们全面性的贡献限定在医药的范围内。吴澄不只一次表达这个想法,不断提醒读者三皇在华夏传统中原本的意涵。吴澄在这

---

[1]　唐代医史追溯至三皇:祝平一,《宋、明之际的医史与"儒医"》,《"中央研究院"历史语言研究所集刊》77.3(2006):404—406。汉、唐时代以黄帝、神农作为针灸和药物的始源:范家伟,《中古时期的医者与病者》(上海:复旦大学出版社,2010),页 26—29。医学与《易》学的交会:廖育群,《岐黄医道》,页 179—191。

[2]　三皇庙的地域扩散:水越知著,石立善译,《元代的祠庙祭祀与江南地域社会——三皇庙与赐额赐号》,漆侠主编,《宋史研究论丛》第 8 辑(保定:河北大学出版社,2007),页 523—549。

[3]　吴澄,《宜黄县三皇庙记》,《全元文》,卷 503,页 156。

些叙述中，企图传递的正是朱熹的思想中最核心的观念：“道统”。①
朱熹死后约半世纪吴澄才出生，他在求学过程中曾接触朱熹门下的
传人。对吴澄和其他受朱熹影响的儒士而言，三皇是最早将宇宙真
理的“道”体现在人世的圣人，不应该只是医药的宗师而已。②

　　“道”是朱熹最关心的对象，他传承前辈的思路，从太极、两仪、四
象等抽象的法则理解宇宙天地、人事万物的运作。这些奥秘最早是
在文明之初由伏羲发现，并运用八卦这套符码加以展现，据此制定了
人世的秩序。③ 伏羲将他掌握的真理传递给后来的统治者，依序是神
农（炎帝）和黄帝等王者和哲人，形成了“道统”。这些打造文明秩序
的“文化英雄”，就是儒者尊敬的“圣人”。吴澄在另一篇重修三皇庙
的记事中，列举出十四位圣人：以伏羲为首，孔子居末。④ 这些人原本
就地位崇高、备受景仰，如今更因为“道统”的论述，被赋予新的意涵，
获得了更高一层的神圣性。

　　“道统”的论述对这些圣人的地位产生微妙的影响，尤其是伏羲。
在此之前，伏羲一直被认为是华夏历史上最早的统治者之一，但在历
代帝王的祭典上，却不一定是第一人。五世纪的拓跋宏，最远只追溯
到五帝之末的尧、舜——他们是古典时代的儒者最尊敬的君主，他们
的人格、作为最合乎儒家的美德。八世纪的李隆基突破了这个天花
板，因为他对缥缈、神秘的源头更感兴趣，列出了比三皇更早的帝王：
燧人、有巢、人皇、地皇和天皇。于是，在历代帝王祭典上，首位之君
的位置就这样前后伸缩，⑤有时比伏羲更早，有时又在他之后，直到十

---

① 理学家视伏羲为道统之祖，以及为何不是尧舜：余英时，《朱熹的历史世界》，页 33—
　34、124、292。
② 吴澄，《建康路三皇庙记》，《全元文》，卷 503，页 151。
③ 理学家对“道休”的重视：余英时，《朱熹的历史世界》，页 24—29。朱熹及其前辈对理
　学宇宙论、本体论的重视：李申，《易图考》（北京：北京大学出版社，2001）。
④ 吴澄的十四位圣人：吴澄，《抚州路重修三皇庙记》，《全元文》，卷 503，页 153。
⑤ 燧人氏因故被排除：阿部幸信，《燧人考》，《九州大学东洋史论集》33（2005）：1—44。

世纪的赵匡胤才将历代帝王的第一人定为伏羲。这个决定也影响了十四世纪以后明清时代的历代帝王庙。二十世纪的中国从帝制走向共和的转化过程中，谁是最早的君王，变得不受重视，取而代之的是民族主义的史观，由黄帝取代伏羲，成为华夏文明或炎黄子孙的始祖。

当朱熹的"道统"论在十四世纪以后成为官方的意识形态之一，伏羲不只是王者，更是道统起源的定位，从此确立不移。也正是在十四世纪，出现了孔庙之外、另立"道统祭祀"的新构想：以伏羲为首、以孔子居末。但这个想法被朱元璋否决，到了十六世纪才由另一个威权独断的皇帝朱厚熜实现，更延续到清王朝。

理学家的挫折

依儒者而非医者的观念，伏羲、神农和黄帝掌握"道"的真义，也是华夏最早的统治者，以医药救治人类只是其伟大功绩的一小部分。如今三人被合成一组，从历代帝王和道统序列的顶端被抽离，划归为医药的创始者，接受官员、医者和士民的致意。道统的完整性因此被破坏，简直斩断了它的根基。这对理学家来说是多么反感与难忍之事。将三皇视为医者的始祖或行业神，带给南方儒士的冲击特别大。朱熹在 1200 年过世后，他的学说先后受到南宋官方的认可、传入北方女真人统治下的土地，最后也被统治中国的元王朝采纳为儒学的正统。但汉人儒士终究无法阻止蒙古统治者依照他们的想法和权力，重新形塑中国社会的政教景观。

如果三皇只是被挪作医药之祖，对理学家的冲击还有限。但蒙古统治者对医学、三皇及其庙宇与祭典的重视，甚至超越了传授儒学的学校、孔子和孔庙。官方规定三皇祭典的规格必须比照孔庙，这意味着儒学与医学、三皇与孔子的对等。于是，遍布各地的三皇庙与孔庙并立，地位不相上下。在元王朝首都，三皇庙的祭典更是盛大隆重。地方上的三皇庙,作为医药之祖,关乎人的身体与疾患、生命与医疗,更让一般士民感到切身。理学家虽然尊重道统的起源,但最重视者仍然是孔子。如今,伏羲、神农和黄帝的存在感大幅提升,孔子的光芒相形黯淡,不再是独一无二、最受尊崇的伟人。[①]

这一切发生在蒙古人的统治下,更增添了种族、阶级和地域的因素,南方汉人儒士的社会地位发生了很大的变化。过去,儒士的身份在汉人社会中拥有最高的地位,医者远远不如。在 1249 年,金王朝的遗民元好问(1190—1257)为山西太原的一位名医家中辟建的"三皇堂"落成撰文记事时,一度感到为难,因为他不赞同将贡献广大深远的三圣人限缩为医药之祖。在这篇文章之末,他提到这位名医有子"知读书,异时当以儒素自拔于流俗"。[②] 这句鼓励的话透露着歧视:医是流俗,儒者高高在上。但在蒙古人统治的年代,医者的地位大幅提升,而儒士向下滑落。过去读书人参与统治体制的科举考试被取消,儒者失去了入仕当官的渠道。直到 1314 年,国家才重新举行科举考试。现实处境的困顿,加深了他们被剥夺的感受。

帝师殿与"佛教之统"

三皇庙的出现,只不过是这段期间众多冲击儒士的事件之一。作为儒学永恒象征的孔子,继三皇庙之后,还遭遇另一波被相对化的潮流。在儒学的意识形态中,孔子是百世帝王之师,值得所有帝王的敬重和学习。但在 1316 年,元王朝下令建立"帝师殿"。帝师是个职位,也是特定的称号,用来尊称西藏僧人八思巴(1235—1280)。八思

---

① 儒者反对三皇庙:马明达,《元代三皇庙学考》,页 284—285。元代孔子地位之低落:朱鸿林,《国家与礼仪:元明二代祀孔典礼的仪节变化》,《中山大学学报(社会科学版)》5(1999):73—85。

② 元好问之文:元好问,《三皇堂记》,《全元文》,卷 22,页 358。

巴是元王朝第一位皇帝忽必烈（1215—1294，元世祖）皈依的僧人，并为蒙古语创制表记的文字。忽必烈册封他为"帝师"，管理西藏事务，并统领全国的佛教。帝师殿就是礼拜八思巴的场所。基于他为蒙古创制文字的贡献，元王朝的君臣创建了这个祭祀的场所，建筑的规模比孔庙更高大，管理者则是藏传佛教的僧人。[①]

　　曾为抚州路的三皇庙完工撰写记事的吴澄，也受托为帝师殿落成撰写碑文。[②] 他一定感受到，孔子遭遇来自三皇还有"帝师"的夹击，已经在元王朝的体制中被边缘化了，再也不是独占"道统"的唯一代表。蒙古人并不忽略或轻视孔子，只是对他们来说，儒生不比道士、僧侣更崇高，孔子和佛陀的地位相当。当儒学不再是政治文化的主流，该如何重新诠释道统，成为吴澄在写这些文章时最费心的事。吴澄首先要解决三皇与孔子、儒学与医学，和"道统"的关系。他主张：儒学与医学分别获得"道"的全体或部分，三皇与孔子分别为"道"的最先与最后。[③] 身为理学家的吴澄，当然认定儒学与孔子的优越地位。但在儒者不受重视的时代，借由区别全或偏、先与后，已经是他尽其所能回护儒学和孔子的说词了。至于八思巴，吴澄推崇这位比自己年长十四岁但早逝的僧人具有"大智慧"，为元王朝开创"一代之文"。不过，他斩钉截铁地说"帝师，佛教之统也"，将八思巴划归在佛教的领域，从而捍卫了"儒"的堡垒。尽管有这一切的努力，孔子和"道统"在这个时代，终究还是被"医道""佛教之统"给相对化了。

---

① 帝师：马晓林，《元代八思巴帝师祭祀研究》，《北大史学》18（2013）：81—103，《元代国家祭祀研究》，第五章，页425—461；陈庆英、仁庆扎西，《元朝帝师制度述略》，《西藏民族学院学报》1（1984）：44—62。

② 吴澄为帝师庙撰文：吴澄，《南安路帝师殿碑》《抚州路帝师殿碑》，《全元文》，卷510，页362—365。

③ 吴澄分辨医、儒与"道"的关系：吴澄，《抚州路重修三皇庙记》，《全元文》，卷503，页153。

帝师殿和孔庙、三皇庙一样,都结合了学校教育的功能。帝师殿附设蒙古字的学校,教授八思巴创制的蒙古文。元王朝以孔庙的制度为摹本,创建了三皇庙与帝师殿,并推广到中国各地。因此,在十四世纪上半叶的一段时间中,曾有三种性质迥然相异但都是学庙合一的政教建筑并存于世,而吴澄就是少数为这三种设施撰文记事的汉人儒士之一。吴澄死于 1333 年,其时元王朝的统治仍十分稳固,尚未步入民变四起的危机。他临终前大概以为八思巴的一代之文将继续流传。但元王朝的最后一位皇帝也在这一年登基,接下来不到四十年,蒙古人对中国的统治就结束了,只有孔庙继续长存在中国社会。吴澄当然不可能预见未来的发展,包括他自己入祀孔庙这件事。他只是在剧烈的世变中,尽一己之力守护自己的文化、信念与价值,捍卫孔子与道统。

“道统祭祀”的新构想

面对时代共同的局势,每个人各有各的机会与选择。比吴澄大两岁的另一位儒者熊禾(1247—1312)就有不同的际遇,进而发展出不同的路向。熊禾生于福建,乃朱熹的同乡。他和吴澄一样,年轻时都努力于科举,而熊禾比较成功,考上进士。两人也都在约三十岁的年纪,一同遭遇亡国的悲剧。身为南方被征服的汉人儒士,此后两人都以讲学、著述为业。他们彼此知闻,但大概不曾见面。熊禾一直以福建为活动范围,始终不曾在元王朝的统治下任官,迥异于吴澄晚年从江西被征召赴北京,执教于最高学府,甚至为皇帝授课。[①] 不像吴澄与政治的距离比较接近,有时必须为三皇庙、帝师殿撰写应酬文章,身处边缘的熊禾更独立,得以发展出独特的观念,萌生“道统祭

---

① 熊禾生平:朱鸿林,《元儒熊禾的传记问题》与《元儒熊禾的学术思想问题及其从祀孔庙议案》两文,《中国近世儒学实质的思辨与习学》(北京:北京大学出版社,2005),页20—69。

祀"的想法。

　　自 1295 年起，皇帝下令全国各地广建三皇庙，祭典比照孔庙办理。此后，各地庙宇的修筑与祭祀典礼的细节逐步确立。此时年近五十岁的熊禾，不可能对官方的动向一无所知。他当然不赞成这个做法，但他的回应方式与吴澄不同，接下来十余年，他逐渐酝酿出一个新颖的想法。他建议在孔庙之外，另建"道统祭祀"的新典礼，向孔子之前的道统圣人致敬。七世纪以来，文庙以孔子为宗师，逐渐凝聚了儒士的认同。在朱熹发展出"道统"的论述之后，孔庙与之结合，成为祭祀孔子身后、历代哲人的圣地。但孔子之前、传承道统的王者，却没有受到尊崇；这让熊禾感到不妥。他主张孔庙的祭祀不变，维持在全国各级学校通祀的惯例，但在都城的最高学府，皇帝和大臣应该亲自向伏羲、神农和黄帝等王者与周公、孔子献祭。熊禾并非不重视孔子，而是他更关切道统的完整性。这项规划解决了道统上半段的王者在国家祭典中缺席的问题。[①]

　　如此一来，都城国学的学庙就不能称为"孔庙"了，因为这所庙宇不再奉孔子为单一的主神，而是始于伏羲。追本溯源，造成这一切的人是朱熹。从七世纪孔子取代周公，确立在学庙祭典中的地位，孔子就已经是"儒道"最高的代表。但十一世纪的儒者，尝试为儒学建立宇宙论的体系，重视《易经》之学，从而突显了八卦创制者伏羲的贡献和地位。于是，十二世纪的朱熹论及"道统"时，明确将传承的队伍从孔子延伸到伏羲。这项安排让孔子的地位产生微妙的变化：孔子固然是道统的集成与后世儒学的起点，但他厕身在伏羲、黄帝和神农，以及尧、舜、禹、汤、文王、武王这些王者之间，臣属的身份终究不免矮了一截。

　　这是潜伏在朱熹"道统"论的结构性问题，迟早都会浮现，而熊禾

---

① 　熊禾、宋濂的"道统"分祀之说：余英时，《朱熹的历史世界》，页 33—35。

提出解决的方案,正当元王朝统治的时代,而且三皇被挪用为医药的祖师。熊禾的方案重申了三皇真正的身份是伟大的帝王与道统的圣人。熊禾的出发点未必是针对三皇庙,但他坚持儒学本位的论述,为道统的传承者规划祭典,隐然回应了三皇庙的争议。理学家对三皇庙的不满,成为元王朝治下儒者的未竟之业,朱元璋建国之后,终于废止了三皇庙。熊禾的主张,也获得新一代儒者的认同。生于1310年的宋濂,向朱元璋提出道统祭祀的建议,却不被接受。

道统决定治统

熊禾是个理学家,一生的教学与著述离不开朱熹的学问,由他提出"道统祭祀"的构想,并不令人意外。但在十四世纪,"道统"的观念已经溢出了理学的范围,波及更多的士人和其他学术、思想的领域,历史书的写作是其中之一。在1343年,元王朝开始为过去辽、金、宋三个政权修撰"正史":这是华夏国家的一项政治文化,后继、新兴的王朝为被取代或灭亡的前朝编纂历史。但这项事业遭遇一大难题,因为从十世纪到十三世纪,东亚大陆先后并存辽、北宋、西夏、金与南宋、大理等不同政权,各有自己的纪年。如果统一编在一套书中,势必产生统一纪年的需求,因而必须在辽、金、宋之间,决定以哪一个国家的年号作为纪年的主轴。这个看似技术性的问题,其实有政治意涵。被定为主轴的王朝,意味该政权是华夷世界的主体:"正统",也界定了元王朝从谁手上获得统治华夷的正当性。[①] 这项活动、观念与争议并非第一次出现,汉人儒士并不陌生,而且非常重视,因为这是帝制时代政治与学术的核心议题之一。但掌握大权的蒙古统治者对

---

① 元王朝官方修史的经过:杨翼骧,《增订中国史学史资料编年·元明卷》(北京:商务印书馆,2013),页78—92。"正统"之争:刘浦江,《德运之争与辽金王朝的正统性问题》,《中国社会科学》2(2004):189—208;饶宗颐,《国史上之正统论》,氏著,《饶宗颐二十世纪学术文集(卷六)》(台北:新文丰出版公司,2003),页73—80。

此不感兴趣,主其事者最后决定辽、金、宋的历史分别成书,各自用自己的纪年系事。来自草原的征服者,可能也不在乎"正统"这个中国风的观念。这让有些汉人儒士感到失望,其中一人是杨维桢(1296—1370),他是浙江人,生于已经是蒙古人统治的世界。他成年后,参加科举考试,入仕任官,积极为国家服务。当他得知朝廷无意决定谁是"正统",乃发表意见,主张元王朝的统治正当性来自南宋:因为"道统"在1127年北宋灭亡后就转移到了南宋,荟萃于朱熹,又传承给元王朝的儒士。杨维桢大概希望蒙古人的政权能够更衔接上华夏的传统,所以向出身北亚的统治者,强调南宋传承了华夏文化的精粹:"道统",远胜华北,而他本人正是南方的儒士。① 这是朱熹的"道统"论形成以来,最早运用在其他领域的议题上,成为决定王朝正统的关键。杨维桢虽然强调朱熹与"道统"的重要性,但他本人并非像吴澄或熊禾那样专攻理学的学者,生活方式也不像他们那么严肃自律。一个理学圈外的儒士,提出了这个前所未有的想法,透露出"道统"的观念在汉人菁英分子中的影响力。

关于王朝的统治正当性及其传承的讨论,大多被称为"正统论"。朱熹也曾经思考过这个议题,以公元三世纪的三国时代而言,他主张以蜀汉为正统。对他来说,道统与正统是两件事,层次不同,前者比后者的位阶高:汉、唐帝王统一天下、位居正统,但没有资格列入道统。朱熹当然不可能想到自己的理论和身后的地位,竟然成为杨维桢评估治统的指标:"道统者,治统之所在也。"这句话的意思其实是"正统之所在"。杨维桢使用的替换词"治统",本意是王权的统治及其传承。在十四世纪,"治统"和"正统"这两个词的意涵和使用互相接近。日后,朱元璋宣称他继承了"中国帝王正统",其实就是治统的意思。

---

① 杨维桢所论之意涵:余英时,《朱熹的历史世界》,页17—18。

儒者很早就有王权跨越不同时代、前后相承的系谱观念,但没有固定的表述用语。在十四世纪前后,"治统"一词逐渐浮现,经常用来指涉中国历代帝王的统治、传承与正当性。另一个例子是陈栎,他属于吴澄和熊禾那一辈的儒士,他写信给朋友提到上古时代"治统与道统合"。[1] 这个说法虽然一点都不新,但措辞简洁而观念清楚。"治统"和"道统"这两个用语越来越常被对举、并置,开启了儒者谈辩政治与学术的新境域。过去,朱熹的"道统"思想,关注在近世哲人与学术的传承,他也企图将所学付诸政治的实践。但十四世纪的杨维桢和陈栎,身处汉文化与儒者不受重视的时代,感觉"道统"与王权的距离变得更遥远了。这个情境促使了"治统"与"道统"被对举而论——过去的儒者很少用这种方式。杨维桢主张:哲人虽然不是王者,却有赋予王者正当性的作用,进一步突显了朱熹的理论潜藏的政治意涵,也让王权与道统、统治者与儒士之间的关系,逐渐跃居士人意识的前台。此后一路发展,经历了明王朝三百多年皇帝的威权统治,十七世纪的思想家论及"道统"与"治统",比起十四世纪的前辈,已经更明确强调两者各自独立的性格。

二、朱元璋的开创

宋濂的挫折

1371 年,宋濂(1310—1381),身为国家最高学府的官员,向皇帝朱元璋(1328—1398,明太祖)提交了一份改革国家祭典的建议书,结果不被朱元璋认可,被贬逐出都城南京,下放到一个小县当官。朱元璋从 1356 年攻下南京,隔了八年称王,直到三年前才正式即皇帝位,

---

[1]　陈栎,《答胡双湖书》,《全元文》,卷 568,页 20。

建立明王朝。攻陷蒙古人的都城北京之后,他才开始仔细规划各项国家典礼。①宋濂一直是朱元璋最得力的助手之一,备受信任,所以他满怀希望,以为能够解决过去百年、国家典礼在元朝统治下的争议,但没想到不但被皇帝否决,而且受罚。虽然他很快获得原谅,重新被召回朝廷,但这几乎可说是他第一次经历皇权严厉的处置,已经六十岁的他,心中是否感到不安?即使有,他也无从得知自己十年之后仍以罪人之身走向人生的终局。

宋濂的规划有许多内容,其中一项主张是在国家最高学府祭祀伏羲、神农、黄帝、尧、舜、夏禹、商汤和周文王、周武王等上古之君。②没有人知道朱元璋真正的想法,但据说引发他不满的关键就是这一项。在各级学校建庙向文化与教育的唯一宗师孔子致敬,从七世纪唐王朝奠定以来,七百年来不曾改动。如今,宋濂提议增加"太学"学庙的祭祀对象,在孔子之上,增加前述九位圣君。至于全国各地其他的学庙,仍然以孔子为单一的主神。

宋濂对这项提案非常有自信,这项改革将让"道统益尊,三皇不汩于医师,太公不辱于武夫也"。他还援引了古代的典范,说明这本来就是"天子立学之法也,奚为而不可也"。③埋没于医师的三皇即伏羲、黄帝和神农——这里批评的是元朝统治下,三皇被尊为医药之祖,三皇庙的祭典交给医师主持。辱于武夫的太公,指的是太公吕尚,被封为武庙的宗师。从宋濂的措辞来看,他反对这两项制度。至于"道统益尊",则是因为从伏羲到孔子是"道统"的起源、传承与集成;礼拜他们的场所设在国家最高学府,并由统治国家的帝王和大臣

---

① 明初的国家祭典:南炳文,《消极与积极并存:明朝建国前后祭祀活动述论》,《求是学刊》38.1(2011):126—140。

② 宋濂的方案:张彦聪,《祀孔与立学:宋濂"天子立学之法"与孔子圣师地位论争》,《教育学报》11.4(2015):97—103。

③ 宋濂,《孔子庙堂议》,宋濂著,黄灵庚编辑点校,《宋濂全集》(北京:人民文学出版社,2014),卷77,页1866。

出席祭典，表示敬意。宋濂表示这不是他的发明，半世纪之前的熊禾就已经有这样的构想了。

朱元璋反对的理由，如今无从得知，据说他不赞成在都城的学庙供奉这么多人，他倾向于独尊孔子作为单一的主神。或许宋濂的想法太前卫了，毕竟他是儒士中的菁英，这项提案超出了来自基层社会的朱元璋习以为常的传统观念。虽然皇帝不同意宋濂的方案，但两人其实有共同的关切，就是在国家祭典的体系中，究竟该如何重新安排三皇庙、文庙和武庙？华夏的国家祭典有长久的传统，但在蒙古人的统治下，发生了许多新变：将三皇视为医药祖师、孔子的地位被相对化、武庙则不受重视。如今，汉人重掌政权，朱元璋和宋濂都期待重新形塑国家祭典的面貌。宋濂可能一时之间太大意了，未能发觉皇帝对于三皇、孔子和太公的庙宇和祭祀有自己的意志和想法。接下来几年内，朱元璋将按自己的心意设计祭典的体系。在这逐渐成型的过程中，催生出第一座设在都城的历代帝王庙。[1]

王陵祭典的再现

宋濂不希望崇高的三皇埋没在医师的祭典中，和朱元璋的立场是一致的。伏羲、神农与黄帝一直以来就是汉人崇敬的君主、圣人和神明。蒙古统治者在各地建庙，让医者与士民崇拜三皇，祈求生命安康，不只儒者心底不认同，像朱元璋这样的底层农民也未必全然接受。但三皇庙已有近百年的历史，无法遽然废止。因此，在明王朝开国的第一年，仍然保留了三皇的祭典，朱元璋也派人致祭。第二年，他在祭祷的祝文推崇伏羲"始画八卦，教民书契。继天立极，肇开道统"，宣示三皇是华夏的始祖、道统的圣人，而不只是医药之

---

[1] 早期的开创性研究，见张琏，《历代帝王祭祀中的帝王意象与帝统意识——从明代帝王庙的祭祀思维谈起》，《东华人文学报》10(2007)：319—366。

神。[①] 但这项祭典究竟该如何安排,朱元璋和宋濂都不清楚,还在摸索之中。

三皇崇高而伟大,但朱元璋注意到的历代帝王不只他们。在 1370 年,宋濂递交祭典改革意见书的前一年,不晓得朱元璋透过什么渠道或方式,得知四百年前、赵匡胤在 966 年下令修复历代王陵、献祭致意的故事。朱元璋欣赏不已,有心效法,于是至少派遣了四位中央官员,前往各地访察。这件事不到半年就有了初步成果,同年年底朱元璋下令在各地王陵举行祭典。[②] 这件事让他有了放眼历代帝王的高度与视野,也成为解决三皇祭典的突破口。

经过中央的特使与各地协同官员的调查,一共回报了七十九处的王陵。这个数字与 966 年赵匡胤表列的王陵数量相同,两份名单的对象也大多重叠,虽然并不完全一致——朱元璋的官员想必参考了宋王朝的历史记载,但另一方面也增加了赵匡胤之后的王陵。明王朝以前历代王都及其周边王陵,大抵不出长安、洛阳和开封等地,因此访查的重点落在河南、陕西两个地方。实际上,朱元璋派遣的远征军直到 1369 年才成功控制陕西。如果没有这项军事成就,朱元璋不可能满足他的心愿。这种情形和四百年前的赵匡胤一样,王陵的祭典跟随在领土的扩张之后。

经过官员评估,七十九处王陵中只有三十六位帝王的事业成就值得致敬。这个数字少于赵匡胤名单中的第一到三等,但相去不远。针对这三十六座王陵,朱元璋拨给每座王陵白金二十五两的经费,用来整修墓地、祠庙和祭坛,以及添置祭祀用品,并举行了明王朝建国以来第一次的祭典。朱元璋亲自撰写祝文,但不是三十六篇,而是三篇:第一篇用于"三皇",第二篇写给尧、舜,第三篇通用于其他三十一位"众帝王"。朱元璋对三皇和尧、舜的礼敬超越其他人,但他也感觉

---

① 　朱元璋即位头两年祭祀三皇:《明实录・太祖》,卷 31,页 536;卷 40,页 802。

② 　朱元璋下令调查历代王陵、献祭:《明实录・太祖》,卷 52,页 1011;卷 59,页 1159。

古今的距离太远，差异太大：与三皇"相去年岁极远"，与尧舜"相去三千余年"，"时有古今、民俗亦异"。这些祷文的口吻也流露朱元璋的自觉和自尊。他身为最高的统治者，与历代帝王的身份相当、地位相等，有一种平辈对话的语气："君生上古，继天立极……朕典百神之祀，考君陵墓在此"，[①]表示他如今继任帝王之位，有义务照看这些"政治祖先"的墓地。

举行王陵祭典后的三个月，在1371年，历代王陵的祭典和三皇庙的改革两件事，在朱元璋心中汇合。他对大臣表示，三皇的贡献不限于医药，其地位崇高，根本不应该让身份卑微的地方官员献祭。而且，伟大的尧、舜、禹未能比照三皇立庙，并不合理。这是朱元璋否定元朝统治下普遍祭祀三皇为医药之神的正式宣示；他要求官员进行通盘的检讨。国家典礼往往涉及政治文化的传统，官员的对策是从过去的历史中寻找解决当下问题的答案。他们翻检历史典籍之后，向皇帝报告了八世纪李隆基、十世纪赵匡胤的前例，以及过去百年的历史。朱元璋与官员几度讨论后，确定裁撤全国各地的三皇庙及其祭典，三皇和其他君主都由皇帝一并派人在王陵致意。至于王陵献祭的资格，朱元璋也明确表示他的标准："古先圣帝贤王，以及历代帝王曾主中原、安人民者，皆春秋祭祀；偏方之君，虽贤不祭；主中原而昏愚者亦不祭。"经过重新检讨，最后确定的名单比去年的三十六人又少一人。（参见表8-1）祭典定在每年的春秋两季举行。另外，王陵的所在地树立石碑，铭刻祭祀的日期和祭品等规定，以便官员据之办理。[②]

---

① 《明实录·太祖》，卷59，页1160。
② 朱元璋要求检讨全国各地三皇庙：《明实录·太祖》，卷62，页1199—1201。

表 8-1　历代王陵名单

十世纪 （四等制中前三等 和建庙者，计 38 位）	十四世纪 （计 35 位）	十世纪	十四世纪
1.太皞伏羲	1.太皞伏羲	22.汉光武帝	23.汉光武帝
2.黄帝轩辕	2.黄帝轩辕	23.汉明帝	24.汉明帝
3.炎帝神农	3.炎帝神农	24.汉章帝	25.汉章帝
4.女娲		25.魏文帝	
5.高阳颛顼	4.高阳颛顼	26.晋武帝	
6.高辛帝喾	5.高辛帝喾	27.北魏孝文帝	
	6.少昊	28.周太祖	
7.尧	7.尧	29.隋文帝	
8.舜	8.舜	30.唐高祖	26.唐高祖
9.禹	9.禹	31.唐太宗	27.唐太宗
10.汤	10.汤	32.唐玄宗	
11.太戊	11.中宗太戊	33.唐肃宗	
12.武丁	12.高宗武丁	34.唐宪宗	28.唐宪宗
13.周文王	13.周文王	35.唐宣宗	29.唐宣宗
14.周武王	14.周武王	36.后唐庄宗	
15.周成王	15.周成王	37.后唐明宗	
16.周康王	16.周康王	38.后晋高祖	
	17.周宣王		30.后周世宗
17.汉高祖	18.汉高祖		31.宋太祖
18.汉文帝	19.汉文帝		32.宋太宗
19.汉景帝	20.汉景帝		33.宋真宗
20.汉武帝	21.汉武帝		34.宋仁宗
21.汉宣帝	22.汉宣帝		35.宋孝宗

说明：1370 年和 1371 年所列历代王陵的名单有出入。1370 年的名单见《明实录·太祖》，卷 59，页 1159；1371 年的名单：同上，卷 62，页 1201。本表依 1371 年。

建庙的决策

朱元璋在 1371 年 4 月派人向历代王陵献祭,宋濂则在 9 月遭朱元璋斥责贬官。两个事件之间,正当君臣检讨三皇庙与历代王陵的祭典。宋濂大概不赞同在王陵向三皇与尧、舜、禹、汤等圣王献祭,所以才会提出在都城太学设庙致意的新方案,但结果却不被皇帝认可。朱元璋虽然不欣赏宋濂的提案,但将上古圣王放进历代王陵祭典,心底并不踏实。毕竟,三皇和尧、舜的地位远高于后世的帝王,一并致意的做法显得不够庄重。但没人能摸准皇帝的想法。

经过了两年,恐怕是朱元璋流露犹豫的态度,透露此事尚有讨论余地的意向,于是在 1373 年又有人提出新的建议。这次是由一位升任朝官不到半年的答禄与权提出。[①] 答禄与权的祖先是西域人,其后入居中国,他本人通过科举考试入仕元朝,亡国之后才被朱元璋任用。答禄与权很清楚三皇祭典的历史,他指出三皇并非医药之神,而是道统的圣人与王权的典范,应该在王陵的献祭之外,享有更高的荣耀。朱元璋同意,将此事交付官员讨论,并指示朝“建庙”的方向规划,而且庙中祭祀的人选不应只有三皇,应该扩大,包括历代有成就的君主。有鉴于宋濂两年前被贬的教训,此时大概没有官员会重蹈覆辙,敢再主张建庙于太学,而是另觅合适的场所。

主管礼仪的官员提出三级制的方案:第一级的三皇在京都立庙,一年两祭;其他二、三级的君主都在陵墓建庙。第二级的帝王有四位,分别是汉、唐、宋、元的开国之君,每年一祭;第三级则是各个时代有成就的帝王,三年一祭。朱元璋看了之后,修改成两级:从三皇到三代的先王,以及汉、唐、宋的创业之君,合并在都城立庙(参见表

---

① 答禄与权的提案和讨论:林尧俞等纂修,俞汝楫等编撰,《礼部志稿》,收入《景印文渊阁四库全书》第 597—598 册(台北:台湾商务印书馆,1983),卷 85,页 516 之 1。

8-2）；其他人则在陵墓致意。所有帝王一概享有每年春秋二祭的待遇。[①] 从这件事可以发现朱元璋的决策过程：官员须揣摩上意，提出初步或保守的方案，让皇帝据以参考和修订，形成自己的决定。

表 8-2　历代帝王庙的人选

	八世纪（部分）	十世纪（第一等）	十四世纪
伏羲	○	○	○
女娲		○	
神农	○	○	○
黄帝	○	○	○
少昊	○		○
颛顼	○	○	○
高辛	○	○	○
唐尧	○	○	○
虞舜	○	○	○
夏禹	○	○	○
商汤	○	○	○
周文王	○	○	
周武王	○	○	○
汉高祖	○	○	○
汉光武帝	○	○	○
隋文帝	○		☆
唐高祖		○	
唐太宗		○	○
宋太祖			○
元世祖			○

说明：周文王、武王一向并祀，十世纪时对唐高祖、太宗亦然。但朱元璋认为开国之君只能有一位，故周朝只祀武王、唐朝只祀太宗。隋文帝原本也在庙中，但后来被朱元璋撤消。

---

① 方案的修订：《礼部志稿》，卷 51，页 947 之 1。

　　南京原本立有三皇庙,但朱元璋并未将尧、舜与三代、汉、唐、宋的开国之君,直接请入已有的三皇庙,而是另建新庙。新庙的地点选在鸡鸣山。这座小山丘高约百公尺,位今南京玄武湖之南,时在朱元璋皇城的西北。1369 年,朱元璋已经先在此地兴建了开国功臣庙。朱元璋出身军旅,征战多年,非常清楚麾下将领对国家的贡献。他特别建庙祭祀开国功臣,迥异于唐、宋时代的功臣配享于太庙。历代帝王庙则是第二座建立在鸡鸣山的国家祠庙。这两座庙皆不见于传统的礼制,而是朱元璋依自己的心意,为国家祭典创造新的场所。往后二十多年,朱元璋陆续迁来或新建了一些祠庙,数目达十余所,让此地形成一个庞大的祭祀建筑群落,[①]而最早也最重要的正是开国功臣庙与历代帝王庙。

　　当朱元璋调整文官的方案、从三级制改为两级时,仅将汉、唐、宋的开国之君送入历代帝王庙,并不包括元王朝的忽必烈。如果忽必烈不入庙,则应在其王陵致祭。但死于 1294 年的忽必烈,究竟葬在何处? 忽必烈虽然统治中国,但他死后并不像华夏君主埋葬在都城附近的陵墓,而是葬于今蒙古国某秘密葬地,至今未能确认此地何在。朱元璋及其官员不但不知道王陵地点,就算知道也无法接近,因为陵区仍然掌握在退回故土的蒙古人手中。因此,实务上忽必烈无法纳入明王朝的国家典礼。朱元璋及其官员大概发现了这个问题:既无法祭祀忽必烈于其墓地,又没有为他在历代帝王庙保留位置。于是在 11 月,他下令在元王朝的故都北京为之立庙致祭,[②]让国家典礼得以具备完整性。又过了两个月,他才终于决定在历代帝王庙中为忽必烈设祭,在最正式的场所,承认忽必烈是华夏王权史上不可或

---

① 鸡鸣山十庙:铃木博之,《南京神庙の成立:明初の祠庙政策》,《东洋学报》89.2(2007):155—182。

② 北京建忽必烈庙:《明实录·太祖》,卷 86,页 1527。

缺的一人。

朱元璋对忽必烈并无恶感，言谈间不时流露敬佩之意，肯定他拥有"天命"：统治中国的正当性。[①] 但在 1373 年，对于忽必烈是否应该在历代帝王庙中占一席之地，朱元璋心中仍然有些犹豫。因为在元王朝的统治下，早有汉人儒者触及蒙古人究竟能否传承华夏王权的问题。与吴澄、熊禾同辈，遭受南宋亡国之辱的学者郑思肖，持有强烈的民族观点，不但不承认元王朝的资格，连过去的唐王朝也因出身"夷狄"而被否决。[②] 相形之下，杨维桢则肯定元王朝应该接续华夏文化与南宋的"道统"。朱元璋的态度，和杨维桢及其他透过科举入仕元朝的儒士菁英一样，都肯定蒙古统治的正当性。[③]

以上是朱元璋即皇帝位后的六年间，最后决定在都城创建历代帝王庙的过程，其中牵涉到三皇庙、历代王陵的祭典，以及熊禾、宋濂提出的"道统祭祀"。如何处理元朝遗留的三皇庙，是新政权下君臣共同关心的议题。十世纪赵匡胤在各地王陵建庙、献祭的例子一度吸引了朱元璋的注意力，他也因此重新恢复这项制度。宋濂的方案则是将伏羲、孔子以及两者之间的圣王都送进太学的学庙。这个想法是以朱熹的"道统"论为基础发展而成。朱元璋不满意的理由为何，如今无法得知。或许他只是单纯认为学庙供奉孔子以外的帝王，显得怪异。宋濂确实有意尊崇"道统"，但他未必有任何借此约束或制衡君主的企图。朱元璋也不一定特别敏感于此事，因为之后答禄与权进言祭祀三皇时，清楚提到"道统""道学"和"传心"等朱熹和理学家常用的观念，并未引来朱元璋的不满。最后，朱元璋决定在帝国的都城，距离皇帝最近的地方，为历代帝王营建独立的庙宇，展现他

① 朱元璋在祝文中对忽必烈的正面观感：《明实录·太祖》，卷 92，页 1605。

② 郑思肖：钱茂伟，《杨奂、郑思肖的正统观辨析》，《史学史研究》3(2000)：45—51。

③ 元朝科举进士对元王朝的认同：萧启庆，《元代的族群文化与科举》(台北：联经出版公司，2008)，第八章。

最高的敬意。他设计的历代帝王庙，则是结合"道统"与"正统"，后者包括了汉、唐、宋、元的开国之君。

祭祀的细节

朱元璋下令在北京为忽必烈立庙的同时，还下令在"中都"加建一座历代帝王庙。中都设在朱元璋的故乡，位今安徽凤阳。朱元璋虽然立都南京，但并未排除日后迁移到其他地方，以便更有力控制整个国土。中都是他的备选方案之一，中都的建设也比照南京的规格，所以朱元璋要求在凤阳建立历代帝王庙。两年之后，朱元璋放弃了迁都凤阳的想法，停止中都的营造。但在终止前，在凤阳规划兴建的国家祠庙，已经有了雏形：中都皇城南门外的东西两侧，除了历代帝王庙，还有功臣庙、城隍庙，以及国学的孔庙。[①] 在朱元璋心中，这四间祠庙是都城的标准配备。除了孔庙历史悠久之外，其他三间庙宇都是朱元璋的创造。

朱元璋虽然已经决定在南京设置历代帝王庙，营造工程已经展开，但对这间前所未有的庙宇及其祭典的地位高低，尚未透露更进一步的想法：他是否亲自主持？抑或派人致祭？在1373年末，官员制定的国家礼仪守则，预定皇帝并不亲自出席历代帝王庙的祭典，只派遣官员代行。尽管如此，皇帝仍需庄重以对，在前一天"沐浴、更衣，处外室"，进入洁净的状态，才能向官员布达命令。[②] 至于传统上最重要、由皇帝亲自献祭的典礼，比如祭祀天地、宗庙和社稷等，依规定朱元璋必须分别在五天、四天和三天前开始净化身心，比历代帝王庙的要求更高。和历代帝王庙同级的，则有祭孔的典礼。孔庙从七世纪以来成为国家典礼之一环，十一世纪以后更备受儒士、文官和理学家

---

① 中都的祠庙：陈宇峰、郭华瑜，《明代三都历代帝王庙建筑形制源流》，《遗产与保护研究》3.1（2018）：51—56。

② 祭前一日洁净身心的规定：《明实录·太祖》，卷86，页1533。

的重视。新兴的历代帝王庙，从一开始设立，受重视的程度就不逊于孔子。

接下来不到一个月，朱元璋对历代帝王庙的祭祀人选，有了新的想法。他认为周文王姬昌和唐高祖李渊，都不适合作为这两个王朝的开国之君，应改由周武王姬发和唐太宗李世民出任。[①] 但这还不是定案，这份名单之后还有一次更动。与过去的李隆基、赵匡胤相比，朱元璋显然更费心在这项祭典，他很在意这间庙宇与祭典传达的信息。另外，他表示自己将在明年历代帝王庙落成时，亲自献祭，而非遣人代祀，因而要求官员订定皇帝亲祭的活动细节。

又过了一个多月，负责的官员为求谨慎，向皇帝展示之后将在庙中供奉的帝王塑像共十七座。[②] 朱元璋看了之后，提示两点意见：首先是伏羲和神农，他们的时代尚未发明衣服，所以不该替他们穿上华丽的冠冕和袍服；其次是塑像应采坐姿，以示尊贵。对朱元璋来说，帝王的形象必须符合事实，但同时也具备象征性。采用坐姿的帝王，是为了展现他的身份、地位和权威：君主坐着接受臣民的跪拜。

朱元璋的亲祭

半年后，历代帝王庙落成，朱元璋亲自前往献祭。1374 年 9 月 7 日，他前往鸡鸣山行礼。朱元璋在前两天，已经先"斋戒"，净化身心，为这场典礼作好准备。（参见图 8-1）前一天，则派遣宰相进行"省牲"：祭祀前检查供献的牲畜。朱元璋很重视这个步骤。五年前他曾表示，凡亲自祭祀的典礼，由他自己省牲，次要的祭典才让礼仪官员负责。[③] 如今他亲祭历代帝王庙，虽然没有亲自省牲，但也不让礼官负责，而是指派地位仅次于他的宰相负责，可见这是一项慎重的典礼。

---

① 周文王、唐高祖的排除：《明实录·太祖》，卷 86，页 1538。
② 塑像：同上，卷 87，页 1549。
③ 朱元璋对"省牲"的重视：《明实录·太祖》，卷 39，页 797。

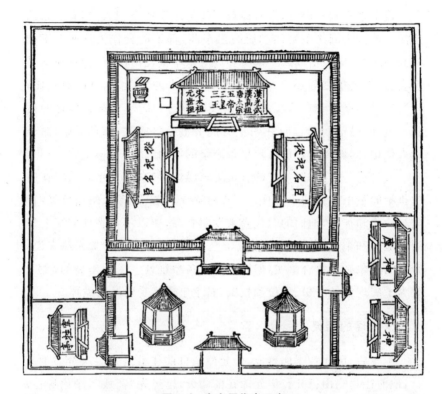

图 8-1　南京历代帝王庙

　　朱元璋在都城南京,为历代帝王建庙。与日后建于北京的帝王庙相比,南京帝王庙的建筑配置比较单纯,但基本元素多已具备。

　　资料来源:《大明会典》(明万历内府刊本),卷 91。

庙里有十七位帝王,分为五室,每一室准备牛、羊、猪三牲的献礼,所以共有十五头牲畜。(参见图 8-2)这位省牲的宰相是胡惟庸——他刚受到朱元璋重用,但六年后将被诛杀,成为明王朝最后一任宰相。

祭祀当天,朱元璋行礼、向神明祈祷,向三皇五帝、三代的尧舜禹,以及西汉、东汉、隋、唐、宋、元的开国之君报告:"元璋以菲德荷天佑人助,君临天下,继承中国帝王正统",[①]表明自己是他们的继承人。这种"中国帝王正统"的措辞不曾出现在过去向历代帝王致意的祝文中。从十一世纪以来,"正统"是菁英儒者诠释王权历史的重要观念,主要用来探讨国土分裂、政权林立时,指定谁具有真正的统治正当性,谁继承了上一个统一王朝的统治权力。这个问题引发了许多儒者、史家和理学家的讨论,提出各种新颖的想法。朱元璋不可能充分了解这个学术问题的脉络,他也已经击败竞争统治权的对手与蒙古人,统一天下,政治的正当性无庸置疑。他所说的"中国帝王正统",实际上是指王权的历史传承。除了向历代帝王宣告自己是"帝王正统"的继承者,他同时也在国际外交的文书中,比如安南、占城和爪哇,宣示自己取得了"中国正统",即中国的统治权。[②]

皇帝亲祭的典礼不多,只有最重要的"大祀"才必须由他亲自出席。历代帝王庙虽然不列入第一级的大祀,但朱元璋却亲自参与,而且在接下来两年,他更亲自参加了三次祭典,只有一次派遣官员代行。朱元璋从即位以来就向孔子献祭,但直到八年后的 1382 年,才首度踏入文庙,向孔子致意。两相比较,朱元璋似乎对历代帝王庙更感亲近,而疏远孔庙。他对帝王庙的重视,不只自我要求,也警告陪祀的大臣不可轻忽,应该"精白一心,相予祀事;毋俾亵慢,以重朕之不德"。[③]

---

① 历代帝王祝文中的"中国帝王正统":《明实录·太祖》,卷 92,页 1603—1604。
② 外交文书中的"正统":同上,卷 37,页 751;卷 39,页 786;卷 47,页 934;卷 51,页 1007。
③ 朱元璋从 1374—1376 年,四次亲祭历代帝王庙:《明实录·太祖》,卷 92,页 1601;卷 97,页 1657;卷 104,页 1747;卷 108,页 1799。最后一次还告诫陪祀大臣。

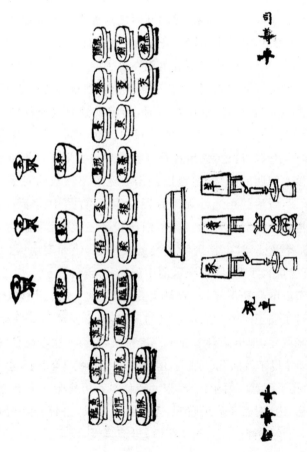

图 8-2 南京历代帝王庙的"正殿陈设"图

南京帝王庙正殿的礼器和供品之布置。

资料来源：《大明会典》（明万历内府刊本），卷 91。

1370 年时,帝王崇拜中只有三皇庙和历代王陵。当朱元璋向王
陵献祭,亲自撰写祷文给三皇、五帝与众帝王,借这个场合表达他身
为君主的感想。如今历代帝王庙建成,他的注意力转移到这间新庙。
这是个更合适的场所,让他向历代帝王展露自己的诚意与想法,历代
王陵的重要性也就下降了。但朱元璋并未遗忘,在 1376 年秋祭后的
一个月内,他派人巡视历代王陵,订定维护的法规:"百步内禁人樵
牧,设陵户二人守之……每三年一遣使致祭。"使者回报各处王陵的
庙宇,有些尚可整修,但也有过于残破、无法修缮者。官员建议"祠宇
之坏者请勿葺",但朱元璋认为"不可葺者,令有司次第修之",即必须
修复,但可以慢慢修。① 从这件事,可以看出朱元璋对王权尊严的坚
持,即便已不可修的破旧陵庙,仍应恢复它的光荣。

历代帝王的配享功臣

从 1377 年,朱元璋固定每年春、秋两季遣官到历代帝王庙致意,
至于历代王陵则三年举行一次。朱元璋稳定维持着这个节奏超过十
年,直到 1388 年。这一年春祭,短短一个月内接连发生了三件事。
首先,朱元璋下令在历代帝王庙内配享帝王的功臣。② 历代帝王的祭
典没有功臣配祀,并不寻常。从七世纪正式建立这项祭典,历代帝王
一直都有配祀的功臣。熟悉历史典故的官员一定很清楚,但当初朱
元璋和官员在规划时,却没有讨论到这一点。在帝制中国的政治体
制,传统和惯例有强大的约束力,但皇帝也拥有最高的权力开创全新
的格局。朱元璋在建国的第二年为开国功臣单独立庙,就是一项史
无前例的创举。既然功臣庙可以单独立庙,历代帝王庙也不必非配
祀功臣不可。

---

① 视察王陵:《明实录·太祖》,卷 108,页 1800;修复的讨论:同上,卷 109,页 1811。
② 历代名臣从祀:《明实录·太祖》,卷 188,页 2820。赵克生,《明朝"历代帝王庙"名臣从
祀试探——以赵普、武成王为中心》,《明史研究》8(2003):47—54。

为什么历代帝王庙建立十四年之后，朱元璋才下令补充功臣入庙？前一年，礼仪部门的新主管提议建立武庙、崇祀军事的宗师太公。武庙从八世纪在国家典礼上正式登场，延续到十三世纪末，包括南宋、金与元朝，都继承了这个历史悠久的传统祭典。文官和武将辅佐帝王建国、治国是基本的政治常识，但明王朝开国二十年，武庙却始终缺位。朱元璋大概忌惮着什么，让他觉得提倡武道有害于他的王权与秩序。结果，建立武庙的提案被朱元璋否决，但他愿意为太公另觅适合的纪念场所。① 由于太公的另一个身份是周武王的功臣，于是朱元璋决定将他送入帝王庙。这件事因此成为帝王庙增加配祀功臣的契机。负责的官员草拟了一份历代功臣的名单，经过皇帝的取舍和裁决，最后将三十七位名臣送入帝王庙。

朱元璋将太公转移到历代帝王庙，反映了帝王庙与文庙、武庙之间的流动关系。十世纪的赵匡胤在开国之初，完整设立了孔子、太公与历代帝王的祭典。当时为避免不必要的重复祭祀，将太公的祭祀集中到武庙。但四百年后却反其道而行，帝王庙收留了太公。其实早在十七年前，宋濂倡议在都城学庙加入周武王的祭祀，也提议让太公入庙配祀。他认为这项安排可以让"太公不辱于武夫"，可见当时有人不满太公祀于武庙的传统。至此，武庙无望恢复，而太公终于配祀周武王，但宋濂已于七年前去世，死前被朱元璋流放外地。

道统与正统

朱元璋下令历代功臣配祀的后四天，正是 1388 年的春祭。他派人赴庙致意，新入庙的三十七位名臣也第一次出现在祭典上。但十天之后，历代帝王庙就发生了火灾，火势甚至蔓延到邻近的县治和住

---

① 金、元的武庙：马晓林，《元代国家祭祀研究》，页 735—736。洪武存废之争论：徐学聚编，《国朝典汇》（明天启间［1621—1627］刊本），卷 118，页 4 之 2；卷 149，页 1 之 1。

家。^①帝王庙的灾情如何？这件事是否或如何影响朱元璋？如今只
知道这一年秋祭过后，朱元璋才决定重建；在灾后一个月他已先调整
了若干国家祭典举行的时间和地点，历代帝王祭典也在其中。国家
典礼的祠庙发生灾害，向来会让最高的统治者心生戒惧，担心这是上
天的谴责、神灵的不满。这场偶然的火灾，很可能促使朱元璋将历代
帝王的春祭，从帝王庙转移到地位更崇高的"大祀殿"，一并举行。

"大祀殿"是国家举行祭祀天地大典的场所。这座殿堂位于南京
城南，于十年前完工落成。^②当时这是一项重大的变革，因为合并、集
中了众多的神祇。如今朱元璋增设祭坛，增加了太阳、月亮、山岳、河
川等神祇，历代帝王也在其中。（参见图 8-3）大祀殿致意的对象以自
然界的神明为主，如天地、日月山川和风云雷雨等。历代帝王生前为
人、死后为鬼，恐怕是唯一跻身大祀殿的人鬼。孔庙和帝王庙的祭
典，在许多方面等级相当，但朱元璋并未将孔子加入大祀殿每年春天
隆重的祭典中。

从此，历代帝王的祭祀地点分成三处：一、每年春天，在国家祭祀
天地的隆重大典上，设有历代帝王的祭坛；二、每年秋天，在鸡鸣山的
历代帝王庙献祭；三、每三年一次，派人向各地王陵致祭。祭祀王陵
的这一年，则停止秋天的庙祭。于是，以不重复为原则，祭祀的活动
在不同的时间于不同的地点举行，形成了新的节奏，从此稳定沿用数
百年。^③

鸡鸣山的新庙很快在 1389 年完工，但皇帝并未亲自出席落成的
典礼，只是遣官代行。与上次不同，这次新庙落成，多立了一块记事
的纪念碑，叙述建庙的用意与过程，以及祭典的安排。这篇《敕建历代

① 火灾：《明实录·太祖》，卷 188，页 2827。
② 大祀殿的规划：《明实录·太祖》，卷 189，页 2836。赵克生，《洪武十年前后的祭礼改制
　初探：以郊、庙、社稷礼为中心》，《东南文化》5(2004)：54—57；何淑宜，《皇权与礼制：明
　嘉靖朝的郊祀礼改革》，韩国《中央史论》22(2005)：71—98。
③ 祭典的组合与节奏：《礼部志稿》，卷 29，页 540 之 2。

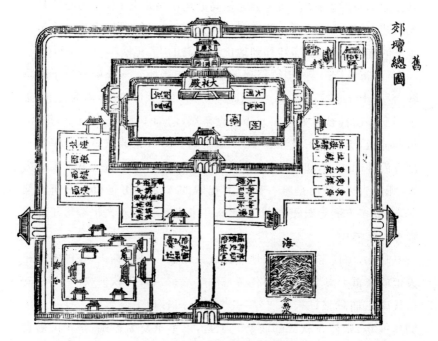

图 8-3　南京大祀殿祭典的配置

　　朱元璋创建的大祀殿,是举行典礼,祭祀天、地的场所。一并接受献祭的神祇中,绝大多数是自然神,唯有历代帝王以人物神厕身其中。

　　资料来源:《大明会典》(明万历内府刊本),卷81,"旧郊坛总图"。

帝王庙碑》的作者宋讷是朱元璋晚年最信任的文官,之前曾受命为另一座建筑物竣工撰文:太学。七年前,朱元璋下令改建国家最高学府,迁至鸡鸣山,落成后即由宋讷撰写《大明敕建太学碑》。[①] 在太学的碑文中,宋讷歌颂皇帝乃"圣天子位居君师,续道统于尧、舜、禹、汤、文、武"。至于帝王庙的新碑,宋讷则赞美朱元璋"缵皇帝王之正统""绍正大统,以承天休"。他指出皇帝在国家祭典上的众多开创与变革,都是为了"统":"作庙京邑,以祀历代帝王,重一统也""凡庙祀之渎礼不经、谄神非法者,一切去之,正名定统"。朱元璋兼具"帝王正统"和"道统",拥有统治的权力和统治的正当性。

　　此时年过六十的朱元璋最希望能将自己继承、开创的"统",传递给下一代。但没料到,朱元璋的太子在 1392 年病逝,打击了他传承权力的愿望。虽然悲痛不已,朱元璋人在丧中仍考虑到身为皇帝的职责:有些固定举行的祭祀是否照常办理? 他下令官员讨论,意见是"天地、社稷、先师、太岁、风云雷雨、岳镇海渎诸神"都应致祭,尤其"历代帝王乃是绍承统系",更不可遗漏。官员所说的"统系",正是朱元璋宣称的"中国帝王正统",或宋讷所言的"大统""一统"。历代帝王成为皇帝最重要的致意对象之一,即使在丧期中,也不能忽略。[②]

祭典、庙宇与"统"的结合

　　"道统"和"帝王正统"(治统)虽然是人为的拟构,却受到王权的重视,被认为有助于提升王权的正当性。这两个文化的建构必须形之具体可见的事物,才能运作;经过运作,国学孔庙与历代帝王庙及其祭典才成为"道统"和"帝王正统"的代表。朱元璋或许觉得这一切理所当然,但他不晓得抽象的观念、都城的庙宇与祭祀的活动是三个

---

① 宋讷的两篇碑文:陈子龙等选辑,《明经世文编》(北京:中华书局,1962),卷 5,页 36 之 1、页 37 之 1。于森,《南京〈敕建历代帝王庙碑〉解读》,《紫禁城》12(2017):136—143。
② 朱元璋丧中不废祀典:《明实录·太祖》,卷 218,页 3209。

不同的层面,先后各自发展,至此终于结合。

以孔庙而言,道统、文庙与祭孔,原本是不同的事。在学校立庙、举行典礼向文教宗师致敬,是华夏文明的古典理想。孔子虽然在汉代就受到推崇,逐渐从家庙转为官庙,与学校结合,但直到七世纪才被确立为文庙的唯一主神,并随地方学校的普及而扩散到各地。在漫长的时间中,孔庙祭典逐渐深入朝野君臣士民的心灵世界与社会生活。至于出现"道统"的观念,进而融入孔庙的制度,则是十三世纪以后的事,但随后在元朝统治下又被忽视。直到明王朝,孔庙才成为道统的象征。①

虽然全国各地的学校立庙祭孔,但最重要的孔庙有两处:不变的一处在孔子的故乡山东曲阜,另一处设在国家的最高学府,即皇帝所在的都城,具体地点则随各个王朝而异。不是每个皇帝都会前往山东曲阜献祭,但拜访国学孔庙的机会比较多。国学孔庙的祭典,也牵涉比较多的人士,包括皇太子、国学的教授与学生,甚至参加科举的考生。在都城的国学设立孔庙,虽然可视为故乡之外的"外地化",②但其实同时也是"中心化":与王权中枢的皇帝和都城结合。如果都城国学没有孔庙,孔子在国家祭典中的存在感、能见度和影响力,就会大幅下降。华夏的国家祭典有两种地点:有些是特定的圣地,比如泰山祭天,或分布在国土中央与四方的名山、大河与海洋之祭,但重大的祭坛或祠庙都以皇帝所在的都城为准,比如宗庙、社稷,或都城郊外祭祀天地的祭坛。其实,国家大典中祭祀天地的地点也经历"中心化"的发展。③ 秦汉帝国建立后,祭天的礼仪经过一百多年才与都城结合。孔庙与都城结合的中心化始于四世纪末。相比之下,在都

---

① "道统"观念的发展:黄进兴,《优入圣域——权力、信仰与正当性》(北京:中华书局,2010),页133—134。

② 孔庙立于都城的"外地化":黄进兴,《圣贤与圣徒》,页28—35。

③ 郊祀的"中心化":田天,《秦汉国家祭祀史稿》,页257、332—333。

城建立帝王庙,晚了孔庙近一千年。

治统的观念、历代帝王的祭典与都城的帝王庙,三者的结合直到十四世纪才实现。历代帝王祭典和国学祭孔,都在七世纪成为正式的国家礼仪之一。两者的位阶相近,但学庙的主神只有孔子,而历代帝王的祭典有许多献祭的对象。另外,国学设在都城,而祭祀历代帝王的地点分散在许多不同地点:在七、八和十世纪,这些地点先后是各个王朝的都城、各朝开国之君的建国之地,以及各个帝王的陵墓。所以,这项典礼不只对象是复数,而且非常分散。朱元璋在都城建庙,在单一庙宇集中合祀重要的历代君主,才将祭典与都城紧密结合,首度达到"中心化",改善了以往过于分散、难以直接感知的状况,让当权的皇帝有了容易投射认同的实体。

朱元璋同时也赋予帝王庙及其祭典"中国帝王正统"的意义,使其成为治统的象征。虽然王权传承的意涵内在于历代帝王祭典本身,但几乎不曾在皇帝的祷文中清楚表述过。在之前的学术与政治文化中,当然存在着王统的文化建构与历代君主传承王权的想法,但始终缺乏一个简明、不与其他观念混淆的用语。或许因为"道统"一语在十三世纪的扩散与运用,催化了"治统""帝王正统"这些用语,至此更与历代帝王庙及其祭典结合。十四世纪的朱元璋使用的是"中国帝王正统"一词,但到了十八世纪的清朝皇帝,已经代换成"治统"。后一个用语和观念,与"道统"有更明显的相对性。然而,两者彼此相对的关系其实是在其间的四百年逐渐形成。当帝王庙和孔庙分别成为治统与道统的代表,皇帝与士人有了更易于认同的旗帜,才加剧了双方的对抗。

三、朱厚熜的变革

即位礼仪的新步骤

1521 年,当朱厚熜(1507—1567,明世宗)从湖北来到北京、准备接任皇帝时,明王朝已经延续了一个半世纪。这一年,王朝的都城从南京迁来北京,也已经满百年。迁都是王权统治下少见的大事。明王朝的迁都发生在朱元璋死后,他镇守北京的儿子发动战争,成功夺取侄子的皇位后,决定改变国家的重心,将政权中枢迁往北方。这件事有许多深远的影响,历代帝王庙及其祭典也受到波及。因为皇帝迁都时,并未在北京重建历代帝王庙。每年秋天,南京鸡鸣山的历代帝王庙仍固定举行祭典。春天时,历代帝王则在北京祭祀天地的大典中一并接受祭祀。在这一个世纪的时间中,历代帝王庙与皇帝及其都城的分离,已经成为人们习惯的常态。但朱厚熜的登场,带来了新的变化。他在北京重建历代帝王庙,这间庙宇及其祭典也将一直延续至二十世纪初。

年仅十四岁的朱厚熜并非皇太子,而是分封在地方的宗室亲王。但上一任皇帝死后无子,也无亲兄弟,主政大臣依照儒教的继承法,决定由身为堂弟的他来继任皇帝。朱元璋死后的皇位继承,虽然不算平顺,遭遇过藩王叛变、皇帝出征被掳失位又复位,但朱厚熜由外藩入继的情况仍是建国以来所未见。当他准备进入北京城的前夕,拒绝了朝廷大臣安排他以"皇太子"即位的仪式,坚定主张自己不是以这个身份成为皇帝。此时没有人知道,这个意外获得最高权力的青少年究竟在意什么。朱厚熜坚持自己不是已逝皇帝之"嗣"——这是儒教对家族继承人的用语,将引发许多的争议和冲突,进而带动诸多变革。历代帝王庙的再建,正是这些变革的产物之一。

关于以哪一种身份即位的争议,最后是太后和大臣妥协了,改采取臣民上书恳求的"劝进"形式,解决了问题。隔天,朱厚熜进入北京城,派人向天地、宗庙和社稷报告——这是国家祠庙中最崇高的三大场所,他本人则亲赴上一任皇帝的灵前致意,然后拜见太后、皇后,接着在"奉天殿"——即今紫禁城内的太和殿,登上皇帝的宝座,颁布大赦。明王朝皇帝即位的仪式,至此完成了基本的程序,其他部分将陆

续进行。① 半年后,当初规划即位仪式的官员提醒皇帝:"登极改元,
礼宜祭告岳镇海渎、历代帝王、祖宗陵寝。"②祭告"岳镇海渎"是向中
国境内中央与四方最具代表性的山川湖海致意,"祖宗陵寝"则是开
国之君以降历任皇帝的陵墓。"历代帝王"指的不是南京的历代帝王
庙,而是朱元璋在 1370 年指定的三十多处历代王陵。

　　岳镇海渎代表中国的土地,祖宗则是王朝权力与家族血缘的根
基,两者在国家祭典中的地位崇高,而且有长久的传统;历代王陵则
不然。十世纪的赵匡胤虽然建立了三十八间陵庙,但并未规定继任
的皇帝即位时必须举行祭典。朱元璋开国称帝的仪式也比较简单,
没有这么多需要报告的对象。明王朝接下来的第二任皇帝、朱元璋
的孙子被推翻,史料被删除、窜改,如今无法确定他是否遣使向历代
王陵致意。但在 1402 年,取而代之的第三任皇帝表示:"朕遵承祖
训,奉天征讨;即位之初,永惟圣帝明王陵寝所在,不可不致敬。"第五
任皇帝更表示:"名山大川镇奠宇内,及圣帝明王,皆朕所向慕者。"③
此后直到朱厚熜,历代王陵都是新皇帝即位致意的对象,后来孔子也
加进名单中。④ 依照惯例,国家固定每三年一次派人向历代王陵献
祭。新皇帝就任时的这一次是特典,皇帝会派出二十多位重要的大
臣和官员,前往各地祭告。朱厚熜也遵守了这个规定,在被提醒后,
派出官员向各地的神灵报告自己成为新统治者。

　　这项活动被称为"告祭",传统上告祭的基本对象是天地和祖先。

---

①　朱厚熜即位的过程:《明实录·世宗》,卷 1,页 4—10。

②　官员提醒祭祀历代帝王:同上,卷 7,页 281。

③　朱元璋的即位:《明实录·太祖》,卷 29,页 477。第三任皇帝(成祖)的话:朱昱撰,《(嘉
　　靖)重修三原志》(引自"中国方志库"),卷 3 陵墓,唐高祖陵之洪武三十五年祭文。第
　　五任皇帝(宣宗)的话:《明实录·宣宗》,卷 14,页 378—379。

④　仁宗至武宗即位祭告历代王陵,分见《明实录》各朝皇帝改元当年之记载:洪熙元年 1
　　月 15 日、宣德元年 2 月 11 日、正统元年 1 月 15 日、成化元年 2 月 22 日、弘治元年 2 月
　　22 日、正德元年 2 月 27 日。

报告的内容则是国家大事,比如皇帝即位、军事胜利,以及皇室家庭的事件,比如废立皇后和太子。[1] 十五世纪以降,没有血缘关系的历代帝王开始成为皇帝报告的对象,意味着历代帝王在统治者心中的地位提升了,具有更重要的角色和意义。报告的项目也逐渐增加,从一开始只有即位的消息,到了十六世纪中叶,开始为其他值得喜庆的事,感谢历代帝王的护佑。在 1553 年和 1563 年,朱厚熜告祭的原因是北方蒙古人的侵扰暂告一段落;在 1556 年,则是平定了南方的"倭寇"。当朝的皇帝向历代帝王祈福、表达更多的心意,正始于朱厚熜,因为他在北京新建了历代帝王庙,拉近了双方的距离。这份关联将一直延续到清朝统治的时代,历代帝王与皇室的关系也将更亲近。

北京历代帝王庙的兴建

朱厚熜成为皇帝后第五天,开始触及他身为旁支宗室、却继承皇位的一大问题:该如何定位他的父亲?朱厚熜的父亲约两年前过世,一年前下葬,当他还在服丧,却被指定接任皇帝。根据中国的家族法与王朝的继承法,朱厚熜作为皇位的继承者,应该尊上一任皇帝为名义上的"父",而且应该压抑对死去父亲的感情。年仅十四岁、仍感丧父之痛的朱厚熜拒绝接受这项传统性的安排,为此他和朝廷的大臣、官僚产生严重的冲突。尚未成年却意外步入政治核心的朱厚熜,凭借皇帝的威权与部分官员的支持,坚持到底。双方的争论延续了三年,发展成坚守传统的官员激烈的集体抗议,结果遭到愤怒的皇帝下狱、停职、杖责和流放,被惩罚至死者达十余人。至此,朱厚熜成功捍卫他对父亲的感情,更在统治中国的四十五年间,不断给予过世的父

---

[1] 告祭:高明士,《礼法意义下的宗庙——以中国中古为主》,页 28—35。

亲在国家典礼中更高的地位与荣耀。①

由于这项争议，朱厚熜进而对更大范围的国家典礼产生了兴趣，也对皇帝的身份与权力更有意识，对自己的想法更具信心。在1530年，他对开国之君朱元璋将祭天与祭地合并在"大祀殿"举行的做法，产生了怀疑，认为天、地应该分别祭祀才合理。在帝制时代，开国之君制定的规范一向有不容修改的神圣性，难以更动；而且一百五十年来，人们早已习惯天地合祀的祭典。皇帝再次要求官员表示意见，选择立场。结果，这件事并未引发严重的对立，经过两个月的讨论，官僚们顺从了皇帝的意见。② 九年来，他们对皇帝的性格与意志，以及他运用权力的方式，已经有了深刻的体认，也逐渐懂得如何在高压的皇权下顺从、沉默，或有技巧地表示不同的意见。

国家祭典的安排，没有绝对的对或错。帝制时代国家礼仪的规划，固然必须参考权威的经典，但各个时代仍有许多变化。统治者可以有自己的想法，而且有裁决的权力。所以朱元璋合祀天地，虽然一反长久以来的做法，但也成为一个半世纪的新传统。没有人敢轻易质疑开国之君定下的规矩，但身为子孙和皇帝的朱厚熜，顾虑比臣民少一些，他率先提出修正的意见，反而解除了权力的禁忌，打开官员自由思想和言论的一些空间。天地分祀这件事，成为朱厚熜在北京兴建历代帝王庙的契机，因为大祀殿合祀天地的春祭中，设有向历代帝王致意的祭坛。由于皇帝下令开放讨论，有人开始提出批判性的看法，比如："历代帝王如五帝、三王之圣，既享庙祭之尊，而又列于岳镇之下，我太祖、太宗巍然在上，心似未安"，指出历代帝王祭坛的位置不恰当；又或者"今之郊祀，列代帝王一坛于五岳四渎之间，是跻人

---

① 朱厚熜为父争取地位的争议：尤淑君，《名分礼秩与皇权重塑：大礼议与嘉靖政治文化》（台北：政治大学历史学系，2006）；吴丽娱，《礼与中国古代社会·明清卷》（北京：中国社会科学出版社，2016），第一章第一节之三。

② 朱厚熜改天地合祀为分祀：何淑宜，《皇权与礼制：明嘉靖朝的郊祀礼改革》。

鬼于天地神祇，非所以别嫌明微以通幽明之故也"，批评祭祀对象性质的混淆。[①] 在皇帝的鼓励和容许下，官员比较敢于评论朱元璋的制度了。

确定取消天地合祀之后，历代帝王的春祭该何去何从？官员的建议比较保守：回归南京的历代帝王庙举行。其实，皇帝两年前已经注意到北京没有历代帝王庙这件事，对大臣说："历代帝王乃先圣君长。继为人君者，虽当追念祖宗之德，似不必远慕而卖名也，然亦不可不尽之。"[②]朱厚熜认为应该尊敬"政治祖先"，但也不必故作姿态，刻意博取美名。如果回归南京献祭，则仍然由官员代行。朱厚熜最后决定在北京重建，并至少亲自出席一次。从决定建庙到完工落成，费时约两年。终于在 1532 年 9 月 15 日，他驾临历代帝王庙，亲自致意。（参见图 8-4）

皇帝亲祭与遣官代行

北京帝王庙的建筑完工之后，官员开始装潢内部的陈设，并为皇帝首度也是唯一的亲祭作准备。筹备过程中，官员在仓库中发现最早迁都北京的皇帝原本就有意在北京建庙，早已制作铜炉和神座等器物——这让朱厚熜对自己的想法更有信心，于是在亲祭之前，特别赴宗庙向祖先报告这件事。[③]

1374 年朱元璋在南京帝王庙落成时亲祭的典礼，和一百五十年后他的子孙在北京帝王庙进行的仪式，稍有不同，但基本程序是一致的。祭祀之前，有许多前期的作业：祭前两天，皇帝必须洁净身心，官员则仔细检查祭品。前一天，皇帝在祝文上署名；入夜后，官员才安

---

① 官员的批判：《嘉靖祀典考》（明乌丝栏钞本），卷 1，页 13 之 2；卷 3，页 22 之 2。

② 朱厚熜的话：《明实录·世宗》，卷 98，页 2330。官员建议回归南京致祭：《嘉靖祀典考》，卷 4，页 6 之 2。

③ 祭器：《嘉靖祀典考》，卷 4，页 14—16。朱厚熜报告祖先：《明实录·世宗》，卷 141，页 3286。

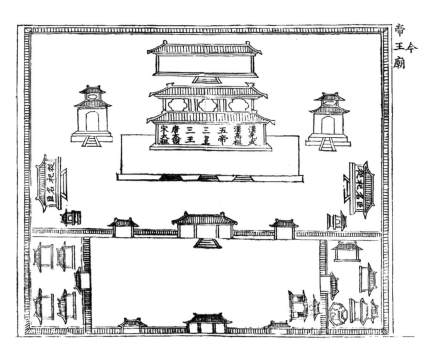

图 8-4　北京历代帝王庙

朱厚熜下令兴建,1532 年落成的历代帝王庙,其建筑结构历经多次整修,今仍见于北京市西城区的阜城门内大街。

资料来源:《大明会典》(明万历内府刊本),卷 91。

奉最重要的神座。祭典当天,暂停"早朝"——这是皇帝与官员日常的行政公务,朱厚熜沿着紫禁城的中轴线一路向南,出城向西来到帝王庙,沿路都有皇家卫队的戒护。他进入庙门之后,在殿门之前下车,在预先搭好的帐幕内换上祭服,然后由司仪导引进入大殿——"景德崇圣殿"。[①]

殿内供奉的十六位历代帝王被分成五组,位居中央、地位最高的一组是三皇:伏羲、神农和黄帝。朱厚熜向这三位献酒,其他四组分别由两位文、武官员的统领致意。殿外的东西两侧,另设四组供桌祭拜配祀的三十七位功臣,则由另外四位官员负责。仪式进行的过程中,还有排列整齐的乐仪队伍在大殿之前奏乐、起舞,吟唱颂歌,以迎神、娱神和送神。献酒的步骤要进行三次,在第三次结束后,朱厚熜喝下已经获得历代帝王的神灵赐福的献酒。送神的步骤结束之后,献酒时诵读的祷文将投入火中,化作一缕轻烟,飘向天空。

以上是明王朝迁都北京百年来皇帝首度驾临历代帝王庙的一幕。之前遗留在南京的历代帝王庙,虽然属于国家祭典,但离政权中枢太远,只由驻守南京的官署负责秋祭,无法让中央官员感受其存在的意义与重要性。朱厚熜的易地重建,让这个王权的象征,再度与皇帝、中央政府的地点和空间重合,进入官员和都城士民的视野。不过,朱厚熜只祭祀过这一次,没有再来过。在他之后的五个皇帝,也都指派官员致祭,不曾亲自赴庙。按照帝王庙在国家祭典中的位阶,理应如此。不过,历代帝王祭典的地位还是比之前提升许多,不只因为它在都城举行,而且因为朱厚熜开始指派重要的大臣代替他去献祭。自 1533 年起,每年春、秋两祭,皇帝固定指派朝中大臣和官员赴庙向历代帝王与功臣行礼,史书上也开始记载这些人的名字。代替皇帝献祭是一大荣耀,而这项崇拜历代帝王的祭典也提醒官员要尊

---

① 朱厚熜亲祭的流程:《明实录·世宗》,卷 141,页 3290—3291;《嘉靖祀典考》,卷 4,页 1—4。

敬王权。在 1562 年,有位官员上表感谢皇帝指派这项任务:"伏以国之大典在祀,而帝王之祀特隆;庙以有事为荣,而裸献之荣尤重。"他歌颂朱厚熜"惟精惟一,道追千古之隆;作君作师,治极一代之盛……惟正统所归,历溯大猷于上世",[①]短短几句话中触及到王权的三种意识形态:道统(师)、治统(君)与正统。透过遣官代祭,这些官员身受皇帝的恩泽、履行崇拜的仪式,让他们对王权也产生了更深一层的认同。

道统的祭祀与继承

朱厚熜成功捍卫他的血统,确认他与过世父亲的纽带不容淡化。他继位为皇帝,也自然取得了"帝王正统"(治统)。血统是天然的,帝王正统则是基于他的身份,但想取得"道统",就没那么容易了。十二世纪的朱熹设定的道统,是由上古、三代的王者和孔子为首的哲人组合而成:他们都掌握了"道"的真理,但只有王者才有条件付诸实践,建立世界的秩序。当初朱熹提出这个论述,主要针对学术与思想界的人士,所以他真正的重心放在后世哲人的传承。朱熹死后,他的学说传播到南北各地,成为儒学的主流。"道统"的观念也扩散到更多的领域。十四世纪的朱元璋,在建国之后已被歌颂为伟大的王者:"位居君师,续道统于尧、舜、禹、汤、文、武。"这是儒士奉承皇帝的政治话语,朱元璋当然不符合朱熹设下的高标准。朱元璋约略晓得儒士所说的"道统",但他不会像理学家那样辨析"道统"的意涵。他对自己的功业与权力有充分的自信,大概很安心地接受这个赞美的颂词。朱元璋的儿子、发动内战夺得政权的第三任皇帝,和父亲一样都

---

① 指派官员:《大明会典》,卷 91,页 1433 之 2。官员的参与和感谢:高拱撰,《高文襄公集》(明万历刻本,引自"中国基本古籍库"),卷 4,《谢遣帝王庙分奠疏》;雷礼撰,《镡墟堂摘稿》(明刻本,引自"中国基本古籍库"),卷 2,《谢遣帝王庙分奠》。

不是好学的统治者,但同样也被儒者官员歌颂成发扬"道统"的君主。[①]

后来的皇帝在其养成教育中,朱熹的思想是基本的内容,所以他们大多也了解"道统"的意思,但并不特别在意,因为王权统治的正当性,最主要的诉求仍然是政治的成就,即功业。"道统"主要用于学术思想的传承,每当出现从祀孔庙的申请案,就必须审核当事人是否掌握儒学的真谛:"道"。孔庙以孔子为主神,纪念历代的哲人,成为"道统"的象征,乃所有儒士、文官寄托其文化价值的精神堡垒。但思想自由、不拘成规、勇于变革的朱厚熜,改变了国家祭典中至关重大的宗庙(为了他的父亲)和祭祀天地的大典(改为分祀)之后,在约略决定兴建历代帝王庙的前后,对孔庙的祭祀,也形成了自己的一套看法。其中最关键的一点是去除孔子被册封的"王号"。孔子从八世纪被皇帝追封为文宣王,至此已有八百年之久,人们早已习惯这个荣耀而崇高的称号。去除王号的改革当然引起反对,有些官员认定皇帝企图贬抑孔子和"道统",但朱厚熜认为"至圣先师"的尊称已足以彰显孔子作为圣人与开创师道的伟大,后世增加的王号反而名不副实。朱厚熜当时二十三岁,即帝位已九年,皇帝的提议有支持者,也有反对者,但反对的力量再也不曾像他刚即位前三年那样构成强大的威胁。取消孔子王号的措施,很快就付诸施行。[②]

朱厚熜自认本意是"尊师重道",更着手以新的形式展现他的诚心,在皇宫内的文华殿创立了"道统祭祀":向伏羲、神农、黄帝、尧、舜、夏禹、商汤、周文王、武王,以及周公、孔子致敬。这些人主要是王

---

① 第三任皇帝永乐与"道统":王鸿泰,《圣王之道——明文皇的政治文化与文化政治》,《台大历史学报》57(2016):117—181;王志玮,《论明初《四书大全》的纂修意义》,《东华汉学》18(2013):275—303。

② 朱厚熜的孔庙改革:吴静芳,《明嘉靖朝孔庙祀典改制考析》,《成大历史学报》31(2006):113—151;黄进兴,《道统与治统之间:从明嘉靖九年(1530)孔庙改制论皇权与祭祀礼仪》,氏著,《优入圣域》,页107—138。

者,除了最后两位,他们一同构成了道统的上半截。下半截是汉唐以降的哲人、学者和思想家,则在各级学校的孔庙中接受祭祀。学庙一向以孔子为宗师,无法在他之上增添新的主神,使得伏羲以降、孔子之前的道统圣人缺乏敬拜的场所。在十四世纪,最早是熊禾,其后是宋濂,都提出了祭祀道统上半截的构想,尝试解决这个问题。朱元璋虽然否决宋濂的建议,但他晚年又遇到另一名儒士提出相同的方案,可见崇拜道统的祭典始终吸引了一些儒者菁英。[①] 最后,这个理念终于完成在朱厚熜的手上。他和官员制定了新的名号,定位这些王者:皇师(伏羲、神农、黄帝)、帝师(尧、舜)、王师(夏禹、商汤、周文王、武王);"先圣"周公、"先师"孔子则是旧称。这项祭典因此又有另外一个名称:"圣师祭",意谓这些人都是皇帝学习治国之道的对象。相形之下,长久以来被誉为"百世帝王之师"的孔子,就被排到道统的末端了。朱厚熜是否刻意借由改变孔子的身份和位次,向儒士、文官立威,弱化"道统"呢? 当时与后世都有人认为这是皇帝一向"不乐师道与君并尊",但对朱厚熜而言,皇帝学习、效法的对象本来就不限于孔子,而是孔子之前的王者。

　　至于汉唐以降的历代帝王,朱厚熜承认这些人的道德,还有他自己,比起孔子"或二三肖之、十百肖之,未有能与之齐也",因此他愿意礼拜孔子。[②] 但如果让孔子称"王",他身为至尊的皇帝向次一级的王下拜,那就不合理了。朱厚熜似乎非常重视身份秩序,他对国家礼仪的改革触及了"天地君亲师"的每个层面。如今,想要确认朱厚熜的动机、逻辑和本意并不容易,因为他一生活了六十岁,在位四十五年,他的想法和心态不可能始终一致而没有变化,而且许多事件其实都

---

① 　道统祭祀的渊源:张彦聪,《祀孔与立学:宋濂"天子立学之法"与孔子圣师地位论争》,《教育学报》11.4(2015):97—103。

② 　朱厚熜承认后世帝王之德不如孔子:《明实录·世宗》,卷119,页2825。支持孔子去除王号的意见:同上,页2831。

发生在人生的某个时间点上，有其独特的情境与复合的因素。二十三岁的朱厚熜在即位的第九年，可说是年轻气盛、重视秩序与象征，才会替道统、历代帝王庙和孔庙重新安排了祭典。

到了 1547 年，四十岁的朱厚熜，治理国家已二十六年。他比以前更了解明王朝这个庞大的国家遭遇多少国防与内政的挑战，对自己如何领导文武官员治理国家，也有了更深的感受。经历这一切的朱厚熜，对于儒者视为人世秩序之根本的"道统"，和实质统治天下的王权，不免产生许多疑惑。他一定思考了这些问题很久，最后决定直接向参加科举的考生提出他的想法。他在试卷中说明了自己的观点：统治者"任君师治教之责"，历代帝王的成就"功德为大，是故道统属之有不得而辞焉者"。但唐宋时代的儒者却主张自己获得"孔孟不传之绪而直接夫自古帝王之道统"——从皇帝的角度来看，这个看法似乎太僭越了。而且，汉唐时代的帝王将相，虽然不如上古、三代，但也有值得肯定的贡献——难道他们"果尽不可以当大君道统之传"？最后，他提到明王朝从开国之君一直到他本人，无不依据正确的道理治国，但"自尧、舜、禹、文之后，孔、孟以来，上下数百年道统之传归诸臣下"，在上位的统治者反而没有资格成为"道统"的继承人吗？[1]

十二世纪的朱熹提出"道统论"，出发点并非针对王权，主要是用来建立儒学的传承与宗旨。但这个理论历经长期的发展，其批判政治功业与超越王权的潜在意涵，终于还是被朱厚熜察觉，并公然揭露。朱厚熜的提问，挑战了儒学的主流说法，这种大胆的精神如同他早年坚决反对朝廷大臣安排他以皇子继位。其实，当年他在皇宫创始"圣师祭"时，就已经有了由自己来传承道统的念头。借由这些上古的伟大王者，后世的统治者找到了衔接道统的连结，而不必透过孔子或其他哲人。朱厚熜在北京重建历代帝王庙，在文华殿祭拜道统

---

[1]　朱厚熜对"道统"不传后世帝王的质疑：《明实录·世宗》，卷 321，页 5966—5968。

的圣君，彰显了统治的权力、正当性及其历史的传承。所以在 1570年，有位朝臣表示："国家既祀于历代帝王以明正统之有自，又祀于文华东室以溯道统之相承"，①正显示这两个祭典对于国家统治之意识形态的重要性。然而，朱厚熜大概没有察觉，对许多被王权灼伤的士人而言，"道统"与"帝王正统（治统）"存在着对立和裂痕，而且皇帝与儒士、文官之间形成对抗的态势，他自己负有相当大的责任。

四、结　语

朱元璋和赵匡胤一样，都在建国之初很快注意到历代帝王的祭典——开国之君大概对权力及其象征特别敏感。两人都曾经参考过去王朝的制度，但最后都实现了自己的新构想：赵匡胤在三十八处王陵建庙，朱元璋则在都城创设一所历代帝王庙。赵匡胤致敬的对象共有四等，第一等的帝王几乎等同于帝王庙中献祭的对象：即上古、三代的圣王和汉、唐以降的开国之君，朱元璋只是追加了宋、元两朝的皇帝。然而，赵匡胤的陵庙和朱元璋的帝王庙有重大的差异：前者开放给所在地的民众参拜，地方官民可以向帝王表达敬意、感谢和祈福，毫无禁忌；后者则是皇帝专属的献祭场所，具有严肃的政治意涵，没有人能随便造访、不敬。除了皇帝或由他授权、指定，没有人有资格祭拜历代帝王。这间庙成为一般人的政治忌讳。朱厚熜的官员就指出：假如"有人于此列尧、舜、禹、汤、文、武之像而祀之，其罹刑禁也必矣"，②指的就是历代帝王庙。这并非禁止被统治的士民祭拜个别的帝王，因为各地还是有许多尧庙、舜庙和禹庙，而是当这些帝王被排列在一起，就构成了一个整体：王权，只有皇帝才有资格献祭，其他人都是僭越。

---

① 《明实录·穆宗》，卷 42，页 1034。
② 《嘉靖祀典考》，卷 5，页 24 之 1。

帝制中国的历代帝王祭典，还对东亚的两个国家产生了影响：韩国和越南。立国十世纪到十四世纪的高丽王朝（918—1392），虽然继受了中国的礼制，但在"中祀"位阶的祭典只有农神、蚕神和祭孔的典礼，不同于唐宋时代的中国还有"历代帝王"一项。[①] 历代帝王祭典在韩国的成形，始于朝鲜王朝（1392—1897），而且在建国的半世纪内，即逐步纳入前此历史上的历代帝王。1392 年，建国的李成桂初即位，下令在平壤祭祀檀君和箕子：两者都是神话中的开国始祖，平壤为其传说的都城和册封之地。同时，被李成桂取代之前朝的建国者"高丽太祖"王建（877—943）在开城的庙被保留下来。[②] 檀君、箕子和王建的祭典都被列入中祀，分居历代帝王的前端与末端，中间段的帝王被纳入祭典则完成于第四代君主世宗（1397—1450）。世宗在 1426年开始为新罗、高句丽、百济的国君规划立庙，三者被称为"三国始祖"，之前的王建则改称为"高丽始祖"。至迟到了第六代君主成宗（1457—1495）在位的 1473 年，以上这些君主已被统称"历代始祖"，并在隔年编纂完成的礼仪书中，被置入中祀的位阶。[③] 这就是韩国版的历代帝王祭典。

世宗为三国始祖立庙，一度为地点感到苦恼。负责礼仪的官员表示："三国始祖立庙，须于其所都。新罗则庆州，百济则全州，高句丽则未知其所都也。"这种"于其所都"立庙的想法，和七世纪的唐王朝非常近似，但对十四世纪的明王朝来说，就有点古风了。朝鲜的官

---

① 高丽王朝的中祀没有历代帝王之祭：平木实，《朝鲜半岛における王権について——朝鲜王朝时代を中心に》，松原正毅编，《王権の位相》（东京：弘文堂，1991），页 324。

② 李成桂的命令：国史编纂委员会编，《朝鲜王朝实录·太祖》（서울特别市：东国文化社，檀纪 4288—4291（1955—1958）），卷 1，页 51 之 2。檀君和箕子的信仰：赵旭，《朝鲜王朝礼制研究》（北京：中国社会科学出版社，2017），页 233—237。王建之庙：《朝鲜王朝实录·太宗》，卷 26，页 36 之 1；卷 28，页 20 之 2。

③ "三国始祖"：《朝鲜王朝实录·世宗》，卷 34，页 6 之 1；卷 37，页 15 之 1。"历代始祖"：《朝鲜王朝实录·成宗》，卷 26，页 9 之 1。

员当然想参考明王朝的规划,有人表示:"中国,天地合祭一坛,今檀君、三国始祖,共置一坛祭之亦可矣。"世宗一度被这个想法打动,考虑将历代帝王"聚于京师,共置一室祭之"。① 如果这个构想付之施行,今韩国首尔就有一间韩国版的历代帝王庙了。但世宗最后改采别的方案,各个王朝的"始祖"(开国之君)仍分别立庙、致祭。

十五世纪,朝鲜君臣从明王朝获得的礼仪书和来访使节的信息,应该知道南京有一座历代帝王庙。1470 年,成宗想了解中国武庙的情况,派人询问外交使节,只得到太公于"历代帝王庙配享而已,无别庙"的答案,朝鲜出使的外交代表最远只到北京,当然无从拜访南京。② 但到了十六世纪,当朱厚熜在北京重建的历代帝王庙于 1532 年落成,两年之后,朝鲜使节就来参观过了。③

之后,中国的历代帝王庙带给朝鲜君臣强烈的冲击,发生在明王朝亡国之后。1644 年,朱元璋的神主被满洲人送入历代帝王庙祭拜,表示明王朝走入历史,完成政权交替的仪式。这件事经过了一百年,朝鲜的第二十一代君主英祖(1694—1776)仍然不认同。朝鲜君臣、儒士长久以来敌视满人为无文化的野蛮人,又感谢明王朝出兵协助抵抗日本和满洲人的入侵,因此在明、清政权交替之后,尽管迫于情势向清朝称臣,依旧非常怀念明王朝,更在皇宫内私下建立祭坛"大报坛",纪念明王朝的皇帝。1749 年,英祖扩建大报坛、加入朱元璋的神主时,提到"中华祀太祖于历代帝王庙,陟降之灵,其肯歆飨乎? 今日坛祀,可续皇明已绝之香火矣"。④ 他认为北京历代帝王庙中朱元璋不愿接受满人供献的祭品,而他的大报坛才能延续明王朝的祭祀。

---

① 地点的讨论:《朝鲜王朝实录·世宗》,卷 35,页 21 之 2;卷 37,页 20 之 2。
② 明朝使节的答复:《朝鲜王朝实录·成宗》,卷 5,页 13 之 2。
③ 朝鲜使节的拜访:《朝鲜王朝实录·中宗》,卷 77,页 24 之 1。
④ 孙卫国,《大明旗号与小中华意识:朝鲜王朝尊周思明问题研究(1637—1800)》(北京:商务印书馆,2007),第二、三章,以及页 138—139。

越南则在十九世纪,于都城顺化建立了一座历代帝王庙。当时的政权是越南最后一个王朝:阮朝(1802—1945)。越南很早就参考中国的制度,建立自己的国家礼仪,祭祀天地、祖先和孔子,但历代帝王庙的历史是最晚的,直到阮朝第二任的皇帝明命帝(1791—1841)才加入这一项。在此之前,越南历代帝王的祠庙分散各地——这些庙宇或许是历史上各个王朝结束后遗留的祭祀场所,阮朝的开国之君也曾经拜访致意,但不属于国家祭典的层次。1823 年,明命帝下令参照中国明、清两代的典籍和制度,在都城建庙,合祀历代帝王。[①]明命帝非常重视儒教,积极任用文官,采纳当时清王朝的统治制度,建设中央集权的国家。都城顺化的历代帝王庙就是这个动向的文化工程之一。

越南本身有长久流传的建国神话和英雄君王,但和朝鲜一样,受到华夏影响的文化菁英都相信,本国的历史起源和华夏有关联:如果不是与中国的圣王相接,就是可以根据中国的古史定年,比如朝鲜始祖檀君的年代相当于华夏的尧。在顺化的帝王庙中,越南的始祖是泾阳王、貉龙君和雄王,但主事的官员认为,这间庙宇应该"推其本始,固不专以南国山河而自画也",所以致敬的对象不应限于越南。理由在于越南"溯自开辟以迄于今,声明文物蔚有汉风,莫非五帝三王道统相传之所自",于是帝王庙正中央最重要的位置,保留给伏羲、神农和黄帝,尧、舜、禹、汤和周文王、武王。阮朝君臣的想法,显然深受儒学"道统"论的影响,才会认可这项安排。此处所强调的"道统",意在主张越南自古以来是个文明的国家,乃华夏文明的一分子,即

---

① 工柏中,《越南阮朝历代帝王庙祭礼述略》,吉林大学古籍研究所编,《吉林大学古籍研究所建所三十周年纪念论文集》(上海:上海古籍出版社,2014),页 491—499;王继东,《中西文化影响下的越南阮朝都城顺化研究(1802—1885)》(广州:暨南大学专门史博士学位论文,2009),页 61—62。

"小中华"。①

　　中国、日本、韩国与越南，都有向历代帝王致意的庙宇和典礼。越南出现的时代最晚，受中国直接影响的痕迹也最明显。当日本和韩国先后向本国的历代帝王致意时，都已经知道东亚大陆上强盛的中华帝国拥有悠久的历史与王权。但十九世纪的越南所认识和参与的世界，已经不只有中国了。当时越南早有了西方的传教士，和法国人也有互动。明命帝对西方文化有相当程度的了解，在他统治期间更和法国在贸易、外交与传教上发生许多冲突。从这个近代的国际情势与文化接触的背景来看，越南的历代帝王庙是文化认同的建构工程之一，向西方势力宣示自己的文化属性。

----

① 越南的华夷意识：张昆将，《越南"史臣"与"使臣"对"中国"意识的分歧比较》，《台湾东亚文明研究学刊》12.1(2015)：167—191。

第九章　爱新觉罗氏与"中华统绪"的建构

一、福临的挑战和焦虑

政权的交替

　　1644 年，满洲人的领袖爱新觉罗·福临（1638—1661，顺治）在北京第二次即位。福临年仅六岁，一年之前他才在辽宁沈阳被推举为名义上的君主。但短短不到一年，中国的情势剧变，朱元璋建立的明王朝在这一年走向终局。来自陕西、出身农民的起义军领袖李自成先在西安登基称帝，然后率兵向东，攻陷北京。一百多年前兴建的历代帝王庙，首度遭遇王权交替的情境。李自成将朱元璋的神主从太庙迁移到历代帝王庙，象征明王朝走入历史，完成了政权交替的步骤之一。[①]

　　明王朝的敌人不只来自内部，满洲人从十七世纪初崛起、建国以来，就施加了庞大的国防压力，甚至威胁北京的安全。面对明王朝政权中枢的崩溃，福临背后真正的掌权者多尔衮（1612—1650）决定率领族人投入混乱的局势，他击败李自成，夺取北京，更将国都南迁，福

[①]　李自成迁朱元璋神主：《明史》，卷 309，页 7966。

临因而有了第二次的即位。北京的历代帝王庙也有了新的主人,从此延续到 1911 年。

福临在北京即位之前,实际主导政务的多尔衮以新统治者的身份,已经为朱元璋二度举行了入祭历代帝王庙的仪式(参见图 9-1),并派遣官员前往北京西南的房山,寻访祖先的陵墓——满洲人认为自己的祖先是十二世纪建立金王朝的女真人。位在北京西北天寿山的十三座明朝王陵,多尔衮也指派官员上香。[①] 在清朝统治的时代,

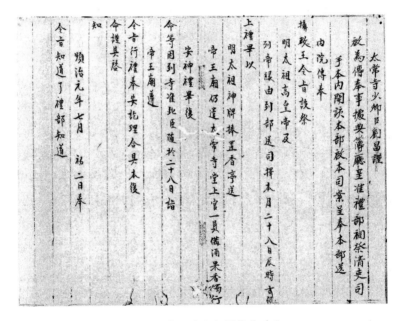

图 9-1　朱元璋入祭历代帝王庙

多尔衮率领满洲人攻占北京后,下令将朱元璋的神主牌从宗庙转移到帝王庙,代表明清政权的交替。这是官员奉命执行完毕后,向皇帝的报告。

资料来源:"太常寺启为传奉事"(顺治元年七月二日),《内阁大库》,档号185043-001,"中央研究院"历史语言研究所藏。

① 多尔衮迁朱元璋神主:《清实录·世祖》,卷 5,页 65 之 1。寻访金朝王陵:同上,卷 6,页 70 之 1。指派明朝王陵官员:同上,卷 6,页 68 之 2。

金、明两朝的王陵都具有特殊的意义。前者始终不变是民族渊源的圣地,对后者的态度则经历了复杂的转变:从仇恨的敌人、征服的对象,转变成政权的继承者,给予极高的尊敬和礼遇。

福临即位、颁布的诏书也提到了各地王陵:"各处帝王陵寝及名臣贤士坟墓被人毁发者,即与修理,禁止樵牧。"①近三百年前、朱元璋建国时,曾经下令维护全国各地三十余处的历代王陵。依规定,中央政府每三年一度派遣官员致祭,地方政府则指定民户看守。但实际上,随着王权统治的衰退,管理的效能下降与社会秩序的恶化,这些王陵早已无人维护,甚至被盗。福临的命令提出这一点,无非显示异族的新统治者有心遵守中国传统的政治文化。

实际上,这份诏令的布达范围非常有限,因为此时中国大部分的土地都不在满洲人的控制下。李自成和另一支农民起义的势力控制着西南,长江流域和东南沿海还有许多反清复明的势力,力图振兴。接下来三年间,满洲人的势力逐渐扩张,攻下南京,国土延伸到陕西、浙江、福建和广东。每一次征服新的土地,为了安抚地方士民而颁布的诏书固定提到:"该地方历代帝王陵寝,有司照例以时致祭。"②中国历史上,政权交替之际尤其动荡。明清之际的战乱,更增添了许多种族的冲突。各地的汉人官员或战或降,或逃或隐,恐怕很少人能坚守岗位,从容举行祭祀。这些诏书是由协助满洲人的汉人官员拟定,这项要求反映出他们期待的政治、社会与文化秩序。

种族的调适

福临在北京即位的第二年春天,迎接新君的汉人官僚逐渐恢复各项典礼的运作,历代帝王祭典也排上日程。官员建议庙中应该纳

---

① 诏书:《清实录·世祖》,卷9,页95之2。
② 陕西、南京、浙江、福建和广东之诏书:《清实录·世祖》,卷15,页137之1;卷17,页155之2;卷30,页250之1;卷33,页273之1。

入过去被忽视的帝王：耶律阿保机（辽）、完颜阿骨打、完颜雍（金）、成吉思汗和忽必烈（元）。朱元璋当年建庙，只认可忽必烈一人。但忽必烈的神座在 1545 年被朱厚熜撤除，因为当时中国正遭受北方蒙古人的侵扰，激发了怨恨的情绪与种族意识。朱元璋并不因为忽必烈是蒙古人而否定他统治中国的事实，但辽、金并未统一天下，所以不列入"中国帝王正统"而入庙。其实，入据中国的北亚民族统治者并不在意华夏的"正统"观念，所以和朱元璋同样生活在十四世纪的蒙古人脱脱，主持编修之前四百年间东亚大陆的历史书时，没有兴趣在宋、辽、金之间决定谁是正统。三百年后才刚进驻中国的满洲人，对华夏历史的了解也非常有限，更未必纠结于"正统"。反倒是协助新统治者的汉人官员自我修正，指出"大辽，则宋曾纳贡。大金，则宋曾称侄。当日宋之天下，辽、金分统南、北之天下也"，[1]承认华夏汉人卑屈的历史，主张辽、金、元都有入祀历代帝王庙的资格，满洲人自然乐于接受这种高级的奉承。

　　这项提议通过之后的两天，新政权就在历代帝王庙举行了第一场典礼。庙中供奉的对象较之前增加了六位，除了辽、金、元之外，还有明王朝的朱元璋，全部共二十一位帝王接受纪念。主祭帝王和分祭功臣的五位官员都是满洲人的重要大臣——无一不是清朝开国的功臣、战功彪炳的武将，但他们对华夏历史上的汉人君主，大概所知甚少。从此每年春秋两季，官员固定赴庙献祭。在福临亲政的前一年，入庙行礼者还有一位是蒙古人。[2]

　　这些出身满洲和蒙古的大臣，受命代替皇帝在国家大典上致意，乃是一大荣耀，但真正置身这个重要的祭祀场合，实际的体验和感受大概相当复杂。因为历代帝王庙及其祭典是"故明"的仪式——这是当时对明王朝及其政治与文化传统的形容词，持续使用半世纪之后

---

① 官员的提议：《清实录·世祖》，卷 15，页 130 之 2。
② 第一场祭典：《清实录·世祖》，卷 15，页 131 之 1。蒙古人：同上，卷 47，页 381 之 1。

才被禁止。这项典礼充满了汉风——祭祀的对象、诵读的汉文祷词、表演的音乐和舞蹈，以及供品的形态等，无不让行礼的满洲人感到陌生和隔阂。这是满洲人进据北京的第一年，虽然故明的国家礼仪迅速恢复，但两种文化的冲突也随之出现。在首度举行历代帝王祭典后四个月——此时已经开始强制汉人薙发，礼仪部门建议宗庙及其他祭典必须"停读汉文，止读满文。仍增设满读祝官八员。一切典礼俱照国朝旧制行"，[1]"国朝旧制"指的不是"故明"，而是满洲的传统。如何让胜利的满洲人在被他征服之国的典礼上，居于主导的地位，成为接下来修订典礼的一大原则。停读汉文后的两年，官员与执政者论及其他典礼，比如太岁、城隍、孔子和关羽（武圣），决定"致祭着遣满官，并用满官赞礼。祝词用满文"。[2] 同属"故明"传统的历代帝王庙及其祭典，大概在这个满洲化的过程中，逐渐加入满官、满文和满礼。

亲政与亲祭

1651 年，福临在北京即位后的第七年，开始亲自处理政务——不是因为他成年，而是长久以来掌握实权的叔父多尔衮意外过世。多年来备感威胁的福临终于成为真正的统治者，此时他最想感谢自己的母亲，于是上呈"尊号"，希望带给母亲更高的荣耀与地位。为太后奉上"尊号"是明王朝才出现的礼仪，而福临的母亲是清朝开国以来第一位生前获得尊号的宫廷女性。皇帝亲政和太后获得尊号，都是皇室的庆典。为了祝贺此事，官方规定此后凡"直省所在历代帝王陵寝，遇大庆典遣官分诣"，[3]向神灵报告皇家的喜事。此时正当反清势力处于两波高峰之间的低潮，清朝的统治者游刃有余地派人到中

---

① 《清实录·世祖》，卷 18，页 165 之 1。
② 同上，卷 31，页 256 之 2。
③ 清高宗敕撰，《清朝通典》（台北：台湾商务印书馆，1987），卷 49，页 2317 之 2。

国各地向历代王陵致意。

明初建国时,朱元璋规定国家定期向三十五处历代王陵献祭,此时福临致敬的对象则有四十处。满洲统治者当然参考了过去的惯例,但也增加了自己重视的对象:辽、金、元三朝的王陵,以及被取代的明王朝。这四朝合计,新增九人,所以有几处之前指定的王陵被移除了。官员为散布各地的四十处王陵,规划合适的路线,由皇帝指派七个人前往致祭(参见表 9-1),资格为"各部院侍郎以下、四品以上"的官员,他们的通行证由军事部门派发——因当时的情势仍不平静。从北京启程的官员携带着由内阁官员撰写的祭文,以及宫廷专用的上等香帛——两者都经过福临本人亲自检视。地方官员提前收到公文,备妥祭器和供品,等待特使的驾临。[①] 继历代帝王庙之后,历代王陵也重新进入国家祭典。

表 9-1　历代王陵的名单与派遣路线

十四世纪(35)	十七世纪(40)	路线	十四世纪(35)	十七世纪(40)	路线
太皞伏羲	伏羲氏	3	汉光武帝	光武帝	3
	女娲氏	6	汉明帝		
黄帝轩辕	轩辕氏	1	汉章帝		
炎帝神农	神农氏	4		后魏文帝	1
高阳颛顼	高阳氏	6	唐高祖	唐高祖	1
高辛帝喾	高辛氏	6	唐太宗	太宗	1
少昊	少昊氏	2	唐宪宗	宪宗	1
尧	陶唐氏	2	唐宣宗	宣宗	1
舜	有虞氏	4	后周世宗	后周世宗	3
禹	夏王禹	5	宋太祖	宋太祖	3

---

① 祭典的规范:昆冈等奉敕著,《大清会典事例(光绪朝)》(清光绪二十五年[1899]石印本),卷 434,页 15 之 1。

续表

十四世纪(35)	十七世纪(40)	路线	十四世纪(35)	十七世纪(40)	路线
汤	商王汤	6	宋太宗	太宗	3
中宗太戊	中宗	6	宋真宗	真宗	3
高宗武丁	高宗	3	宋仁宗	仁宗	3
周文王	周文王	1	宋孝宗		
周武王	武王	1		元世祖	6
周成王	成王	1		元太祖	6
周康王	康王	1		辽太祖	7
周宣王				金太祖	6
汉高祖	汉高祖	1		世宗	6
汉文帝	文帝	1		明太祖	4
汉景帝				宣宗	6
汉武帝				孝宗	6
汉宣帝	宣帝	1		世宗	6

说明:四十处历代王陵分成七个路线。日后每逢国家庆典、遣官致意,这七条路线又加入各地的山川湖海与山东曲阜的孔庙,一并献祭。

资料来源:《大清会典则例(乾隆朝)》(《文渊阁四库全书》本),卷82,页18之1。

福临亲政之后,还在多达数十项的国家祭典中,决定了哪些最为重要,必须由他亲自致意,或特别任命官员代理,而且无论哪一种方式,皇帝都必须洁净身心,以展现诚意。他列出了五项祭典:天、地、宗庙的祖先、社稷和历代帝王。[1] 前面四项在明代都属于第一级的典礼,其重要性无庸置疑。第二级的典礼中,以历代帝王和孔子的地位最高,皇帝必须亲自下达派令,如今祭孔不在福临的名单上,可见历

---

[1] 福临斋戒的五项祭典:《清实录・世祖》,卷55,页440之1。

代帝王在他心中的分量。福临当然早已多次亲自祭天、祭祖,接下来十年,他先后亲祭社稷、历代帝王和祭地一次,完成这份五大祭典的名单。

福临亲政后,面临反清势力第二波的扩张,东南与西南的战事又起,经过了五年才重新取得优势。1656 年,福临个人的生命也有重大的事件:他之前曾有两任皇后,但感情并不美满;在这一年,他似乎遇到了生命中的挚爱,正式缔结婚姻关系。在众多复杂棘手的国事中,福临或许感到一丝确幸而稍有宽裕的心情,在立妃之后不到一个月表示:历代帝王庙的祭典已上轨道,但我即位十三年来都是派人代理,如今我想在明年春天亲自致意,负责官员须预先筹备、规划。隔天,官员立刻上呈典礼的流程,供皇帝参考。两个月后,1657 年,十九岁的福临亲自踏入历代帝王庙。这是继朱厚熜在 1532 年亲祭以来,百年之后再度有皇帝入庙致意,也是十七世纪唯一的一次。[①]

福临对庙中祭祀的对象并不陌生,曾经和他的顾问讨论到历史上的君主:"上古帝王,圣如尧、舜,固难与比伦。其自汉高以下、明代以前,何帝为优?"他获得了"汉高、文帝、光武、唐太宗、宋太祖、明洪武,俱属贤君"的答案,而这些人几乎都在历代帝王庙中。福临并未盲目崇拜这些君主,他似乎意识到自己独有的处境。之前在处理满人与汉人的冲突时,他曾有感而发:"历代帝王,大率专治汉人。朕兼治满汉,必使各得其所。"[②]可想而知,当福临踏入历代帝王庙时,很清楚自己是满人,而他以二跪六叩之礼致意的帝王中,汉人占了绝大多数。这种"兼治满汉"的自我意识,将遗传到他的儿孙辈继位为君。历代帝王庙也将在下一个世纪经过新的调整与诠释,在王权的正当性与满汉关系上,取得新的意义。

---

① 福临示意、官员制定仪注和亲祭:《清实录·世祖》,卷 105,页 821 之 1、821 之 2;卷 107,页 842 之 1。

② 福临论及历代帝王:《清实录·世祖》,卷 71,页 567 之 1;卷 90,页 706 之 1。

"守成"的焦虑

福临亲政十年间,如何处理棘手的满汉关系,始终是他最重大的政治议题。满汉之间的冲突,不只是反清势力与清军之间的战争,也出现在政治、经济、社会与文化的诸多层面,比如满洲人夺取汉人的土地,买卖汉人为奴、强迫薙发等。官僚机构中,则存在满官与汉官之间的争权与对立。此时,满洲人进占中国未满二十年,对于如何以少数民族统治广土众民且文明悠久的国家,并无远见与良策,起初完全采取高压的手段。福临继承了前人的政治遗产,只能逐步摸索和修正,备感艰辛。在他亲政后一年,即有大臣表示:"臣闻创业难,守成不易……方今畿辅多失业之民,吴越有水涝之患,山左荒亡不清,闽楚馈饷未给。两河重困于畚锸,三秦奔疲于转运。川蜀虽下,善后之计未周;滇黔不宁,进取之方宜裕。此皆机务最要,仰赖圣虑焦劳者也。"[1]如何守住祖先打下的基业,不至被迫退回关外,大概始终萦绕在福临的心头。

这种力求守成的意念,或许也感染了他的大臣。在 1659 年,一位在帝王庙秋祭中监礼的官员顾如华,上书建议应该增加"守成"的帝王,比如商中宗、高宗、周成王、康王、汉文帝、景帝。[2] 历代帝王庙的祭典,不论作为主神的帝王或陪祀的功臣,很少变动,也不常引起讨论,尤其臣属更不适合对崇高的帝王妄加议论;这种情形与孔庙从祀触发的争议,迥然不同。过去的两次变动,1545 年朱厚熜撤除忽必烈的神座,以及 1645 年增加辽、金、元、明四朝帝王,都和时代的情势有关。像顾如华这样主动建议,非常罕见,恐怕是他为了迎合皇帝而大胆提出。

---

[1] 情势:姚念慈,《评清世祖遗诏(下)》,《燕京学报》18(2005):141—197。引文:《清实录·世祖》,卷 66,页 514 之 1。

[2] 顾如华,《西台奏疏》(台北:文海出版社,1988),页 149—154。

福临同意了这项提议,最后从商、周、汉、宋、明五朝选择了七位守成之君入祀帝王庙。令人讶异的是,皇帝竟然另外以辽、金帝王和成吉思汗不曾统一中国为由,将之排除在外。福临并非不认同金王朝的女真人为他的先祖,因为他在几年前才特别为完颜阿骨打、完颜雍修复陵墓、立碑致祭。[①] 福临大概查阅了之前主张辽、金、元入祀的理由:"辽、金分统南、北之天下"。但从他亲政以来,一直努力击败西南与东南的反清势力,正是在 1659 年他遭到郑成功率兵围攻南京的威胁,差点要亲征拒敌。在这种情势下,统一的天下成为他最深的关切,不容天下分割成南、北。于是,他的立场又回到了三百年前朱元璋的"中国帝王正统",而不特别强调辽、金作为游牧民族的代表性。

福临努力成为一位"兼治满汉,必使各得其所"的君主,但并不成功,备感挫折。他在建立皇权和化解种族矛盾的过程中,有意无意间也成为走向"汉化"的帝王。这一点引来他族人的不满。当他在 1661 年意外染病过世,随即遭到后继执政的族人严厉的批判。一年之后,历代帝王庙的祭祀对象也改回原制:重新请回辽、金、元的君主。[②] 下一次历代帝王祭典的变革,发生在半世纪之后,由福临的儿子玄烨在临终之际推动。

二、玄烨与历代帝王庙的扩充

历代王陵与国家庆典的连结

福临死后成为皇帝的玄烨(1654—1722,康熙),和父亲当年相似:都不满十岁,而且朝中另有大臣掌握实权。两人经历了成长的阶

---

① 福临的裁决:清高宗敕撰,《清朝通志》(台北:台湾商务印书馆,1987),卷 40,页 6976 之 2。为金太祖、世宗立碑:《清实录·世祖》,卷 110,页 861 之 2。

② 祭典回复旧制:《清朝通志》,卷 40,页 6976 之 3。

段,终于拥有自主的权力。差别是统治时间的长短:福临在位不满二十年,而玄烨超过六十年。另外,玄烨不像他的父亲至少亲祭历代帝王庙一次,他终其一生不曾前往致意,却在临死之前突然产生了改革这项祭典的念头。如今很难了解帝王庙一直无法吸引玄烨的缘故,但这座庙宇在他统治的期间,每年春秋两季仍固定举行祭典,作为国家礼仪不可或缺的一环。

玄烨固然不曾赴帝王庙致意,但并不表示他对华夏汉人的历代帝王缺乏敬意,他的关注似乎表现在各地王陵的维护和祭典,而非北京的帝王庙。在他即位的第一年,官方就制定了历代王陵的祭祀规章,要求地方官员负责每年的春秋致祭。[①] 在明代,各地王陵由中央派遣使节、三年一祭,至此改为一年两祭,比过去更为频繁。依前朝流传下来的规矩,地方官府必须设置一片牌子,上头写着帝王的名号和规定祭祀的日期,悬挂在洁净之处,提醒官员预先准备、届时致祭。如果逾期或失误,处罚是杖刑一百下。[②]

年度之外,国家每逢大事,另外派遣特使,向历代王陵致意。这些庆典依序包括:玄烨的亲政、两度指定继承人(太子)、平定藩王吴三桂的叛乱、祖母过世后入祭宗庙、地震、击败北亚草原上的蒙古汗国、五十岁生日、六十岁生日等等。[③] 这些事件涵盖国家、皇室与皇帝个人三种层次,致祭的时机和场合比他父亲只在亲政那一年举行更多样化。国家的各种庆典当然不只这些,但从这些场合可以看出对玄烨来说什么事情最重大,应该向历代帝王表白心意。玄烨在1681年平定内乱,解决了上一代留下的问题、巩固了清朝对中国的统治。指定太子乃玄烨最重要的政治宣示,也是最困扰他的事情。五十岁、

---

① 即位初的要求:《大清会典事例(光绪朝)》,卷435,页3之1。
② 地方政府的规定:同上,卷766,页5之1。
③ 庆典遣官祭告:《清史稿》,卷82,页2500;《大清会典事例(光绪朝)》,卷434,页16之2。

六十岁的长寿更是他自认获得上天眷佑的证明。1697 年击败准噶尔汗，则是他希望夸耀的胜利。

从 1681 年起，玄烨决定调整祭祀的人员和仪式，除了主祭官之外，加派一名满人官员，专门保管祝念的祷文和贵重的香帛。[1] 代表皇帝致祭的官员，必须由礼仪部门提名，经皇帝的任命——从明代以来就有这一道慎重的程序，所以这位官员具有"钦差"的身份和令牌。选择吉日之后，祷文和香帛先陈列在紫禁城外朝的大殿，经皇帝亲自或派人检视后，颁给两位钦差。二人还被交付象征王权的器物：黄色伞状的"御盖""御仗"和"龙旗（龙纛）"，以体面的排场前往各地宣示和展演。这一年，玄烨向唐太宗李世民报告的祝文如下："自古帝王，受天显命，继道统而新治统。圣贤代起，先后一揆。成功盛德，炳如日星。朕诞膺眷佑，临制万方。扫灭凶残，廓清区宇。告功古后，殷礼肇称。"此处的凶残就是指吴三桂。在 1696 年，则是因为"迩年以来，郡县水旱，间告年谷歉登"，于是特别献祭，"为民祈福"。[2]

接受皇帝任命、外出致祭，不只国家行政而已，在官僚群体中也有影响。玄烨亲政时，霍叔瑾奉命前往河南致祭，他的朋友写诗送行，形容他"莺啭上林春，轺车出国闉。荐馨崇典礼，奉璧简词臣。中岳瞻千仞，诸陵冠百神。洛阳多胜迹，高咏托清尘"。霍叔瑾死后，同一位作者为他写传，特别写进这件事："躬承大祭，殚竭精诚，弗稍苟也。还朝之日，海内方冀公大用。"[3] 皇帝指派特使致祭，不但在政坛中受瞩目，而且这趟旅行也成为诗文酬唱的题材。国家礼仪的影响力，进一步透过这些文学作品而生产、传播与扩散。

---

[1]　1681 年的改动：《大清会典事例（光绪朝）》，卷 434，页 16 之 2。

[2]　程序：同上，卷 417，页 24 之 1。祝文：张道芷修，曹骧观等纂，《续修醴泉县志稿》（台北：成文出版社，1970），卷 2，页 72—74。

[3]　魏裔介为霍叔瑾写诗赠行和撰墓表：魏裔介撰，《兼济堂诗集》（引自"历代别集库（清前期编）"），卷 4，《送霍龙淮赴豫祭告历代帝王陵寝》；卷 17，《诰授通奉大夫通政使司通政使龙淮霍公墓表》。

这些遣使献祭的时机，除了亲政已有前例之外，其他都是第一次。玄烨统治期间，开创了更多的前例，日后他的儿子、孙子即位，也遵照这些前例，当其任内发生类同的事件，也派人向历代王陵致意，层叠积累的祭祀活动越来越多。比如玄烨的孙子弘历（1711—1799，乾隆）册立皇后，弘历母亲的六十、七十和八十岁生日，也都派人祭告。在明代，只有皇帝即位当年才派遣特使，但在清朝统治下的十七、十八世纪，国家庆典更频繁，历代帝王也被整合进此一政治文化，与国家、皇室及皇帝产生紧密的关联，仿佛成为皇帝的一家人。

出巡祭告王陵的再现

全国各地的历代王陵，最受清朝统治者重视者是金、明两朝的王陵。[①] 满洲人仰慕女真人为民族的祖先，礼遇超出其他。至于明王朝，作为征服的敌国，接收其政权、国土和人民，清朝的统治者该如何拿捏合适的态度，给予恰当的历史定位和意义诠释，才能取得汉人的信服，考验福临、玄烨及其子孙的政治智慧。明王朝的末代皇帝崇祯首先获得福临"同情的理解"，[②]败坏内政的亡国责任被玄烨归给更早的万历皇帝，从而淡化了清朝自外征服的侵略性质，至于开国之君朱元璋则受到至高的尊崇。玄烨和孙子弘历都曾造访朱元璋在南京的陵墓，并以天子的尊贵身份和谦卑的三跪九叩之礼致敬。另外，金、明的王陵之所以备受关注，两者的地理位置邻近北京更是关键。福临、玄烨和弘历都曾亲访明王朝在城外天寿山的陵区，献祭致意。

玄烨和弘历的移动范围，更是远远超出了北京的郊外，这对祖孙是清王朝近三百年间足迹最广的统治者。他们从小在北京成长，即

---

① 对金、明王陵的重视：朱鸿，《清代人士的明十三陵与景帝陵情怀》，收入《全球化下明史研究之新视野论文集》第 2 册（台北：东吴大学历史学系，2008），页 117—139；邓涛，《清朝皇帝对金朝陵寝的祭祀》，《历史档案》3（2017）：113—117。
② 福临"了解者的同情"：姚念慈，《评清世祖遗诏（下）》，页 187。

位之后对国土的旅行,充满了兴致。皇帝的旅行往往伴随诸多和地方交流的官方活动,而不仅止于游乐或观光,其中一项皇帝应该履行的义务是向沿途所经的王陵致意。1697 年,玄烨率兵攻打蒙古的汗国,途中对近臣说:"自古帝王巡狩,凡所过地方,前代帝王陵寝、先贤坟墓及名山大川,皆行致祭,此甚盛典也。朕今巡行沿途所经,其有古帝王陵寝、先贤坟墓、名山大川,皆详察具奏,应致祭者祭之。"①玄烨大概不知道,这项礼仪真正加入历代王陵是在唐王朝统治下八世纪前后数十年发生的事(本书第四章说明了这项规范成形的时空背景)。其后近千年,各个王朝开国之君以后的皇帝大多深居在都城之中,巡视国土的机会并不多,因此很少实施这项礼仪。直到充满活力、习于移动的满洲统治者,才从历史记录中再度找出这项"盛典"。

玄烨对巡视国土并不陌生,他在平定内乱三年后的 1684 年首度南巡,在南京祭告朱元璋的王陵。五年之后二度南巡,来到浙江,玄烨注意到当地的会稽禹墓,临时起意想亲自拜访。结果,对于如何才能展现最高的诚心,君臣之间发生了争论。官员主张比照五年前祭朱元璋的做法,先由官员致祭,再由皇帝献酒。玄烨认为"尧、舜、禹、汤皆前代至圣之主",②他应该自己完成祭祀最重要的环节,而不只是献酒而已。玄烨在此事上很不满意大臣的意见,逐一驳回,坚持己见,最后亲自撰写祭文、署名,以示最崇高的敬意。

会稽禹墓是过去两千年间最富盛名的王陵之一,玄烨早就不只一次在北京的紫禁城中派遣官员致祭。他此时知道禹陵的具体地点"僻处荒村",仍执意从杭州乘船前往,最后终于达成了心愿。祭后两天的晚上,禹陵的景象仍在玄烨心中挥之不去,他颁下一道命令:"顾瞻(禹陵)殿庑圮倾,礼器缺略,人役寥寥,荒凉增叹",决定拨款整修,并特别为之题匾"地平天成"。平常在王权核心的玄烨,习惯一切的

---

① 《清实录·圣祖》,卷 180,页 930 之 1。
② 中国第一历史档案馆整理,《康熙起居注》(北京:中华书局,1984),页 1832—1837。

礼仪井然有序、物质精美,恐怕完全没想到禹陵的现场竟然"礼器简
少,室宇倾颓",他至此终于明白自己派出的官员是在什么样的场所
完成祭祀、复命报告。他感慨一路上看到"愚民风俗崇祀淫祠,俎豆
馨香,奔走恐后",对于禹帝这样伟大的"宜祀之神反多轻忽"。他的
孙子弘历后来也有类似的冲击,受命祭女娲陵的官员回报和建议:
"女娲氏寝宫中塑女像,乡人奉为求嗣之神,亵渎不经,应请改设木
主,禁绝私祈。"①

亲赴禹墓的十四年后,四十九岁的玄烨第一次西巡,取道山西太
原,前往汉唐故都西安。他行前即要求:"朕行幸山西,经过地方有应
祭岳渎,及历代帝王陵寝,豫行议奏。"在进入西安之前,他已经遣官
向汉文帝的王陵致意,进城后更派人向周文王、武王、成王、康王、汉
高祖、宣帝、唐高祖、太宗和宣宗献祭。他这一回不再坚持亲自向周
文王、武王致意,但表示要在祝文上亲笔签名:"文王、武王皆古之圣
君,非他帝王可比。且向以孔子圣人,已书朕名致祭矣。此祭文内亦
须书名。"②这件事也成为前例,日后弘历出巡河南,也向东汉光武帝
和十世纪的后周世宗致祭。

历代帝王庙的变革

玄烨一生充满了活力,阵容浩大、离开北京巡视国土的旅行至少
十次,更不用说其他短距离的旅行。但到了晚年,他也感到精神体力
大不如前。继承人的纷扰,更让他心情低落。他和许多过了六十岁
的人一样,开始回顾人生,思考自己的定位。玄烨肯定自己的努力和
成就,对于"帝王"这个角色及其职责有许多的想法,渴望将之传达给

---

① 女娲陵:《清史稿》,卷 305,页 10513;刘声木撰,《苌楚斋随笔·五笔》(北京:中华书局,
1998),卷 3,页 934。

② 玄烨西巡:常建华,《长安之旅:康熙帝西巡探讨》,《社会科学》5(2011):134—146。沿
途致祭:《大清会典事例(光绪朝)》,卷 441,页 3 之 1。西安致祭:清高宗敕撰,《清朝文
献通考》(台北:台湾商务印书馆,1987),卷 136,页 6040 之 2。

广大的臣民,并期待认同。或即因此,他想到了历代帝王,从而在六十八岁病逝的那一年,玄烨向大臣谈到了历代帝王庙。①

玄烨从来不曾赴庙致意,也很少关注这项典礼。他一直都知道庙中祭祀的二十一位帝王,大多是上古圣王和各个王朝的开国之君。但如今他认为,这种"每朝不过一二位"的规划,都是因为读书人不当的评论和意见造成的。他指出,读书人对历代帝王的批评往往不公正,而且后世的读书人也没有资格批评历代的帝王,因为君主的身份是永恒的,不因时间或死去而改变,所以作为臣属的读书人不应议论历代帝王的祭典——当然更不能批评当权的皇帝。玄烨大概读到一些朱元璋和官员讨论历代帝王祭典的历史记录,但他将朱元璋以"每朝不过一二位"来传承"中国帝王正统"的做法归责于儒士,则是错误的,本书第八章已经分析过当时决策的过程。

六十岁以后的玄烨,明显不满于过去读书人对君主的批评,一再反复提起这件事:"朕尝观书,见唐明皇游月宫、宋真宗得天书,此皆好事狂妄书生伪造,岂可以为实而信之乎?""前代帝王或享年不永,史论概以为侈然自放、耽于酒色所致。此皆书生好为讥评,虽纯全尽美之君亦必抉摘瑕疵。""从来书生论历代帝王,多指摘过失,谓其安享富贵、耽于逸乐。""自古帝王因不学问,任彼书生訾议。"②玄烨一向反感于读书人自由的思想与言论,从而将历代帝王祭典的制度归责于他们。但实际上,这是两件事。

玄烨也注意到读书人尊崇"道统",为景仰的儒者申请进入孔庙接受祭祀。相比之下,历史上的君主没有后裔子孙,无法为祖先争取入庙。玄烨认为自己身为统治者,继承历代帝王的"治统",应该站出来,为他们说一句公道话。所以他下令改革历代帝王的祭典,扩大入

---

① 《清实录·圣祖》,卷292,页838之1。
② 玄烨对书生批评的反感:《清实录·圣祖》,卷271,页662之2;卷275,页696之1;卷284,页770之2;卷291,页831之2。

祀对象的范围:"凡曾在位,除无道、被弑、亡国之主外,应尽入庙"。

玄烨很清楚儒士区分的"道统"和"治统":帝王毫无疑问是治统的传承者,但想获得道统,则需要更进一步的学习和努力。玄烨本人自认也被身边的大臣歌颂为在治统之外,兼具道统的伟大君主。[①] 从十四世纪以来,入仕的儒者希望皇帝能够研习儒学,甚至掌握"道统"的真理,但很少公然对统治者主张皇权只是"治统"而以位阶更高的"道统"自负,而是希望以儒学与文化熏陶君主。在皇权至上的帝制时代,包括"道统"在内,没有哪一个文化建构真正能够批判、抵抗王权的正当性和力量,所以朱元璋在历代帝王庙中,标举的是至高的"中国帝王正统",而不是与"道统"对等、平分的"治统"。从他之后,"道统"不时被用来装饰王权,满足皇帝的虚荣。但在明王朝统治下的近三百年间,由于皇权与士人的抗衡,"治统"与"道统"并举、对等和两极化的观念、用词和说法,越来越普遍,"道统"的文化位阶也越来越高。在这种新的语境下,历代帝王庙才被限缩为王权的象征、"治统"的代表。玄烨大概已经意识到这一点,但很不满意,他企图借由改革历代帝王庙,强化帝王治统的权威,不再容许读书人以道统随便评论帝王。[②]

玄烨的父亲福临,曾经同意增加历代帝王庙的祭祀对象,当时新增了七位守成之君。如果不是他死后,这项决策随即被执政的满洲大臣推翻,帝王庙或许会在后来的日子,经过商议而逐渐加入更多新的成员。比较福临的决策和玄烨的方案,差别在于福临的标准从开国之君的高标稍微下调到守成,但入庙的帝王仍具有相当高的功业,但玄烨却一下取消了成就的门槛,只要求"凡曾在位",除非"无道、被

① 玄烨结合治统与道统的努力:黄进兴,《清初政权意识形态之探究:政治化的道统观》,氏著,《优入圣域》,页89~94;《李绂与清代陆王学派》(南京:江苏教育出版社,2010),第七章。
② 明末清初读书人评论君主的风气:王汎森,《权力的毛细管作用:清代的思想、学术与心态》(台北:联经出版公司,2013),页210。

弑、亡国"等不入流的帝王之外,即便没有贡献,都应该入庙。从七世纪以来,向历代帝王致敬最主要的理由就是统治者的功劳,但玄烨只重视帝王的身份。除非因为无道、被弑、亡国而丧失资格,历代所有曾经在位的帝王,都应该受到后世臣民的追念。

三、胤禛和他面临的质疑

玄烨的构想没来得及施行,就因病去世。但历代帝王祭典的变革并未搁置。1722 年即位的胤禛(1678—1735,雍正)是玄烨的第四子,此时四十四岁,他从兄弟之间竞争激烈的皇位争夺中脱颖而出,证明他拥有高超的政治手腕。父亲死后一个月,胤禛批准了官员提出的修订方案,增加祭祀的帝王到一百六十四位。[①]（参见表 9-2）这个数字远超出十四世纪朱元璋初建历代帝王庙的十七人,也是十世纪赵匡胤访查的七十九处历代王陵的两倍以上。这不只是数量的增加,更改变这项祭典的意义,可以说是帝制中国的历代帝王祭典最重大的变革之一。玄烨其人虽死,但他的意念产生强大的影响。历代帝王庙在过去半世纪不受特别重视,玄烨本人恐怕不曾亲自来过,但他死前的一道命令,将这座庙宇推向帝国礼仪舞台上的聚光灯下。此后一个世纪,清王朝的四个皇帝都亲自赴庙行礼,多达十四次。

表 9-2　历代帝王庙的新名单

原祀	新增
夏禹王	启、仲康、少康、杼、槐、芒、泄、不降、扃、廑、孔甲、皋、发
商汤王	太甲、沃丁、太庚、小甲、雍己、太戊、仲丁、外壬、河亶甲、祖乙、祖辛、沃甲、祖丁、南庚、阳甲、盘庚、小辛、小乙、武丁、祖庚、祖甲、廪辛、庚丁、太丁、帝乙

① 　胤禛的批准:《清实录·世宗》,卷 2,页 54 之 1。

续表

原祀	新增
周武王	成王、康王、昭王、穆王、共王、懿王、孝王、夷王、宣王、平王、桓王、庄王、僖王、惠王、襄王、顷王、匡王、定王、简王、灵王、景王、悼王、敬王、元王、贞定王、考王、威烈王、安王、烈王、显王、慎靓王
汉高祖	惠帝、文帝、景帝、武帝、昭帝、宣帝、元帝、成帝、哀帝
汉世祖	明帝、章帝、和帝、殇帝、安帝、顺帝、冲帝、桓帝、灵帝、(蜀汉)昭烈帝
唐太宗	高祖、高宗、睿宗、元宗、肃宗、代宗、德宗、顺宗、穆宗、文宗、武宗、宣宗、懿宗、僖宗
辽太祖	太宗、景宗、圣宗、兴宗、道宗
宋太祖	太宗、真宗、仁宗、英宗、神宗、哲宗、高宗、孝宗、光宗、宁宗、理宗、度宗、端宗
金太祖、世宗	太宗、章宗、宣宗
元太祖、世祖	太宗、定宗、宪宗、成宗、武宗、仁宗、泰定皇帝、文宗、宁宗
明太祖	太宗、仁宗、宣宗、英宗、景皇帝、宪宗、孝宗、武宗、世宗、穆宗、愍皇帝

胤禛在 1724 年第一次踏入历代帝王庙。这年春雨迟未降临,气候异常,让即位才两年的胤禛谨慎以对,不但亲自向近郊的龙神祈雨,也要求主管司法、狱政的部门检讨施政,回应上天的警示。结果,就在他亲祭帝王庙的这一天,降下丰沛的大雨。胤禛在殿内行礼,殿外恭候的大臣都淋湿了衣服。这是一个好的开始,或许让胤禛相信历代帝王和他之间有着神秘的感应,之后他规定赴庙,皇帝的车驾必须停在庙门前的影壁之外,而非庙门和影壁之间,以示尊重。① 接下来五年,他更连续来了四次。在 1729 年最后一次,胤禛下令大修这

---

① 亲祭遇雨:《清实录·世宗》,卷 17,页 283 之 2。车驾的规定:《清实录·世宗》,卷 22,页 353 之 2。

间庙宇。这大概是北京的帝王庙落成近两百年来最大规模的整修，施工近四年。竣工后，胤禛为此事撰文、刻碑，树立在大殿的东南侧。（参见图 9-2）石碑的内容略述帝王庙的历史，重点则是赞美他父亲的变革："公当周详，诚千万世莫及之仁心，而千万世不易之定论也。"①

1729 年胤禛亲赴致祭、下令修庙后一个月，他尊崇历代帝王的心意，更延伸到历代王陵。他向内阁官员表示："自古帝王，皆有功德于民。虽世代久远，而敬礼崇奉之心，不当弛懈。其陵寝所在，尤当加意防卫。"要求各省巡视、稽查和维护。胤禛不愧被当时和后世认为是个精明干练、注重实际的皇帝，他说"朕见历代帝王，皆有保护古昔陵寝之敕谕，而究无奉行之实"，更提到自己七年前初即位时早已下令，但他"恐有司相沿积习，视为泛常"，决定采取严密的行政程序，要求各地汇报、造册和上奏，"倘所报不实，一经发觉，定将该督抚及地方官，分别议处"。②

当胤禛在 1729 年亲祭帝王庙，并严格要求维护历代王陵时，看似寻常，但他的心情其实正处在激烈的震荡之中。前一年秋冬，有位湖南乡野士人曾静（1679—1735）上书给驻守西安的汉人大臣，罗列皇帝的十大罪状，劝他起兵反清。这一异想天开的莽撞行动当然不可能成功，曾静被捕、押解上京和受审，他指控的内容也被官员层层上报。胤禛读到这名反贼的言论后，怒不可抑，处理这个案件几乎耗去他这一年的时间与心力。在这过程中，胤禛终于接触到汉人社会底层野生的、反抗满洲人君主的念头。这让胤禛十分震惊，因为朝廷上的汉人大臣早被驯服，矢志效忠新的统治者。曾静的指控围绕在谁有资格做皇帝：满洲人有无资格做中国的皇帝？胤禛得位是否正当？这是胤禛极力为自己和族人辩护的重点。但曾静竟然还认为"吾儒最会做皇帝，世路上英雄他那晓得做甚皇帝"，历史上的皇帝都

---

① 《清朝文献通考》，卷 119，页 5884 之 2。
② 保护王陵：《清实录·世宗》，卷 79，页 35 之 2。

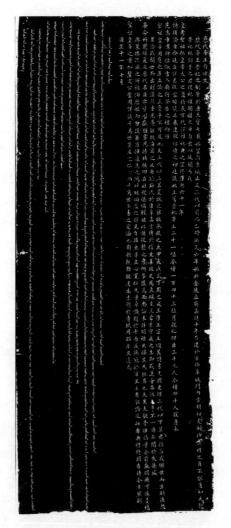

图 9-2　清"历代帝王庙碑文"拓本

胤禛撰写的这篇文章，分汉、满文，计十行，行文中有六处涉及帝王，都特别抬头另起一行，以示尊崇。

资料来源：《清历代帝王庙碑文》拓本，1733，北京国家图书馆藏。

是老奸巨猾——这个想法其实老早就潜藏在朱熹的理论中,但很少以如此直白的方式表达出来;各个王朝的开国之君,包括明太祖朱元璋,都被曾静批评为流氓无赖。胤禛只好为历代帝王挺身而出,驳斥这个村儒:"自汉唐以来,圣君哲后代不乏人,汉高祖、唐太宗、宋太祖、金太祖、元太祖、世祖,或戡定祸乱,或躬致太平,皆天命所归,功德丕著。"①

胤禛做皇帝只做到 1735 年,但曾静真诚而狂野的想法一定带给他深深地冲击,至死不忘。胤禛终于体认到父亲临终前改革帝王庙的缘故:狂妄书生随意批评帝王。他即位之初为帝王庙所写的祭文说:"岂得以拘儒苛论,妄絜短长;更难以稗乘掫闻,恣凭褒贬",在曾静一事得到了验证。1733 年,他为帝王庙整修落成撰文,再次重申:"至凡蒙业守成之主,即或运会各殊、屯亨不一,苟无闻于失德,咸帝命所宠绥。"②除非失德,否则皇帝都是上天指定的统治者;每个皇帝的命运不同,成就各有高低,但都应该在国家大典中接受最隆重的纪念。

胤禛批准了官员的方案,将三皇、五帝之后,从夏到明各王朝的帝王都纳入帝王庙中,合计一百六十四人。这份名单看似全面,但其实不包括汉、唐之间的魏晋南北朝与隋,以及唐、宋之间的五代,这两个时代都是政权林立的分裂时代。这一点,就成为胤禛之子弘历晚年订定的重点。③

---

① 曾静的君师合一观:王汎森,《权力的毛细管作用:清代的思想、学术与心态》,页 354。曾静案:史景迁著,温洽溢、吴家恒译,《雍正王朝之大义觉迷》(台北:时报文化出版,2002)。胤禛的质问和驳斥:清世宗,《大义觉迷录》(台北:文海出版社,1985),页 161—168。

② 胤禛的祭文和碑文:《清朝文献通考》,卷 119,页 5883 之 3 至页 5884 之 1。

③ 《清实录·世宗》,卷 2,页 54 之 1。

四、弘历及其对王权历史的新诠释

1735 年,胤禛的儿子弘历在二十四岁成为皇帝,即位第一年就为帝王庙增加了一个新成员:朱元璋之孙、被叔叔起兵篡夺而失位的朱允炆——他在位的历史被否认、消除。[①] 从福临以来,爱新觉罗一家的统治者对前朝的皇帝多表示尊重,借此安抚汉人的情绪;更企图诠释明王朝的历史,以合理化明清政权的交替;甚至还宣称这样的诠释是公正的,标榜自我的风范。弘历及其官员顺着这个一贯的作风,将朱允炆送进帝王庙,还给朱允炆一个迟来的、历史的正义。满洲的统治者越来越熟稔这种占据文化价值和意识形态的制高点,借此建立统治正当性的操作方法。即使连地方官员也感染了这种念头。有位官员上书给弘历的父亲,建议重修"历代史书,定不正之名分,严万古之纲常",因为"独我圣朝为千古第一正统也。正统者,乃可以正古来不正之统"。[②] 这种带有特定意向、纠错和订正历史的文化工程,在弘历的统治下逐步实现,而它有时演变成查禁和迫害。

弘历即位之后逐一履行国家典礼,包括祭祀天地、社稷、祈谷和太学祭孔等,显示新的统治者继续维持宇宙与人世的秩序。到 1738 年的秋天,他才首度赴历代帝王庙行礼致意。一年之后,突然有位官员陶正靖上书,建议修订历代帝王庙的祭典。[③] 当初为朱允炆正名,出自皇帝的提议;官员则援引先皇定下的原则,认定他是历代帝王的一分子。但陶正靖则是主动对帝王庙的祭祀对象,发表了自己的书生之见:哪几位帝王失德失政、不应致祭,又有哪几位帝王被遗漏在

---

① 弘历为朱允炆定谥、入庙:《清实录·高宗》,卷 20,页 494 之 2;卷 44,页 778 之 2。

② 官员上书:"奏为敬陈修国史重人才修护帝王陵寝旌表节妇孝妇等管见事"(雍正朝),《宫中档案全宗》,中国第一历史档案馆藏,档号:04-01-30-0419-037。

③ 陶正靖引发的讨论:《清实录·高宗》,卷 106,页 596 之 1。

名单之外、应该增补。陶正靖难道不晓得这正是弘历的祖父玄烨最反感的言行吗？还是他缺乏政治敏感度，抑或企图借此赢得新君的赏识？大臣在弘历面前逐一批驳陶正靖的意见："臣等伏思现在增祀诸帝王，仰荷圣祖仁皇帝（玄烨）、世宗宪皇帝（胤禛）钦定，毋庸复有损益"，于是全数退回。其实，陶正靖的主张未必不能成立，大臣的理由也不必然正确，历史上的人事物可以从不同的角度评论而难以定论，乃是常态，但玄烨正企图杜绝儒士对君主的各种意见。弘历可能因为年轻，还没有像他父祖那样，体验到身兼满洲人与统治者、遭受被统治的汉人与儒士攻讦的情绪。直到他步入晚年，才再度重申，帝王庙与孔庙不同，"帝王非可以旌别彰瘅、加以进退者，不得有所是非好恶"。这并不是说帝王一定是完美的，而是不容许任人的好恶、党同伐异而有不同的评价，定论就是君主无论如何都应该被尊敬。

帝王庙建筑与祭典的开销

满洲人对中国的统治，在弘历即位的第八年跨过第一个百年，也在他任内的六十年臻于鼎盛。弘历承继了三代祖先敬重中国历代帝王的各项惯例和制度，并有所增益、扩大：除了春秋二祭帝王庙，还包括在国家、皇室和皇帝的庆典派遣特使赴王陵致意，并动员物资、人力维护这些墓葬。他要求："各省历代帝王陵庙，均宜严肃整齐，以昭敬礼。"[1]弘历在位的年数，只比祖父玄烨少一年，但寿命比他更长，超过八十五岁。玄烨曾经十一次遣使致祭历代王陵，弘历比祖父又多了一次。父亲胤禛五次亲祭帝王庙，弘历亦然，另外多一次则是"观礼"，而非主祭。[2] 弘历也和祖父一样多次巡视国土，旅途中向历代王陵致意。他的种种作为和行动，都是在十八世纪中国人口的增长、城市化、社会安定与国内外贸易的发展所形成的富裕基础之上。

---

① 《清实录·高宗》，卷 15，页 415 之 2。

② 弘历观礼：《清朝通志》，卷 40，页 6977 之 2。

　　1738 年，弘历首度赴庙致祭之前，主管工程的官员上书建议：
"皇上亲诣行礼，其庙貌理应华焕"，此人认为帝王庙屋顶所用绿、黑
两色的琉璃瓦"似乎太俭恭"，主张"建帝庙于京城，非壮丽无以作睹；
竖神牌于幽阒，务轮奂乃可成尊"，考量到"先世帝王至尊无敌，历朝
天子极品当钦"，建议改铺最尊贵华丽、皇家专用的黄色琉璃瓦。弘
历此时没有同意，直到二十四年后的 1762 年，又有官员重提此议才
认可。① 改换黄色琉璃瓦，将帝王庙的建筑规格提升到和紫禁城皇家
宫殿同等的位阶，显示出这座庙宇的地位与重要性，同时这也是一笔
庞大的支出，费时两年才完工。落成后，弘历特别撰文纪事、刻石立
碑。由于是皇帝御笔的作品，特别建亭保护石碑。帝王庙中前后兴
建四座碑亭，保护胤禛和弘历的文章。（参见图 9-3、9-4）在 1785 年，
负责修建东、西两座碑亭的官员和珅——他是著名的贪官，向弘历报
告工程的估价：白银三万七千五十三两。当时中央政府的金库约有
七千万两，修筑两座小小碑亭竟用去千分之四。当时的普通家庭，农
人之外，"士、工、商一岁之所入，不下四十千（四十两）"，这两座碑亭
碑的经费相当于九百个家庭一年的生活费用。②

　　尽管皇帝很少出席，春、秋的祭典仍是盛大的活动。在十八世纪
初，祭典至少需要六十名协助仪式进行的官员，表演乐舞的人员有二
百八十三位，这些人穿着的各种礼服和装饰，比如青袍、青绢袍、补
袍、红色补袍、红罗补袍、红色销金花袍、红罗销金花袍和绿缎带，由
江南丝织品的中心苏州供应。汉人的祭典上，最重要的步骤就是向

---

① 1738 年的官员上书："奏请整饬历代帝王庙貌以肃观瞻事"（乾隆三年七月二十八日），
《军机处全宗》，中国第一历史档案馆藏，档号：03-1114-022。1762 年改成黄瓦："工部
为历代帝王庙请改盖黄瓦由"（乾隆二十七年三月），《内阁大库》，档号：178504-001。
另见《大清会典事例（光绪朝）》，卷 433，页 18 之 1。

② 碑亭的经费：北京历代帝王庙管理处，《历代帝王庙史脉》，附录：奏报帝王庙建立碑亭
估需工料银两数目事。中央财政与一般家庭的岁入：全汉升，《美洲白银与十八世纪中
国物价革命的关系》，《"中央研究院"历史语言研究所集刊》28 下（1957）：549—550。

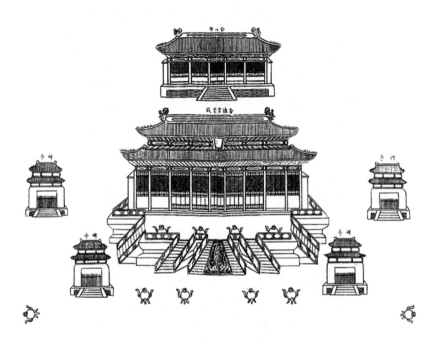

图 9-3　钦定历代帝王庙的四座碑亭

　　亭是为了保护皇帝御笔的石碑而建,帝王庙主建筑景德崇圣殿的左右两侧,共有四座碑亭,碑上刻写了胤禛、弘历父子的诗歌、文章。

　　资料来源:《钦定大清会典图(光绪朝)》,卷 15,"历代帝王庙图"。

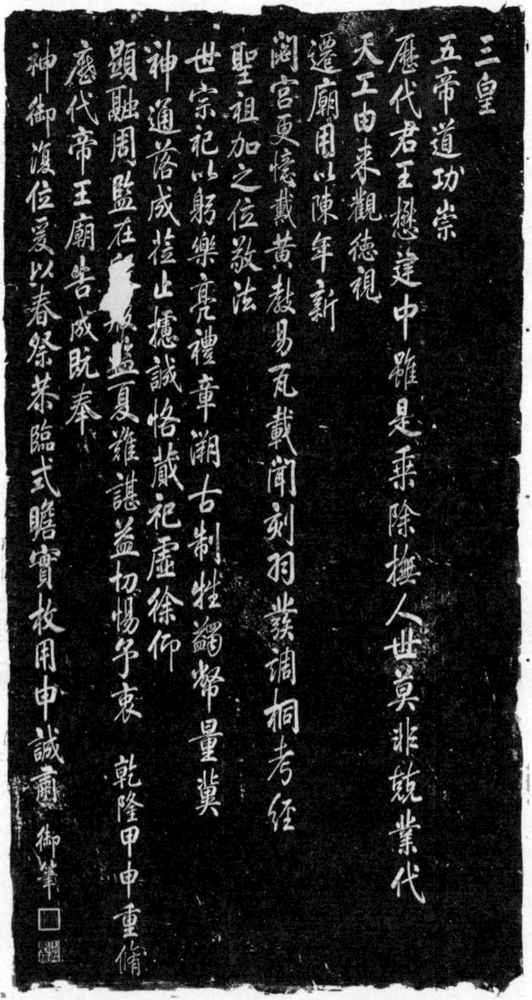

图 9-4　清"重修历代帝王庙碑文"拓本

弘历为重修帝王庙写诗,这首《历代帝王庙瞻礼诗》以行书写成,刻在重修落成、所立石碑的背面。

资料来源:北京国家图书馆藏。

鬼神奉献酒食。准备这些食物，至少动员两百二十三名以上的厨役人员。这些工作都在典礼的舞台后方忙碌进行，不会进入皇帝或大臣的眼中。神案前的供品以牛、羊、猪为主——弘历还增加了鹿和兔，再搭配其他的食物。食物的原料有黍、稷、稻、粱、米、麦面、荞麦面、菁菜、芹菜、韭菜、葱、大鳊鱼、小鳊鱼、醢鱼、大笋。果品有红枣、栗、榛仁、菱米、芡实。调味品和香料有盐砖、白盐、白糖、花椒、茴香、莳萝。供酒九十九瓶。燃料的木柴分成四种：煮食用的木柴、焚帛的杨木柴，以及松木柴和木炭。供桌上的香烛有黄蜡和香：黄蜡的规格有六两、三两、二两、一两四种，香则分成柱香、细香和粗香三种。由于玄烨将祭祀对象扩充到一百六十四人，一次典礼也消耗掉一百六十四条白色的丝织品——上头写着帝王的名字。这些纺织品和诵念的祝文，都在仪式的最后投入火中焚烧，奉献给历代帝王的神灵。[1]（参见图 9-5）

"中华统绪"的建构

1784 年，弘历再次注意到帝王庙时，已经七十三岁了。年迈的皇帝在这一年启动了第六次也是最后一次的南巡，经山东到浙江杭州，转向南京后北返。在这趟旅程，他亲自或遣人向三处王陵致意：少昊、禹和朱元璋。[2] 回京几个月后，他翻阅图书，意外注意到帝王庙的祭祀对象，不合乎他的想法，于是下令官员检讨、改正。[3] 帝王庙祀典上一次的大变动是六十二年前，玄烨反感于读书人对君主的自由品评，决定将所有不失格的历代帝王都请入庙中。然而，玄烨订定的标准只有"无道、被弑、亡国"三者不得入庙，但官员草拟的方案却另

---

[1]　此处描述的依据：隆科多等奉敕纂修，《大清会典（雍正朝）》（清雍正年间刻本），卷 212，页 6 之 1；卷 236，页 17 之 1、10 之 1、11 之 2；卷 238，页 3 之 1、7 之 1、10 之 1、13 之 1、14 之 2；卷 239，页 2 之 1、7 之 2。

[2]　弘历南巡：左步青，《乾隆南巡》，《故宫博物院院刊》2(1981)：22—37、72。

[3]　检讨祀典：《清实录·高宗》，卷 1210，页 218 之 1；卷 1211，页 243 之 2。

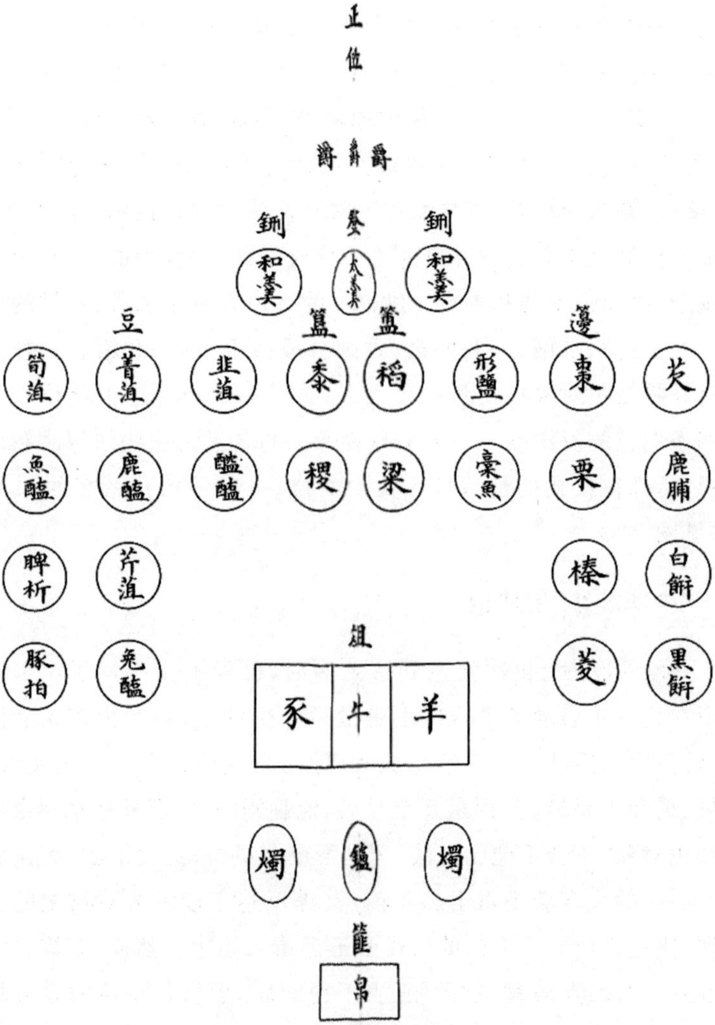

正
位

爵 爵 爵

铏 登 铏
和 太 和
羹 羹 羹

豆 簠 簋 笾
筍 菁 韭 黍 稻 形 枣 芡
菹 菹 菹 盐

鱼 鹿 醓 稷 粱 鲞 栗 鹿
醢 醢 醢 鱼 脯

脾 芹 榛 白
析 菹 饼

豚 兔 菱 黑
拍 醢 饼

俎
豕 牛 羊

烛 镫 烛

篚
帛

图 9-5 历代帝王庙正位陈设图

这张图呈现了帝王庙举行祭典时,献祭的三牲供品和礼器的陈设位置。

资料来源:《钦定大清会典图(光绪朝)》,卷 15。

外考量到"偏据一方、不入正统"的两个条件，玄烨似乎没有注意这当中细微的差别。之后，由胤禛付诸实施，直到被弘历看出其中端倪。

中国史上"偏据一方、不入正统"的帝王，指的是三到六世纪的魏晋南北朝和十世纪五代十国的君主。这两个时代因为南北对峙、政权纷立，在十一、十二世纪引起了许多历史学者和思想家讨论该如何理解这种分裂时代的王权。当时的讨论非常热烈，想法也很多元，并无定论，有些学者发展出政权交替之际，毫无连属的想法："绝统""无统"。① 之后，十四世纪的朱元璋建立帝王庙彰显"中国帝王正统"，就不包含分裂的时代。

弘历的想法与此完全不同。他认为在王权分崩离析的年代，这个（被想像和建构的）"正统"仍然在偏据一方的王朝之间传承，最后交棒给统一天下的唐、宋王朝。"中华统绪，不绝如线"，中国王权的传承从来不曾中断。而且他认为，祖父玄烨的原则没有被体会，导致标准不一，因为这两个时代中不少统治者仍有卓越的素质和了不起的成就，应该受到后人的追思与纪念。更严重的是，他批评当初官员纳入近世北方的辽、金、元，却遗漏中古南方的王朝，反而让人误会清朝统治者的立场偏袒北方的游牧民族。他强调，中华世界是开放、共享的，并非汉人或中原独占，不存在南北、中外和夷夏的分别与界限。而且，他和父、祖们对中华世界的历史诠释是公正的。于是，历代帝王祭典成为满人统治者淡化种族观念的装置。在 1785 年，弘历继父亲之后，贯彻祖父的意念，将帝王庙的祭祀对象推到最高峰，共一百八十八位。② （参见图 9-6）

帝王庙从十四世纪创建至此，祭祀对象增加了十倍。明王朝的祭祀对象相当稳定，基本上是上古圣王和汉、唐、宋、元统一天下的开

① 　"绝统""无统"：刘浦江，《正统论下的五代史观》，《唐研究》11（2005）：84；《"五德终始"说之终结：兼论宋代以降传统政治文化的嬗变》，《中国社会科学》2（2006）：178—179。
② 　弘历改订祀典、撰文《清实录·高宗》，卷 1225，页 423 之 2。

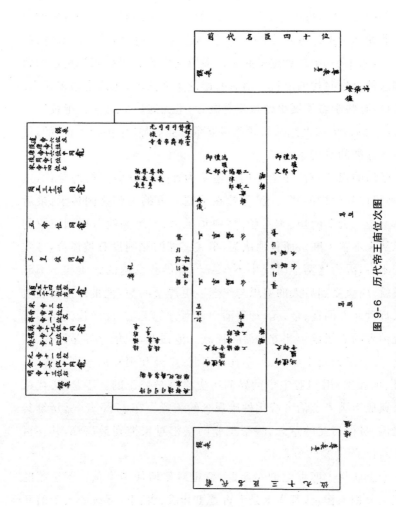

图 9-6 历代帝王庙位次图

资料来源：《钦定大清会典图（光绪朝）》，卷 15。

国之君。满洲人的统治,让入祀帝王庙的标准从严格转向宽松,不再限于具有代表性的伟大君主,而是降低排除性、扩大包容性,尽可能全面性纳入所有的帝王。帝王的个别评价不再重要,不论品德的高低、成就突出或普通、统治疆域的大小,乃至出身的种族,所有个别的差异都消失了,唯一的尺度是他们作为帝王的身份。所有帝王形成一个群体和整体,一起接受当朝皇帝和臣民的敬拜。

这张图呈现了帝王庙举行祭典的场地布置、人员与站位,以及祭祀对象自三皇、五帝到明朝皇帝共一百八十八位的位次排列。

五、结　语

满洲人统治中国,继承了历代帝王庙的制度,最早只送明太祖朱元璋入庙,象征明清政权的交替,但经过了一百年,却扩充到超过一百八十位;从一开始迅速加入辽、金、元三朝的君主,到后来反而担心这么做让人觉得偏袒游牧民族,有损清王朝的公正。这些转变,显示满洲的统治者不断为王权探索新的意识形态。刚开始,福临和玄烨最关心如何诠释明清政权的交替,以及赋予游牧民族统治中国的正当性,但到了弘历,则企图将祖传的诠释推展到比宋、辽、金、元更早之前,完整解释中华世界的历史。玄烨的重点是凡有帝王身份者皆不容臣属褒贬,不许书生随便批评,而弘历则透过帝王庙及其祭典,呈现他心中对王权的想像:"中华统绪"。四百年前的朱元璋初建庙时,标榜的"中国帝王正统"只排列汉、唐、宋、元,而不在意汉、唐之间与唐、宋之间的分裂时代,但弘历心中的"中华统绪"不存在这样的断裂,王权的传承不应该有任何空档:"不绝如线"。在第二个分裂时代结束后的十一世纪,当时的学者就已经思考过这个问题,发明了"绝统""无统"等新颖的观念。但十八世纪的弘历不可能放任这种看法,因为这两个观念可能危及满洲人对明清政权交替的解释,乃至牵连其统治的正当性。

王权的分裂、王朝的交替与异族的征服,乃世界史上常见的现象,如何将这些现象纳入历史的叙述,进而建构王权的系谱,才是复杂而艰难的操作。"中华统绪,不绝如线"的理论正是弘历的杰作,历代帝王庙成为表现这个意象的场所。不是每个文化都对权力的转换如此敏感,迫切需要一套理论或历史叙述来合理化,比如欧洲中古,来自法国的诺曼第公爵征服了英格兰,并未特别催生一套新的王权论述。不过,在近代的东亚,弘历的想法和操作并非仅见的孤例。日本虽然没有将历代天皇合祀一庙的做法,但江户幕府成立之后,由于"国学"者的影响,从十七世纪下半叶开始调查历代天皇陵,调查的成果在 1696 年编成了《前王庙陵记》一书,并开始对八十五座天皇陵以竹栅栏划界和修补,到了江户时代的尾声,更有一波重大的景观美化工程。[1] 明治维新之后,为了向世界各国强调日本独特的"国体":日本是万世一系的天皇统治的神国,天皇陵也成为天皇崇拜的一环而被神圣化。尽管二次大战结束后,天皇走入了"象征制"的时代,但直到二十一世纪,天皇陵仍然是不可擅入的禁域。[2]

维护历代天皇陵的工程,其实是"万世一系"思想的体现之一。这个概念的意思是日本王权的传承,从神武天皇建国以来,就由单一血统的天皇一家传承。"万世一系"的思想有双重的根源:最早是《古事记》和《日本书纪》的编纂者用来合理化天皇的统治。近世以来,则是来自十七世纪"国学"者的倡议;但直到明治时代,这个王权的意象

---

① 《前王庙陵记》与江户时代初期的调查:茂木雅博,《天皇陵の研究》,页 20—33;《日本史の中の古代天皇陵》,页 84—92。天皇陵的修补:高木博志,《近代天皇制与天皇陵墓》,《文化遗产》2(2010):130—143。

② 天皇陵的制定与明治时代的外交关系:高木博志,《陵墓と文化財の近代》(东京:山川出版社,2010),页 31。天皇陵的禁域问题:今尾文昭,《天皇陵の现况、保存与"活用"》,陈茜等主编,《生态与文化遗产:中日及港台的经验与研究》(香港:中华书局,2014),页 247—249。

才真正普及。有别于儒学、佛学和兰学,以日本本国为研究对象的国学者在发展"万世一系"的想法时,有一个重要的参照点:中国。他们观察中国的历史,注意到屡屡发生"易姓革命"而王朝不断更迭的现象。相形之下,日本的最高统治权力始终保持在天皇家,由此证明了日本国族的优越。但在中国,王权的分裂、王朝的交替与异族的征服,一点都不妨碍弘历建构他心中的王权意象。他心中不绝如线的"中华统绪",和"万世一系"虽然各有形成的背景和逻辑,但弘历和日本的国学者都认为,王权的历史传承必须绵延不断,如此才是可敬的、值得夸耀的王权。

终　曲

历代帝王庙与王陵在后帝制时代的转型

　　1912年帝制时代告终,历代帝王庙也失去了在国家典礼与政治文化中的角色。但共和国的命运多舛,不到五年就出现第一次转向君主立宪的政治运动。袁世凯(1859—1916)筹备洪宪帝制的过程中,复活了王朝时代的典礼,比如祭天、祀孔。在其支持者的规划下,帝王庙也准备以"京师前代功德祠"的新面貌,重新登上国家典礼的舞台。一个人的品德堪为楷模,或有造福人群的贡献,即为有"功德"——在传统中国社会,这正是祖先祭祀之外、举行祠祭的理由。这些袁世凯的支持者通晓传统文化的基本原则,尝试依此整合和创新国家祭典:"功德祠"的设立分为京师(北京)和地方两个层次,对象则有前代和民国的分别。北京的历代帝王庙将转型成"京师前代功德祠",以原来的一百八十八位帝王为基础,加入新亡的清王朝福临、玄烨、胤禛和弘历等九位皇帝。这些历代帝王被认为对国家有整体的贡献,所以应该在首都以最高规格的"国祭"致敬。[1] 因此,历代帝王庙只是换了一个招牌而已,内容没有变化,只是利用"功德"的旧标

---

[1]　"功德祠":北京历代帝王庙管理处,《历代帝王庙史脉》,页209—217;李俊领,《中国近代国家祭祀的历史考察》(济南:山东师范大学中国近现代史硕士学位论文,2005),页108—110。

准,再一次肯定君主的功业对中华民族的贡献。不过,袁世凯的企图终归落空,历代帝王庙也未能转型,确定走入历史。清朝的皇帝对历代帝王庙最为重视,但终究未能入庙。这座殿堂唯一发生政治意义的时刻,出现在孙中山于 1925 年在北京病逝之后,据传他的牌位曾经一度供奉在帝王庙中。[①]

　　清王朝结束后,帝王庙就和其他旧时代的礼制建筑,比如天坛、孔庙等,一并拨交给新政府的部门管理。这些建筑物华丽而精美,深具历史、文化与艺术的意义与价值。当时的人早已注意到这一点,但历代帝王庙作为文化遗产,经过修复,成为可供参观的古迹,重新进入公众的视野,已经是 2004 年的事。在漫长的二十世纪,中国经历了内、外在的各种艰难,其内部激烈的革命思潮、反传统主义与阶级意识,更让历代君主难以获得正面的评价。在这近百年间,帝王庙的空间被挪作教育机构的场所。直到改革开放之后,帝王庙作为民族文化遗产的价值才被提出,最后终于以"博物馆"的新身份,取得在现代国家中的新角色。(参见图终 1)

　　历代帝王的另一个代表——历代王陵,也在后帝制的时代,和帝王庙一样,从王权祭典的对象,缓慢地转变成民族国家的文化遗产。由于历代王陵分散各地,个别的境况差异甚大,难以一概而论,但在政治与社会动荡的年代,基本上大都缺乏维护,任其荒芜、被盗乃至文物流失,有时引起地方官民的关注,疾呼保存。不过,几个王陵有比较突出的角色。首先是明太祖朱元璋在南京的陵墓。1912 年,时任临时大总统的孙中山在清皇室退位后,率领官员举行祭典,宣告成功推翻异族统治,"恢复中华"。其次是陕西的黄帝陵。晚清以来,黄

---

① 孙中山在帝王庙中的遗像:北京历代帝王庙保护利用促进会,《历代帝王庙研究论文集》(北京:香港国际出版社,2004),页 71、85、150。

图终 1　今日的历代帝王庙

帝制结束之后,历经荒芜与房舍被占用的历代帝王庙,最后被指定为古迹,经过整修和复原,在二十一世纪重新开放。

资料来源:作者提供,摄于 2014 年。

帝被建构为"民族始祖",[①]然而,直到 1935 年官方才第一次正式组团,赴陕西祭祀黄帝陵。此事之成,实出于国内外局势的交互鼓荡:日本在 1931 年侵占东北,中、日两国的关系急剧恶化。如何动员民族主义的情感,成为执政当局着力的目标。另一方面,西北的开发是当时施政的重大方向之一,官员希望能吸引社会各界的关注,重视从十九世纪以来因战乱而凋敝的西北。[②]

---

①　黄帝崇拜:沈松侨,《我以我血荐轩辕——黄帝神话与晚清的国族建构》,《台湾社会研究季刊》28(1997):1—77。

②　开发西北:沈松侨,《江山如此多娇——1930 年代的西北旅行书写与国族想像》,《台大历史学报》37(2006):145—216。

　　举行黄帝陵的祭典,并不容易,因其位在陕西中部,离西安超过一百五十公里,交通并不方便。1934 年的清明节,政府要员已先前往距离较近的咸阳周陵向周文王、武王和周公墓致意,以及向汉武帝的茂陵致祭。[①] 举行这些祭祀虽然只是一天的活动,但前期的筹备和作业包括修筑道路、种植树木和修复陵墓等,仍是不小的工程。[②] 官方也企图借由这项活动,吸引外地的观光。

　　祭祀周陵、茂陵的活动,很快地在隔年发展成"民族扫墓节"的纪念日,除了在黄帝陵举行第一次的祭典之外,更发动全国各地的参与。陕西当地扫墓的对象,加入唐太宗李世民的昭陵。其他地方则有朱元璋在南京的明孝陵、浙江会稽的禹墓、湖南的炎帝陵等。在这一波民族主义的浪潮中,最受瞩目的焦点为黄帝,但其实好几个帝王都连带取得了新的定位和意义:"民族英雄"。[③] 比如秦始皇、汉武帝、唐太宗、元太祖、明太祖等,他们都被认为是雄才大略的君主,其事迹和成就可以激励人心,鼓舞"民族精神"。[④]

帝王祭典的历史与传统、断裂与再生

　　历代帝王祭祀,在七世纪的隋唐帝国正式纳入官方的国家典礼,而其前例可以追溯到一百多年前、五世纪末的鲜卑君主拓跋宏。至于更早、公元初的王莽,虽然也向历代的王者致意,但他和这项典礼的传统,并无直接关联。不过,历代帝王是王莽建立其王权的正当性最重要的装置之一。 与王权史上的伟人建立关联,无论宣称自己是

① 郭辉,《民国国家仪式研究》(武汉:华中师范大学中国近现代史博士学位论文,2012),页 179—184。
② 相关作业:西安市档案馆,《民国开发西北》(西安:西安市档案馆,2003),页 480—484。
③ 民族英雄:沈松侨,《振大汉之天声——民族英雄系谱与晚清的国族想像》,《"中研院"近代史研究所集刊》33(2010):77—158。
④ 官方指定民族英雄:黄兴涛,《重塑中华:近代中国"中华民族"观念研究》(香港:三联书店,2017),页 330。

王者的子孙，或将圣君的后裔请入朝廷，都有助于提高他的声望。上古先王作为华夏文明的代表，向他们致敬，更是一种尊重历史文化传统的姿态。

拓跋宏对这个传统有三大重要的贡献：一、率先在历代帝王的都城献祭；二、下令维护历代王陵；三、在巡视国土时，遣使致意。虽然这些活动的对象都不多，但这三件事都在七世纪时复现，逐渐制定成为国家的制度。然而，拓跋宏只不过在做一件他自己感兴趣也认同的事情而已。他是历代帝王祭典真正的创始者，但八世纪以来的历史学者很少注意到这一点，反而常将起源追溯到秦汉甚至更早之前的古典时代，将之定位成华夏古老的传统。

历代帝王祭典"传统"的形成，始于隋唐帝国。帝王祭典之所以影响后世，并非像孔庙那样与广大士人的身份认同紧密相连，也不是因为它备受各地士民的欢迎，甚至不是因为每年固定的展演，深深刻划在君臣士民的记忆中，反复提醒人们历代帝王的伟大事迹。而是因为它被制定为礼仪，成为国家典礼与制度的一环，被写进文献和典籍，成为历史记忆，占据了高等的文化位阶。当十世纪建国的宋王朝，希望参考过去的盛世典范来规划国家，很自然就注意到它，进而重新复活了这项典礼。

历代帝王祭典是中古新"发明的传统"，祭天、祭祖都有古典的渊源，很早就明订在秦汉王朝的礼制，但历代帝王、文庙的孔子和武庙的军神，则是在七、八世纪一同成为国家典礼的一环。但其后的命运各自不同：武庙的历史最短，到了十四世纪被正式撤除，连武神的宗师都从太公改成关羽。学庙及其崇祀的孔子则成为读书人的精神信仰，始终不变，延续到帝制时代告终。

相形之下，纪念王者的传统，则经历了许多变迁，尤其祭祀的对象与地点，从七世纪到十四世纪，经历了三次重大的变革：七世纪的王者名单刚开始时只有七位，但八世纪是二十五位，地点则从立都之处，改成建国之地。十世纪改在七十九处王陵，其中有三十八人建庙。到了十四世纪，则在都城建立帝王庙，集中纪念十七位帝王。在十八世纪，祭祀对象更骤然扩充到一百五十人以上。很少有一成不变、始终同质的传统，但历史上很少见哪一个祭典的地点和对象，弹性与变形的范围如此之大。这项新兴的礼仪较少受到古典的规范与约制，是它能持续调整而发展的原因之一，因应时代环境的条件与皇帝个人的意向而持续创新。

在这漫长的七百年间，这项祭典的传统至少中断了两次：第一次在八世纪中叶安禄山反叛，改变了唐帝国的格局；第二次在十二世纪，北宋亡于女真人的入侵。两次的断裂都超过两百年。一项典礼可以中断而未尽快恢复，意味着对于统治者，它没有绝对不可或缺的重要性。然而，当赵匡胤和朱元璋建立新的王朝，不约而同都注意到这项祭典的历史前例。而每一次恢复，都为这项传统改头换面，增添新的内容，也更强化了它的惯性。这项祭典始终一致的主旨是向历代帝王致意，这一点吸引了各个时代的君主。

王权的纪念、正当性与"统"的建构

国家祭祀大多隐含政权正当性的意涵。王朝受命于天，并由开国的祖先奠立基业，因此郊祀和封禅祭天，宗庙和王陵祭祖，皆是王朝最重要的祭典。这是帝制时代，统治者诉求其统治正当性的两大来源。但另一方面，过去的人们回顾历史，自然也发现天命时变、王朝衰亡、宗庙与王陵终归毁坏的现象与事实。然而，尽管个别的王朝起伏无常，王权绵亘于历史却是始终不变的事实。对后起的王朝而言，华夏文明的历史上王朝递嬗、层叠积累，更是明显。早在公元初的王莽，就排列出一份这样的名单，借由礼遇名单上的王者之后，他的新王朝显得谦逊、懂得尊重历史上伟大的统治者，从而赢得人心的认同。本书各章的主角，包括皇帝和官员，借由这项典礼，为王权增添"历史"的文化质感。

唐、宋、明、清各王朝的历代帝王祭典,都有一份王者的名单,描述了华夏王权的历史传承。这些王者虽然与当权的本朝无直接的关联,但都有资格作为"政治祖先",接受后人的致意。此一礼敬并非理所当然,而是这些君主被认为对广大臣民有非凡的贡献——"功业",值得后世永恒的纪念。在唐、宋时代,这是向历代帝王献祭最根本的理由。不过,它其实是王权统治的意识形态。十二世纪的朱熹,对这一点展开了严厉的批判,他期望后世的统治者能向"道统"靠拢。

十四世纪的朱元璋建立历代帝王庙之前,祭祀的地点都分散各地。都城建庙之后,向华夏王权的历史传承致意的典礼有了单一而集中的展演场所,更容易将过去的"政治祖先"以单一的线性进行排列;这些伟大的王者集合起来,就代表了"中国帝王正统"——四百年前的赵匡胤不曾这样表示,而四百年后的弘历则运用了非常接近的修辞:"中华统绪"。不论"道统"或"中国帝王正统""中华统绪",其实都是人为的拟构,企图以各种形式的理论,将历史上各种分裂、断绝、偶然,甚至毫不相干的人事物,串连在一起,证明"道"或王权是永恒长存的连续体,企图利用这种独特的"历史性",赋予王权神圣的性质。

征引书目

说明

一、分类：本书目分为"传统文献"、"电子资源"与"近人论著"。所谓"传统"与"近人"，大致以民国成立（1912）为标准，此前成书为"传统"，此后（含）属"近人"。唯请注意的是，近人整理古籍、辑录史料或考古报告，仍视情况归入"传统文献"。另，本书凡引用二十五史、《资治通鉴》与《续资治通鉴长编》等书，除另注明外，一律采用中华书局点校本，为免繁冗，书目不再赘列。

二、"传统文献"以书名置首，编著、点校者与版本详后；排序依书名笔画，首字同，论次字，余类推。"近人论著"以编著者姓名在前，书篇名称与出版信息见后；排序依编著者姓名笔画，同一作者之著作，则出版时间早者在前。

三、传统文献中的书目，凡引自"'中央研究院'汉籍电子文献资料库"者，于出版项后上标"＊"号。

一、传统文献

《九嶷山志》，吴绳祖撰，收入《故宫珍本丛刊》史部地理·山水，第 262 册，海口：海南出版社据清嘉庆元年（1796）刻本，2001。

《二程集》，程颐、程颢著，王孝鱼点校，北京：中华书局，2004。

《十国春秋》,吴任臣撰,徐敏霞校点,收入《五代史书汇编》丙编第 7—8 册,杭州:杭州出版社,2004。

《大明会典》,李东阳等奉敕撰,申时行等奉敕重修,台北:国风出版社,1963。附图见原书。*

《大清会典(雍正朝)》(清雍正年间刻本),隆科多等奉敕纂修。*

《大清会典事例(光绪朝)》(清光绪二十五年[1899]石印本),昆冈等奉敕著。*

《大清会典则例(乾隆朝)》(《文渊阁四库全书》本),蒋溥、孙嘉淦等撰。*

《钦定大清会典图(光绪朝)》(清光绪二十五年[1899]石印本),孙家鼐等奉敕纂修。*

《大义觉迷录》,清世宗,台北:文海出版社,1985。

《山海经校注》,袁珂校注,成都:巴蜀书社,1996 增补修订本。

《元和郡县图志》,李吉甫撰,贺次君点校,北京:中华书局,1983。

《内阁大库》,"中央研究院"历史语言研究所藏。

《太平御览》,李昉等撰,夏剑钦等校点,石家庄:河北教育出版社,1994。

《太平广记》,李昉等编,北京:中华书局,1961。

《太平寰宇记》,乐史撰,王文楚等点校,北京:中华书局,2007。

《太常因革礼》,欧阳修等撰,南京:江苏古籍出版社,1988。

《水经注校释》,陈桥驿,杭州:杭州大学出版社,1999。*

《册府元龟(校订本)》,王钦若等编纂,周勋初等校订,北京:凤凰出版社,2006。

《永宪录》,萧奭著,朱南铣校点,北京:中华书局,1997 湖北第 2 刷。

《石林燕语》,叶梦得撰,徐时仪整理,收入《全宋笔记》第 2 编第 10 册,郑州:大象出版社,2006。

《全上古三代秦汉三国六朝文》，严可均校辑，北京：中华书局，1991。*

《全元文》，李修生主编，南京：江苏古籍出版社，1999。

《全宋文》，曾枣庄、刘琳主编，上海：上海辞书出版社，2006。

《全宋诗》，北京大学古文献研究所编，北京：北京大学出版社，1995。

《全唐文》，董诰等编，北京：中华书局，1987。*

《全唐文补编》，陈尚君辑校，北京：中华书局，2005。

《全唐诗》，彭定求等编，中华书局编辑部点校，北京：中华书局，1960。

《考古编·续考古编》，程大昌撰，刘尚荣校证，北京：中华书局，2008。

《西台奏疏》，顾如华，台北：文海出版社，1988。

《吴越备史》，钱俨撰，李最欣校点，收入《五代史书汇编》丙编第10册，杭州：杭州出版社，2004。

《宋大诏令集》，宋绶、宋敏求编，司义祖校点，北京：中华书局，1962。

《宋史全文》，佚名撰，李之亮校点，哈尔滨，黑龙江人民出版社，2005。

《宋会要辑稿》，徐松辑，北京：中华书局，1957。

《宋濂全集》，宋濂著，黄灵庚编辑点校，北京：人民文学出版社，2014。

《佩韦斋辑闻》，俞德邻撰，收入周光培编，《历代笔记小说集成》元代笔记小说系列，第1册，石家庄：河北教育出版社，1995。

《周礼注疏》，郑玄注，贾公彦疏，赵伯雄整理，王文锦审定，北京：北京大学出版社，2000。

《明代律例汇编》，黄彰健编，台北："中央研究院"历史语言研究所,1979。

《明经世文编》,陈子龙等选辑,北京:中华书局,1962。*

《明实录》,"中央研究院"历史语言研究所校勘,台北:"中央研究院"历史语言研究所,1966。

《东坡全集》(《景印文渊阁四库全书》本),苏轼撰,引自"文渊阁四库全书电子版"资料库。

《(乾隆)河南府志》(清同治六年[1867]刻本),施诚修、裴希纯纂,引自"中国方志库"。

《金石萃编》,王昶著,收入《石刻史料新编》第1辑第1—4册,台北:新文丰出版公司,1982,据清同治十一年(1872)跋刊本影印。

《长安志·长安志图》,宋敏求撰,李好文撰,辛德勇、郎洁点校,西安:三秦出版社,2013。

《建炎以来系年要录》,李心传编撰,胡坤点校,北京:中华书局,2014。

《政和五礼新仪》,郑居中等撰,收入《景印文渊阁四库全书》第647册,台北:台湾商务印书馆,1983。

《春秋左传正义》,左丘明撰,杜预注,孔颖达正义,北京:北京大学出版社,2000。

《春秋左传注(修订本)》,杨伯峻编著,北京:中华书局,2009。

《春秋左传集解》,左丘明撰,杜预集解,李梦生整理,南京:凤凰出版社,2010。

《洛阳伽蓝记校注》,杨炫之撰,范祥雍校注,上海:上海古籍出版社,1978。*

《皇宋通鉴长编纪事本末》,杨仲良撰,上海:上海古籍出版社,1997。

《贞观政要集校》,吴兢撰,谢保成集校,北京:中华书局,2003。

《军机处全宗》,中国第一历史档案馆藏,档号:03-1114-022。

《(嘉靖)重修三原志》,朱昱撰,引自"中国方志库"。

《兼济堂诗集》,魏裔介撰,引自"历代别集库(清前期编)"。

《原抄本日知录》,顾炎武,台南:平平出版社,1975。

《唐大诏令集》,宋敏求编,台北:华文书局,1968,据明抄本影印。

《唐文拾遗》,陆心源辑,收入《全唐文》,董诰等编,北京:中华书局,1987。

《唐会要》,王溥撰,北京:中华书局,1955,据商务印书馆《国学基本丛书》原本影印。

《宫中档案全宗》,中国第一历史档案馆藏,档号:04-01-30-0419-037。

《容斋随笔》,洪迈撰,孔凡礼点校,北京:中华书局,2005。

《陕西通志》,刘于义等监修,沈青崖等编纂,收入《景印文渊阁四库全书》第551—556册,台北:台湾商务印书馆,1983。

《高文襄公集》(明万历刻本),高拱撰,引自"中国基本古籍库"。

《国朝典汇》(明天启间[1621—1627]刊本),徐学聚编。*

《康熙起居注》,中国第一历史档案馆整理,北京:中华书局,1984。

《张耒集》,张耒撰,李逸安等点校,北京:中华书局,1990。

《张载集》,张载著,章锡琛点校,北京:中华书局,1978。

《淮南鸿烈集解》,刘文典撰,北京:中华书局,1989。*

《清朝文献通考》,清高宗敕撰,台北:台湾商务印书馆,1987。*

《清朝通志》,清高宗敕撰,台北:台湾商务印书馆,1987。*

《清朝通典》,清高宗敕撰,台北:台湾商务印书馆,1987。*

《清实录》,文:北京:中华书局,1986;图:"大满洲帝国国务院"发行,大日本东京大藏出版株式会社承印,1936。

《庄子集释》,郭庆藩撰,王孝鱼点校,北京:中华书局,1995。*

《通典》,杜佑撰,王文锦等点校,北京:中华书局,1988。

《陈子昂集》，陈子昂著，徐鹏校，北京：中华书局，1960。

《挥麈录》，王明清撰，田松清校点，上海：上海古籍出版社，2012。

《朝鲜王朝实录》，国史编纂委员会编，特别市：东国文化社，檀纪4288—4291（1955—1958）。

《苌楚斋随笔·五笔》，刘声木撰，北京：中华书局，1998。

《隋唐嘉话》，刘𬤇撰，程毅中点校，北京：中华书局，2005。

《嘉泰会稽志》，沈作宾修、施宿等纂，北京：中华书局，1990。

《嘉靖祀典考》（明乌丝栏钞本）。

《刘禹锡全集》，刘禹锡著，瞿蜕园校点，上海：上海古籍出版社，1999。

《乐书》，陈旸撰，收入《景印文渊阁四库全书》第 211 册，台北：台湾商务印书馆，1983。

《论衡校释》，黄晖撰，北京：中华书局，1990。

《历世真仙体道通鉴》，赵道一撰，收入《续修四库全书·子部·宗教类》第 1294—1295 册，上海：上海古籍出版社，1997，据民国涵芬楼影印明正统《道藏》本影印。

《历代宅京记》，顾炎武著，北京：中华书局，1984。

《历代陵寝备考》，朱孔阳辑，收入《中国祠墓志丛刊》第 4—6 册，扬州：广陵书社，2004，据清光绪五年（1879）《申报馆丛书》刊本。

《翰苑群书》，洪遵著，收入傅璇琮、施纯德编，《翰学三书》第 1 册，沈阳：辽宁教育出版社，2003。

《舆地纪胜》，王象之撰，岑建功辑，刘文淇校，北京：中华书局，1992，据清道光二十九年（1849）惧盈斋刊本影印。

《礼记正义》，郑玄注，孔颖达疏，龚抗云整理，王文锦审定，北京：北京大学出版社，2000。

《礼部志稿》，收入《景印文渊阁四库全书》第 597—598 册，林尧俞等纂修，俞汝楫等编撰，台北：台湾商务印书馆，1983。*

《旧五代史新辑会证》,陈尚君辑纂,上海:复旦大学出版社,2005。

《艺文类聚》,欧阳询撰,汪绍楹校,上海:上海古籍出版社,1999。

《镡墟堂摘稿》(明刻本),雷礼撰,引自"中国基本古籍库"。

《续修醴泉县志稿》,张道芷修,曹骥观等纂,台北:成文出版社,1970。

二、电子资源

"汉籍电子文献资料库","中央研究院"历史语言研究所,http://hanchi.ihp.sinica.edu.tw/。

"文渊阁四库全书电子版(原文及全文检索版)",迪志文化出版有限公司。

"中国基本古籍库,爱如生数据库",北京爱如生数字化技术研究中心。

"中国方志库,爱如生数据库",北京爱如生数字化技术研究中心。

"历代别集库(清前期编),爱如生数据库",北京爱如生数字化技术研究中心。

《世界大百科事典》电子版,东京:日立デジタル平凡社,1988。

三、近人论著

卜正民著,黄中宪译,《维梅尔的帽子》,台北:远流出版公司,2009。

于淼,《南京〈敕建历代帝王庙碑〉解读》,《紫禁城》12(2017):136—143。

小岛毅,《郊祀制度の变迁》,《东洋文化研究所纪要》108(1989):123—219。

小岛毅，《天皇と儒教思想：伝统はいかに創られたのか?》，东京：光文社，2018。

小野寺史郎著，周俊宇译，《国旗・国歌・国庆：近代中国的国族主义与国家象征》，北京：社会科学文献出版社，2014。

中国社会科学院考古研究所，《殷墟妇好墓》，北京：文物出版社，1980。

今尾文昭，《天皇陵的现况、保存与"活用"》，陈茜等主编，《生态与文化遗产：中日及港台的经验与研究》，页 236—254，香港：中华书局，2014。

孔凡礼，《苏辙年谱》，北京：学苑出版社，2001。

尤淑君，《名分礼秩与皇权重塑：大礼议与嘉靖政治文化》，台北：政治大学历史学系，2006。

户川贵行，《东晋南朝における伝统の創造》，东京：汲古书院，2015。

手岛一真，《政教の教化と仏教の风化——则天武后の'臣轨'撰述を通じて见る比较考察（戒律と伦理）》，《日本仏教学会年报》74（2008）：121—132。

方震华，《唐宋政治论述中的贞观之政——治国典范的论辩》，《台大历史学报》40（2007）：19—55。

毋有江，《北魏政区地理研究》，上海：复旦大学历史地理学博士学位论文，2005。

水越知著，石立善译，《元代的祠庙祭祀与江南地域社会——三皇庙与赐额赐号》，漆侠主编，《宋史研究论丛》第 8 辑，页 523—549，保定：河北大学出版社，2007。

王子今，《中国盗墓史》，北京：九州出版社，2011，二版。

王汎森，《权力的毛细管作用：清代的思想、学术与心态》，台北：联经出版公司，2013。

王志玮,《论明初〈四书大全〉的纂修意义》,《东华汉学》18
(2013):275—303。

王青,《道教成立初期老子神话的演变与发展》,《宗教哲学》7.2
(2001):87—96。

王柏中,《越南阮朝历代帝王庙祭礼述略》,吉林大学古籍研究所
编,《吉林大学古籍研究所建所三十周年纪念论文集》,页 491—499,
上海:上海古籍出版社,2014。

王美华,《唐宋礼制研究》,长春:东北师范大学中国古代史博士
学位论文,2004。

王瑞来,《配享功臣:盖棺未必论定——略说宋朝官方的历史人
物评价操作》,《史学集刊》5(2011):31—41。

王隽,《宋代功臣画像考述》,《河南大学学报(社会科学版)》51.6
(2011):68—75。

王尔敏,《中国古代存祀主义之国际王道思想》,氏著,《先民的智
慧:中国古代天人合一的经验》,页 143—161,桂林:广西师范大学出
版社,2008。

王磊,《〈水经注〉所见古代墓葬艺术——以汉代墓葬为中心》,
《华夏文化》3(2014):37—40。

王鸿泰,《圣王之道——明文皇的政治文化与文化政治》,《台大
历史学报》57(2016):117—181。

王双怀,《唐玄宗御注"三经"述评》,《唐都学刊》32.4(2016):
5—10。

王继东,《中西文化影响下的越南阮朝都城顺化研究(1802—
1885)》,广州:暨南大学专门史博士论文,2009。

北京历代帝王庙保护利用促进会,《历代帝王庙 100 问》,北京:
科学出版社,2008。

北京历代帝王庙保护利用促进会,《历代帝王庙研究论文集》,北

京:香港国际出版社,2004。

北京历代帝王庙管理处,《历代帝王庙史脉》,北京:科学出版社,2015。

史景迁著,温洽溢、吴家恒译,《雍正王朝之大义觉迷》,台北:时报文化出版,2002。

左步青,《乾隆南巡》,《故宫博物院院刊》2(1981):22—37、72。

平木实,《朝鲜半岛における王权について——朝鲜王朝时代を中心に》,松原正毅编,《王权の位相》,页 314—332,东京:弘文堂,1991。

甘怀真,《〈大唐开元礼〉中的天神观》,氏著,《皇权、礼仪与经典诠释:中国古代政治史研究》,页 183—206,台北:台湾大学出版中心,2004。

田天,《秦汉国家祭祀史稿》,北京:三联书店,2015。

田浩,《朱熹的思维世界》,台北:允晨文化实业公司,2008。

田浩,《旁观朱子学:略论宋代与现代的经济、教育、文化、哲学》,上海:华东师范大学出版社,2011。

田浩,《功利主义儒家——陈亮对朱熹的挑战》,南京:江苏人民出版社,2012。

石井辉义,《律令陵墓制の特质について:陵户の考察を通じて》,《史苑》67.1(2006):41—76。

石冬梅,《再论隋炀帝的巡狩》,《保定师范专科学校学报》18.3(2005):73—77。

石合香,《律历からみた五德终始说の真相——"黄帝以来三千六百二十九岁"の解明》,《东洋の思想と宗教》22(2005):58—76。

全汉升,《美洲白银与十八世纪中国物价革命的关系》,《"中央研究院"历史语言研究所集刊》28 下(1957):517—550。

全汉升,《中国经济史研究》,台北:稻乡出版社,1991。

吉田孝,《歴史のなかの天皇》,东京:岩波书店,2006。

成都市文物管理处,《后蜀孟知祥墓与福庆长公主墓志铭》,《文物》1982.3:15—20。

朱海,《唐玄宗御注〈孝经〉考》,《魏晋南北朝隋唐史资料》2003:124—135。

朱溢,《唐至北宋时期的大祀、中祀和小祀》,《清华学报》39.2(2009):287—324。

朱溢,《事邦国之神祇:唐至北宋吉礼变迁研究》,上海:上海古籍出版社,2014。

朱鸿,《清代人士的明十三陵与景帝陵情怀》,收入《全球化下明史研究之新视野论文集》第2册,页117—139,台北:东吴大学历史学系,2008。

朱鸿林,《国家与礼仪:元明二代祀孔典礼的仪节变化》,《中山大学学报(社会科学版)》5(1999):73—85。

朱鸿林,《元儒熊禾的传记问题》,《中国近世儒学实质的思辨与习学》,页20—36,北京:北京大学出版社,2005。

朱鸿林,《元儒熊禾的学术思想问题及其从祀孔庙议案》,《中国近世儒学实质的思辨与习学》,页37—69,北京:北京大学出版社,2005。

西安市档案馆,《民国开发西北》,西安:西安市档案馆,2003。

佐川英子,《西汉における"二王之后"について―三正说の展开と秦の位置づけ》,《二松学舍大学论集》(二松学舍大学文学部)50(2007):147—168。

何淑宜,《皇权与礼制:明嘉靖朝的郊祀礼改革》,韩国《中央史论》22(2005):71—98。

何灿浩,《控御与柔服:赵宋兼并吴越国的特殊方式》,《史学月刊》2008.9:18—28。

余英时，《朱熹的历史世界：宋代士大夫政治文化的研究》，北京：三联书店，2004。

余英时，《宋明理学与政治文化》，台北：允晨文化实业公司，2004。

利光三津夫、长谷山彰，《唐制陵户に関する一考察》，《法学研究》65.5(1992)：65—70。

吴振清，《北宋〈神宗实录〉五修始末》，《史学史研究》2(1995)：31—37。

吴树国，《礼制规范视域下唐代陵户的设置》，《求是学刊》43.6(2016)：152—159。

吴静芳，《明嘉靖朝孔庙祀典改制考析》，《成大历史学报》31(2006)：113—151。

吴丽娱，《兼融南北：〈大唐开元礼〉的册后之源》，《魏晋南北朝隋唐史资料》23(2006)：101—115。

吴丽娱，《朝贺皇后：〈大唐开元礼〉中的则天旧仪》，《文史》74(2006)：109—137。

吴丽娱，《〈显庆礼〉与武则天》，《唐史论丛》10(2008)：1—16。

吴丽娱，《试论唐宋皇帝的两重丧制与佛道典礼》，《文史》2(2010)：203—235。

吴丽娱编，《礼与中国古代社会·明清卷》，北京：中国社会科学出版社，2016。

尾形勇著，张鹤泉译，《中国古代的"家"与国家》，北京：中华书局，2010。

李正宇，《古本敦煌乡土志八种笺证》，台北：新文丰出版公司，1998。

李申，《易图考》，北京：北京大学出版社，2001。

李昌宪，《中国行政区划通史·宋西夏卷》，上海：复旦大学出版社,2007。

李俊领,《中国近代国家祭祀的历史考察》,济南:山东师范大学中国近现代史硕士学位论文,2005。

李锦绣,《论"李氏将兴"——隋末唐初山东豪杰研究之一》,《山西师大学报(社会科学版)》24.4(1997):30—36,40。

李锦绣,《俄藏 Дx.3558 唐〈格式律令事类・祠部〉残卷试考》,《文史》60(2002):150—165。

李锦绣,《论"刘氏主吉"——隋末唐初山东豪杰研究之二》,《史林》2004.5:62—69。

李丽凉,《北宋神霄道士林灵素与神霄运动》,香港:香港中文大学哲学博士学位论文,2006。

村上重良,《日本史の中の天皇宗教学から见た天皇制》,东京:讲谈社,2003。

束景南,《朱子大传》,福建:福建教育出版社,1992。

汪篯,《唐玄宗时期吏治与文学之争——玄宗朝政治史发微之二》,唐长孺等编,《汪篯隋唐史论稿》,页196—208,北京:中国社会科学出版社,1981。

沈松侨,《我以我血荐轩辕——黄帝神话与晚清的国族建构》,《台湾社会研究季刊》28(1997):1—77。

沈松侨,《江山如此多娇——1930 年代的西北旅行书写与国族想像》,《台大历史学报》37(2006):145—216。

沈松侨,《振大汉之天声——民族英雄系谱与晚清的国族想像》,《"中研院"近代史研究所集刊》33(2010):77—158。

沈睿文,《夷俗并从——安伽墓和北朝烧物葬》,《中国历史文物》4(2006):4—17。

沙敦如著,林玉竹、祝平次译,《司马贞为何要补正〈史记〉的上古观?》,祝平次、杨儒宾编,《天体、身体与国体:回向世界的汉学》,页

145—184，台北：台湾大学出版中心，2005。

辛德勇，《唐代的地理学》，李孝聪主编，《唐代地域结构与运作空间》，页439—463，上海：上海辞书出版社，2003。

邢义田，《母权·外戚·儒生——王莽篡汉的几点解释》，氏著，《天下一家：皇帝、官僚与社会》，北京：中华书局，2011。

来村多加史，《唐代皇帝陵の研究》，东京：学生社，2001。

周明仪、赵桂芬，《陵墓茔域及其常见植物伤悼意象之探讨——以宋代之前古典诗歌为例》，《台南科大学报（人文管理）》27（2008）：161—180。

冈安勇，《中国古代における"二王之后"の礼遇について》，《早稻田大学大学院研究科纪要别册》7（1980）：187—197。

冈安勇，《中国古代史料に现われた席次と皇帝西面について》，《史学杂志》92.9（1983）：1—32。

冈安勇，《中国古代における"二王之后"の成立——'郭店楚墓竹简'所收'唐虞之道'·'上海博物馆藏战国楚竹书'所收'容成氏'を手挂かりとして》，记念论集刊行会编，《古代东アジアの社会と文化：福井重雅先生古稀·退职记念论集》，页53—76，东京：汲古书院，2007。

林素娟，《先秦至汉代礼俗中有关厉鬼的观念及其因应之道》，《成大中文学报》13（2005）：59—93。

林圣智，《魏晋至北魏平城时期墓葬文化的变迁：图像的观点》，《台湾大学美术史研究集刊》41（2016）：145—237、373。

林鹄，《经学理窟·宗法与程颐语录——兼论卫湜〈礼记集说〉中的张载说》，《中国哲学史》2（2015）：64—71。

河内祥辅，《中世の天皇观》，东京：山川出版社，2003。

金子修一，《古代中国と皇帝祭祀》，东京：汲古书院，2001。

金子修一，《中国古代皇帝祭祀の研究》，东京：岩波书店，2006。

阿部幸信，《燧人考》，《九州大学东洋史论集》33(2005)：1—44。

南炳文，《消极与积极并存：明朝建国前后祭祀活动述论》，《求是学刊》38.1(2011)：126—140。

咸阳市文物考古研究所，《汉武帝茂陵钻探调查简报》，《考古与文物》2007.6：23—30。

姚念慈，《评清世祖遗诏(下)》，《燕京学报》18(2005)：141—197。

姚媛媛，《宋真宗西祀汾阴研究》，西安：西北大学中国史硕士学位论文，2017。

拜根兴，《试论唐代帝王的巡幸》，《南都学坛(哲学社会科学版)》1997.1：20—23。

施蛰存，《水经注碑录》，天津：天津古籍出版社，1987。

柳立言，《从御驾亲征看宋太祖的创业与转型》，田余庆主编，《庆祝邓广铭教授九十华诞论文集》，页151—160，石家庄：河北教育出版社，1997。

洪吉，《北魏皇帝的巡幸》，上海：华东师范大学中国古代史硕士论文，2007。

茂木雅博，《天皇陵の研究》，东京：同成社，1990。

茂木雅博，《日本史の中の古代天皇陵》，东京：庆友社，2002。

范兆飞，《北魏鲜卑丧葬习俗考论》，《学术月刊》45.9(2013)：129—137。

范家伟，《中古时期的医者与病者》，上海：复旦大学出版社，2010。

卿希泰主编，《中国道教史》，成都：四川人民出版社，1996，修订本。

唐长孺，《论北魏孝文帝定姓族》，氏著，《魏晋南北朝史论拾遗》，北京：中华书局，1983。

孙英刚，《音乐史与思想史：〈景云河清歌〉的政治文化史研究》，

《魏晋南北朝隋唐史资料》26(2010):103—130。

孙卫国,《大明旗号与小中华意识:朝鲜王朝尊周思明问题研究(1637—1800)》,北京:商务印书馆,2007。

祝平一,《宋、明之际的医史与"儒医"》,《"中央研究院"历史语言研究所集刊》77.3(2006):401—449。

耿元骊,《五代礼制考》,长春:东北师范大学中国古代史硕士学位论文,2003。

袁良勇,《宋代功臣配享述论》,《史学月刊》5(2007):27—34。

马明达,《元代三皇庙学考》,暨南大学中国文化史籍研究所等编,《暨南大学宋元明清史论集》,页 279—294,广州:暨南大学出版社,1997。

马晓林,《元代国家祭祀研究》,天津:南开大学中国古代史博士学位论文,2012。

马晓林,《元代八思巴帝师祭祀研究》,《北大史学》18(2013):81—103。

高文文,《唐代巡狩制度研究》,西安:陕西师范大学中国古代史硕士学位论文,2009。

高木博志,《近代天皇制与天皇陵墓》,《文化遗产》2(2010):130—143。

高木博志,《陵墓と文化財の近代》,东京:山川出版社,2010。

高明士,《唐代的武举与武庙》,氏著,《隋唐贡举制度》,页 173—241,台北:文津出版社,1999。

高明士,《礼法意义下的宗庙——以中国中古为主》,氏编,《东亚传统家礼、教育与国法(一)——家族、家礼与教育》,页 23—86,台北:台湾大学出版中心,2005。

高明士,《中国中古礼律综论:法文化的定型》,台北:元照出版公司,2014。

宿白,《盛乐、平城一带的拓跋鲜卑——北魏遗迹》,《文物》11
(1977):38—46。

宿白,《北魏洛阳城和北邙陵墓》,《文物》7(1978):42—52。

崔梦一,《北宋祠庙建筑研究》,开封:河南大学中国古代史硕士
学位论文,2007。

常建华,《长安之旅:康熙帝西巡探讨》,《社会科学》5(2011):
134—146。

康乐,《从西郊到南郊:国家祭典与北魏政治》,台北:稻乡出版
社,1995。

张元,《从王安石的先王观念看他与宋神宗的关系》,宋史座谈会
编,《宋史研究集》第23辑,页273—299,台北:"国立"编译馆,1995。

张元,《略谈五代宋初君臣关于读书的记载》,刘翠溶主编,《中国
历史的再思考——许倬云院士八十五岁祝寿论文集》,页243—258,
台北:联经出版公司,2015。

张世清,《元代医祀三皇考》,《史学月刊》7(2004):32—35。

张金龙,《北魏政治史(三)》,兰州:甘肃教育出版社,2008。

张金龙,《北魏政治史(六)》,兰州:甘肃教育出版社,2008。

张金龙,《北魏政治史(七)》,兰州:甘肃教育出版社,2011。

张金岭,《宋理宗研究》,北京:人民出版社,2008。

张彦聪,《祀孔与立学:宋濂"天子立学之法"与孔子圣师地位论
争》,《教育学报》11.4(2015):97—103。

张昆将,《越南"史臣"与"使臣"对"中国"意识的分歧比较》,《台
湾东亚文明研究学刊》12.1(2015):167—191。

张端穗,《董仲舒思想中三统说的内涵、缘起及意义》,《东海中文
学报》16(2004):55—103。

张珣,《历代帝王祭祀中的帝王意象与帝统意识——从明代帝王
庙的祭祀思维谈起》,《东华人文学报》10(2007):319—366。

曹尔琴,《洛阳,从汉魏至隋唐的变迁》,《唐都学刊(西安师专学报)》1986.1:7—18。

曹树基,《中国人口史·第4卷 明时期》,上海:复旦大学出版社,2000。

梁满仓,《魏晋南北朝五礼制度考论》,北京:社会科学文献出版社,2009。

庄兵,《〈御注孝经〉的成立及其背景——以日本见存〈王羲之草书孝经〉为线索》,《清华学报》45.2(2015):235—274。

郭畑,《道统与政统——王安石与宋代孔庙配享的位向问题》,《河南大学学报(社会科学版)》56.1(2016):108—113。

郭善兵,《隋代皇帝宗庙礼制考论》,《河南大学学报(社会科学版)》47.2(2007):129—134。

郭辉,《民国国家仪式研究》,武汉:华中师范大学中国近现代史博士学位论文,2012。

陈元朋,《宋代儒医》,生命医疗史研究室编,《中国史新论——医疗史分册》,页245—305,台北:联经出版公司,2015。

陈文曦,《阎立本的〈十三帝王图〉初探——以冕服"十二章"纹饰为基准》,《书画艺术学刊》4(2008):529—553。

陈宇峰、郭华瑜,《明代三都历代帝王庙建筑形制源流》,《遗产与保护研究》3.1(2018):51—56。

陈盈助,《宋代王霸思想研究——以心性观点为主轴的探讨》,台北:政治大学中国文学研究所硕士学位论文,2006。

陈弱水,《思想史中的杜甫》,氏著,《唐代文士与中国思想的转型》,页164—211,台北:台湾大学出版中心,2016。

陈斯亮等,《清人毕沅为陕西陵墓立碑考》,《山西档案》1(2018):161—164。

陈雯,《论唐代大酺中的社会动员意义》,《唐史论丛》11(2009):

139—146。

陈瑞霞,《唐代皇家功德寺研究》,西安:陕西师范大学硕士学位论文,2011。

陈庆英、仁庆扎西,《元朝帝师制度述略》,《西藏民族学院学报》1(1984):44—62。

陈桥驿,《郦道元评传》,南京:南京大学出版社,1994。

陶晋生,《宋高宗的性格》,氏著,《宋辽金史论丛》,页289—322,台北:联经出版公司,2013。

麦谷邦夫,《唐玄宗〈道德真经〉注疏之撰述与其思想特征》,《道家文化研究》15(1999):357—374。

杰克·雷普却克著,郭乃嘉译,《发现时间的人》,台北:麦田出版社,2004。

渡边信一郎著,徐冲译,《中国古代的王权与天下秩序:从日中比较史的视角出发》,北京:中华书局,2008。

渡边信一郎著,周东平译,《隋文帝的乐制改革——以鼓吹乐的再编为中心》,中国政法大学法律史学研究院编,《日本学者中国法论著选译》,页237—255,北京:中国政法大学出版社,2012。

汤勤福、王志跃,《宋史礼志辨证》,上海:三联书店,2011。

程元敏,《王安石雱父子享祀庙庭考》,《文史哲》27(1978):115—144。

越智重明,《魏晋南朝の政治と社会》,东京:吉川弘文馆,1963。

雅克·勒高夫著,许明龙译,《圣路易》,北京:商务印书馆,2002。

须江隆,《"熙宁七年の诏"——北宋神宗朝期の赐额·赐号》,《东北大学东洋史论集》8(2001):54—93。

须江隆,《唐宋期における社会构造の变质过程——祠庙制の推移を中心として》,《东北大学东洋史论集》9(2003):247—294。

黄正建,《唐代陵户再探》,《陕西师范大学学报(哲学社会科学版）》43.5（2014）：101—105。

黄永年，《说狄仁杰的奏毁淫祠》，《唐史论丛》6（1995）：58—67。

黄复山，《东汉定型图谶中的古皇考》，"国立"政治大学中国文学系主编，《第五届汉代文学与思想学术研讨会论文集》，页 257—324，台北：政治大学中国文学系，2005。

黄进兴，《武庙的崛起与衰微（7—14 世纪）：一个政治文化的考察》，氏著，《圣贤与圣徒》，页 205—236，北京：北京大学出版社，2005。

黄进兴，《学术与信仰：论孔庙从祀制与儒家道统意识》，氏著，《圣贤与圣徒》，页 47—116，北京：北京大学出版社，2005。

黄进兴，《权力与信仰：孔庙祭祀制度的形成》，氏著，《圣贤与圣徒》，页 1—46，北京：北京大学出版社，2005。

黄进兴，《清初政权意识形态之探究：政治化的道统观》，氏著，《优入圣域——权力、信仰与正当性》，页 75—106，北京：中华书局，2010。

黄进兴，《道统与治统之间：从明嘉靖九年（1530）孔庙改制论皇权与祭祀礼仪》，氏著，《优入圣域——权力、信仰与正当性》，页 107—138，北京：中华书局，2010。

黄进兴，《李绂与清代陆王学派》，南京：江苏教育出版社，2010。

黄兴涛，《重塑中华：近代中国"中华民族"观念研究》，香港：三联书店，2017。

黄怀信，《古文献与古史考论》，济南：齐鲁书社，2003。

爱德华·吉本著，席代岳译，《罗马帝国衰亡史》，长春：吉林出版社，2007。

新城理惠，《先蚕仪礼と唐代の皇后》，《史论》46（1993）：37—50。

杨俊峰，《唐宋之间的国家与祠祀——兼论祠祀走向政教中心的变化》，台北：台湾大学历史学研究所博士学位论文，2009。

杨宽，《中国古代陵寝制度史研究》，上海：上海古籍出版社,1985。

杨翼骧,《增订中国史学史资料编年·元明卷》,北京:商务印书馆,2013。

葛兆光,《置思想于政治史背景之中——再读余英时先生的〈朱熹的历史世界〉》,田浩编,《文化与历史的追索:余英时教授八秩寿庆论文集》,页371—412,台北:联经出版公司,2009。

詹姆斯·布赖斯,《神圣罗马帝国》,北京:商务印书馆,2016。

铃木博之,《南京神庙の成立:明初の祠庙政策》,《东洋学报》89.2(2007):155—182。

铃木暎一,《德川光圀·齐昭の修陵请愿》,《季刊考古学》58(1997):62—65。

雷闻,《郊庙之外:隋唐国家祭祀与宗教》,北京:三联书店,2009。

廖育群,《岐黄医道》,台北:洪叶文化事业有限公司,1994。

廖宜方,《唐代的历史记忆》,台北:台湾大学出版中心,2011。

廖宜方,《中国中古先代帝王祭祀的形成、演变与意涵——以其人选与地点为主轴的探讨》,《"中央研究院"历史语言研究所集刊》87.3(2016):507—568。

廖宜方,《试论唐代前期官方对人物祠祀的政策》,《汉学研究》35.4(2017):135—172。

汉斯·波尔桑德著,许绶南译,《君士坦丁》,台北:麦田出版社,1999。

熊存瑞,《隋炀帝与隋唐洛阳的兴建》,杜文玉编,《唐史论丛》第25辑,页1—22,西安:三秦出版社,2017。

赵旭,《朝鲜王朝礼制研究》,北京:中国社会科学出版社,2017。

赵克生,《明朝"历代帝王庙"名臣从祀试探——以赵普、武成王为中心》,《明史研究》8(2003):47—54。

赵克生,《洪武十年前后的祭礼改制初探:以郊、庙、社稷礼为中心》,《东南文化》5(2004):54—57。

赵超,《汉阳陵两方明代御制祝文碑略谈》,《文博》2009.2：
52—56。

赵澜,《略论〈开元礼〉的制定与封建礼制的完备化》,《福建教育
学院学报》2002.1:77—78。

刘屹,《敬天与崇道：中古经教道教形成的思想史背景》,北京：中
华书局,2005。

刘治立,《宋代社会对诸葛亮的理解与评价》,《许昌学院学报》
26.4(2007):34—38。

刘红,《毕沅〈关中胜迹图志〉对西汉帝陵名位判定之得失及其
他》,《碑林集刊》,14(2008):213—218。

刘浦江,《德运之争与辽金王朝的正统性问题》,《中国社会科学》
2(2004):189—208。

刘浦江,《正统论下的五代史观》,《唐研究》11(2005):73—94。

刘浦江,《"五德终始"说之终结：兼论宋代以降传统政治文化的
嬗变》,《中国社会科学》2(2006):177—191。

刘起釪,《几次组合纷纭错杂的"三皇五帝"》,氏著,《古史续辨》,
页 92—119,北京：中国社会科学出版社,1991。

刘淑芬,《从民族史的角度看太武灭佛》,《"中央研究院"历史语
言研究所集刊》72.1(2001):1—48。

樋口泰裕,《北魏孝文帝吊比干文考》,《日本中国学会报》52
(2000):57—73。

蔡宗宪,《中古前期的交聘与南北互动》,台北：稻乡出版社,2008。

邓涛,《清朝皇帝对金朝陵寝的祭祀》,《历史档案》3(2017)：
113—117。

郑迪,《唐代功臣配享制度初探——以唐太宗、唐玄宗两朝为
例》,《安庆师范学院学报(社会科学版)》30.7(2011):87—91。

萧启庆,《元代的族群文化与科举》,台北:联经出版公司,2008。

钱茂伟,《杨奂、郑思肖的正统观辨析》,《史学史研究》3(2000):45—51。

钱穆,《刘向歆父子年谱》,氏著,《两汉经学今古文平议》,台北:台湾商务印书馆,2001。

阎崇东,《两汉帝陵》,北京:中国青年出版社,2007。

龙坡涛,《宋神宗太庙功臣配享变动述论》,《商丘师范学院学报》30.8(2014):61—65。

滨口重国,《唐の陵·墓户の良贱に就いて》,《史学杂志》43.8(1932):102—109。

薛磊,《元代三皇祭祀考述》,《元史论丛》第13辑,页212—225,北京:中华书局,2010。

谢元鲁,《隋唐五代的特殊贵族——二王三恪》,《中国史研究》1994.2:41—48。

谢明宪,《释奠与权力:初唐国家教化的理解与建构》,新北:华艺数位股份有限公司,2016。

泷川政次郎,《唐の二王后の制と我が二国造の制(一)》,《国学院法学》26.1(1988):1—25。

泷川政次郎,《唐の二王后の制と我が二国造の制(二)》,《国学院法学》26.2(1988):1—38。

罗西章,《隋文帝陵、祠勘察记》,《考古与文物》1985.6:25—29。

罗新,《十六国北朝的五德历运问题》,《中国史研究》3(2004):47—56。

谭其骧,《二千一百多年前的一幅地图》,氏著,《长水集》下册,页248—260,北京:人民出版社,2011。

谭其骧,《马王堆汉墓出土地图所说明的几个历史地理问题》,氏著,《长水集》下册,页261—279,北京:人民出版社,2011。

严耕望，《唐代交通图考》，台北："中央研究院"历史语言研究所，1985。

饶宗颐，《国史上之正统论》，氏著，《饶宗颐二十世纪学术文集（卷六）》，台北：新文丰出版公司，2003。

顾颉刚，《中国上古史研究讲义》，北京：中华书局，1988。

顾颉刚，《秦汉的方士与儒生》，台北：里仁书局，1995。

顾颉刚，《三皇考》，氏著，《顾颉刚古史论文集》第 3 册，北京：中华书局，1996。

顾颉刚，《五德终始说下的政治与历史》，顾颉刚等编著，《古史辨》第 5 册，海口：海南出版社，2005。

Eliade, Mircea 著，杨儒宾译，《宇宙与历史：永恒回归的神话》，台北：联经出版公司，2000。

Lorge, Peter. "From Warlord to Emperor: Song Taizu's Change of Heart During the Conquest of Shu." *T'oung Pao* 91.4 (2005): 320-346.

Moorhead, John. *Theoderic in Italy*. New York: Oxford University Press, 1992.

Twitchett, Denis. "*Chen gui* and Other Works Attributed to Empress Wu Zetian." *Asia Major* 16.1(2003): 33-109.

Wechsler, Howard J. *Offerings of Jade and Silk: Ritual and Symbol in the Legitimation of the T'ang Dynasty*. New Haven: Yale University Press, 1985.

谢 辞

本书写成于 2018 到 2019 这一年多的时间,但其部分内容和论证曾以演讲、会议论文和期刊论文的形式,在许多地方发表过。这些场合上的评论、提问和建议,还有期刊的审查——无论通过与否,都间接推动了这本书的完成,在此谨致谢意。

本书是"国科会、科技部"专题研究计划的部分成果。最早在 2013 年,我申请了"王权的历史论:帝制中国'先代帝王祭祀'地点之考察"(NSC 102-2410-H-001-033-MY3,三年期);这项计划的助理吴承翰先生和陈诗玮小姐,为我整理散乱的资料,为日后成书提供了很大的助益。之后,在 2016 年申请了"人文研究的数位化——从个别研究到整合平台——中国中古地方祠祀中人物信仰的性格与发展"(MOST 105-2420-H-001-009-MY3,三年期)。这个计划先后聘请李俊安先生、陈柏言先生,他们阅读了本书的初稿,提供诸多建议。同计划后来聘请了黄咏琳小姐看过书稿,为我细心检查内容。本书定稿之前,还聘请了许正弘先生、卢意宁小姐与陈亭佑先生为我编制书目,检核史料,提供批评。本书的地图,由简玉凤小姐绘制初稿,再由台大出版中心修改完成。书中的拓片、档案和其他图像,皆为"中央研究院"历史语言研究所的馆藏,蒙相关人士为我申请和制作图档。在此由衷致谢。

以前读别人的书序,经常看到作者感谢审查人的指教,又表示自己对书的内容负有完全的责任。这让我感到不解,以为只是一种客套的说辞。然而,这次送审让我有了自己的体悟。学界同行之间审查与被审查的关系往往很紧张,有时审查者的批评不一定合理、公正。不过,追求真知识的学者,一定期待被批评。但在学院中,有时想获得真诚而专业的意见并不容易。因此,本书的审查人直率的看法,其实很可贵。尽管我并不都同意,但经历了此一过程,我心怀感谢,也明白作者本人要为自己的主张负责。

本书从投稿、审查到出版,蒙"史学丛书"主编、台湾大学历史学系陈弱水教授和出版中心总编辑汤世铸先生惠予诸多帮助。汤先生更为我担任本书的执行编辑。非常感谢他们的肯定,让我对自己多了一点信心。另外,感谢同事李仁渊先生为我写序。

我从 2011 年秋天,开始在目前的单位工作至今,这本书就是过去八年的成果。在这些年,有些师长很看重我、关照我。第一位是林富士老师。林先生常推动我多学习、多做一点事情,很遗憾我常不能达到他的期望。另一位是戴丽娟老师。当初如果不是戴老师的提示和鼓励,我恐怕无法提振精神、加速写作,提早四个月完成初稿送审。刘淑芬老师从我 2009 年毕业后,指导我进行博士后的研究。这十年间,蒙她诸多关怀,提点我人世的道理,至为感谢。

一本书的完成,得力于许多人的协助。还有许多人的名字,我无法在此一一提及。大概也有人以我不晓得的方式,善意地帮忙我。鼓励我写作本书的其中一位是我在台湾大学历史系的同班同学李盈仪。毕业多年后再联系上时,她已罹病休养,而后在 2018 年春天过世。虽然她不太了解我的研究工作,但在我们的 Line 上,她留给我的最后一句话是:"要好好写呀!"我想在浩瀚书海的这一页,留下一个纪念。

我曾以为博士班的日子已经很不好过了,但没想到进入学界职场后更加艰辛。比研究工作更难的是人生。回顾过去这段路途,我在开始工作后的第二三年,就迷航了。然后,逐步陷入混乱。在这过程中,伤害了有些人。最后,我对自己也对许多人事物感到失望。当我走进了人生的四十岁,在许多方面都遭遇危机,身体的、心理的,还有中年的。所幸,这一本书的写作,让我慢慢缓和,平静。如今,我怀抱着歉意活下来。

在我人生很困难的时刻,我很感谢我的家人 Hayashi,我的母亲詹碧霞女士,我的家猫泡泡和小黑、小白。他们的陪伴是支持我往前走最大的力量。

廖宜方

2020 年 2 月 15 日

图书在版编目(CIP)数据

王权的祭典:传统中国的帝王崇拜 / 廖宜方著. —
杭州:浙江古籍出版社,2022.1
ISBN 978-7-5540-2082-1

Ⅰ.①王… Ⅱ.①廖… Ⅲ.①帝王－祭祀－研究－中
国 Ⅳ.①K892.98

中国版本图书馆 CIP 数据核字(2021)第 174778 号

台湾大学出版中心授权

王权的祭典

—— 传统中国的帝王崇拜

廖宜方 著

出版发行		浙江古籍出版社
		(杭州市体育场路 347 号 邮编:310006)
网　　址		https://zjgj.zjcbcm.com
特约编辑		郭大帅
责任编辑		周　密
文字编辑		徐　立
责任校对		吴颖胤
责任印务		楼浩凯
照　　排		浙江时代出版服务有限公司
印　　刷		浙江新华印刷技术有限公司
开　　本		880mm×1230mm　1/32
印　　张		14.25
字　　数		350 千
版　　次		2022 年 1 月第 1 版
印　　次		2022 年 1 月第 1 次印刷
书　　号		ISBN 978-7-5540-2082-1
定　　价		78.00 元

如发现印装质量问题,影响阅读,请与市场营销部联系调换。